可以连续地数出几个0?

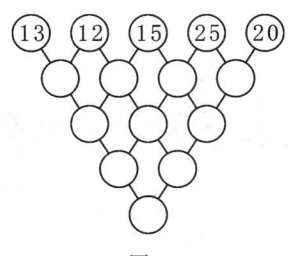

图1

如图1,之前在阶乘问题中一直只关注了5的数量,那是因为如果数是按规律排列的,一般2的数量远比5的数量多,但本题是随机选取了5个数,这个结论并不成立,因此我们需要对2和5分别进行计算!(下面两图左侧是2的数量,右侧是5的数量)如图2,图3。

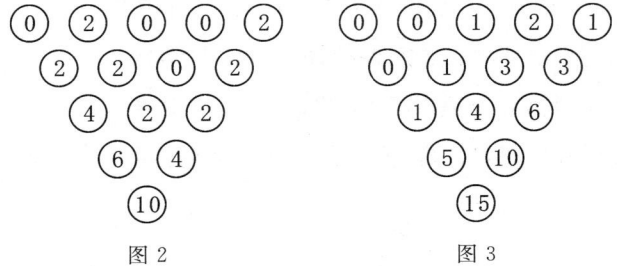

图2　　　　　　　　图3

由此可见,最后的结果其实2的数量较少,本题最后可以数出连续的10个0。

【结语】

通过例题和9个变形题的讲解,相信大家对于"末尾0"这类问题一定有了新的体会。其实,它的本质就是给定一些数的乘积,分解质因数后求解某一个特定质因数的指数。同时,大家也可以发现,在前期讲解简单题时,我们花费了大量的篇幅,讲解拓展题时反而篇幅较小,这其实是因为只要我们在基础题目中把每一步的细节、原理都剖析透彻,而就可以将其直接应用于拓展题。通过这个系列的讲解,希望大家能对数学的学习方法有所体会,重视基础题目的讲解,重视每一个步骤的来龙去脉,重视题目与方法之间的联系,真正做到举一反三!

旋转与翻转意义下的计数问题
——广州·黄锦熙

【作者简介：黄锦熙，广州悦教育校长。中国数学奥林匹克一级教练，华杯赛总决赛金牌教练。曾获全国高中数学联赛一等奖。每年受邀参与全国各重大奥数赛事命题及书刊供题工作，多次荣获中国数学资优教育最佳命题人称号，致力于十年小初高全线竞赛教学及深度数学思维能力拓展研究。】

在近几年的华杯赛、数学花园探秘等试卷的计数模块能力考察中，出现了较多可旋转、可翻转的计数染色覆盖问题。这类问题在考察各种计数方法的掌握和分析能力的同时，还设置了重复计数的干扰，导致错误率非常高。本文针对这类问题进行方法及易错点讲解，选取环形问题、棋盘问题、立体问题三类，通过常用的"定点法"和"排重法"来进行解决。

一、环形问题

1. 用3种颜色染正六边形的6条边，相邻边不同色，颜色可以不全用，有多少种染色方式？（经旋转后相同算同一种）

【答案】14。

【分析】(1)用2种颜色染色：$C_3^2 \times 1 = 3$（种）。

(2)用3种颜色染色：不妨假设3种颜色为 A, B, C 色，按出现的次数分类：

i) $6 = 1 + 2 + 3$，各颜色次数组合共有 $A_3^3 = 6$（种）情况。不妨假设 C 色出现3次，B 色出现2次，A 色出现1次，且如图1-1染三条 C 边，这时候 A、B 在旋转意义下，仅有1种染法。一共 $A_3^3 \times 1 = 6$（种）。

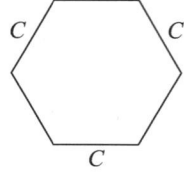

图1-1

ii) $6 = 2 + 2 + 2$，各颜色次数组合唯一。若两 C 色边隔1条边（如图1-2），不妨假设如图1-3进行染色，此时图形不可再旋转，枚举易得只有2种染法。

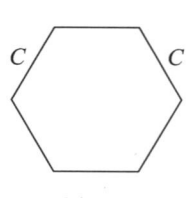

图1-2

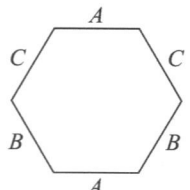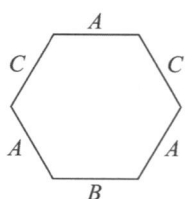

图1-3

若两 C 色边相对(如图 1-4),枚举可知在旋转意义下有 3 种染法。

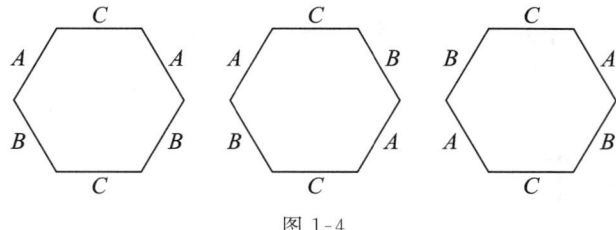

图 1-4

综上:共有 3+6+(2+3)=14(种)。

【总结】本题如果直接枚举,因为有旋转干扰,比较容易遗漏或重复,所以先对颜色出现次数进行分类,然后在"双下划线"所示前提下,通过"定点法",把 2 个 C 的位置确定,以达到图形不可再旋转的效果,这样余下每个位置在旋转意义下都是不可替代的。

【拓展题】原题若改为"经旋转、翻转后相同算同一种",解法思路与原题完全一致,仅最后一类中图 1-5 两种情况重复,所以答案为 13 种。

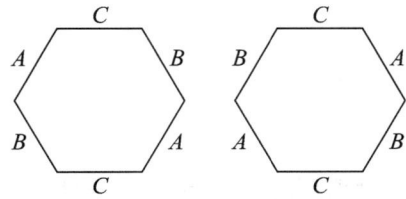

图 1-5

2. 在一个圆周上排有 4 颗红珠子及 8 颗黄珠子。如果从 1 颗黄珠子开始数,沿任意方向依次数到任何珠子,黄珠子的数目都不小于红珠子的数目,那么就称这颗黄珠子在最佳位置上,请问 8 颗黄珠子都在最佳位置上的排列方法有多少种?

【答案】10。

【分析】依题意得,红珠子不可相邻。问题转化为考虑在 4 颗红珠子之间的 4 个空插入 8 颗黄珠子:

(1)4 个空中分别插入 1、1、1、5 颗黄珠子,有 1 种排法;

(2)4 个空中分别插入 1、1、2、4 颗黄珠子,先随意确定 4 颗的位置,此时图形不可再旋转,接着 2 颗有 3 种选法,因此共有 3 种排法;

(3)4 个空中分别插入 1、1、3、3 颗黄珠子,2 个 3 颗相邻或相对,有 2 种排法;

(4)4 个空中分别插入 1、2、2、3 颗黄珠子,类似(2)的 1、1、2、4 颗,有 3 种排法;

(5)4 个空中分别插入 2、2、2、2 颗黄珠子,有 1 种排法;

综上,共有 1+3+2+3+1=10(种)排法。

【总结】在"双下划线"所示前提下,通过"定点法",把唯一的 4 颗连着的黄珠子位置确定,达到图形不可再旋转的效果,这样余下 3 个空隙对于 2 颗连着的黄珠子,就有 3 种不同的选择。

二、棋盘问题

3. 如图 2-1 所示,在棋盘的某两小方格中分别放入一颗相同的棋子,那么有多少种不同的放法(经旋转后相同算同一种)。

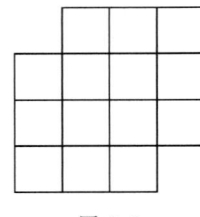

图 2-1

【答案】49。

【分析 1】将图中所有格子分为如图 2-2 所示的 A、B、C 三类。

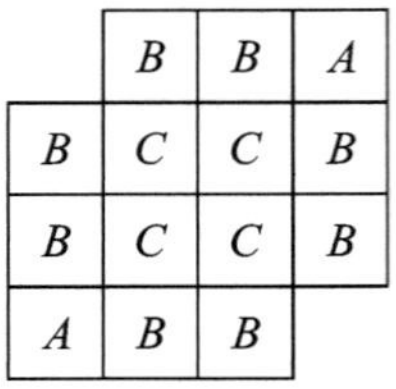

	B	B	A
B	C	C	B
B	C	C	B
A	B	B	

图 2-2

(1) 2 个 A 都有棋子,1 种。

(2) 1 个 A 有棋子,不妨假设放在右上角的 A,此时图形不可再旋转,另外一个棋子放到 B、C 任何一格均可,所以共 12 种放法。

(3) 0 个 A 有棋子,则:

i) 2 个 C 有棋子,枚举可得共 4 种。

ii) 1 个 C 有棋子,第 2 行第 2 列的 C 与第 3 行第 3 列的 C 通过旋转可以互转,另外 2 个 C 也可互换,所以两种 C 确定后,此时图形不可再旋转,余下 8 个 B 有 8 种放法,所以共 $2 \times 8 = 16$(种)。

iii) 0 个 C 有棋子,2 个 B。

同边:2 种;

不同边:$2 \times 2 \times 2 + 2 \times 3 = 14$(种)。

综上:共有 $1 + 12 + 4 + 16 + 2 + 14 = 49$(种)放法。

【分析 2】图 2-1 中共有 14 个格子,任意选 2 格共有 $C_{14}^2 = 91$(种)选法,其中有些选法相互重复,有些选法不与其他选法重复。若通过旋转 180° 与自身重合,这样摆放后的图形为中心对称图形,因此只要考虑上两行或者左两列即可。不妨设上下中心对称,上两行 7 格中选好 1 个位置,下两行就确定了,这样的图形共有 7 种。在上述 91 种选法中,这 7 种只出现 1 次,其他情况均出现 2 次,所以共有 $\dfrac{C_{14}^2 + 7}{2} = 49$(种)情况。

【总结】分析 1 按"定点法"思想结合分类讨论进行,第 3 类会相对繁琐一些。分析 2 采用"排重法",通过把不同次数的情况分开计算,将多次计算的排除,在对称性较好且重复次数情况较简单的题目,是比较好用的。

4. 图 2-3 所示是一个等边三角形,等分为 4 个小的等边三角形,用红和黄 2 种颜色涂染它们的顶点,要求每个顶点必须涂色,且只能涂一种颜色。涂完后,如果经过旋转,等边三角形的涂色相同,则认为是相同的涂色,则共有多少种不同的涂法?

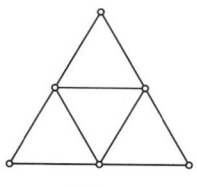

图 2-3

【答案】24。

【分析1】如图 2-4 所示将 6 个点从上顶点逆时针依次标为 A、F、B、D、C、E。根据题意,A、B、C 可视为角上的点,D、E、F 可视为边上的点。

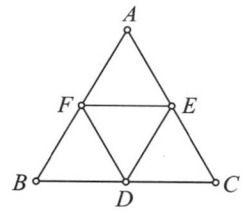

图 2-4

按 2 种颜色出现次数分类讨论,其中若两种颜色分别出现 x 次和 y 次,记此类为 (x,y)。

(1) $(6,0)$:出现 0 次的颜色有两种选择,且后续涂法唯一,故有 2 种涂法。

(2) $(5,1)$:出现 1 次的颜色有两种选择,且有边和角两种位置选择,故有 $2\times 2=4$(种)涂法。

(3) $(4,2)$:出现 2 次的颜色有两种选择,不妨假设红色出现 2 次。按红色出现的位置进行分类:

 i)两角:旋转意义下唯一,1 种涂法。

 ii)两边:旋转意义下唯一,1 种涂法。

 iii)一角一边:不妨假设角选择点 A,此时图形不可再旋转,余下 D、E、F 三个边上位置,则有 3 种涂法。

 合计:$2\times(1+1+3)=10$(种)涂法。

(4) $(3,3)$:红黄都出现 3 次,按红色出现的位置进行分类:

 i)三角:1 种涂法。

 ii)两角一边:不妨假设角选择点 B、C,此时图形不可再旋转,余下 D、E、F 三个边上位置,则有 3 种涂法。

 iii)一角两边:同 ii)两角一边,有 3 种涂法。

 iv)三边:1 种涂法。

 合计:$1+1+3+3=8$(种)涂法。

综上,共有 $2+4+10+8=24$(种)涂法。

【分析2】假设等边三角形不可转动,每个位置有2种颜色可以选择,所以共有 $2^6=64$(种)涂法,其中如果某种涂法旋转后还是本身,那么三个角点 A、B、C 同色,三个边点 D、E、F 同色,这样的图形一共有 $2^2=4$(种)。由于在上述的64种涂法中,这里的4种均只出现1次,而其他每种不同的涂法,会因为旋转原因在64种涂法中出现3次,所以共有 $\dfrac{2^6+2^2\times 2}{3}=24$(种)涂法。

【总结】分析1为常规分类讨论结合定点法的思路,容易理解且计算量合理,分析2采用"排重法",通过把计算次数不同的情况补成一样的次数,再一次性排重,由于本题图形有较好的对称性质,且仅有计算3次和1次的两种类型,所以采用排重法很快就可以解决。

【拓展题】原题若改为"经旋转、翻转后相同算同一种"。

【分析1】类似原题分析1,按2种颜色出现次数分类讨论,其中若2种颜色分别出现 x 次和 y 次,记此类为 (x,y):

(1)(6,0):出现0次的颜色有2种选择,且后续涂法唯一,故有2种涂法。

(2)(5,1):出现1次的颜色有2种选择,且有边和角2种位置选择,故有 $2\times 2=4$(种)涂法。

(3)(4,2):出现2次的颜色有2种选择,不妨假设红色出现2次。按红色出现的位置进行分类:

i)两角:旋转意义下唯一,1种涂法。

ii)两边:旋转意义下唯一,1种涂法。

iii)一角一边:不妨假设角选择点 A,此时图形不可再旋转,但还可以翻转,余下 D、E、F 三个边上位置,E、F 对称,翻转意义下属于同一涂法,则共有2种涂法。

合计:$2\times(1+1+2)=8$(种)涂法。

(4)(3,3):红黄都出现3次,按红色出现的位置进行分类:

i)三角:1种涂法。

ii)两角一边:不妨假设角选择点 B、C,此时图形不可再旋转,但还可以翻转,余下 D、E、F 三个边上位置,EF 对称,翻转意义下属于同一涂法,则共有2种涂法。

iii)一角两边:同"两角一边",有2种涂法。

iv)三边:1种涂法。

合计:$1+1+2+2=6$(种)涂法。

综上,共有 $2+4+8+6=20$(种)涂法。

【分析2】假设等边三角形不可转动,每个位置有2种颜色可以选择,所以共有 $2^6=64$(种)涂法。

(1)如果三个角点 A、B、C 同色,三个边点 D、E、F 同色,这样的图形一共有 $2^2=4$(种),且这4种既可旋转,又可翻转,在上述64种涂法中均只出现1次。

(2)下面考虑可翻转但不可旋转的情况,将 A、D(或 B、E,C、F)看作对称轴。则 B 与 C 对称,F 与 E 对称。A、D、B、F 四点各有 2 种选择,再除去(1)中可翻又可转对的重复情况,共有 $2^4-4=12$(种)涂法,且这 12 种涂法因为不可旋转,所以旋转后每种会计算 3 次。

(3)其余为不可旋转也不可翻转的涂法,因旋转和翻转的原因,在上述 64 种涂法中各出现 6 次,所以共有 $\dfrac{2^6-4-12\times 3}{6}=4$(种)涂法。

综上,共有 $4+12+4=20$(种)涂法。

【总结】拓展题的分析 1 只是在原题的解法思路下,把翻转重复的剔除,所以做起来和原题基本一致,也容易理解。分析 2 因为出现可转可翻计算 1 次、可翻不转计算 3 次、不翻不转计算 6 次,所以排重过程会比原题难一些。

5. 在图 2-5 所示正八边形的 17 个交叉点上放 3 枚相同的棋子,并使它们中任意两枚都不在相邻的交叉点上,共有多少种不同的放法?(经旋转后相同算同一种)

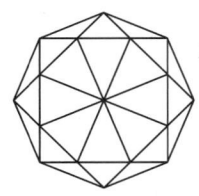

图 2-5

【答案】27。

【分析】如图 2-6 所示,图中所有的点可以分为 A、B、C 三类。

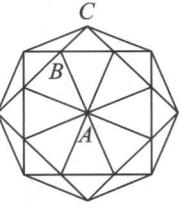

图 2-6

(1)若三点为 ACC,枚举可得共 3 种。

(2)若三点为 BBB,问题转化为"3 黑球 5 白球围成一圈,求黑球不相邻的排法",那么先在 3 个黑球的空隙各放 1 个白球,余下 2 个白球在旋转意义下仅有 2 种放法。

(3)若三点为 BBC,先选定一个 C 点,那么与 C 相邻的两个 B 不能选,<u>此时图形不可再旋转</u>,不相邻的两个 B 的选法有 $C_6^2-5=10$(种)。

(4)若三点为 BCC,类似(3)三点为 BBC 的情况,共有 10 种。

(5)若三点为 CCC,类似(2)三点为 BBB 的情况,共有 2 种。

综上:共有 $3+2+10+10+2=27$(种)放法。

【总结】本题为不规则棋盘染色问题,根据选的交叉点的不同位置进行分类,在三点为 BBC 的情况里,"双下划线"所示前提下采用"定点法"解题。本题因为有选的交叉点不相邻这个要求,因此"排重法"需要排除的情况比较复杂。

三、立体问题

6. 如图 3-1 所示,有 12 个大小相同的正方体,其中 2 个为黑色,其余为白色。用它们拼成一个 $2\times 2\times 3$ 长方体,有多少种不同的拼法?(经旋转、翻转后相同算同一种拼法)

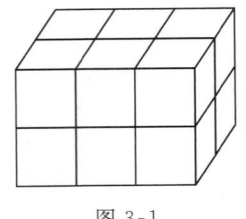

图 3-1

【答案】12。

【分析】设角上的小正方体块为 A，共 8 块，分两侧，每侧 4 块；棱上的小正方体块为 B，共 4 块。

(1) 两个黑色块都是 A：

i) 如果两个 A 在同侧：2 种。

ii) 如果两个 A 在异侧：4 种。

(2) 两个黑色块是 A、B 各一块：由于对称性，所有 A 均对称，选定角上的黑色块后，固定住角上的正方体块后，<u>图形不可再旋转和翻转</u>，那么中间 4 块 B 选 1 块染黑共有 4 种选择。

(3) 两个黑色块都是 B：相邻或相对共 2 种。

综上：共有 $2+4+4+2=12$（种）不同的拼法。

【总结】本题为立体染色问题。在立体问题中，利用对称性，也可通过"定点法"来进行计数。本题利用 8 个角块在旋转、翻转意义下是一致的，第(2)类 A、B 各一块的情况中，在"双下划线"所示前提下，通过选定 A 之后，图形不可再翻转，从而快速确定 B 的选择情况。因为本题翻转意义下，不同的选法重复次数比较多样，因此不考虑使用"排重法"。

7. 在正方体的各顶点标上数字 1 至 8。每个数字只用一次，且使得每个面上四个顶点的数字之和都相等。有多少种不同的标数方法？（经旋转、翻转后相同的算同一种填法）

【答案】6。

【分析】设各面上相同的数字之和为 S，将六个面上的和全部相加得 $6S=3\times(1+2+3+\cdots+8)$，可得 $S=18$。由于这八个顶点中一定有一个为 8，不妨将这个顶点固定住。如图 3-2 所示，与 8 相邻的顶点有 3 个：点 A、点 B、点 C。假设 A 处的数字最大，对 A 进行讨论：

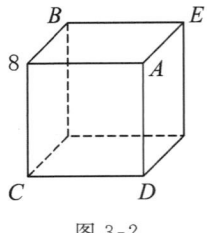

图 3-2

(1) 如果 $A=7$，则 $B+E=C+D=3$，无解。

(2) 如果 $A=6$，则 $B+E=C+D=4$，无解。

(3) 如果 $A=5$，则 $B+E=C+D=5$，从而只能是 $1+4=2+3=5$，由于确定

$A=5$ 后,图形不可再旋转和翻转,因此 $B+E=1+4$ 与 $B+E=2+3$ 是不同的情况。$B+E=1+4$ 时经构造,仅有 2 种满足,如图 3-3,所以 $B+E=2+3$ 也有 2 种,共 4 种填法。

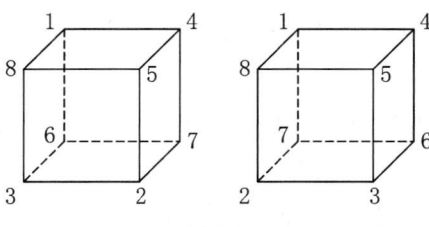

图 3-3

(4) 如果 $A=4$,则 $B+E=C+D=6$,无解。

(5) 如果 $A=3$,则 $B+E=C+D=7$,从而只能是 $1+6=2+5=7$,同(3)的思路,由于确定 $A=3$ 后,图形不可再旋转和翻转,因此 $B+E=1+6$ 与 $B+E=2+5$ 是不同的情况如图 3-4 所示,因为 B、C 均比 A 小,因此 B、C 的取值只能是 1 和 2,经构造,$B+E=2+5$ 时仅有 1 种填法,因此 $B+E=1+6$ 也有 1 种,共 2 种填法。

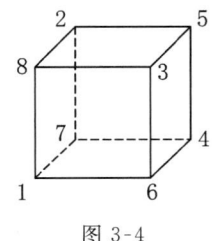

图 3-4

综上:一共有 $4+2=6$(种)。

【总结】本题为立体填数问题。第(3)(5)类中,通过将 8 和 A 所在棱固定住,利用"定点法",使得只要能构造出 1 种填法,就可以把 BC 互换得到另一组新解。

8. 如图 3-5 所示,一个十四面体,由 2 个正六边形面和 12 个正五边形面组成,若将其中 3 个面涂成黑色,有多少种不同的涂法?(经旋转、翻转后相同的算同一种涂法)

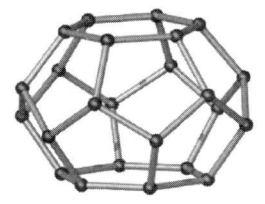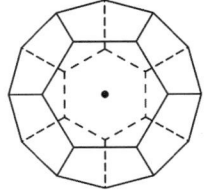

图 3-5

【答案】32。

【分析】设与图 3-5 所示六边形有公共边的 6 个正五边形分别标为 A_1、A_2、$\cdots$、A_6,与下面六边形有公共边的六个五边形分别标为 B_1、B_2、$\cdots$、B_6,按 3 个黑色面的类型进行分类讨论:

(1) 2 个正六边形+1 个正五边形。

将上下两个面(正六边形)均涂黑,再涂黑剩下的任意一个侧面(正五边形),在旋转翻转意义下,均为同一种情况,此时有 1 种涂法。

(2) 1 个正六边形 + 2 个正五边形。

不妨假设涂黑的正六边形面为上面,<u><u>此时图形不可再翻转,但是还可以旋转</u></u>。考虑 2 个正五边形的位置:

i) 两个都是 A 类。问题转化为"2 黑球 4 白球围成一圈,求旋转意义下的排法",则共有 3 种涂法。

ii) 一个 A 类、一个 B 类。不妨假设 A 类选了 A_1,<u><u>此时图形不可再旋转和翻转</u></u>,所以 6 个 B 类面共有 6 种涂法。

iii) 两个都是 B 类。同 i) 两个都是 A 类的情况,有 3 种涂法。

合计 3 + 6 + 3 = 12(种)涂法。

(3) 0 个正六边形 + 3 个正五边形。

翻转意义下,若 3 个正五边形同层,不妨假设均为 A 类,称为 AAA 型;若 3 个正五边形不在同层,不妨假设 2 个 A 类 1 个 B 类,称为 AAB 型。<u><u>此时图形不可再翻转,但是还可以旋转</u></u>。

i) AAA 型。问题转化为"3 黑球 3 白球围成一圈,求旋转意义下的排法",枚举易得共 4 种涂法。

ii) AAB 型。不妨假设 B 类选了 B_1,<u><u>此时图形不可再旋转和翻转</u></u>,所以只需从 6 个 A 类面中选 2 个面即可,共有 $C_6^2 = 15$(种)涂法。

合计 4 + 15 = 19(种)涂法。

综上,共有 1 + 12 + 19 = 32(种)涂法。

【总结】本题分析中"双下划线"所示前提下多次使用"定点法",将复杂问题转化为熟悉的环形问题或简单的平面计数问题。

参考答案

一、览胜探幽·2021年真题在线

"华罗庚金杯"少年数学邀请赛 2021年

初赛

中年级组

1. 答案:6783000。

   分析:原式=6783×876+6783×125−6783
   =6783×(876+125−1)
   =6783×1000
   =6783000。

2. 答案:1。

   分析:对任意x,$y=3$时,$x♯3=(3x+3)÷(3x+3)=1$,故$(\cdots((2021♯2020)♯2019)♯\cdots♯4)♯3=1$。

3. 答案:108。

   分析:第一站有4种选择,之后每站有3种选择,共有$4×3×3×3=108$(种)骑车方案。

4. 答案:568。

   分析:$\left[\dfrac{1000}{2}\right]+\left[\dfrac{1000}{3}\right]+\left[\dfrac{1000}{5}\right]-\left[\dfrac{1000}{2×3}\right]$
   $-\left[\dfrac{1000}{2×5}\right]-\left[\dfrac{1000}{3×5}\right]+\left[\dfrac{1000}{2×3×5}\right]-\left[\dfrac{1000}{2×3}\right]$
   =500+333+200−166−100−66+33−166
   =568(个)。

5. 答案:9。

   分析:哥哥第二次出发时,时间过了$10+60×10÷100÷2=18$(分钟)。

   追上弟弟需要$18×50÷(150-50)=9$(分钟)。

6. 答案:14。

   分析:由题可知,甲做4天的工作量等于乙做8天的工作量,即甲的工作效率是乙的2倍。甲单独做需$10+8÷2=14$(天)。

7. 答案:12。

   分析:若$t×12=b^2$,则b为6的倍数,t为一个完全平方数的3倍。而$3×12^2<500<3×13^2$,故有12个数t满足条件。

8. 答案:700。

   分析:第三天剩$60+40=100$(个)字;
   第二天剩$(100+10)×2=220$(个)字;
   第一天剩$(220-20)×2=400$(个)字;

   共有$(400-50)×2=700$(个)字。

9. 答案:35。

   分析:鸡比兔子少20只,兔脚的数量比鸡脚数量的2倍多80只。鸡有$(80-10)÷2=35$(只)。

10. 答案:288。

    分析:先排老师再依次排女学生和男学生,由乘法原理知共有$1×2×1×2×3×4×3×2=288$(种)。

11. 答案:16。

    分析:15排座位时,总数为$12+14+16+\cdots+40=390$(个);

    16排座位时,总数为$12+14+16+\cdots+42=432$(个);

    17排座位时,总数为$12+14+16+\cdots+44=476$(个)。

    故共有16排。

12. 答案:6。

    $60×\dfrac{4}{5}×\dfrac{3}{4}×\dfrac{1}{3}×\dfrac{1}{2}=6$(平方厘米)。

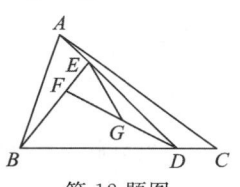

第12题图

13. 答案:26;4。

    分析:小花给小白2条后,剩下的鱼的数量是总数的$\dfrac{4}{5}$;给6条后,剩下的鱼的数量是总数的$\dfrac{2}{3}$,鱼的总数为$(6-2)÷\left(\dfrac{4}{5}-\dfrac{2}{3}\right)=30$(条)。

    小花有$30×\dfrac{4}{5}+2=26$(条)鱼;

    小白有$30-26=4$(条)鱼。

14. 答案:6平方厘米。

    分析:由$AD=8$,$CD=6$,Rt△ACD中,$AC=10$,故$S_{△ABC}=6×8÷2=24$(平方厘米)。

    由$BE=EF$,且BE、EF分别为△ABE、△ACE的高,故$BE=EF=\dfrac{24×2}{6+10}=3$(厘米),$CF=AC-AF=AB=4$(厘米),所以$S_{△CEF}=\dfrac{3×4}{2}=6$(平方厘米)。

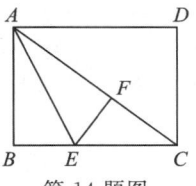

第14题图

高年级组

1. 答案：2402。

分析：数列中的数分别为 $0^2+1,1^2+1,2^2+1,\cdots$，则第 50 个数为 $49^2+1=2402$。

2. 答案：139；330。

分析：$A=\dfrac{\frac{3}{8}\times\frac{8}{3}}{\frac{5}{2}\times\frac{4}{3}}+\dfrac{\frac{5}{8}\times\frac{8}{5}}{3\times\frac{6}{5}\times\frac{25}{6}}+\dfrac{20}{3}\times\dfrac{3}{25}\times\dfrac{1}{28}+$

$\dfrac{1}{7\times 9}+\dfrac{1}{9\times 11}$

$=\dfrac{3}{10}+\dfrac{1}{15}+\dfrac{1}{5\times 7}+\dfrac{1}{7\times 9}+\dfrac{1}{9\times 11}$

$=\dfrac{3}{10}+\dfrac{1}{2}\times\left(\dfrac{1}{3}-\dfrac{1}{5}+\dfrac{1}{5}-\dfrac{1}{7}+\dfrac{1}{7}-\dfrac{1}{9}+\dfrac{1}{9}-\dfrac{1}{11}\right)$

$=\dfrac{3}{10}+\dfrac{1}{2}\times\left(\dfrac{1}{3}-\dfrac{1}{11}\right)$

$=\dfrac{3}{10}+\dfrac{4}{33}$

$=\dfrac{139}{330}$。

故 A 的分子为 139，A 的分母为 330。

3. 答案：130。

分析：质数有 $2,3,5,7,11,13,17,19,23,29\cdots$

5 个连续合数最小为 $24,25,26,27,28$，其和为 $26\times 5=130$。

4. 答案：505。

分析：每次选一根细绳剪成 5 小根后总数增加 4 根，故需剪 $(2021-1)\div 4=505$（次）。

5. 答案：31。

分析：每个同学有 $6\times 5\div 2=15$（种）选法，要确保有 3 位同学参加的小组完全相同，至少要有 $15\times 2+1=31$（人）。

6. 答案：10。

分析：取 CD 的中点 P，连接 NP。因为 M 是 AB 的中点，所以 $S_{\triangle DNP}+S_{\triangle ANM}=S_{\triangle MBC}=\dfrac{1}{4}S_{矩形ABCD}$，故 $S_{\triangle NPC}+S_{\triangle MNC}=\dfrac{1}{2}S_{矩形ABCD}$，$S_{\triangle NPC}=30\times\dfrac{1}{2}-10=5$（平方厘米），$S_{\triangle NDC}=2S_{\triangle NPC}=10$（平方厘米）。

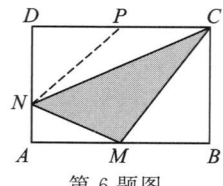

第 6 题图

7. 答案：33。

分析：依题意，$M\odot N$ 的结果比 M 和 N 都小，故 $A\odot 20<20$。又 $20\odot(A\odot 20)=7$，故 A 除以 20 余 13。又 20 除以一个比它小的数不可能余 13，故 A 比 20 大，且除以 20 余 13，则 $A=33$。

8. 答案：5。

分析：考虑除以 9 的余数。2020 除以 9 的余数为 4，故未被选中的数为 $9-4=5$。

9. 答案：0.5。

分析：将 $\triangle CDE$ 和 $\triangle BEF$ 向矩形 $ADEF$ 内翻折可知 $S_{\triangle CDE}+S_{\triangle BEF}\geqslant S_{矩形ADEF}$。当且仅当 D、E、F 在各边中点时取到等号，此时矩形 $ADEF$ 的面积最大，为 $\triangle ABC$ 的一半，此时 $AF=0.5$。

10. 答案：664。

分析：$792=8\times 99$，故 $\overline{14xy78z}$ 能被 8 整除，即 $\overline{78z}$ 能被 8 整除，$z=4$。$\overline{14xy784}$ 能被 99 整除，即 $84+\overline{y7}+\overline{4x}+1=132+\overline{yx}$ 能被 99 整除，$\overline{yx}=66$。故 $\overline{xyz}=664$。

11. 答案：552000。

分析：和一定，差越小，积越大。

由 $\overline{abc}+\overline{defg}=2020$ 得，$d=1$，$c+g=10$，$b+f=11$，$a+e=9$。

乘积最大值与最小值的差为：

$1234\times 786-1786\times 234$

$=1000\times 786+234\times 786-(1000\times 234-786\times 234)$

$=1000\times 786-1000\times 234$

$=1000\times(786-234)$

$=1000\times 552$

$=552000$。

12. 答案：201。

分析：6 和 8 组成的八位数共有 $2^8=256$（个），其中仅由 6 组成的有 1 个，仅由 1 个 8 组成的有 8 个，仅由 2 个 8 组成且未相连的有 $C_7^2=21$（个），仅由 3 个 8 组成且未相连的有 $C_6^3=20$（个），仅由 4 个 8 组成且未相连的有 $C_5^4=5$（个），5 个及以上的 8 必有相连，八位"幸运数"有 $256-1-8-21-20-5=201$（个）。

13. 答案：12。

分析：C 管两次加水量的比为 $4:(6\div 2)=4:3$；C 管第一次加水 $2\div(4-3)\times 4=8$（吨）；洒水车可加 $4+8=12$（吨）水。

14. 答案：$2\dfrac{4}{5}$ 小时。

分析：由熊二到达山顶时，熊大正好在半山腰，可知熊大和熊二的速度比是 $5:4$，熊大下山速度和熊二上山速度比为 $5:2$，熊大自出发回到山脚共用 $2+2\times\dfrac{2}{5}=2\dfrac{4}{5}$（小时）。

国民素质问答

中年级组

1. 答案：B。
2. 答案：A。
3. 答案：C。
4. 答案：D。
5. 答案：A。
6. 答案：B。
7. 答案：C。
8. 答案：A。
9. 答案：B。
10. 答案：C。
11. 答案：5。

分析：枚举可得，仅5月的1号是星期六。

12. 答案：16。

分析：A队至少一胜两平得5分。B队至多两胜一负得6分。而B队夺冠，故A队平C、D队，B队胜C、D队。又C、D队得分不同，故C、D队间分出胜负。则胜者积4分，负者积1分。四队总和6+5+4+1=16(分)。

13. 答案：36。

分析：即$1\sim n$的和是111的倍数且小于1000，故n不超过44，且n和$n+1$中有37和3的倍数，故$n=36$。

14. 答案：120。

分析：8位数的数字之和至多为$8\times9=72$，故$B=69$。各位数字之和为69的8位数共有$C_{8+3-1}^{8-1}=C_{10}^{7}=120$(个)(隔板法)。

15. 答案：11种。

分析：令一根火柴棒的长度为1，三角形的种类和三边的长分别为

三角形的最长边为1时，有1种：(1,1,1)；

三角形的最长边为2时，有2种：(2,2,2)(2,2,1)；

三角形的最长边为3时，有4种：(3,3,3)(3,3,2)(3,3,1)(3,2,2)；

三角形的最长边为4时，有4种：(4,4,2)(4,4,1)(4,3,3)(4,3,2)；

三角形的最长边为5或超过5时，因为总共有10根火柴棒，另外两条边至少用6条边，不满足题目条件。

因此，共可以摆出1+2+4+4=11(种)三角形。

16. 答案：(1)见分析；(2)见分析。

分析：(1)五连方中最长条有5个正方形，只有1种；最长条有4个正方形，有2种；最长条有3个正方形，有8种；最长条有2个正方形，有1种。共有1+2+8+1=12(种)。

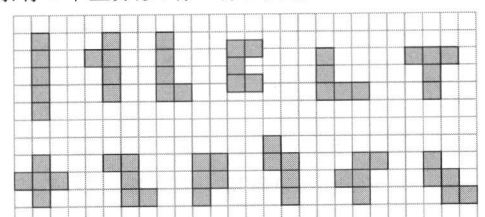

第16题图(1)

(2)下面给出拼法。

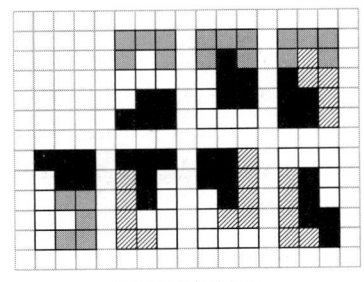

第16题图(2)

只有这七种。

17. 答案：14。

分析：可知程序输出的数为27,82,41,124,62,31,94,47,142,71,214,107,322,161,…

161为第14个数。

高年级组

1. 答案：B。

2. 答案：A。

3. 答案：C。

4. 答案：D。

5. 答案：A。

6. 答案：B。

7. 答案：C。

8. 答案：A。

9. 答案：B。

10. 答案：C。

11. 答案：211,5044。

分析：这家人每年二氧化碳排放量为

汽车：$2\times1\div2\times2000=2000$(千克)。

空运：$(50+100+50)\div1000\times3200=640$(千克)。

电器：$10.5\times600\times4+7.75+6.3=2424.55$(千克)。

呼吸：$1.14\times365\times6=2496.6$(千克)。

共$2000+640+2424.55+2496.6=7561.15$(千克)。

需种中等大小植物$[7561.15\div6]+1=1261$(棵)。

平均每人至少$[1261\div6]+1=211$(棵)。

需土地$1261\times4=5044$(平方米)。

12. 答案：20。

分析：不妨设$a\geqslant b\geqslant c$，则$a<b+c$，$a^2<ab+bc+ca\leqslant3a^2$。

则$7\leqslant a\leqslant11$，$(b+a)(c+a)=133+a^2$。

若$a=7$，则$(b+a)(c+a)=182=2\times7\times13=13\times14$，$a=7,b=7,c=6$满足题意。

若$a=8$，则$(b+a)(c+a)=197$为质数，舍去。

若$a=9$，则$(b+a)(c+a)=214=2\times107$，舍去。

若$a=10$，则$(b+a)(c+a)=233$为质数，舍去。

若$a=11$，则$(b+a)(c+a)=254=2\times127$，舍去。

故周长为$7+7+6=20$。

13. 答案：24。

分析：由$3!\times16!$含有质因数13，$a\geqslant13$。

若$a=16$，则$b!\times c!\times d!=3!=6$，无解。

若$a=15$，则$b!\times c!\times d!=16\times3!=96=4!\times2!\times2!$。

若$a=14$，则$b!\times c!\times d!=16\times15\times3!=5\times2^5\times3^2=5!\times3!\times2!$。

若$a=13$，则$b!\times c!\times d!=7\times5\times3^2\times2^6=7!\times2!\times2!$。

当$a=15,b=4,c=2,d=2$时，$a+b+c+d=23$。

当$a=14,b=5,c=3,d=2$时，$a+b+c+d=24$。

当$a=13,b=7,c=2,d=2$时，$a+b+c+d=24$。

最大值为24。

14. 答案：25。

分析：$\because\dfrac{AD}{AB}=\dfrac{CE}{BC}$，$\therefore AC\parallel DE$，$H,I$三等分$DE$。

故$\dfrac{EJ}{AJ}=\dfrac{S_{\triangle EBG}}{S_{\triangle ABG}}=\dfrac{\frac{2}{3}\times\frac{1}{3}}{\frac{2}{3}}=\dfrac{1}{3}$，$EJ=\dfrac{1}{4}AE$。

$\dfrac{AK}{EK}=\dfrac{S_{\triangle ABF}}{S_{\triangle EBF}}=\dfrac{\frac{1}{3}}{\frac{2}{3}\times\frac{2}{3}}=\dfrac{3}{4}$,$EK=\dfrac{4}{7}AE$。

$S_{四边形HIJK}=378\times\dfrac{1}{3}\times\dfrac{2}{3}\times\left(\dfrac{2}{3}\times\dfrac{4}{7}-\dfrac{1}{3}\times\dfrac{1}{4}\right)=25$。

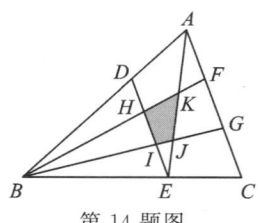

第14题图

15. 答案:24,18,21。

分析:$A=\dfrac{1}{13}=0.\dot{0}7692\dot{3}$,$2020\div 6=336\cdots\cdots 4$,

$f(2020)=f(4)=9,f(9)=6,f(3)=6,f(6)=3,\cdots$

因此$\underbrace{f(f(f(\cdots(f(2020))))}_{k个f}$的可能值为9,3,6。

由$B=\dfrac{23587}{99000}=0.23\dot{8}2\dot{5}$,$2021-3\equiv 0\pmod 2$,

$g(2021)=5$ 得到 $g(5)=5,g(5)=5,\cdots$因此 $\underbrace{g(g(g(\cdots(g(2021))))}_{m个g}$ 的可能值为 5。

当 k 和 m 为正整数时,$\underbrace{f(f(f(\cdots(f(2020))))}_{k个f}+3\times \underbrace{g(g(g(\cdots(g(2021))))}_{m个g}$ 的可能值为 24,18,21。

16. 答案:11。

分析:将 8 支球队分成 2 组,每组 4 支,各组中的球队之间均进行过比赛,共比赛 12 场。此时,任取 3 个球队,必有 2 个球队落在同一组中,之间相互比赛过,故 $k<12$。

如果已赛场次少于 12(即已赛场次$\leqslant 11$),我们证明,一定有 3 个队,他们之间没有比赛过 1 场。

设此时完成比赛场次最少的队为 A,A 比赛的次数最多 2 次(如果多于 2 次,则比赛的场次就不少于 $3\times\dfrac{8}{2}=12>11$)。

若 A 比赛了 2 次,则 A 还有 5 个球队没有比。这 5 个队是 1,2,3,4,5 队。1,2,3,4,5 队中一定有两个队没比过,则这两个队和 A 队共 3 个队彼此没比过。否则 1,2,3,4,5 队都彼此比过,则它们共比 10 场,再加上 A 比的 2 场,共 12 场$>$11 场。

若 A 比赛了 1 次,则 A 还有 6 个球队没有比。这 6 个队是 1,2,3,4,5,6 这 6 个队一定有 2 个以上的队彼此没比过,否则这 6 个队就要比赛 15 场。他们中没比过的 2 个队加上 A 共 3 个队没有比过。

对于 A 比过 0 次的情况,可类似地证明。

17. 答案:14。

分析:可知程序输出的数为 27,82,41,124,62,31,94,47,142,71,214,107,322,161,…

161 为第 14 个数。

广东夏令营

第一试

1. 答案:6。

分析:即 $\overline{AAB}=\overline{7B}\times 3+2,A=2,B=4,A+B=6$。

2. 答案:4044。

分析:分母加 2021,分子减 2021 后分子分母和不变。分母大于 2021,则最小为 4042。和最小为 4042+2=4044。

3. 答案:7;5040。

分析:$44^2<2021<45^2$,1~44 中能被 6 整除的数有 7 个,故小于 2021 的数中能被 6 整除且是完全平方数的数有 7 个。这些自然数的和为 $6^2\times(1^2+2^2+3^2+4^2+5^2+6^2+7^2)=5040$。

4. 答案:1364 或 44。

分析:若 $x-5=2x+8$,则 $x=-13,3x-19<0$,不合题意,舍去。

若 $x-5=3x-19$,则 $x=7,2x+8=22,x-5=2$,面积为 $2\times 22=44$。

若 $2x+8=3x-19$,则 $x=27,x-5=22,2x+8=62$,面积为 $62\times 22=1364$。

5. 答案:78.5。

分析:小圆的直径为 $31.4\div 3.14=10$,阴影部分的面积为大圆的 $\dfrac{1}{4}$,$\dfrac{1}{4}\times 10^2\times 3.14=78.5$。

6. 答案:1。

分析:连续 10 个自然数的平方的个位分别为 1,4,9,6,5,6,9,4,1,0,和的个位为 5,故连续 20 个自然数的平方和的个位为 0,$1^2+2^2+3^2+\cdots+2021^2$ 的个位为 1。

7. 答案:20。

分析:作 $EP\perp AD$ 于点 P,$FQ\perp AB$ 于点 Q,EP、FQ 交于点 O。则四边形 $APOQ$、四边形 $BQOE$、四边形 $CEOF$、四边形 $DFOP$ 均为矩形。连接 AO,则 $S_{\triangle AOE}=\dfrac{1}{2}S_{矩形BQOE}$,$S_{\triangle AOF}=\dfrac{1}{2}S_{矩形DFOP}$,$S_{\triangle OEF}=S_{\triangle CEF}=3=\dfrac{1}{2}S_{矩形CEOF}$,$S_{\triangle ADF}=\dfrac{1}{2}S_{矩形ADFQ}$。

设 $S_{矩形DFOP}=x$,则 $S_{矩形APOQ}=8-x$,$S_{矩形BEOQ}=10-x$,有 $6(8-x)=x(10-x),x^2-16x+48=0,(x-4)(x-12)=0$。

又 $x<10$,故 $x=4$。$S_{矩形APOQ}=4$,$S_{矩形BEOQ}=6$,$S_{矩形ABCD}=4+4+6+6=20$。

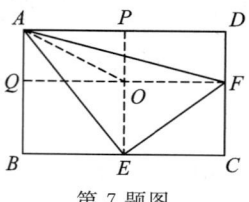

第7题图

8. 答案:1。

分析：原式第 n 项为 $\dfrac{1}{\dfrac{n(n+1)}{2} \times \dfrac{(n+1)(n+2)}{2}} = \dfrac{4}{n(n+1)(n+2)} = 2\left[\dfrac{1}{n(n+1)} - \dfrac{1}{(n+1)(n+2)}\right]$，

故原式 $= 2\left(\dfrac{1}{1\times 2} - \dfrac{1}{100\times 101}\right) = 1 - \dfrac{1}{5050} = \dfrac{5049}{5050}$。

分子与分母之差为 1。

9. 答案：3885。

分析：即 $123(A+B+C)=861$，$A+B+C=7$。

所有满足条件的三位数为：115，124，133，142，151，214，223，232，241，313，322，331，412，421，511。其和为 3885。

10. 答案：4π。

分析：$2\pi \times 5 - (4\times \pi + 2\pi) = 4\pi$。

11. 答案：300。

分析：$1+2+\cdots+63 = \dfrac{63\times 64}{2} = 2016$，则 2016 在第 1 行第 63 列，2017 在第 1 行第 64 列，$2021-2016=5$，故 2021 在第 5 行第 60 列，$5\times 60 = 300$。

12. 答案：76。

分析：$72 = 2^3 \times 3^2$，共 12 个约数。

1 个数：1 种。

2 个数：10 种。

3 个数：$\begin{matrix} 2\times 2\times 18 \\ 3\times 3\times 8 \\ 6\times 6\times 2 \end{matrix}$ 各 3 种；$\begin{matrix} 2\times 3\times 12 \\ 2\times 4\times 9 \\ 3\times 4\times 6 \end{matrix}$ 各 6 种。

4 个数：$2\times 2\times 2\times 9$，4 种；

$2\times 2\times 3\times 6$，12 种；

$2\times 3\times 3\times 4$，12 种。

5 个数：$2\times 2\times 2\times 3\times 3$，10 种。

共 $1+10+3\times 3+3\times 6+4+12+12+10 = 76$（种）。

第二试

1. 答案：64。

分析：2 的幂的末两位依次是 02，04，08，16，32，64，28，56，12，24，48，96，92，84，68，36，72，44，88，76，52，04，…

20 个一循环，2^{2021} 末两位为 52。

12 的幂的末两位依次是 12，44，28，36，32，84，08，96，52，24，88，56，72，64，68，16，92，04，48，76，12，…

20 个一循环，12^{2021} 末两位为 12。

和为 $52+12=64$。

2. 答案：0。

分析：原多位数共有 $9+90\times 2+900\times 3+1022\times 4=6977$（位），

$2^{12} < 6977 < 2^{13}$，最后留下的是第 4096 位。

$4096-9-90\times 2-900\times 3=1207$，$1207 \div 4 = 301 \cdots\cdots 3$，第 4096 位是 1301 的第 3 位，为 0。

3. 答案：300。

分析：不妨设 $n \div 21 = k \cdots\cdots r$，则原式 $= 21 \times \dfrac{k(k-1)}{2} +$ $k(r+1)$，故

$\dfrac{21}{2} \cdot k(k-1) \leqslant 2021$，

$k(k-1) \leqslant 192$，

$k \leqslant 14$。

$k=14$ 时，原式 $21 \times \dfrac{14\times 13}{2} + 14(r+1) = 1925 + 14r \leqslant 2021$，则 $14r \leqslant 96$，$r \leqslant 6$。

n 最大为 $14\times 21 + 6 = 300$。

4. 答案：$\dfrac{1190}{131}$。

分析：$\dfrac{DI}{DF} = \dfrac{S_{\triangle DGJ}}{S_{\triangle DGFJ}} = \dfrac{\dfrac{1}{42}S_{\square ABCD}}{\dfrac{17}{84}S_{\square ABCD}} = \dfrac{2}{17}$，$\dfrac{DH}{DF} = $

$\dfrac{S_{\triangle EDK}}{S_{\triangle EDK}+S_{\triangle EFK}} = \dfrac{\dfrac{3}{14}S_{\square ABCD}}{\dfrac{3}{14}S_{\square ABCD}+\dfrac{3}{56}S_{\square ABCD}} = \dfrac{4}{5}$，

$\dfrac{S_{四边形IJKH}}{S_{四边形ABCD}} = \dfrac{1}{2} \times \dfrac{1}{2} \times \left(\dfrac{4}{7} \times \dfrac{4}{5} - \dfrac{1}{7} \times \dfrac{2}{17}\right) = \dfrac{131}{1190}$，

$\dfrac{S_{四边形ABCD}}{S_{四边形IJKH}} = \dfrac{1190}{131}$。

5. 答案：64。

分析：无论用哪种变换方法，每个顶点都只会移动 1 条边。

故 3 次变换后的状态都可经过某个变换回到原来状态。

共 $4\times 4\times 4 = 64$（种）方法。

6. 答案：2304。

分析：该 8 位数的数字和为 13 的倍数，且在 28 和 45 之间，则只能是 39。

则奇数位数字和为 27，偶数位数字和为 12，可能为：

(9,8,7,3),(5,4,2,1),

(9,8,7,3),(6,5,1,0),

(9,8,7,3),(6,4,2,0),

(9,8,6,4),(7,3,2,0),

(9,7,6,5),(8,3,1,0)。

共 $4\times 3\times 2\times 1\times 4\times 3\times 2\times 1 + 3\times 3\times 4\times 3\times 2\times 1\times 4 = 2304$（个）。

河北夏令营

五年级组

1. 答案：1982529。

分析：原式 $=(81-71)\times(1920+1921+\cdots+2020)-71\times 101$

$=10\times 3940\times 101\times \dfrac{1}{2} - 71\times 101$

$=(19700-71)\times 101$

$=19629\times 101$

$=1982529$。

2. 答案：12。

分析：变换规律为"欢迎""同学们""参加考试"组内依次轮换。

在此出现需变换[2,3,4]＝12(次)。

3. 答案：109。

分析：最多为 10×10－10÷10＋10＝109(元)。

4. 答案：15。

分析：买 1 个苹果，3 根香蕉，需 60－50＝10(元)，

买 2 个苹果，2 根香蕉，2 个梨需 50－10×2＝30(元)，

买 1 个苹果，1 根香蕉，1 个梨需 30÷2＝15(元)。

5. 答案：9875。

分析：由 $\overline{少年强} × 兴 = \overline{少年强}$ 可知"兴"＝1，又"少"≤2，故"少"＝2。

又 $\overline{少年强} × 科 = \overline{富少科}$ 可知"强"＝6，"科"为偶数。

由 $2\overline{国}4 - \overline{少年强} = \overline{富富}$ 可知"富"＝8，"科"＝4，则"国－年－1＝8"，"国"＝9，"年"＝0。

将算式补充完整可得"技"＝3，"民"＝7，"安"＝5，国富民安 9875。

6. 答案：8。

分析：(48－7＋1)÷2－13＝8(颗)。

7. 答案：27。

分析：由正六边形 ABCDEF 的面积为 12 可知，$S_{△AFE}=S_{△BAF}=S_{△CBA}=S_{△DCB}=S_{△EDC}=S_{△FED}=2$。

$S_{△FF_1A_1}=S_{△AFE}×\frac{1}{2}×2=2$，

$S_{△AA_1B_1}=S_{△BAF}×1×\frac{3}{2}=3$，

$S_{△BB_1C_1}=S_{△CBA}×\frac{1}{2}×2=2$，

$S_{△CC_1D_1}=S_{△DCB}×1×\frac{3}{2}=3$，

$S_{△DD_1E_1}=S_{△EDC}×\frac{1}{2}×2=2$，

$S_{△EE_1F_1}=S_{△FED}×1×\frac{3}{2}=3$，

$S_{六边形A_1B_1C_1D_1E_1F_1}=12+2+3+2+3+2+3=27$。

8. 答案：399。

分析：一位数 7 个，两位数 7×7＝49(个)，三位数 7×7×7＝343(个)，四位数无。

共 7＋49＋343＝399(个)。

9. 答案：19。

分析：即可以分成 10 组，每组孩子拥有的奖杯总数都相等。则除了奖杯最多的孩子可以单独一组，其余每组至少有 2 个孩子，总共至少有 19 个孩子。且可编为奖杯总数为 19 的 10 组。再将任意两小组编为一大组即可得题目要求的分法。故 n 的最小值为 19。

10. 答案：24681。

分析：可行的组合为 0 乘以任何数。

3＝1×3，8＝1×8＝2×4，15＝3×5，24＝3×8＝4×6，35＝5×7，48＝6×8，63＝7×9。

可知 2 只能填在 A 处。以此类推，可得到唯一可行的填法。$\overline{ABCDE}$＝24681。

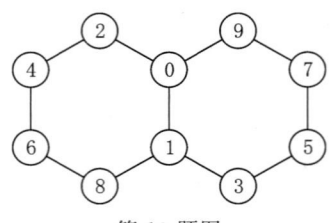

第 10 题图

11. 答案：25。

分析：1 头牛等于 3 只羊，1 匹马等于 4 只羊，5 匹马和 5 头牛等于 35 只羊。6 匹马和 6 只羊等于 30 只羊。

将 1 只羊每天吃草量视为 1 份，草每天长 30×6－35×5＝5(份)，初始草量(35－5)×5＝150(份)。

1 匹马、1 头牛、4 只羊等于 11 只羊，吃尽需 150÷(11－5)＝25(天)。

12. 答案：120。

分析：8 位数的数字之和最大为 8×9＝72。一个不超过 72 的数，各位数之和为 15，则只可能是 69。72－69＝3，各位数字之和为 69 的 8 位数有 C_{8+3-1}^{7}＝120(个)。

高年级组

1. 答案：13∶11。

分析：前一半时间和后一半时间的路程比为 5∶6，前一半路程与后一半路程的时间比为 $\left(5÷1+\frac{1}{2}÷1.2\right)$∶$(5.5÷1.2)=\left(5×1.2+\frac{1}{2}\right)$∶$5.5$＝13∶11。

2. 答案：12。

分析：拼补可得阴影部分的面积为 S 的 12 倍。

3. 答案：7。

分析：即 a＋b＋c＝180，a≤b≤c，且 a、b、c 均为质数，则 a、b、c 不可能全为奇数，故 a＝2，b＋c＝178。b、c 除以 3 余 2，则 178＝5＋173＝11＋167＝29＋149＝41＋137＝47＋131＝71＋107＝89＋89，共 7 组。

4. 答案：26。

分析：7%÷[(1－5%)÷(1－10%)－1]－1＝26%。

5. 答案：36547。

分析：可知第 2、4 位是偶数，则其余 3 位是奇数，故第 1 位为 3，第 3 位为 5，则第 5 位为 7。又前 2 位组成的两位数是 4 的倍数，故第 2 位为 6，验证可得 36547 满足所有条件。

6. 答案：39。

分析：f＝8＋5＋11－3－9＝12，g＝3＋13－5－9＝2，a＋e＝15＋5＋0－13＝7，幻和为(7＋8＋5＋11＋15＋12＋2)÷2＝30，a＝30－8－5－11＝6，e＝7－6＝1，b＝30－0－11－12＝7，c＝30－15－8－4＝3，d＝30－15－5－10＝10，h＝30－3－13－0＝14，a＋b＋f＋h＝6＋7＋12＋14＝39。

3	13	h	0
8	a	5	11
c	d	9	b
15	e	g	f

第6题图

7. 答案:240。

分析:考虑1、2、3,共2种排法(132和312),再将4,5,6插入,共$2\times 4\times 5\times 6=240$(个)。

8. 答案:68。

分析:由197是奇数,200为偶数,必须操作偶数次。每操作两次,可改变6或4或2或0枚硬币的方向。而$200\div 6=33\cdots\cdots 2$,最少需操作$34\times 2=68$(次)。

9. 答案:$\dfrac{64}{19}$。

分析:$\dfrac{AF}{CF}=\dfrac{AE}{CD}$,$\dfrac{AC}{AF}=1+\dfrac{AB}{AE}$,又$\dfrac{AC}{AE}\cdot\dfrac{AB}{AE}=\dfrac{S_{\triangle ABC}}{S_{\triangle AEF}}=20$,故$\dfrac{AB}{AE}=4$,$\dfrac{AC}{AF}=5$,$\dfrac{BG}{GF}=\dfrac{S_{\triangle BCE}}{S_{\triangle CEF}}=\dfrac{S_{\triangle BCE}}{S_{\triangle ACE}}\cdot\dfrac{S_{\triangle ACE}}{S_{\triangle CEF}}=\dfrac{BE}{AE}\cdot\dfrac{AC}{CF}=\dfrac{15}{4}$,$S_{\triangle CGF}=\dfrac{4}{19}S_{\triangle BCF}=\dfrac{4}{5}\times\dfrac{4}{19}S_{\triangle ABC}=\dfrac{4}{5}\times\dfrac{4}{19}\times 20=\dfrac{64}{19}$。

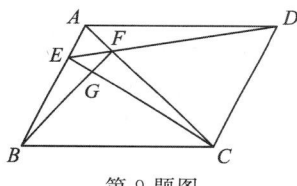

第9题图

10. 答案:$\dfrac{3}{2}$。

分析:$n=2$时,$m\oplus 2=\dfrac{2m+4}{m+2}=2$,原式$=2\oplus 1=\dfrac{2+4}{2+2}=\dfrac{3}{2}$。

11. 答案:17781。

分析:对应质数的数由1个质数和若干个1组成,对质数满足条件的数有$\overline{1p}$、$\overline{p1}$、$\overline{11p}$、$\overline{1p1}$、$\overline{p11}$、$\overline{1p11}$、$\overline{11p1}$、$\overline{111p}$,共8个,其和为$3455+233p$。质数可能为2,3,5,7,所有数之和为$3455\times 4+233\times(2+3+5+7)=17781$。

12. 答案:337。

分析:$\dfrac{1^2+2^2+3^2+\cdots+n^2}{n}=\dfrac{(n+1)(2n+1)}{6}$为完全平方数,即$(n+1)(2n+1)=6k^2$。

又$n+1$与$2n+1$互质,$2n+1$为奇数,则$n+1=6a^2$,$2n+1=b^2$或$n+1=3a^2$,$2n+1=4a^2-1=3b^2$,b^2除以6不可能余5,舍去。

$(2a+1)(2a-1)=3b^2$,又$2a+1$与$2a-1$互质。$2a+1=c^2$,$2a-1=3d^2$,或$2a+1=3d^2$,$2a-1=c^2$,$d^2=3c^2+2$不存在,舍去。

$d^2=3c^2-2$,$c\geqslant 2$,c最小时为3时,$d=5$,则$a=13$,$n=337$,n的最小值为337。

2021年 全国"数学花园探秘"(原"迎春杯")数学竞赛

4年级

第一试

1. 答案:5371。

分析:(1)若$A>C$,$B(A-C)=D-C$,$D-C$是一位偶数,$B=1$或3。$B=1$时,$A=D$,不符合题意;$B=3$时,$D-C=6$,则$D=7$,$C=1$,则$A=3$,不符合题意。

(2)若$A<C$,$B(C-A)=C-D$,同理,$B=3$,$C-D=6$,则$D=1$,$C=7$,$A=5$,满足条件,因此$\overline{ABCD}=5371$。

2. 答案:495。

分析:末项与首项的差是$9\times$它们个位与十位的数字之差,而末项与首项之间的差是8个公差,所以一定是8的倍数,所以只能个位与十位数字差8。这样,这个等差数列的首项是19,末项是91,总和是$(19+91)\times 9\div 2=495$。

3. 答案:300。

分析:等积变形可得$\triangle BCM$的面积和$\triangle ACD$的面积相同,可知五边形$AEDCM$的面积为$70+180=250$。而五边形$AEDCM$可分为$\triangle AEM$和四边形$EDCM$,如果设正六边形的面积为6份,那么$\triangle AEM$的面积为2份,四边形$EDCM$的面积为3份。那么,所以正六边形面积为$250\div(3+2)\times 6=300$。

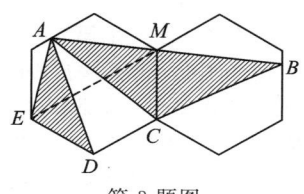

第3题图

4. 答案:108。

分析:第二种情况实际需要4筐仙桃,是第一种情况的4倍,所以第二棵树上的猴子数量是第一棵树上猴子数量的2倍。1筐仙桃分给全部猴子,每只猴子分得$6\div 3=2$(个)仙桃,所以1筐仙桃分给第一棵树上的猴子,每只猴子分得$2\times(1+2)=6$(个)仙桃,即第一棵树上有6只猴子。3筐仙桃一共有$6\times 6\times 3=108$(个)仙桃。

5. 答案:(1)⑩胜⑨,⑧胜⑩,⑧胜⑦,⑧胜⑥,⑤胜⑧,⑤胜④,③胜⑤,③胜②,③胜①。(2)32。(3)512。

分析:(1)见答案。

(2)高手之间的名次与每场比赛的结果相关,每场比赛共2种结果。如果第⑦号高手获得第5名,说明第⑦号高手一定战胜了前2场比赛的胜者,并且战胜⑥,战胜⑤,并输给④,这样才会获得第5名,说明有4场比赛的结果已经确定,剩余5场比赛共有$2^5=32$(种)可能。

(3)共9场比赛,共$2^9=512$(种)可能。

第二试

1. 答案:40。

分析:通过 A、B 说的话可知,A、C、D 拿到的数中都没有十位是 9 的数,也没办法通过个位有 9 确定最大的数;而 A、C 中要么有一个数的十位是 1,要么有一个数的个位是 1,并且 2 是其中一个数的十位。

通过 C 说的话,可以确定 B 和 D 拿到的两位数是最大和第二大的;并且,通过"A 看到了最大的数"分析知,B 拿到的两位数是最大的,但 B 不是十位是 9 的数。枚举所有差是 3 的可能性:

(1)B 拿到 82、D 拿到 79;

(2)B 拿到 71、D 拿到 68(因为确定没有 90 以上的数,所以可以保证 71 是最大的数)。

如果 B 拿到的数是 71,那么 B 就看不到 1,不可能确认谁是最小的数,所以只能是 B 拿到 82、D 拿到 79。

通过 D 说的话,可以知道 C、E 拿到的数是最小、第二小,而通过 B 说的话可确定 C 拿到的数是最小的。

通过 C 说的话可确定 A 拿到的数是第三小的,D 看不到 A 的数,他最多通过 C 说的话分析出 A 所包含的两个数字,而通过 2 个数字就可以知道 A 是多少,说明 A 的数字中含有 0。那么,第二小的数个位是 5。

枚举所有可能性:B 拿到 82、D 拿到 79,剩余 1、3、4、6,只能是 A 拿到 40,E 拿到 35,C 拿到 16。

所以,A 拿到的两位数是 40。

2. 答案:13。

分析:乙和队伍两次都是同向而行,第 1 次乙和队伍的路程差是 10−1=9(个)间距,而第 2 次乙和队伍的路程差是 37−10=27(个)间距,说明第 2 次用的时间是第 1 次的 3 倍;而甲和乙第 1 次路程和是队伍的总长,第 2 次路程差是队伍总长,说明甲、乙的速度和是速度差的 3 倍,3(甲速−乙速)=甲速+乙速,那么,乙的速度就是甲的速度的 2 倍。那么,如果队伍原地不动,相遇时乙走了 36÷(2+1)=12(个)间距,应该与从前往后数第 12+1=13(个)人对齐。

3. 答案:75。

分析:和为 5 有两种组合(2+2+1+0 或 2+1+1+1),第二行后三个数一定是 2,2,1。有 3 种排列方式。

(1)若第一行后 3 个数为 1,1,1,则第二行的 1 所在的列剩下两数必为 1 和 2。如果是 1、2,剩下的 2×2 方格有 3 种填法;如果是 2、1,剩下的 2×2 方格有 2 种填法。这一类总计共有 3×(3+2)=15(种)填法。

(2)若第一行后 3 个数为 0,2,1。考虑 0 若与第二行的 1 在同一列,有 2×2=4(种)填法。0 若与第二行的 2 在同一列,有 2×(3+5)=16(种)填法。这一类总计共有 3×(4+16)=60(种)填法。

综上,本题共 15+60=75(种)填法。

4. 答案:(1)见分析。(2)见分析。

分析:(1)如图(1),设左上角、右上角所填数分别为 a、b,每条直线上所填数的和为 S,则 $5S=2×(1+2+3+\cdots+7)+a=56+a$,有 $a=4,S=12$,从而 $b=8$。矛盾。

(2)如图(2)。

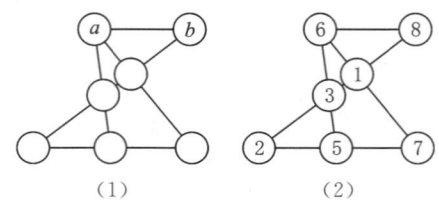

第 4 题图

5. 答案:(1)乙 3:2 战胜甲的场次多,乙多胜 20 场。(2)59。(3)见分析。

分析:(1)设甲 3:2 胜乙 a 场,3:0 或 3:1 胜乙 (60−a) 场,乙 3:2 胜甲 b 场,3:0 或 3:1 战胜甲 (41−b) 场,可得 3(60−a)+2a+b=200,解得 b−a=20,所以乙 3:2 战胜甲的场次多,多 20 场。

(2)不妨设甲最后得分高,设 3:0 胜乙比乙 3:0 胜甲多 a 场,3:1 胜乙比 3:1 胜甲多 b 场,3:2 胜乙比乙 3:2 胜甲多 c 场(a、b、c 可以是负整数)。

可得 3a+2b+c=0,求 3a+3b+c 的最大值即求 b 的最大值,所以,应该让 b 尽可能大。

如果 b≥61,那么此时甲比乙多胜了至少 61×2=122(局),此时剩余 40 局即便都是乙 3:0 甲,那么乙最多只能比甲多胜 40×3=120(局),甲、乙总局数不可能相同。

因为和差改变奇偶性,所以甲比乙多胜的场次与甲和乙总共赛的场次相同,那么,可得 a+b+c 应该和 101 的奇偶性相同,是奇数。而 3a+2b+c 是偶数,因为 3a、a 的奇偶性相同,c、c 的奇偶性相同,所以只能是 b 和 2b 的奇偶性不同。那么,b 一定是奇数。

综上,b 的最大值是 59,即总积分最多相差 59 分。

构造:甲 3:1 胜乙 59 场,乙 3:0 胜甲 38 场,3:2 甲 4 场。

(3)n=8 的构造。

甲与乙比赛,4 场得 3 分,4 场得 0 分;与丙比赛,5 场得 2 分,1 场得 1 分,2 场得 0 分;总计 4 场 3 分,5 场 2 分,1 场 1 分,共 23 分。

乙与甲比赛,4 场得 3 分,4 场得 0 分;与丙比赛,5 场得 2 分,2 场得 1 分,1 场得 0 分;总计 4 场 3 分,5 场 2 分,2 场 1 分,共 24 分。

丙与甲比赛,2 场得 3 分,2 场得 2 分,5 场得 1 分;与乙比赛,1 场得 3 分,2 场得 2 分,5 场得 1 分;总计 3 场 3 分,3 场 2 分,10 场 1 分,共 25 分。

其实 8 也是 n 的最小值,下面给出证明。

甲、乙、丙共练习了 3n 场比赛,总比赛场数一定是 3 的倍数。

设丙 3:0(与 3:1 一样,后面均以 3:0 代替)和 3:2 获胜的场次分别是 a 场和 b 场,那么,甲和乙 3:0 和 3:2 获胜的场次至少是 a+1 场和 b+1 场。因为每场比赛都恰好有 1 个获胜的人,那么比赛总场数是 3a+3b+4 场。因为比赛总和必须是 3 的倍数,那么,至少是 3a+3b+6

场。那么,此时甲和乙平均每人比丙多胜3场比赛,说明得3分和2分的场次中,甲丙的差与乙丙的差总计至少是$3×2+2×4=14$(分)。

因为0∶3负不得分,而丙的得分比甲、乙都高,那么,丙必须通过2∶3负的场次追回至少14分并超过甲乙,所以丙甲2∶3场次的差与丙乙2∶3场次的差总计至少$14+1+1=16$(分)。设丙2∶3比分是c场,那么,甲乙至多共比了$2c-16$场,可得$c≥8$。

因为3∶2的总场次与2∶3的总场次相同,如果$c=8$,此时甲乙2∶3的场次都只能是0场。那么,因为丙3∶2获胜的场次≤甲乙2∶3负的场次之和,丙3∶2获胜的场次也是0场。那么,甲和乙3∶2获胜的场次总共是8场,这样甲和乙平均3∶2和2∶3得$4×2=8$(分),丙3∶2和2∶3总和得8分,丙总得分不可能最高。

如果$c=9$,同理,甲乙2∶3场次总和至多2场,丙3∶2获胜场次至多2场,丙至多得$2×2+9=13$(分),甲、乙平均得$4.5×2+1=10$(分),丙只比甲、乙平均高3分,但甲、乙在得3分的场次中至少比丙多得3分,所以丙不可能得分最高。

所以c的最小值是10。丙至少比了10场比赛,所以$n≥5$。

如果$n=5$,总计15场比赛,3人总分45分,丙至少得16分,但丙有10场得1分,所以不可能得到16分;

如果$n=6$,总计18场比赛,3人总分54分,丙至少得到19分,丙有10场得1分,剩余2场最多6分,不可能得到19分;

如果$n=7$,总计21场比赛,3人总分63分,丙至少得到22分,丙有10场得1分,剩余4场如果得到12分,必须是4场得3分的比赛。那么,此时甲、乙至少有5场得3分的比赛,另外丙有10场得1分。所以甲、乙总计至少有10场得2分,必有1人胜了不止5场,这个人至少得了$5×3+5×2=25$(分),超过丙的得分。

综上,n的最小值是8。

5年级

第一试

1. 答案:9684。

分析:合数数字有4、6、8、9。经尝试知只有,因此$\overline{ABCD}=9486$。

2. 答案:125。

分析:如图(1),构造正方形ABED,则$S_{△ABC}+S_{△CDE}=S_{△ACD}+S_{△BCE}$。

如图(2),构造弦图,所以$S_{△CDE}=\frac{1}{2}×20×10=100$。

同理,$S_{△BCE}=\frac{1}{2}×30×15=225$。

所以$S_{△ABC}-S_{△ACD}=S_{△BCE}-S_{△CDE}=225-100=125$。

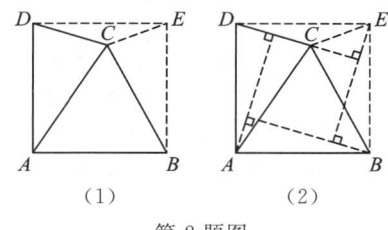

第2题图

3. 答案:25。

分析:1~12中含有质因数5的有2个(5和10),含有质因数7和11的仅有1个。因此,由甲的发言可知,7和11必不在乙和丙手中。

由乙的发言可知,7和11不在甲手中,且10也不在乙和丙手中,所以桌上剩下的三张必然是7、10、11。

由乙的"但你们两人取的三个数的和有可能相同"可知乙手上的数之和为偶数。

分析质因数2和3的个数可知,此时甲手中的数有以下6种可能:

甲手中的数字	剩余数字可组成的乘法等式
1,5,6	$2×8×9=3×4×12$
2,5,12	$1×8×9=3×4×6$
3,5,8	$2×4×9=1×6×12$
4,5,6	$1×8×9=2×3×12$
5,6,9	$1×4×12=2×3×8$
5,8,12	$1×4×9=2×3×6$

由丙的发言可知,仅在持有(2,3,6)时,丙可确定甲手中的数,且可以验证甲的话是正确的。

因此,甲手中的三个数之和为$5+8+12=25$。

4. 答案:(1)4。(2)4。(3)22。

分析:(1)任意2×2的正方形必须2黑2白,所以4×3的方格至少要染4个黑格,染4个黑格时只有一种染法:将第2行全部染黑即可。

(2)前两行对应的4×2长方形,内部有4黑4白,因此第3行有1黑3白,同理可得第1行也是1黑3白,因此第二行为3黑1白;将第二行的任意一格染白,那么白格上下必须都是黑格,共4种。

(3)若恰好6黑6白,考虑前两行对应的4×2长方形,内部有4黑4白,同理可得第1行也是2黑2白,因此每行都为2黑2白。

考虑第2行的黑白分类,共3种不同类型。

①黑黑白白,只有1种染色方式。

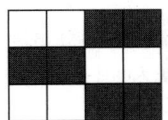 

②黑白黑白,第1层①③同色,只有2种选择,同样第3层2种选择,共$2×2=4$(种)染色方式。

③黑白白黑,第1层②③染成黑色,只有1种选择,同

理第3层1种选择,共1种染色方式

综上,6黑6白有$(1+4+1)\times 2=12$(种)染色方式。

所以总共有$(1+4)\times 2+12=22$(种)染色方式。

5. 答案:(1)55。(2)231。(3)29。

分析:(1)1~10逆时针排列即可满足要求,所以小朋友们号码总和最少为$1+2+3+\cdots+10=55$。

(2)考虑号码最大的小朋友,他的号码一定等于左右两名小朋友之和。当他退出队列时,其余小朋友仍然满足要求,所以最小的三个号码一定是1、2、3,且将号码从小到大排列时,每个号码不大于前面两个号码之和。因此小朋友们号码总和最多为$1+2+3+5+8+13+21+34+55+89=231$。

(3)考虑号码最大的小朋友,他的号码一定等于左右两名小朋友之和,即他的"幸运数"为1。当他退出队列时,其余小朋友仍然满足要求,且原来与他相邻的两名小朋友的"幸运数"各减少1,队列中所有人的"幸运数"之和减少3。依次使队列中号码最大的小朋友退出,7次后剩余3人,号码分别为1、2、3,"幸运数"分别为5、2、1。所以原有"幸运数"之和为$3\times 7+5+2+1=29$。

第二试

1. 答案:3132。

分析:能写成差为4的两个整数乘积的数一定比某个平方数少4,所以这个平方数除以101余5;

$2021=43\times 47=45^2-4$;

所以另一个这种四位数是$(101-45)^2-4=3132$。

2. 答案:200。

分析:图中四个五角星的面积相同,所以只需考虑其中一个五角星的面积。如图,由对称性可知A、B、C共线,注意到$AH\perp BE$,由对称性可知A、H关于BE对称,于是$S_{\triangle BDF}=S_{\triangle EDF}$,$S_{\triangle ADE}=S_{\triangle AEG}$,因此一个五角星的面积即是$\triangle ACG$的面积,为$10\times 10\div 2=50$。故图中阴影部分的面积和为$50\times 4=200$。

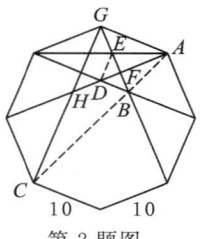

第2题图

3. 答案:1180。

分析:胜负顺序可分为如下三类计数。

(1)2胜2负6平,则最后一局为平局,第9局为胜或负,其余8局中2胜1负5平或1胜2负5平,可能的结果总数为$2\times C_8^2\times C_6^1=336$(种)。

(2)3胜3负4平,则最后一局为平局。

①若第8、9局为2胜或2负,则可能的结果总数为$2\times C_7^1\times C_6^3=280$(种);

②若第8、9局为1胜1负,则第7局也必须分出胜负,可能的结果总数为$2\times 2\times C_6^1\times C_5^2=240$(种)。

小计520种。

(3)4胜4负2平,则最后一局为平局。

①若前4局内有平局,则结果总数为$C_4^1\times C_8^4=280$(种);

②若第5局为平局,则结果总数为$2\times (1+C_4^1\times C_4^1=$

34(种);

③若第6局为平局,则结果总数为$2\times C_5^1=10$(种)。

小计324种。

总计$336+520+324=1180$(种)。

4. 答案:440。

分析:如图,甲过程②的时间为3小时,过程③的时间为3小时40分$=3\frac{2}{3}$小时,时间比为$3:3\frac{2}{3}=9:11$。设丙在过程②行驶9份,在过程③行驶11份,则甲在过程①行驶20份。

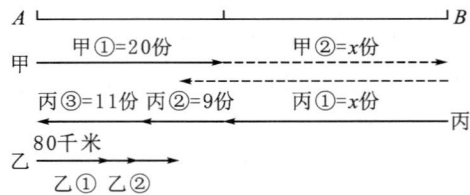

第4题图

设丙在过程①行驶x份,则甲在过程②行驶x份。变速前,甲、丙的速度比为$20:x=\frac{20}{x}$;变速后,甲、丙的速度比为$x:9=\frac{x}{9}$。

由于后来甲的速度是之前的3.2倍,所以$\frac{20}{x}\times 3.2=\frac{x}{9}$,得到$x^2=20\times 3.2\times 9=576$,解得$x=24$。

根据丙的路程可知过程①和过程②的时间比为$24:9$,因为乙①路程为80千米,所以乙②路程为$80\times\frac{9}{24}=30$(千米),前两个过程共行驶$80+30=110$(千米),这恰好等于丙③路程的11份,于是1份路程为$110\div 11=10$(千米),所以A、B相距$10\times (20+24)=440$(千米)。

5. 答案:14。

分析:我们按照下面的规则为每条线段添加箭头。

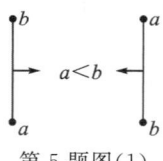

第5题图(1)

按照上面的规则,如果三角形顶点处的三个数从小到大顺时针排列(蓝色三角形),三角形内部有两个箭头;如果三角形顶点处的三个数从小到大逆时针排列(红色三角形),三角形内部只有一个箭头。

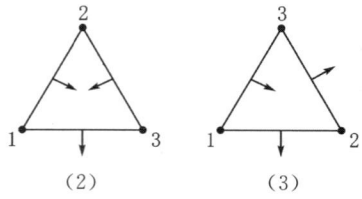

第5题图

设一共有n个红色三角形,则有$18-n$个蓝色三角形,则所有三角形内部的箭头总数为 $n+2(18-n)=36-n$ 个。要红色三角形越多,就要使得三角形内部的箭头总数(即菱形内的箭头数)越少。

菱形内部的 21 条线段对应 21 个内部的箭头。如果菱形边上的 12 个箭头全部朝外,从边上的最小数开始绕菱形一圈,每经过一条线段会变大,是不可能回到起点的。因此,菱形边上的 12 个箭头至少有一个指向内部。菱形内部至少有 22 个箭头。所以最多有 $36-22=14$(个)红色三角形。下图给出了符合题意的一种填数方式。

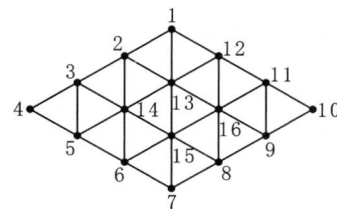

第 5 题图(4)

综上,红色三角形最多有 14 个。

6 年级

第一试

1. 答案:57913。

分析:方法 1 等号右边都是偶数数字为 2、4、6、8,和为 20,所以只能是 $2×18,4×16,6×14,8×12$ 这四种情况。然后逐一将结果分解为"奇数×偶数"即可,或者进一步分析左边:

等号左边都是奇数数字,肯定是"奇数×偶数",偶数最大为 $7+9=16$。根据等号两边含有质因数 2 的数量来看,不难排除掉 $4×16$ 和 $8×12$ 两种情况。

情况 $1:2×18=36=9×4$,显然无解;

情况 $2:6×14=84=21×4=(5+7+9)×(1+3)$。

所以,五位数 $\overline{ABCDE}$ 最小是 57913。

方法 2 左边数字和为 25,右边数字和为 20,同时分拆。

左边根据第二个括号的偶数枚举,可能为 $4×21,6×19,8×17,10×15,12×13,14×11,16×9$;右边可能为 $2×18,4×16,6×14,8×12$。

只能是 $6×(2+4+8)=6×14=21×4=(5+7+9)×(1+3)$。

所以,五位数 $\overline{ABCDE}$ 最小是 57913。

2. 答案:13。

分析:设小东、小西、小南、小北分别有 a、b、c、d 颗糖果,则由题意得 $\begin{cases} a+b+c+d=28, \\ a+b=3d, \\ a+\dfrac{d}{2}=2\left(b+\dfrac{d}{2}\right), \end{cases}$

整理得 $\begin{cases} a+b+c+d=28 & \text{①}, \\ c=28-4d & \text{②}, \\ 2a=4b+d & \text{③}. \end{cases}$

看②:$c=28-4d$,根据 c、d 差不超过 5,枚举 d 不难

得到 $\begin{cases} d=6, \\ c=4. \end{cases}$

将 c、d 的值代入①和③,进一步得 $\begin{cases} a+b=18, \\ a=2b+3, \end{cases}$ 解得 $\begin{cases} a=13, \\ b=5. \end{cases}$

因此小东有 13 颗糖果。

3. 答案:123。

分析:由已知条件,$OF // AD$,根据一半模型,四边形 $EOGF$ 的面积为 $280÷2=140$,那么,△OEG 的面积为 $280÷2-40=100$,故 $OE^2=200$。

所以直角扇形的面积为 $\dfrac{1}{4}×π×OE^2=50π$,阴影面积之和为 $280-50π=123$。

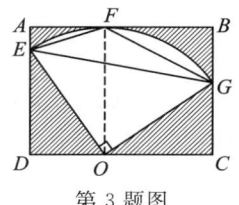

第 3 题图

4. 答案:2,31,61。

分析:(1)首先,三角形的面积为正方形 $ABCD$ 的一半,只能是有 2 个机器人在相邻顶点,第三人在对边上。

证明:①当三角形有两个点在同一条边上时,易证当且仅当这两点在正方形的两个顶点,第三个顶点在对边上任意一点时,三角形面积最大,为正方形的一半。

②当情况①不存在时,即三角形的三个顶点在三条边上,且不存在一条边上两个顶点的情况,如图所示:

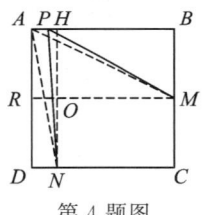

第 4 题图

此时,$S_{△HMN} < S_{△AMN} = \dfrac{S_{正方形ABCD}-S_{长方形AHOR}}{2} < \dfrac{S_{正方形ABCD}}{2}$。

综上,要使三角形的面积为正方形 $ABCD$ 的一半,只能是有 2 个机器人在相邻顶点,第三个机器人在对边上。

(2)再证在相邻两顶点处的机器人速度的奇偶性不同。

时间相同,路程比等于速度比。而路程比又可以对应成走的边数的比,相邻两个顶点的人,走的边数的奇偶性不同,而速度值都是质数,所以,一定有一个机器人的速度为 2 厘米/秒,那么另外两人的速度值都是奇质数。

根据对话,甲是首次到达所在的位置,而乙、丙都分别是第 8 次和第 16 次到达所在的位置了,所以甲的速度为 2 厘米/秒,此时甲在点 C。

根据信息,可以设乙走了 $4\times 7+p$ 条边,丙走了 $4\times 15+q$ 条边,即 $v_乙=(28+p)$ 厘米/秒,$v_丙=(60+q)$ 厘米/秒。p,q 都是不超过 4 的奇数,而乙、丙又不在同一个顶点,所以只能是一个的值为 1,另一个的值为 3。结合速度值为质数,只能是 $p=3,q=1$。即 $v_乙=31$ 厘米/秒,$v_丙=61$ 厘米/秒。

综上,甲的速度为 2 厘米/秒,乙的速度为 31 厘米/秒,丙的速度为 61 厘米/秒。

5. 答案:(1)略。 (2)80。 (3)7568。

分析:除第一列已经填好的"2021"外,其余空格中,前 3 行每行有奇数个 1;第 4 行有偶数个 1,每列和也是奇数。所以,第 4 行中 1 的位置被前三行 1 的情况所决定。其余不是 1 的方格,可以是 0 或 2 任选。

根据前 3 行 1 的情况分类讨论:

①三行都是 3 个 1,那么第 4 行固定,一定是 0 个 1[图(1)],共 $2^3=8$(种)填法。

②有两行是 3 个 1,一行是 1 个 1,第四行一定是两个 1 且位置固定,如图(2)所示。共 $C_3^2\times C_3^1\times 2^3=72$(种)填法。

2	1	1	1
0	1	1	1
2	1	1	1
1			

2	1	1	1
0	1	1	1
2	1		
	1	1	

(1) (2)

第 5 题图

以上两种为第(2)问的答案,共 80 种填法。

③有一行是 3 个 1,还有两行各 1 个 1,这两个 1 分同列和不同列两种。如图(3),图(4)所示。图(3)共有 $C_3^1\times 2^7=1152$(种)填法,图(4)共有 $C_3^1\times A_3^2\times 2^5=576$(种)填法。

2	1	1	1
0	1		
2	1		
1			

2	1	1	1
0		1	
2	1		
	1	1	

(3) (4)

第 5 题图

④前 3 行都只有一个 1,分全同列[图(5)],有两个同列[图(6)],都不同列[图(7)]三种情况。图(5)共 $C_3^1\times 2^7=384$(种)填法,图(6)共 $C_3^2\times C_3^1\times C_2^1\times 2^7=2304$(种)填法,图(7)共 $A_3^3\times 2^9=3072$(种)填法。

综上,第(3)问一共有 $8+72+1152+576+384+2304+3072=7568$(种)填法。

2	1		
0	1		
2	1		
1			

2	1		
0	1		
2		1	
	1	1	

2	1		
0		1	
2			1
	1	1	1

(5) (6) (7)

第 5 题图

第二试

1. 答案:9。

分析:实际上这个自然数共有 9 个因数,且因数和小于 100。所以这个自然数是 p^8 或者 p^2q^2 的形式的数(其中 p,q 为质数)且小于 100。

因此这个自然数是 $2^2\times 3^2=36$,多写的因数为 $100-(1+2+2^2)\times(1+3+3^2)=9$。

2. 答案:32。

分析:得到的八位数首、末位数字只能是 $(1,3)$,$(1,6)$,$(4,6)$ 和 $(4,3)$。分类进行讨论:

(1)首、末位数字是 $(1,3)$ 和 $(4,6)$ 时,即 $1\cdots 4\cdots 6\cdots 3$ 或 $4\cdots 1\cdots 3\cdots 6$ 时,其计数种类相同,由插板法,每类都是 $C_{4+2-1-1}^{3-1}=6$(个),共 $6\times 2=12$(个)。

(2)首、末位数字是 $(1,6)$ 和 $(4,3)$ 时,其计数种类相同。

①首、末位数字是 $(1,6)$ 时:

(a) $\underbrace{1\cdots 4\cdots 3}_{\text{之间至少2个2}}\cdots 6$,4 和 6 之间也至少 2 个 2;根据 4 和 3 之间 2 的个数从 0~4 进行枚举,共 9 个符合条件的八位数。

(b)还有一个符合条件的八位数是 12234226。

共 10 个符合条件的八位数。

②首、末位数字是 $(4,3)$ 时,也有 10 个符合条件的八位数。共 20 个。

综上,一共有 $12+20=32$(个)符合条件的 8 位数。

3. 答案:40。

分析:方法 1 如图(1),连接 AD、EQ,过点 F 作 BC 的平行线,与 DE 的延长线交于点 R,连接 FR、BR。

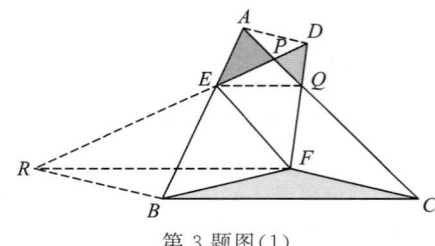

第 3 题图(1)

显然四边形 $BCFR$ 是平行四边形,$S_{\triangle BCF}=S_{\triangle BRF}$,所以:

$$2S_{\triangle BCF}=S_{\triangle BCF}+S_{\triangle BRF}$$
$$=(S_{\triangle ABC}-S_{\triangle DFR})+(S_{\triangle BER}-S_{\triangle CFQ})-(S_{\triangle AEP}-S_{\triangle DQP})$$
$$=9(S_{\triangle AEQ}-S_{\triangle DEQ})+4(S_{\triangle AED}-S_{\triangle AQD})-(S_{\triangle AEP}-S_{\triangle DQP})$$
$$=12(S_{\triangle AEP}-S_{\triangle DQP})。$$

计算即可得:$S_{\triangle DQP}=S_{\triangle AEP}-\dfrac{1}{6}S_{\triangle BCF}=40$。

方法 2 如图(2),连接 EQ、BQ、AF,由金字塔模型,$EQ//BC$。过点 B 作 EQ 的高 h_1,过点 F 作 EQ 的高 h_2。

$S_{\triangle BEQ}-S_{\triangle FEQ}=\dfrac{1}{2}\times EQ\times(h_1-h_2)$。注意到 h_1-h_2 恰为 $\triangle BFC$ 在 BC 边上的高,且 $BC=3EQ$,于是有

$S_{\triangle BEQ} - S_{\triangle FEQ} = \frac{1}{2} \times \frac{1}{3} BC \times (h_1 - h_2) = \frac{1}{3} S_{\triangle BFC} = 94$。

从而 $S_{\triangle AEP} - S_{\triangle DPQ} = S_{\triangle AEQ} > S_{\triangle DEQ} = \frac{1}{2} S_{\triangle BEQ} - \frac{1}{2} S_{\triangle FEQ} = 47$, $S_{\triangle DPQ} = 87 - 47 = 40$。

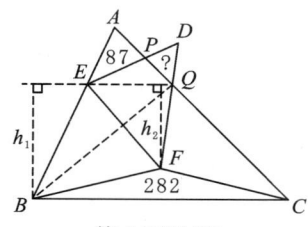

第3题图(2)

方法3 如图(3)作辅助线，M、N、R 分别为 QC、QF、EB 的中点。

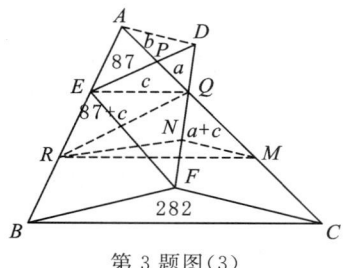

第3题图(3)

设 $\triangle PDQ$ 的面积为 a, $\triangle PDA$ 的面积为 b, $\triangle PEQ$ 的面积为 c, 那么 $\triangle EQR$ 的面积为 $87+c$。

由鸟头模型，$\angle NMR = \angle FCB$, $NM = \frac{1}{2} FC$, $RM = \frac{2}{3} BC$, 所以 $S_{\triangle NRM} = 282 \times \frac{1}{2} \times \frac{2}{3} = 94$, $S_{\triangle RQN} = S_{\triangle RQM} - S_{\triangle RMN} - S_{\triangle QMN} = 2 \times S_{\triangle EQR} - 94 - (a+b) = 2 \times (87+c) - 94 - (a+b)$。

而 $S_{四边形 EDQR} = S_{\triangle EAD} + S_{\triangle RQN}$, 所以有 $87+c+c+a = 87+b+2 \times (87+c) - (a+b) - 94$, 化简得 $a = 40$。

4. 答案：200。

分析：方法1 由条件易知，若 m 克 5% 的盐水中含盐 $5x$ 克，那么 m 克 27% 的盐水中含盐 $27x$ 克。我们先只看盐的变化，设原来甲容器含盐 a 克，乙容器含盐 $b+15x$ 克，丙容器中含盐 $c+27x$ 克。

	最初	第一次操作后	第二次操作后
甲	a	$a+5x$	$a+23x$
乙	$b+15x$	$b+10x$	$b+19x$
丙	$c+27x$	$c+27x$	c

第一次操作后，甲、乙容器盐水的重量相同时，而乙容器的浓度是甲容器的2倍，说明 $b+10x = 2(a+5x)$, 所以 $b = 2a$。第二次操作后，三个容器中盐水的重量相等。这时三个容器中盐水浓度也相同，说明 $a+23x = b+19x$, 所以 $a+4x = b$, 所以 $a = 4x$, $b = 8x$, $c = 27x$。这样甲、乙、丙三个容器中最初的盐水重量比为 $\frac{4x}{1\%} : \frac{23x}{5\%} : \frac{54x}{27\%} = 20 : 23 : 10$。

根据最初乙中盐水的重量比甲多60克，所以丙容器最初有 $60 \div (23-20) \times 10 = 200$（克）盐水。

方法2 注意到对比浓度时，盐水总重均相等，故溶液浓度比始终等于盐重比。

第一次甲乙对比时，乙中盐重为甲的2倍；之后甲中加入了 $27\% \times \frac{2}{3} m = 0.18m$（克）盐，乙中加入了 $27\% \times \frac{1}{3} m = 0.09m$（克）盐，甲乙中盐重变为相等，则第一次对比时甲中的盐重恰为新加入盐重的差值，即 $(0.18-0.09)m = 0.09m$（克）。

由此反推，甲最初的盐重为 $0.09m - 5\% m = 0.04m$（克），甲中盐水原重 $0.04m \div 1\% = 4m$（克），乙中盐原重 $0.09m \times 2 + 5\% m = 0.23m$（克），乙中盐水原重 $0.23m \div 5\% = 4.6m$（克），由于乙中盐水比甲重60克，求得 $m = 100$ 克。

则三者浓度相同时，各自的盐重为 $0.09m + 0.18m = 0.27m = 27$ 克，丙中原有盐重为：$27 + 27\% \times 100 = 54$（克）。丙中原有盐水重为 $54 \div 27\% = 200$（克）。

方法3 注意到对比浓度时，盐水总重均相等，故浓度比等于盐重比，计算不同时刻溶液中的盐重即可。

设最初甲容器有 x 克盐水，则乙中有 $x+60$ 克盐水。

第一次甲、乙等重时，乙中盐重为甲的2倍，即有 $2(1\% x + 5\% m) = 5\%(x+60-m)$。

第二次甲、乙等重时，甲、乙中盐重相等，即有 $1\% x + 5\% m + 27\% \times \frac{2}{3} m = 5\%(x+60-m) + 27\% \times \frac{1}{3} m$, 联立解得 $x = 400$, $m = 100$。

则三者浓度相等时，各自的盐重为 $27\% \times \frac{2}{3} m = 27$（克），丙中原有盐重为：$27 + 27\% \times 100 = 54$（克），丙中原有盐水重为 $54 \div 27\% = 200$（克）。

5. 答案：32。

分析：(1) 考虑已经开出的选票中狮子的得票数 x 与其余所有人的得票数之和 y。开始阶段，$x=0$, $y>0$；每开出一张选票，x 与 y 中的一个数不变，一个数加1，x 与 y 的差值变化为1；最后阶段，x 与 y 的比值超过 $\frac{97}{3}$, x 大于 y。按照上面的规则，从 x 小于 y 过渡到 x 大于 y 的时候，一定有 $x=y$ 的时刻，对应的得票率为 $\frac{1}{2}$。因此，$\frac{1}{2}$ 一定出现在所有"朱迪"的记事本里。

严格证明：假设笔记本上没有出现 $\frac{1}{2}$, 由于最初的得票率小于 $\frac{1}{2}$, 而最终的得票率大于 $\frac{1}{2}$, 故得票率数列中一定存在相邻的两项，前一项小于 $\frac{1}{2}$ 而后一项大于 $\frac{1}{2}$, 即某一时刻的实时得票率小于 $\frac{1}{2}$, 而在得到下一票后的实时得票率增加到大于 $\frac{1}{2}$。设这一时刻的总票数为 a, 得票数为

421

b,则这两个得票率分别为$\frac{b}{a}$与$\frac{b+1}{a+1}$,即有$\frac{b}{a}<\frac{1}{2}<\frac{b+1}{a+1}$。

化简两边的不等式得到$\begin{cases}a>2b,\\a<2b+1。\end{cases}$显然不存在正整数$a$同时满足这两个式子,与题意矛盾。故"朱迪"记事本上一定存在$\frac{1}{2}$。

(2)类似(1)中的"严格证明",事实上问题等价于求所有小于97%的最简真分数$\frac{n}{m}$中,令$\frac{b}{a}<\frac{n}{m}<\frac{b+1}{a+1}$没有正整数解的$\frac{n}{m}$个数。同样化简两边不等式可以得到$\begin{cases}na>mb,\\na<mb+m-n。\end{cases}$由$m>n$得$m-n\geqslant1$。

(i)当$m-n=1$时,$\begin{cases}na>mb,\\na<mb+1\end{cases}$一定没有正整数解,故所有形如$\frac{n}{n+1}$的小于97%的分数均满足条件。考察$\frac{n}{n+1}<97\%$,化简得到$n<\frac{97}{3}$,$n$的取值可以是$1\sim32$,对应$\frac{1}{2}\sim\frac{32}{33}$这32个分数均会在笔记本上出现。

(ii)当$m-n>1$时,由于$(m,n)=1$,一定存在正整数k,令$nk\equiv1\pmod{m}$,从而$a=k,b=\frac{nk-1}{m}$是不定方程$na=mb+1$的解,也是原不等式组的解。故不能保证这一分数一定在笔记本上出现。

事实上,假设选票总共34张,而狮子得到了第一票后的所有选票,则其得票率变大的变化为:$\frac{0}{1},\frac{1}{2},\frac{2}{3},\cdots,\frac{32}{33}$,$\frac{33}{34}$,可以发现其中并未出现任何形如$m-n>1$的分数。

综上所述,必然出现的分数共有32个。

逻辑A卷

1. 答案: E。

分析:A选项中2左边应有1,B选项中7应在左起第4,C选项中6、4之间应有5,D选项中4、5顺序不对,所以A、B、C、D均错。

而6157423满足要求,说明E是可能的。

综上所述,本题的答案为E。

2. 答案: A。

分析:如果左起第3个数字是3,那么左起前3个数字必为123,从而只能是1237654。

故左起第5个数字是6,从而本题的答案为A。

3. 答案: D。

分析:如果3、7相邻,由于7排在第4,所以3排在左起第3或第5。

若3排在左起第3,则只能为1237654,从而A是可能的。

若3排在左起第5,1、2排在3左边,6也排在5的左边,故左起前3个数字只能含1、2、6,从而D是不可能的,

而1267354、1627354、6127354又说明B、C、E是可能的。

综上所述,本题的答案为D

4. 答案: B。

分析:7排在正中间,7左右各有3个数字,如果5、6之间恰好有两个数字,6又必须在5的左边,所以6在7左,5在7右,5、6间的数字必含7,从而A、D、E均不可能。

若5、6之间是7和1,那7右边将有2、3、4、5这4个数字,与题意矛盾。故C不可能。

而1267354满足要求,说明B是可能的。

综上所述,本题答案为B。

5. 答案: E。

分析:1237654 满足要求,说明 B、C 是可能的。1267354满足要求,说明A、D是可能的。

另一方面,最左边的2个数字可能为12、65、16、61,两个数字的和均为奇数;

最右边的2个数字可能为54、23、34、43,两个数字的和均为奇数;

七个数字的总和$1+2+3+\cdots+7=28$为偶数。

所以最中间的3个数字的和必为偶数。

综上所述,本题的答案为E。

6. 答案: A。

分析:∵甲参加的队乙都参加了,而这两人参加的队又不完全相同,

∴甲、乙参加的队数一定不相等,从而A是不可能的。

另一方面,下面的情形说明B是可能的。

甲	乙	丙	丁
足球队、篮球队	足球队、篮球队、游泳队	游泳队、田径队	篮球队

下面的情形说明C是可能的。

甲	乙	丙	丁
足球队、篮球队	足球队、篮球队、游泳队	田径队	篮球队、游泳队

下面的情形说明D是可能的。

甲	乙	丙	丁
足球队	足球队、篮球队	游泳队、田径队	篮球队

下面的情形说明E是可能的。

甲	乙	丙	丁
足球队	足球队、篮球队、田径队	游泳队、田径队	田径队

综上所述,本题的答案为A。

7. 答案: D。

分析:同第6小题,甲、乙参加的队数一定不相等,从而甲、乙不可能都参加3个队,故至多有3人。

另一方面,下面情形说明乙、丙、丁三人都参加3个队是可能的。

甲	乙	丙	丁
篮球队	足球队、篮球队、田径队	足球队、游泳队、田径队	足球队、游泳队、田径队

综上所述,本题的答案为 D。

8. 答案:C。

分析:如果乙只参加了游泳队和田径队,那么乙没参加足球队,从而甲也没参加足球队。

而丁也没参加足球队,足球队又需有人参加,所以丙参加了足球队,从而 C 必然正确。

另一方面,下面的情形说明 B、D、E 未必成立。

甲	乙	丙	丁
游泳队	游泳队、田径队	足球队	篮球队

下面的情形说明 A 未必成立。

甲	乙	丙	丁
田径队	游泳队、田径队	足球队	篮球队

综上所述,本题的答案为 C。

9. 答案:E。

分析:如果丙参加了篮球队、游泳队、田径队,则甲只参加足球队,说明 A、B、D 是不可能的。

如果丁参加了三队,只能为篮球队、游泳队、田径队,与丙完全相同,说明 C 是不可能的。

另一方面,下面的情形说明 E 是可能的。

甲	乙	丙	丁
足球队	足球队、游泳队	篮球队、游泳队、田径队	篮球队、游泳队

综上所述,本题的答案为 E。

10. 答案:B。

分析:如果甲参加了篮球队和游泳队,乙参加了田径队,据前面第 6 小题的结论,则甲只参加了篮球队和游泳队,乙参加了篮球队、游泳队和田径队。

甲参加的队丙都没参加,而丁至少参加两队,则丙只能参加足球队和田径队。

丁没参加足球队,但参加了篮球队,如果余下的游泳队和田径队丁都参加,则与乙完全相同。

丁至少参加两队,又不能与甲完全相同,丁只能是参加篮球队和田径队。

综上所述,说明 B 能唯一确定每人参加了哪些队。

另一方面,下面两种情形都满足 A,说明 A 不能唯一确定每人参加了哪些队。

甲	乙	丙	丁
足球队、篮球队	足球队、篮球队、田径队	游泳队、田径队	篮球队、田径队
足球队、篮球队	足球队、篮球队、田径队	游泳队、田径队	篮球队、游泳队

下面两种情形都满足 C,说明 C 不能唯一确定每人参加了哪些队。

甲	乙	丙	丁
篮球队	篮球队、田径队	足球队、游泳队	篮球队
篮球队	篮球队、田径队	足球队、游泳队	篮球队、田径队

下面两种情形都满足 D,说明 D 不能唯一确定每人参加了哪些队。

甲	乙	丙	丁
足球队	足球队、游泳队	田径队	篮球队、游泳队
足球队	足球队、游泳队	田径队	篮球队、田径队

下面两种情形都满足 E,说明 E 不能唯一确定每人参加了哪些队。

甲	乙	丙	丁
足球队	足球队、田径队	游泳队	篮球队
田径队	足球队、田径队	游泳队	篮球队

综上所述,本题的答案为 B。

11. 答案:13。

分析:将 60 表示成 5 个一位整数的乘积(不计乘数顺序)只有以下 3 种:

$60 = 1 \times 1 \times 2 \times 5 \times 6$;
$60 = 1 \times 1 \times 3 \times 4 \times 5$;
$60 = 1 \times 2 \times 2 \times 3 \times 5$。

如果哪位同学拿了 6,他就能确定这 5 个数只能为 1、1、2、5、6,从而能确定和为 15。

如果哪位同学拿了 4,他就能确定这 5 个数只能为 1、1、3、4、5,从而能确定和为 14。

而现在这五位同学一起回答"不能",说明没有同学拿 4 或 6,所以 5 个数为 1、2、2、3、5。

故本题的答案为 $1+2+2+3+5=13$。

12. 答案:157。

分析:设这个三位数为 $\overline{ABC}$。

据花花的第一句话,知 A 为 1 或 3;

据园园的第一句话,知 B 为 3 或 5;

据蜜蜜的前半句话,知 $C > 5$;据蜜蜜的后半句话知 $C < 9$,故 $C = 7$。

据花花的第二句话,知 $A \neq 3$,从而 $A = 1$。

据园园的第二句话的前半段,知 $B \neq 3$,从而 $B = 5$。

故本题的答案为 157。

第13～17题公用分析：

由条件(1)得知，有一个等级是没有人的。由条件(5)(7)知斗皇、斗宗必有人。

由条件(3)(5)知C不是斗皇。

条件(3)(4)(5)(7)中提到的7个人互不相同，另有1人未曾提及信息。

F、G、H的对应关系未曾提及。

13. 答案：B。

分析：分析条件(3)，只有两种可能。

① A是斗师，B是斗者，C是斗王；
② A是斗王，B是斗皇，C是斗宗。

因此八人中必有斗王，选项B不成立。

其余4项均有可能成立。例如：

① B为斗者，A为斗师，C、H为斗王，F为斗皇，D、E、G为斗宗，
年龄排序为G>C>A>B>D>E>F>H，满足选项A和D；

② H为斗师，B、D、E为斗灵，A为斗王，F为斗皇，C、G为斗宗，
年龄排序为G>C>H>A>D>E>B>F，满足选项C和D；

③ B为斗者，A为斗师，C、D、E为斗王，F、G、H为斗宗，
年龄排序为G>C>A>B>D>E>H>F，满足选项D和E。

∴综上所述，本题的答案为B。

14. 答案：D。

分析：若八人中没有斗灵，由第13题知，A是斗师，B是斗者，C是斗王。

分析条件(6)，等级连续的三人只能分别为斗王、斗皇、斗宗。

由条件(5)知，这三人只能是年龄最小的三人(即斗皇、E和未提及信息的人)。

因此年龄从小到大分别为斗皇、未提及信息的人、E、D、B、A、C，年龄最大的斗宗。

且B是其中唯一的斗者，A是唯一的斗师，C是斗王。剩下的人有两种可能：

① D、E为斗王，未提及信息的人为斗宗，此时有三名斗王，两名斗宗；
② D、E为斗宗，未提及信息的人为斗王，此时有三名斗宗，两名斗王。

所以选项A、B、C、E均必然成立，选项D不一定成立。
综上所述，本题的答案为D。

15. 答案：E。

分析：选项A、B无法区分G和H的身份；选项C、D无法区分上题分析的两种可能。

故选E。

另一方面，由选项E知，F是之前未提及信息的人，年龄第二小的斗宗；G是斗皇，则H为年龄最大的斗宗，D、E为斗王。

年龄大小顺序为H>C>A>B>D>E>F>G。

综上所述，本小题的答案为E。

16. 答案：E。

分析：方法1 条件无法区分F、G、H的身份，因此选项E不一定成立。

方法2 若八人中恰有两位斗者，则有两种可能：

① 没有斗灵，则B是斗者，A是斗师，C是斗王，未提及者是斗者，D、E无论是斗王还是斗宗都无法满足条件(6)；
② 没有斗师，则B是斗灵，A是斗王，C是斗宗，D、E是斗者。条件(6)所指的三人是A、B和斗皇。未提及信息者为斗宗。

因此选项A、B、C、D都一定成立。
综上所述，本题的答案为E。

17. 答案：C。

分析：选项A无法区分G、H的身份，选项B无法区分F、H的身份，选项D无法区分F、G的身份，所以可排除选项A、B、D。

由第14题分析知，若8人中没有斗灵，则斗者、斗师只能各有1人，因此若八人中恰有两位斗师，则应没有斗者，A是斗王，B是斗灵，C是斗宗，D、E是斗师。因此选项E可以排除。

此时符合条件(6)的三人为A、B、D。所以未提及者为斗宗。注意条件(7)，所以选项C中的F、G并非年龄最大的。只可能是F为未提及者(斗宗)，G为斗皇。此时，各人的等级已确定，年龄大小顺序也已确定，为：H>C>A>B>D>E>F>G。

综上所述，本题的答案为C。

18. 答案：41631。

分析：第1题的答案不可能是1、2、3、5、7，只能是4或者6，因此第2题和第3题的答案并非质数。

第3题的答案一定不是1，且与第1题的答案一定不一致，所以只有两种情况：

(1)若第1题的答案为4，则第3题的答案为6，第6题的答案为6。顺次可推知第5题的答案为1。讨论第4题的答案(质数)可知，第4题的答案只能为3，第2题的答案为1，第7题的答案为2。

(2)若第1题的答案为6，则第3题的答案为4，第6题的答案为4，与第3题的答案矛盾。

综上，所求五位数为41631。

19. 答案：2458。

分析：据题意，甲所在位置的编号小于6。

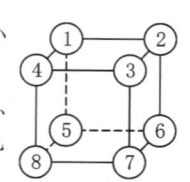
第19题图

若甲在1号，乙、丙可能分别在3号、7号，与甲说的"在乙说之前我就知道乙看不见丙"矛盾。

若甲在3号，乙、丙可能分别在5号、6号，与甲说的"在乙说之前我就知道乙看不见丙"矛盾。

若甲在4号，据甲说"我谁都看不见"，则乙、丙、丁必然分别在5号、6号、7号，同样与甲说的"在乙说之前我就

知道乙看不见丙"矛盾。

若甲在5号,据甲说"我谁都看不见",乙、丙、丁都只能在7号,矛盾。

综上,甲必然在2号。

甲在2号,甲看不见的位置有4号、5号、7号、8号,乙可能在4号或5号。

(1)如果乙在5号,因为没看见丙,所以丙在7号,丁在8号,甲可能在4号,乙也就无法判断甲是否能看见丁,与题意矛盾。

(2)如果乙在4号,乙在1、3号位置没看见甲,乙能确定甲在2号,此时丁可能在6~8号位置,而甲能看见6号位置,乙要想保证甲不能看见丁,只能是乙在4号位置看见8号位置的丁。

所以,甲在2号,乙在4号,丁在8号,丙在5号或7号。

又因为丙所说,如果丙处于7号位置并看见8号位置的丁,可能存在甲在4号乙在5号,甲可见丁的情况,与题意矛盾。

如果丙处于5号位置并看见8号位置的丁,甲的位置是1~3,必然不能看见8号的丁,符合题目要求。所以,丙在5号。

综上所述,甲、乙、丙、丁所在位置的编号依次组成的四位数是2458。

20. 答案:232。

分析:将形如 $m-\left(\dfrac{1}{2}\right)^n$ 的数(m、n 均为正整数)从小到大排列为:

真分数: $\dfrac{1}{2}$,$\dfrac{3}{4}$,$\dfrac{7}{8}$,$\dfrac{15}{16}$,$\dfrac{31}{32}$,$\dfrac{63}{64}$,…

整数部分是1的带分数: $1\dfrac{1}{2}$,$1\dfrac{3}{4}$,$1\dfrac{7}{8}$,$1\dfrac{15}{16}$,$1\dfrac{31}{32}$,$1\dfrac{63}{64}$,…

整数部分是2的带分数: $2\dfrac{1}{2}$,$2\dfrac{3}{4}$,$2\dfrac{7}{8}$,$2\dfrac{15}{16}$,$2\dfrac{31}{32}$,$2\dfrac{63}{64}$,…

……

如果 A 拿到了最小数 $\dfrac{1}{2}$,他就知道 B 的数比他的数大,由于 A 说"我不知道",所以 $a\neq\dfrac{1}{2}$。

同理,接下来如果 $b=\dfrac{1}{2}$ 或 $\dfrac{3}{4}$,B 就知道 $a>b$,由于 B 说"我也不知道",所以 $b\neq\dfrac{1}{2}$ 且 $b\neq\dfrac{3}{4}$。

A 说"我还是不知道",说明 $a\neq\dfrac{3}{4}$ 且 $a\neq\dfrac{7}{8}$。

B 说"我也还是不知道",说明 $b\neq\dfrac{7}{8}$ 且 $b\neq\dfrac{15}{16}$。

如果 a、b 中有一个真分数,A、B 两人如此说了若干轮后,必然有人知道自己的数是那时可取得的最小值,从而能判断出对方的数比自己的数大。

故 C 所说"这样下去是没用的……"说明 a、b 都不是真分数。

接下来,A 说"……不过我还是不知道谁的数大",说明 $a\neq 1\dfrac{1}{2}$。

B 说"我也不知道",说明 $b\neq 1\dfrac{1}{2}$ 且 $b\neq 1\dfrac{3}{4}$。

而 A 说"我现在知道谁的数比较大了",说明 $a=1\dfrac{3}{4}$ 或 $a=1\dfrac{7}{8}$。

如果 $b>1\dfrac{7}{8}$,则 B 这时无法确定 a 是 $1\dfrac{3}{4}$ 还是 $1\dfrac{7}{8}$;但 B 说"那我现在知道 A 的数是多少了",所以 $b=1\dfrac{7}{8}$,从而 $a=1\dfrac{3}{4}$。

所以本题的答案为 $64\times\left(1\dfrac{3}{4}+1\dfrac{7}{8}\right)=232$。

逻辑B卷

1. 答案:D。

分析:A 选项 1、2 间没有数字,B 选项 5、6 顺序不对,C、E 中 3、4 之间不到 3 个数字,说明 A、B、C、E 均错。

而 5326147 满足要求,说明 D 是可能的。

综上所述,本题的答案为 D。

2. 答案:E。

分析:∵ 左起第 2 个数字是 2,∴ 左起第 4 个数字是 1。

∵ 左起第 3 个数字是 3,∴ 左起第 7 个数字是 4。

余下的左起第 1、5、6 个数字依次是 5、6、7。

所以本题的答案为 E。

3. 答案:B。

分析:∵ 最右边 3 个数字的和是 7,而 7 只能表示成 1+2+4,

∴ 左起第 5、7 两个数字是 1、2,第 6 个数字是 4,则左起第 2 个数字是 3,余下的左起第 1、3、4 个数字依次是 5、6、7。

∴ 左起前 3 个数字依次组成的三位数是 536,本小题的答案为 B。

4. 答案:D。

分析:∵ 1、2 之间恰有 1 个数字,

∴ 1、2 中至少一个在最中间 3 个数字中,

∴ 最中间 3 个数字的和 ≤ 2+7+6 = 15。

另一方面,5467231 是满足要求的。

∴ 最中间 3 个数字的和的最大值是 15,本题的答案为 D。

5. 答案:E。

分析:∵ 2315647 满足 A,5367142 满足 B,3562417 满足 C,3152467 满足 D,

∴ 选项 A、B、C、D 都是可能的。

另一方面,假设 2、6 相邻且 4、6 相邻,据对称性不妨设为 264。考虑 1 的位置,则必为 $\overline{1\square 264}$;考虑 3 的位置,

则必为3□264;与题意矛盾。所以选项 E 是不可能的。

综上所述,本题的答案为 E。

第6~10题公用分析:

若甲去过英国,据条件(1),则乙去过英国,与条件(4)矛盾!

若甲去过法国,据条件(1),则丙去过法国,与条件(4)矛盾!

结合条件(4),甲没去过美、英、法,只去过德国。

据条件(1)(2),乙、丙、丁都去过德国。

据条件(3)(4),戊去过英国。

又据"任两人去过的国家都不全相同",知乙、丙每人至少还要去过一个国家,所以乙、丙都至少去了2个国家;又结合条件(2),知丁至少去了3个国家。

	美	英	法	德
甲	×	×	×	√
乙		×		√
丙			×	√
丁				√
戊		√		

---

6. 答案:A。

分析:据公用分析,知甲只去过德国,说明 A 是能唯一确定的。

另一方面,如图,说明乙、丙、丁、戊所去的国家都未唯一确定。

综上所述,本题的答案为 A。

	美	英	法	德
甲	×	×	×	√
乙	√	×	×	√
丙	×	√	×	√
丁	√	√	√	√
戊	×	√	√	×

	美	英	法	德
甲	×	×	×	√
乙	×	×	√	√
丙	√	√	×	√
丁	√	√	√	√
戊	√	√	√	×

第6题图

7. 答案:E。

分析:据公用分析,知甲只去过1个国家,丁至少去过3个国家,所以恰去过2个国家的至多3人,说明选项 E 的4是不可能取到的。

另一方面,第6题的两图依次给出了恰去过2个国家的人数为3和2的构造;而如图,依次给出了恰去过2个国家的人数为1和0的构造。

综上所述,本题的答案为 E。

	美	英	法	德
甲	×	×	×	√
乙	√	×	×	√
丙	√	√	×	√
丁	√	√	√	√
戊	×	√	√	×

	美	英	法	德
甲	×	×	×	√
乙	×	×	√	√
丙	√	√	×	√
丁	√	√	√	√
戊	×	√	√	×

第7题图

8. 答案:C。

分析:据"任两人去过的国家都不全相同",知乙、丙至少一人还去过美国、德国以外的第三个国家,而丁又不能与这个人去的国家全相同,则丁四个国家都去过,从而必定去过英国。

另一方面,图(1)说明选项 A、D 未必正确,图(2)说明选项 B、E 未必正确。

综上所述,本题的答案为 C。

	美	英	法	德
甲	×	×	×	√
乙	√	×	×	√
丙	√	√	×	√
丁	√	√	√	√
戊	×	√	√	×

	美	英	法	德
甲	×	×	×	√
乙	√	×	√	√
丙	√	√	×	√
丁	√	√	√	√
戊	×	√	×	×

(1) (2)

第8题图

9. 答案:E。

分析:如图,三个图的构造中,分别只有戊去了美国、英国、法国。故本题的答案为 E。

	美	英	法	德
甲	×	×	×	√
乙	×	×	√	√
丙	×	√	×	√
丁	√	√	√	√
戊	√	×	×	×

	美	英	法	德
甲	×	×	×	√
乙	×	×	√	√
丙	√	√	×	√
丁	√	√	√	√
戊	×	√	×	×

	美	英	法	德
甲	×	×	×	√
乙	√	×	×	√
丙	√	√	×	√
丁	√	√	√	√
戊	×	×	√	×

第9题图

10. 答案:E。

分析:考虑选项 E,若丁只去了3个国家,据条件(2),则乙、丙都恰去了2个国家,而公用分析里已知甲只去了1个国家,那恰去过3个国家的至多2人,与选项 E 矛盾。

若 E 成立,丁4个国家都去过,从而恰去过3个国家的为乙、丙、戊,而乙没去过英国,丙没去过法国,戊没去过德国。五人去的国家都可唯一确定如图(1)。

另一方面,图(2)的两个"?"处,一个可为"√",另一个可为"×",且可对调,说明 A、B 都错误。

图(3)的两个"?"处,一个可为"√",另一个可为"×",且可对调,说明 C 错误。

图(4)的两个"?"处,一个可为"√",另一个可为"×",且可对调,说明 D 错误。

综上所述,本题的答案为 E。

	美	英	法	德
甲	×	×	×	√
乙	√	×	√	√
丙	√	√	×	√
丁	√	√	√	√
戊	√	√	√	×

	美	英	法	德
甲	×	×	×	√
乙	√	×	?	√
丙	√	√	×	√
丁	√	√	√	√
戊	?	√	√	×

(1) (2)

(3)　　　　　(4)

第 10 题图

11. 答案:1。

分析:狐狸只会否定自己是狐狸,而不会否定自己是其他动物。题中,甲、乙都否定了自己是兔子,说明甲、乙都不是狐狸,所以丙是狐狸。

12. 答案:35412。

分析:如果毛毛或小浮进了前三,据小白所说,小白得第一;而据毛毛所说,小白得第一,那小浮就进了前三。又据小浮所说,小浮就进了前三的话,得第一就是小绿或小水,这与小白得第一矛盾。

所以毛毛和小浮都进不了前三,他们俩得第四和第五,从而小白也不是第一,如图(1)。

毛毛和小浮得第四和第五,那进前三的是小白、小绿、小水;据小绿所说,小绿进了前三,小水就得了第二;从而,小白得第三,小绿得第一,如图(2)。

如果毛毛比小浮名次高,据小水所说,小水就会得第一,与小绿得第一矛盾。

所以小浮比毛毛名次高,那么小浮第四,毛毛第五,如图(3)。

所以小白、毛毛、小浮、小绿、小水所获名次依次组成的五位数是 35412。

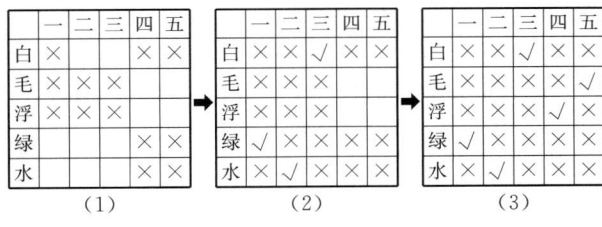

第 12 题图

13. 答案:E。

分析:根据条件(3),有三个女生分别为天、地、人阶层各一位,所以 A 是错误的。

结合条件(2)(3),三个男生所在的阶层一定至少有四个人,所以 B 是错误的。

根据条件(4),唐家和林家男生等级至少差3级。故而他们一定无法同时出现在条件(2)所指相邻等级的三个男生里。所以王家男生一定在条件(2)所指相邻等级的三个男生里。

所以 C 是错误的。

根据条件(4),唐家姐姐比弟弟等级高,如果唐家姐姐是人阶层,那么弟弟一定也是人阶层,所以 D 是错误的。

而 E 有可能是正确的,如图给出了一种构造。

综上所述,本题的答案为 E。

	天阶	地阶	人阶
一品			林妹
二品			
三品			
四品	王姐	萧妹	唐姐
五品			
六品			
七品		林哥	唐弟
八品			王弟
九品			萧哥

第 13 题图

14. 答案:C。

分析:条件(4)所指的四种品阶不可能是同阶层相邻,而其中最高和最低者是不同阶层同品级。加上条件(5)之后,除了条件(4)之外最多只会有三种其他等级。在(4)的基础上,想构成条件(2)所指的同阶层相邻,需要两个其他等级,想构成(3),需要一个其他等级。并且,在(4)的基础上构成(2)(3)所需要的这 2+1 个等级不会重叠。

故选项 E 一定错误,因为这样除了(4)之外只有两个其他等级,无法同时满足(2)(3)。

由此推理,在(4)的基础上,想构成条件(2)只能是其他两个男生与唐家或者林家男生同阶层等级相邻;想构成(3)需要一个女生与唐家女生和林家女生同品级阶层不同。故而唐家女生和林家女生分别是条件(4)之中等级最高与最低者,其他四个男生均在这两人等级之间。所以选项 A、B 一定错误。

由条件(5),王家女生的等级和男生相同,也会介于唐家女生和林家女生之间,那么等级最低者只可能是林家女生和没有出场的萧家女生之一。而林家和萧家的两位女生都是妹妹,不可能是年龄最大者。故选项 D 错误。

而选项 C 有可能正确,如图给出了一种构造。

综上所述,本题的答案为 C。

	天阶	地阶	人阶
一品	萧妹	唐姐	林妹
二品		萧哥	
三品		王姐弟	
四品		林哥	
五品			
六品			
七品		唐弟	
八品			
九品			

第 14 题图

15. 答案:A。

分析:由第 14 题推出的结论,王家姐弟的等级介于唐家和林家女生之间,不可能是天字一品;如果还有另一对人是天字一品,那么除了(4)之外只有两个其他等级,无法同时满足(2)(3)。所以选项A一定是错误的。

图(1)的构造说明选项B、C、E可能正确。

图(2)的构造说明选项D可能正确。

综上所述,本小题的答案为A。

	天阶	地阶	人阶
一品	唐姐	林妹	萧妹
二品			
三品			
四品	唐北		
五品		王姐弟	
六品		萧哥	
七品			林哥
八品			
九品			

(1)

	天阶	地阶	人阶
一品	唐姐	林妹	萧妹
二品		王姐弟	
三品		萧哥	
四品		唐弟	
五品			
六品			
七品			林哥
八品			
九品			

(2)

第15题图

16. 答案:C。

分析:由第14题推出的结论,四位男生以及王家姐弟的等级都介于唐家姐姐和林家妹妹之间,唐家姐姐和林家妹妹差9级。而萧家妹妹和唐家姐姐、林家妹妹同品级不同阶层,所以要么萧家妹妹等级最高,要么等级最低。由条件(6),只有两种情况:

①萧家妹妹为天字一品,唐家姐姐地字一品,林家妹妹人字一品;

②唐家姐姐为天字一品,林家妹妹地字一品,萧家妹妹人字一品;

情况①中,再由条件(7),萧家哥哥一定是地字二品,可以有图(1)、(2)两种情况;

情况②中,再由条件(7),萧家哥哥一定是天字九品,可以有图(3)、(4)两种情况。

本题问的是一定正确的选项,即无论4种情况中哪一种都符合才可以。

而图(3)、(4)不满足选项A,图(1)、(2)不满足选项B、D,图(1)、(2)、(4)不满足选项E;四种都满足的只有选项C。

综上所述,本小题的答案为C。

	天阶	地阶	人阶
一品		萧妹	唐姐	林妹
二品		萧哥	
三品		王姐弟	
四品		林哥	
五品			
六品			
七品			唐弟
八品			
九品			

(1)

	天阶	地阶	人阶
一品		萧妹	唐姐	林妹
二品		萧哥	
三品		王姐弟	
四品			
五品			
六品			
七品			林哥
八品			
九品			

(2)

	天阶	地阶	人阶
一品	唐姐	林妹	萧妹
二品			
三品			
四品	唐弟		
五品			
六品			
七品	林哥		
八品	王姐弟		
九品	萧哥		

(3)

	天阶	地阶	人阶
一品	唐姐	林妹	萧妹
二品			
三品			
四品		林哥	
五品			
六品			
七品	唐弟		
八品	王姐弟		
九品	萧哥		

(4)

第16题图

17. 答案:B。

分析:由第16题推出的四种情况,再加一个条件以后,如果只有一个情况能继续成立,那么就确定了所有人的天赋等级。

选项A:唐家男生比王家男生高一级,只有第16题中的图(4)满足。故而可以确定所有人的等级。

选项B:王家男生比萧家男生天赋高一级,第16题中的图(3)、(4)均满足此条件,所以不能确定所有人的等级。

选项C:林家男生比萧家男生天赋高两级,只有第16题中的图(3)满足。故而可以确定所有人的等级。

选项D:林家男生天赋在所有人里面排倒数第三,只有第16题中的图(1)满足。故而可以确定所有人的等级。

选项E:唐家男生天赋在所有人里面排倒数第三,只有第16题中的图(2)满足。故而可以确定所有人的等级。

综上所述,本小题的答案为B。

18. 答案:3。

分析:甲的发言说明乙、丙头上的数都不是5,且乙、丙头上的数不会是1和2;乙的发言说明甲头上的数不是5,继而乙、丙头上的数都不是4,且甲、丙头上的数不会是1和2。

此时若三人头上的数都不是4,则甲、乙头上的数必须是1和2,丙头上的数是3,与丙的发言矛盾,因此乙头上的数必为4。

若丙头上的数是1或者2,则甲头上的数应为3,那么乙发言时就应该知道自己头上的数是最大的。

所以,丙头上的数必为3。

19. 答案:7524。

分析:由条件可知,B和C说的话互相矛盾,B和D说的话互相矛盾,而只有一人说假话,那么说假话的是B,则A、C、D、E的话全是真话。

由A说的话,知红色袜子为11−3−1=7(只)。

由E说的话及蓝色袜子是最少的,知蓝色袜子为2只。

由D说的话,知不是黄色的袜子有14−1=13(只),

从而绿色袜子有13－7－2＝4(只)。

由C说的话知数量最多的两种颜色的袜子有13－1＝12(只),从而黄色袜子有12－7＝5(只)。

综上所述,红、黄、蓝、绿袜子的只数依次组成的四位数是7524。

20. 答案:200。

分析:不妨设5袋糖果的数量分别为$a,b,c,d,e(a\leqslant b\leqslant c\leqslant d\leqslant e)$。

考虑甲选择d,e,知$a+b+c=d+e$;

考虑甲选择c,e,知$a+b+d=c+e$;

因此$c=d$且$e=a+b$。

此时5袋糖果分别为$a\leqslant b\leqslant c=c\leqslant a+b$。

考虑甲选择两袋c:

(1)若$2c=a+b+(a+b)$,则$c=a+b$。此时$a+b=50$,所以5袋总和为$a+b+3(a+b)=200$。

(2)若$a+2c=b+(a+b)$,则$b=c$。此时5袋糖果分别为$a\leqslant b=b=b\leqslant a+b$,考虑甲选择$a,a+b$,即可知$a=b$,此时5袋糖果中有4袋$a$颗,1袋$2a$颗,不合题意。

综上,5袋中共有糖果200颗。

图形专项

1. 答案:36。

分析:注意到5个三角形的底角和为360°,所以等腰三角形的底角为360°÷5＝72°,顶为180°－72°×2＝36°。

2. 答案:62。

分析:考虑小昆在每个1×1的方格内实际均走了1米,所以共走了8×8－2＝62(米)。

3. 答案:4。

分析:由勾股定理得,$S_{大正方形}=(3+1)^2+2^2=20$, $S_{小正方形}=2^2+1^2=5$,因此所求答案为20÷5＝4倍。

4. 答案:18。

分析:连接CE,CD,连接FC并延长,交ED于点G。

由已知得$\angle C=90°$,利用对称性质,可知E,C,B共线、A,C,D共线、$FC\perp AB$、$FC\perp ED$,又$ED=AB$,并且$FC=2CG$,所以$S_{\triangle DEF}=3S_{\triangle ABC}=18$。

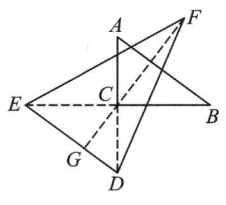

第4题图

5. 答案:100。

分析:注意到①的长和宽的和恰好等于④的边长与②的宽的和,③的长和宽的和恰好等于④的边长与②的长的和,所以④的边长为(36＋44－40)÷4＝10(厘米),面积为10×10＝100(平方厘米)。

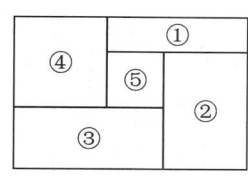

第5题图

6. 答案:16。

分析:设直角梯形的下底长为x厘米,则正六边形的边长为$x+3$厘米,CD长为$3x+1$厘米。因此$3x+1=2(x+3)$,解得$x=5$,CD长为$3\times5+1=16$(厘米)。

7. 答案:450。

分析:如图,设$BE=y,EC=x$,则$BE=EG=y,GC^2=y^2-x^2,BG^2=(BE+EC)^2+GC^2$

$\Rightarrow 30^2=(x+y)^2+y^2-x^2$

$\Rightarrow 30^2=2y^2+2xy$

$\Rightarrow y^2+xy=450$。

故长方形的面积为$BC\times CD=(x+y)\cdot y=y^2+xy=450$。

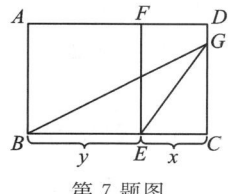

第7题图

8. 答案:1413。

分析:如图,三个半圆圆心构成的$\triangle BEF$为正三角形,C为半圆B与三角形的边的公共点,则$\triangle FCB$为内角分别为30°、60°、90°的直角三角形。所以$\angle AFE=30°+60°=90°$,故$EF\perp AF$。

同理,$FB\perp AB$,$BE\perp ED$。所以$\triangle ABF$、$\triangle DBE$均为内角为30°、60°、90°的直角三角形。所以$AB=\frac{1}{2}AF=\frac{1}{2}BD$,$AB=\frac{1}{3}\times 60=20$。

又$\triangle ABC$也为内角为30°、60°、90°的直角三角形,所以$AC=\frac{1}{2}\times AB=10$,$BC^2=AB^2-AC^2=300$,从而半圆的面积和是$3\times\frac{1}{2}\times\pi\times 300=1413$。

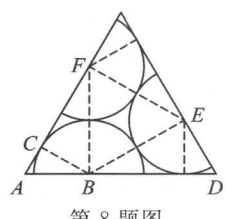

第8题图

9. 答案:24。

分析:如图,连接ED,$S_{\triangle ABP}=S_{\triangle DPE}=3$, $S_{\triangle DQE}=2$,所以Q为EF的中点,所以$S_{\triangle BQE}=S_{\triangle DQE}=2$, $S_{\triangle PBE}=2-1=1$, $S_{\triangle PBE}:S_{\triangle DPE}=1:3=BP:PD$, $S_{\triangle ABP}:S_{\triangle APD}=3\Rightarrow S_{\triangle APD}=3\times 3=9$, $S_{\triangle ABD}=9+3=12$,则正方形$ABCD$的面积为24。

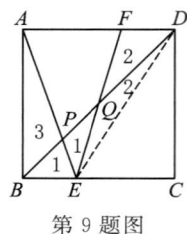

第 9 题图

10. 答案:24。

分析:如图,分别过 B,C 作直线 BP,CQ 平行于 AM,且交直线 DE 于 P,Q 两点。由 $AD=BD$ 和 $AO=36$,知 $BP=36$。

由 $AE=3CE$ 和 $AO=36$,知 $CQ=12$。

因为 OM 是梯形 $BCQP$ 的中位线,所以 $OM=24$。

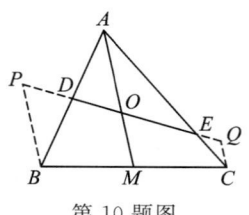

第 10 题图

11. 答案:84。

分析:过 B 作 AC 平行线,交 AD 延长线于 E。

$\because \dfrac{BE}{AC}=\dfrac{DE}{AD}=\dfrac{BD}{DC}=4,\therefore BE=28,DE=24$,

$\therefore \triangle ABE$ 的三边为 26,28,30,面积是边长为 13,14,15 的三角形的 4 倍。

$\because$ 边长 13,14,15 的三角形是由两个边长为 9,12,15、5,12,13 的直角三角形拼成的,面积为 84。

$\therefore \triangle ABE$ 面积为 4×84。

分别以 AC,BE 为底,可知 $\triangle ABC$ 的面积是 $\triangle ABE$ 面积的 $\dfrac{1}{4}$,$\therefore \triangle ABC$ 的面积为 84。

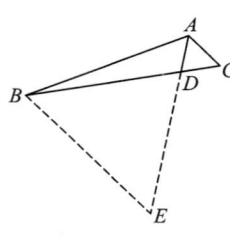

第 11 题图

12. 答案:128。

分析:连接 $AG、BF、AH$。

$\because FG//BC,\therefore S_{四边形 HFCG}=S_{\triangle HBF},\therefore S_{\triangle ABE}=S_{\triangle BDF}=\dfrac{1}{2}S_{\triangle ABF},\therefore AE=EF=8$。

$\because EF:FC=EG:GB=S_{\triangle AGC}:S_{四边形 ABCG}=S_{\triangle BGC}:S_{四边形 ABCG}=CE:AC$,

$\therefore \dfrac{8}{CF}=\dfrac{8+CF}{16+CF},\therefore CF^{2}=128$。

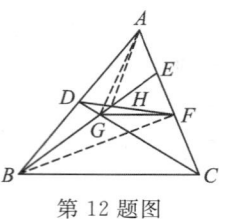

第 12 题图

13. 答案:10。

分析:设 $CE=x$ 厘米,则 $\dfrac{S_{\triangle BDI}}{S_{\triangle ABC}}=\left(\dfrac{10}{28}\right)^{2}$,$\dfrac{S_{\triangle BEH}}{S_{\triangle ABC}}=\left(\dfrac{28-x}{28}\right)^{2}$,$\dfrac{S_{\triangle CDG}}{S_{\triangle ABC}}=\left(\dfrac{28-10}{28}\right)^{2}$,$\dfrac{S_{\triangle CEF}}{S_{\triangle ABC}}=\left(\dfrac{x}{28}\right)^{2}$。因此 $\dfrac{192}{336}=\dfrac{(28-x)^{2}-10^{2}+18^{2}-x^{2}}{28^{2}}$,解得 $x=10$。

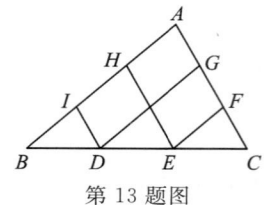

第 13 题图

14. 答案:1632。

分析:为了理解这个问题,如图展示了光从点 A 发出,经过 5 次反射后第一次击中点 D 的过程。将长方形对称铺开,可以将 a,b,c,d,e,f 六束光合成为一条线段 AE。E 点处所标的数 $(4,3)$ 表明该点是从上往下的第五条横线,从左到右的第四条竖线的交叉点。AE 连线与内部 $5-2=3$(条)横线以及 $4-2=2$(条)竖线相交,这恰好对应了原光线与长方形 $ABCD$ 的 5 个交点。

回到原题,点 A 发出的光经过 2021 次反射之后恰好第一次击中 A,B,C,D 中的某点。仿照上面的方式进行展开,光路对应于展开图中的线段 AE。2021 次反射对应线段 AE 与内部的 2021 条横线或者竖线相交。设点 E 处标的数为 (x,y),则 $x+y=2021+2=2023$。第一次击中意味着 x 与 y 互质。

综上,不同的发光方式对应 $x+y=2023$ 且互质的正整数对 (x,y) 的组数。注意到 $2023=7\times 17^{2}$,因此满足 $x+y=2023$ 且互质的正整数对 (x,y) 一共有 $2023\times\left(1-\dfrac{1}{7}\right)\times\left(1-\dfrac{1}{17}\right)=1632$(组),即满足题意的发光方式一共有 1632 种。

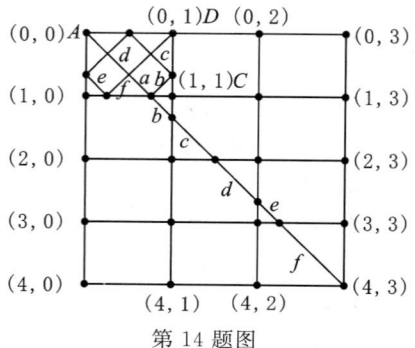

第 14 题图

2021年 希望杯全国数学邀请赛

思维挑战营

3 年级

1. 答案:41。

分析:后一个数比前一个数大9,"?"为32+9=41。

2. 答案:B。

分析:A的长度为15,B的长度为14,B更短。

3. 答案:5。

分析:下数比上数小8,"?"为13-8=5。

4. 答案:1。

分析:

3	4	1	2
2	1	4	3
4	3	2	1
1	2	3	4

第 4 题图

5. 答案:D。

分析:将两图黑格叠加可知选 D。

6. 答案:A。

分析:去掉减去的黑格可知选 A。

7. 答案:54。

分析:

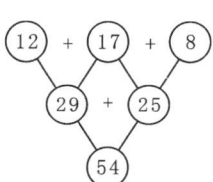

第 7 题图

8. 答案:4。

分析:

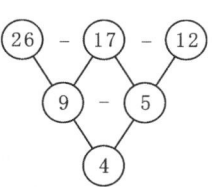

第 8 题图

9. 答案:2。

分析:由 2 个星相加等于 22 知星等于 11,太阳等于 13-11=2。

10. 答案:D。

分析:每行、每列图形各不相同,A 和 B 处都应为实心向右的箭头,选 D。

11. 答案:A。

分析:

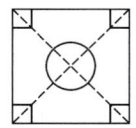

第 11 题图

12. 答案:94。

分析:第二天有(18+4)×2=44(个)西瓜,原有(44+3)×2=94(个)西瓜。

13. 答案:A。

分析:苹果、橘子、草莓依次相邻,又香蕉和杧果、苹果均不相邻,则香蕉只能和草莓相邻,而杧果和苹果相邻,选 A。

14. 答案:102。

分析:女将有 108÷(35+1)=3(人),男将有 108-3=105(人),多 105-3=102(人)。

15. 答案:160。

分析:10×2×2×2×2=160(千克)。

16. 答案:20211202。

分析:下一个对称日的前 4 位最小是 2021,20211202 满足条件,即为所求。

17. 答案:250。

分析:在第一座岛时,海盗有 100+20×10=300(个)金币;在第二座岛时,海盗有 300×2=600(个)金币;在第三座岛时,海盗有 600-10×10=500(个)金币;在第四座岛时,海盗有 500÷2=250(个)金币。

18. 答案:12。

分析:8÷(5-3)×3=12(罐)。

19. 答案:81。

分析:(9÷9+9)×9-9=81(岁)。

20. 答案:6。

分析:被减数的百位一定为 1。减数和差的十位和为 16,有 2 种可能。个位和为 6,有 3 种可能。共 2×3=6(种)可能。

21. 答案:31。

分析:(205-36+1)÷2-54=31(票)。

22. 答案:13。

分析:90+41+32-150=13(人)。

23. 答案:3。

分析:3 次。依次交换:2、4;3、5;2、5。

24. 答案:7。

分析:三个角上的数之和为 28×3-(6+7+9+12+13+15)=22,"?"处应填 22-(28-13)=7,如图为一种填法。

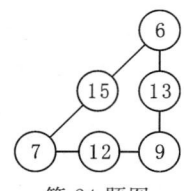

第 24 题图

25. 答案:B。

分析:①、②、③、④、⑤的面积分别为 6,6.5,6,6,6。②的面积最大。

26. 答案:21。

分析:6+5+4+3+2+1=21(次)。

27. 答案:D。

分析:5次操作后还原,第3次操作后红色木块在最上方。选D。

28. 答案:204。

分析:周长依次为4,8,8,12,12…第100个图的周长为(100÷2+1)×4=204。

29. 答案:21。

分析:最短路线为青蛙→狐狸→猪→兔→狗→虎,8+5+3+3+2=21(千米)。

30. 答案:C。

分析:31÷7=4……3,故2月1日为星期三,2月有5个星期三,选C。

31. 答案:10。

分析:1个男孩和2个女孩的组有15×3－10×3－5×2=5(组),全是女孩的组有30－10－5－5=10(组)。

32. 答案:55。

分析:白兔比灰兔多2只,白兔有7只,灰兔有5只,胡萝卜有5×7+4×5=55(个)。

33. 答案:19。

分析:如图,共19个。

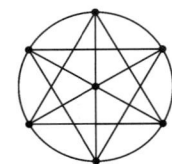

第33题图

34. 答案:D。

分析:选项C、E算式的结果一定是偶数,1～2020共1010个奇数,1～2023共1012个奇数,1～2021共1011个奇数,故只有D中有奇数个奇数相加,选D。

35. 答案:496。

分析:两位数中显然不会出现2022。第一次出现为写到202时,1×9+2×90+3×(202－100)+1=496(个)。

36. 答案:43。

分析:1+3+5+…+99=2500,2500－2021=479,479=99+97+95+93+91+4,至少送了7张给太乙真人,最多剩下50－7=43(张)。

37. 答案:13200。

分析:原式=79×99+54×99+33=133×99+33=100×99+33×100=132×100=13200。

38. 答案:13。

分析:由图可知,5不与1,2,3,6相对,5与4相对。2不与1,3相对,故2,6相对,1,3相对。下底面的和为6+2+4+1=13。

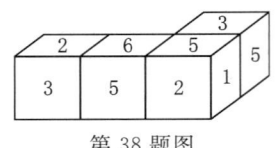

第38题图

39. 答案:11。

分析:(18+4)÷2=11。

40. 答案:38。

分析:三个顶点都在六边形外侧的三角形有3+6+1=10(个);两个顶点在外,一个顶点在内的三角形有6×2+3×3=21(个);一个顶点在外,两个顶点在内的三角形有2×3=6(个);三个顶点在内的三角形有1个。共10+21+6+1=38(个)。

4年级

1～10题答案同3年级。

11. 答案:169。

分析:5×5+12×12=169。

12. 答案:87。

分析:5×4×5－13=87。

13. 答案:6。

分析:两人相距10光年,贝吉塔在孙悟空和沙拉达行星正中间时,贝吉塔距沙拉达行星10光年,孙悟空距沙拉达行星20光年,距地球60光年,飞了6天。

14. 答案:E。

分析:最大角至少为60°,两个较小内角之和不可能大于120°,选E。

15. 答案:30。

分析:原式=(2788÷4+565÷5)÷27=(697+113)÷27=810÷27=30。

16. 答案:15。

分析:4×2×2－1=15(种)。

17. 答案:16。

分析:最少需要2+5+7+2=16(分钟)。

18. 答案:32。

分析:5+5－1=9,这个方阵为9行9列,最外圈一共有9×4－4=32(个)小精灵。

19. 答案:9。

分析:图中共有14个奇点,共需14÷2=7(笔),两个0中间的圈还各需一笔,共7+2=9(笔)。

20. 答案:5。

分析:数→希→少→俱→望→年→部→乐,共需1+2+2=5(次)。

21. 答案:184。

分析:延长AB、DC交于点E,$S_{四边形ABCD}=S_{\triangle ADE}-S_{\triangle BCE}=\frac{1}{2}(8+11)\times(8+16)-\frac{1}{2}\times 8\times 11=184$。

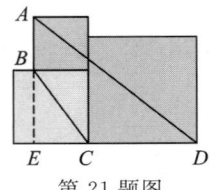

第21题图

22. 答案:8。

分析:积最多4位,算式中的奇数最多8个,如577×3=1731。

23. 答案:52。

分析:$\overline{希望}×25×11=11×52×\overline{望希}$,希望=52。

24. 答案:23。

分析:$(11×17-3)÷(19-11)=23$。

25. 答案:1225。

分析:1000多人可能组成边长为45~62的正三角形或边长为32~44的正方形。45~62中的完全平方数只有49,$\frac{49×50}{2}=35^2=1225$(人)。

26. 答案:8。

分析:$(11+5×10-13)÷(5+1)=8$(句)。

27. 答案:50。

分析:需擦去所有偶数,至少50个。

28. 答案:324。

分析:$(\overline{ab}+\overline{cd})-(\overline{ac}+\overline{bd})=(10a+b+10c+d)-(10a+c+10b+d)=9(c-b)$,满足$c-b=5$的共有4种,$a,d$可任选。共$4×9×9=324$(种)可能。

29. 答案:72。

分析:依题意,银剑始终领先黑鹰10秒。两人到坡顶距离相同时,这10秒一半路程是上坡,一半路程是下坡。上下坡速度比为2∶3,时间比为3∶2。银剑多跑$10÷(3+2)×3×6×2=72$(米)。

30. 答案:23。

分析:$(100+15)÷(4+1)=23$(户)。

31. 答案:500。

分析:$2+0+2+1=5$,乘积过程中没有发生进位,数字和为$5×100=500$。

32. 答案:672。

分析:$2022÷3=674$,盖住的三个数可能为

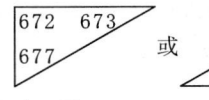

,但675、676不在同一行,舍去672。

33. 答案:89。

分析:$1+2+3+…+44+44+43+42+…+2+1=44×45=1980$,$1+2+3+…+44+45+44+43+…+2+1=45×45=2025$,最少89站。

34. 答案:10112369。

分析:考虑位数最多的抬杠数,最小为10112358,故最大的抬杠数为10112369。

35. 答案:2916。

分析:$22=3×6+4$,$3×3×3×3×3×3×4=2916$。

36. 答案:4444444。

分析:每一位上1~7都各出现了1次,故每一位的平均数都是4,7个数的平均数是4444444。

37. 答案:34。

分析:小宝无法同时分到C、F。若小宝分到C,剩下两块都在A、D、G中,则有3种;若一块在A、D、G中,一块在B、E、H,则有$2+3+2=7$(种),共10种。同理,小宝分到F也有10种。若C、F均未分到,则小宝不能同时分到A、D、G,否则C无法分配;B、E、H同理。不妨设小宝分到A、D、G中2块,B、E、H中1块,则有$3+1+3=7$(种)分法。同理,小宝分到A、D、G中1块,B、E、H中2块,也有7种。共$10×2+7×2=34$(种)可能的情况。

38. 答案:10。

分析:各位数字和为34,则只能是3个9、1个7或2个9、2个8,共$4+4×3÷2=10$(种)。

39. 答案:216。

分析:一个"中"字形有$3×2×1=6$(种)走法,共$6×6×6=216$(种)。

40. 答案:18189。

分析:原式$=\underbrace{50505…05}_{1010个5}×\underbrace{999…9}_{2021个9}$

$=\underbrace{50505…05}_{1010个5}×(10^{2021}-1)$

$=\underbrace{50505…05}_{1010个5}\underbrace{00…0}_{2021个0}-\underbrace{50505…05}_{1010个5}$

$=\underbrace{5050…5049}_{1009个5}9\underbrace{4949…49}_{1009个49}5$,

数字和为$9×2021=18189$。

5年级

1. 答案:C。

分析:每个图案均与自身左上和右下相同,选C。

2. 答案:D。

分析:$78+56÷7=86$,选D。

3. 答案:5。

分析:第一行等于下方两数之积,"?"为5。

4. 答案:C。

分析:如图所示,"?"为C。

B	D	C	A
C	A	B	D
D	B	A	C
A	C	D	B

第4题图

5. 答案:D。

6. 答案:A。

7. 答案:46。

分析:如图所示,"?"为46。

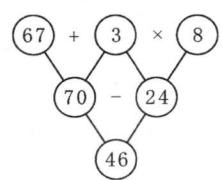

第7题图

8. 答案:105。

分析:如图所示,"?"为105。

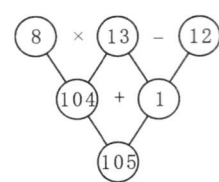

第8题图

9. 答案:28。

分析:$40\div10=4,4\times7=28$。

10. 答案:6。

分析:鲸鱼$=24\div3=8$,老虎$=(22-8)\div2=7$,狗$=20-7\times2=6$。

11. 答案:10。

分析:操作过程中所有数的和除以9的余数不变,为1。又最后剩下4个数,积为27,和除以9余1,则只能是1、3、3、3。和为10。

12. 答案:11。

分析:$120\div35=3\cdots\cdots15$,飞飞共休息3次,$3\times5=15$(分钟),划$120-15=105$(分钟),河流长$2\times2+4\times\dfrac{105}{60}=11$(千米)。

13. 答案:8。

分析:$5\times4\div2-2=8$(种)。

14. 答案:70。

分析:$\dfrac{7\times6\times5\times4}{4\times3\times2\times1}\times2=70$(种)。

15. 答案:A。

分析:上方两个长方形折叠时会叠到一起。

16. 答案:5。

分析:由标数法得,最少5步。

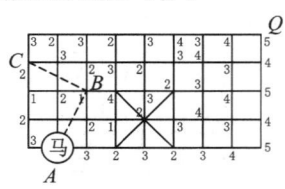

第16题图

17. 答案:6。

分析:$3+4+5=12<14,4+5+6=15>14$,至少6个。

18. 答案:153。

分析:$645\to6^3+4^3+5^3=405\to4^3+0^3+5^3=189\to1^3+8^3+9^3=1242\to1^3+2^3+4^3+2^3=81\to8^3+1^3=513\to5^3+1^3+3^3=153$。

19. 答案:922。

分析:$(130-4)\div2=63$,步兵最多有$32\times31=992$(人)。

20. 答案:17。

分析:$3\times3+2\times4=17$(个)。

21. 答案:15。

分析:1×1的正方形有4个,2×2的正方形有3个,3×3的正方形有3个,斜正方形有5个,共15个。

22. 答案:14。

分析:黑子每两枚一组被白子隔开,与黑子相邻的白子数大于黑子数。故黑子至多有7组,计14枚。

23. 答案:11。

分析:三个余数最大分别是3、5、7,而$3+5+7=15$,故三个余数就是3、5、7。此数加1后为4、6、8的倍数,则也是12的倍数。则其除以12的余数为11。

24. 答案:114。

分析:金、银、铜地砖的面积比为4∶9∶25。三种地砖各有$(75+50)\div(9-4)\times4+50=150$(块),铜地砖多$150-(150+75)\times4\div25=114$(块)。

25. 答案:3。

分析:$2700=2^2\times3^3\times5^2$。该自然数的最大因数必定是它自己。若第二大因数为1,则2699是质数,满足条件。否则该自然数必定含有质因数2、3或5。若第二大因数为原数的$\dfrac{1}{2}$,1800满足条件。若第二大因数为原数的$\dfrac{1}{3}$,2025满足条件。若第二大因数为原数的$\dfrac{1}{5}$,2250有因数2和3,不满足条件。满足条件的数有2699、1800、2025,共3个。

26. 答案:89。

分析:将取法按最后一次取出的粒数分类,可知n粒的取法数为$(n-1)$粒和$(n-2)$粒的取法之和。1粒有1种取法,2粒有2种取法,取法数组成斐波拉契数列1,2,3,5,8,13,21,34,55,89,所以10粒有89种取法。

27. 答案:2016。

分析:$1\times2\times3\times\cdots\times9\times10=3628800=2^8\times3^4\times5^2\times7$,2021、2020、2022、2019、2023、2018、2024、2017均含有大于10的质因数。$2025=3^4\times5^2$,无法表示成1~10中若干个不同整数的积。$2016=2^5\times3^2\times7=4\times7\times8\times9$为所求。

28. 答案:24。

分析:由$AB \parallel CD$,$AB:DC=1:3$,有$S_{\triangle EDC}=S_{\triangle FDC}=3(S_{\triangle ABF}-S_{\triangle ABE})$,故$S_{\triangle DEH}-S_{\triangle FHC}=3(S_{\triangle BGF}-S_{\triangle AGE})$,$S_{\triangle FHC}=S_{\triangle DEH}-3S_{\triangle BGF}+3S_{\triangle AGE}=24$。

29. 答案:D。

分析:$2^{10}=1024,2^{11}=2048$。最后剩下的是第1024只水母。$1024\div6=170\cdots\cdots4$,是④。

30. 答案:69。

分析:除以5余4,除以7余6,则除以35余34。又能被3整除,最小为$35+34=69$(天)。

31. 答案:279。

分析:6个两位数的和为$22(a+b+c)=(a+2)\times(b+$

2)×(c+2),则 a+2、b+2、c+2 中有 11。不妨设 c=9, c+2=11,则 2(a+b+9)=(a+2)(b+2),2a+2b+18= ab+2a+2b+4,ab=14=2×7,$\overline{abc}$最小为 279。

32. 答案:9。

分析:若还按原方案分,则多 17+1=18(个) 桃为原本分给两只小猴的,a=18÷2=9。

33. 答案:171700。

分析:1+(1+2)+(1+2+3)+…+(1+2+…+99+100)

$= \frac{1}{2} \times (1 \times 2 + 2 \times 3 + 3 \times 4 + \cdots + 100 \times 101)$

$= \frac{1}{2} \times \frac{1}{3} \times (1 \times 2 \times 3 - 1 \times 2 \times 3 + 2 \times 3 \times 4 - 2 \times 3 \times 4 + 3 \times 4 \times 5 - \cdots - 98 \times 99 \times 100 + 99 \times 100 \times 101 - 99 \times 100 \times 101 + 100 \times 101 \times 102)$

$= \frac{1}{2} \times \frac{1}{3} \times 100 \times 101 \times 102$

$= 171700。$

34. 答案:2。

分析:$S_{\triangle ADE} = S_{\triangle BDF} = S_{\triangle DEF} = \frac{1}{2} S_{正方形CEDF} = \frac{1}{2} \times 4 \times 4 = 8, S_{黑色阴影} = \frac{1}{2}(S_{\triangle ADE} + S_{\triangle BDF} - S_{斜线阴影}) = \frac{1}{2}(8+8-12) = 2。$

35. 答案:576。

分析:每行每列的金币数量确定后,放法唯一。(4×3×2×1)×(4×3×2×1)=576(种)。

36. 答案:4。

分析:图图和壮壮的速度比为 4:3,图图速度为 60÷3×(4+3)÷35=4(米/秒)。

37. 答案:8。

分析:原式=(2×4×6×…×2020×2022)÷(1×2×3×…×1010)=2^{1010}×2022,2 的幂末位为 2,4,8,6,2,4,8,6…,1011÷4=252……3,所求为 8。

38. 答案:99。

分析:1+2+3+…+99+100=5050,每进一次位,数字和减少 9。1~100 的所有数的数字和为(9+9)×50+1=901,(901-5-5)÷9=99(次)。

39. 答案:5。

分析:20210÷21=962……8,100000÷21=4761……19,100002 为 21 的倍数,满足条件的数为 420210、520212、620214、720216、820218,共 5 个。

40. 答案:285120。

分析:0+1+2+…+8+9=45,奇、偶数位的数字和为 17 或 28。

17=0+1+2+5+9
=0+1+2+6+8
=0+1+3+4+9

=0+1+3+5+8
=0+1+3+6+7
=0+1+4+5+7
=0+2+3+4+8
=0+2+3+5+7
=0+2+4+5+6
=1+2+3+4+7
=1+2+3+5+6。

共 11 种分法。满足条件的数有:(5×4×3×2×1×5×4×3×2×1+5×4×3×2×1×4×4×3×2×1)×11=285120(个)。

6 年级

1. 答案:C。

分析:同 5 年级第 1 题。

2. 答案:D。

分析:同 5 年级第 2 题。

3. 答案:5。

分析:同 5 年级第 3 题。

4. 答案:C。

分析:同 5 年级第 4 题。

5. 答案:D。

分析:同 5 年级第 5 题。

6. 答案:A。

分析:同 5 年级第 6 题。

7. 答案:46。

分析:同 5 年级第 7 题。

8. 答案:105。

分析:同 5 年级第 8 题。

9. 答案:28。

分析:同 5 年级第 9 题。

10. 答案:6。

分析:同 5 年级第 10 题。

11. 答案:D。

分析:$\frac{1}{101} < \frac{2}{201} < \frac{1}{100}, \frac{100}{101} > \frac{199}{201} > \frac{99}{100}$。选 D。

12. 答案:4。

分析:想使 1、2 号位的树的状态由不同变为相同,则必须对第 3 号位使用 1 次魔法棒。同理,想使 3、4 号位相同必对 2 号位使用一次,此时 4 棵树的状态都是"死"。再对 1、4 号位各使用 1 次,可使所有树变为"生",共需 4 次。

13. 答案:10。

分析:每轮操作后,药液浓度减少一半,$2^9 < 1000 < 2^{10}$,至少 10 轮。

14. 答案:64。

分析:长尾猴的数量为原来的 $\frac{4}{7} \times 2 \div \frac{4}{5} = \frac{10}{7}$ 倍,这

时金丝猴有 $24÷\left(\dfrac{10}{7}-1\right)×\dfrac{4}{7}×2=64$(只)。

15. 答案：120。

分析：每 120 秒，凯文走 3 圈，追上鲍勃 2 次，$1÷\left(\dfrac{1}{40}-\dfrac{1}{60}\right)=120$(秒)。

16. 答案：100。

分析：$314÷3.14÷\dfrac{60°×3}{360°}÷2=100$(厘米)。

17. 答案：671。

分析：图中共 4 个奇点，走遍全部步道再回到点 A，至少多走 2 个四分之一圆弧，$50×4+50×2×3.14×\dfrac{1}{4}×6=671$(米)。

18. 答案：630。

分析：记开始时观众的数量为 1 份，则支持意大利的观众为 $\dfrac{5}{9}$ 份，半场比赛后支持意大利的观众为 $\left(1-\dfrac{1}{3}\right)×\dfrac{3}{3+1}=\dfrac{1}{2}$(份)，最初共有观众 $35÷\left(\dfrac{5}{9}-\dfrac{1}{2}\right)=630$(人)。

19. 答案：44。

分析：$[(1+100\%)×30\%+(1+100\%)×60\%×(1-30\%)-1]×100\%=44\%$。

20. 答案：320。

分析：喜羊羊的金币数是三人总数的 $\dfrac{1}{5}$，美羊羊的金币数是三人总数的 $\dfrac{1}{4}$，共有金币 $176÷\left(1-\dfrac{1}{5}-\dfrac{1}{4}\right)=320$(枚)。

21. 答案：6。

分析：原式 $=\dfrac{\dfrac{6}{2018}-\dfrac{6}{2019}+\dfrac{6}{2020}-\dfrac{6}{2021}}{\dfrac{1}{2018}-\dfrac{1}{2019}+\dfrac{1}{2020}-\dfrac{1}{2021}}=6$。

22. 答案：47。

分析：$2021=43×47$，最多可表示成 47 个连续自然数 20～66 的和。

23. 答案：1608。

分析：$\dfrac{1}{5}-\dfrac{1}{6}+\dfrac{1}{3}-\dfrac{1}{4}=\dfrac{7}{60}$。一轮中水最多的时间是第 3 小时后，水有 $\dfrac{1}{5}-\dfrac{1}{6}+\dfrac{1}{3}=\dfrac{11}{30}$(桶)，$\left(1-\dfrac{11}{30}\right)÷\dfrac{7}{60}=5\dfrac{3}{7}$(轮)。6 轮后有水 $\dfrac{7}{60}×6=\dfrac{7}{10}$(桶)，$1-\dfrac{7}{10}=\dfrac{3}{10}$，$\dfrac{3}{10}>\dfrac{1}{5}$，$\dfrac{3}{10}-\dfrac{1}{5}=\dfrac{1}{6}=\dfrac{4}{15}$(桶)，$\dfrac{4}{15}÷\dfrac{1}{3}=\dfrac{4}{5}$(小时)，共经过 $4×6+2+\dfrac{4}{5}=26\dfrac{4}{5}$(小时)$=1608$(分钟)。

24. 答案：18。

分析：连 FN、AE，作 $PH_1⊥DE$ 于 H_1，$NH_2⊥DE$ 于 H_2，$MH_3⊥ED$ 延长线于 H_3，则 $PH_1=\dfrac{3}{5}NH_2$。$(AE-NH_2):(NH_2-MH_3)=2:3$，$MH_3=\dfrac{3}{5}×\dfrac{1}{2}AE=\dfrac{3}{10}AE$，$NH_2=\dfrac{3}{5}AE+\dfrac{2}{5}MH_3=\dfrac{18}{25}AE$，$PH_1=\dfrac{54}{125}AE$，$S_{△PDE}=\dfrac{54}{125}S_{△ADE}=\dfrac{18}{125}S_{六边形ABCDEF}=18$。

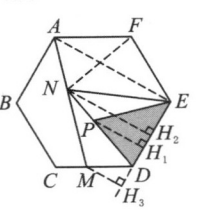

第 24 题图

25. 答案：19。

分析：依题意，小长方形地砖长宽比为 3:2。在此基础上要铺成一个大正方形还需 $(12÷3)×(12÷2)-5=19$(块)。

26. 答案：20。

分析：$660000÷495=1333……165$，$669999÷495=1353……264$，共 $1353-1333=20$(个)。

27. 答案：20。

分析：如图，以俯视图为基础，将每个位置堆成几个方块填入格中，每格的数不能超过其左方和下方图外标示的数。最多有 $4+3+3+2+2+2+1+1+1+1=20$(个)。

4	4			
3	3	3		
2	2	2	2	
1	1	1	1	1
	4	3	2	1

第 27 题图

28. 答案：145584。

分析：$2021÷7=288……5$。可进行首尾配对，原式 $=0×3+1×4+2×3+2×4+…+286×3+287×4+288×3=288×1011÷2=145584$。

29. 答案：7861594。

分析：$\overline{CDC}=\overline{AA}×B$ 是 11 的倍数而不是 121 的倍数，故 $D=2C-11$。又 $C+D=A$ 未进位，$C=6$，$D=1$，$A=7$，$B=616÷77=8$。

由右式积百位可知 $F=9$，又 $E×F$ 的个位仍是 E，知 $E=5$，$G=4$，$\overline{ABCDEFG}=7861594$。

30. 答案：30。

分析：银匠做了 $6÷8=\dfrac{3}{4}$(小时)，金匠做了 $2-\dfrac{3}{4}=\dfrac{5}{4}$(小时)，速度比为 5:3。银匠每小时做 $8÷(5-3)×5=20$(个)，一共做了 $20×\dfrac{3}{4}×2=30$(个)。

31. 答案：35。

分析：$0.000\dot{2}\dot{1}×165000=0.\dot{2}\dot{1}×165=\dfrac{21}{99}×165=\dfrac{7}{33}×33×5=35$。

32. 答案:12。

分析:12枚棋子时,考虑棋子最少的4行。若每行都不超过1枚棋子,则总数不超过4枚,可用4列覆盖。若有一行有至少2枚,则较多的4行都有至少2枚,较多的4行至少8枚,较少的4行至多4枚,可用4列覆盖。13枚时,如图的放法无法被4行4列覆盖。

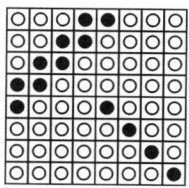

第32题图

33. 答案:13。

分析:设 $OS=a, OT=b$,则 $\begin{cases}2a+b=8,\\2a+2b=10,\end{cases}$ 解得 $\begin{cases}a=3,\\b=2,\end{cases}$ $S_{正方形}=3^2+2^2=13$。

34. 答案:358550。

分析:$1\times5+2\times6+3\times7+\cdots+100\times104$
$=(3^2+4^2+5^2+\cdots+102^2)-2^2\times100$
$=\dfrac{1}{6}\times102\times103\times205-405$
$=358550$。

35. 答案:26。

分析:1减去最简真分数仍是最简真分数,$2021-101=1920=2^7\times3\times5$,$1\sim100$中与1920互质的数有26个。

36. 答案:125。

分析:其中1行星与其余4颗都相连,5种;其中1颗行星与其余3颗相连,剩下1颗与3颗之一相连,$5\times4\times3=60$(种);每颗行星至多与2颗相连,连成一链,$5\times4\times3\times2\times1\div2=60$(种),共 $5+60+60=125$(种)。

37. 答案:200。

分析:依题意,$v_{托}+v_{爱}=2v_{高}$,$v_{托}+v_{爱}=\dfrac{3}{2}v_{高}$,$v_{托}:v_{爱}:v_{高}=4:5:6$,$50\div(6-5)\times4=200$(千米)。

38. 答案:22。

分析:由 $□(※ x)=13$,11 能整除(※ x),故 x 最小为22。

39. 答案:165。

分析:$15-4-2-1=8$(枚),$C_{8+3}^3=165$(种)。

40. 答案:26。

分析:$\underbrace{122\cdots21}_{n个2}=\underbrace{111\cdots1}_{n+1个1}\times11$,11 和 999 互质,故 $\underbrace{111\cdots1}_{n+1个1}$ 是 999 的倍数。$999=111\times9$,故 $n+1$ 是 3 的倍数,且 $\underbrace{1001001\cdots001}_{\frac{n+1}{3}个1}$ 是 9 的倍数,则 $\dfrac{n+1}{3}$ 是 9 的倍数,$n+1$ 是 27 的倍数,n 最小为 26。

精英挑战营

3年级

1. 答案:2021。

分析:MMXXI$=1000+1000+10+10+1=2021$。

2. 答案:6。

分析:大山羊最多9岁,$96-69=27$,所以小山羊最多6岁。

3. 答案:7。

分析:第三行的数比前两行的数之和分别大1,2,3,4,5,6,所以"?"处为 $17-5-5=7$。

4. 答案:26。

分析:至多进三次位,所以数字和最大为 $2+0+2+1+9\times3-6=26$。

5. 答案:4。

分析:如题图,第一步,猫走 A,鼠只能走 D,否则下一步被抓。第二步,猫走 B,鼠只能走 E,否则下一步被抓。第三步,猫走 F,无论鼠走 A 或 D,下一步必被抓。所以至少4步必可抓到。

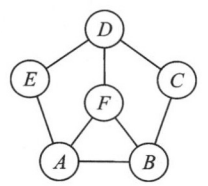

第5题图

6. 答案:11。

分析:如题图,对表格染色,则每次操作阴影格各数和与白格各数和的差不变。题中图(1)白格和比阴影格和多8。所以 $A=8+8-5=11$。

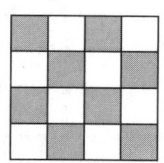

第6题图

7. 答案:40。

分析:一块的有12个;两块的有8个;三块的有12个;四块的有4个;大块的有4个。共:$12+8+12+4+4=40$(个)。

8. 答案:17。

分析:$7\times10=70$,$70\div4=17\cdots\cdots2$,所以最多能裁出17张。题图给出了一种构造。

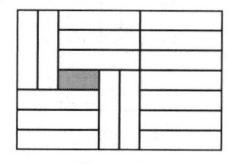

第8题图

9. 答案:

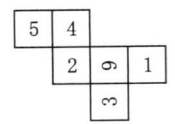

第9题图

10. 答案:492。

分析:可看成 1 个汽水空瓶 1.25 元,1 瓶汽水(不含瓶)1.75 元,1 个果汁空瓶 0.75 元,1 瓶果汁(不含瓶)4.25 元。所以至少花(1.75+4.25×2)×48=492(元)。

4 年级

1. 答案:40。

分析:图中共有 5 组平行线,每组平行线间有 8 个梯形,共 8×5=40(个)。

2. 答案:E。

分析:桌上有 10 枚硬币时,后手必胜。若先手取 3 或 6 枚则后手取 6 或 3 枚,剩 1 枚。若先手取 1 枚,后手取 6 枚,留 3 枚,后手胜。

3. 答案:30。

分析:从第一次播放到第三次播放,明明跑了恰好 2 个全程。$6000×2÷4=3000$(秒),3000 秒 = 50 分钟,$(50+10)÷2=30$(分钟)。所以音乐播放器里歌单总时长为 30 分钟。

4. 答案:12。

分析:含 3×3 的有 1 种,4 个 2×2 的有 1 种,3 个 2×2 的有 2 种,2 个 2×2 的有 4 种,1 个 2×2 的有 3 种,全是 1×1 的有 1 种。共 1+1+2+4+3+1=12(种)。

5. 答案:105。

分析:若上路无施工,则 A_1 必施工。若 B_1 施工,有 15 种,若 B_1 不施工,则 A_2、B_2 必施工,所以共有 1+15=16(种)。同理,下路施工有 16 种。若三路各一个施工点,按中路点位置计数,有 $1×8+2×3+3×3×5+3×2+8×1=73$(种)。所以共有 16+16+73=105(种)。

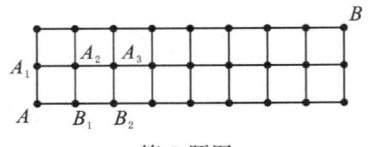

第5题图

6. 答案:6。

分析:至少画 6 个,构造如题图:2 个 1×1,2 个 2×2,左上、右下各一个 1×1 与 3×3,右上、左下各一个 2×2。

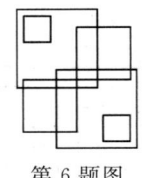

第6题图

7. 答案:240。

分析:M、T 同色时,依次考虑 M、A、H、E、I、C、S 颜色,有 $3×2×2×1×2×2×2=96$(种)。M、T 异色时,依次考虑 M、A、T、(H,E)、I、C、S 颜色,有 $3×1×2×(1+2)×2×2×2=144$(种)。共有 96+144=240(种)。

8. 答案:3630。

分析:在两条直线上各取两点,对应着一个交点,即凸四边形的对角线交点,所以最多有 $\frac{11×10}{2}×\frac{12×11}{2}=3630$(个)。

9. 答案:6。

分析:偶数行黄衣服与奇数行红衣服共 $(36+6)÷2=21$(人)。

所以偶数行黄衣服比奇数行黄衣服多 $21-(1+5+9)=6$(人)。

10. 答案:16。

分析:由 2、3、4、7 根摆出的数字各 1 个。

由 5 根摆出的数字有 3 个。

由 6 根摆出的数字有 3 个(包括 0)。

所以能摆出的两位数有 $1×1×2+3×3+1×3+2×3+1=16$(个)。

5 年级

1. 答案:44。

分析:每个分母与分子的差为 $7n-1$,所以 $7n-1$ 与 2,3,4,…,301 均互质。

所以最小为 $7n-1=307$,$n=44$。

2. 答案:1932。

分析:希望两数之差最大,则"希望"=19,

考虑到其他 6 个数字和至少为 2+3+4+5+6+7=27。

只能"数"+"十"+"有"=10,"学"+"分"+"趣"=21。

2~8 中只能 2+3+5=10,6+7+8=21。

所以差最大为。

3. 答案:48。

分析:延长 PC 至点 F,使 $AD=DF$。连接 EF 与 BC 交于点 G。

如图所示,$S_{\triangle BCD}=S_{\triangle DFE}=S_{\triangle EGB}=6S_{\triangle CFG}$。

所以 $S_{\square ABCD}$ 为 $52×\frac{6×2}{6+6+1}=48$(平方厘米)。

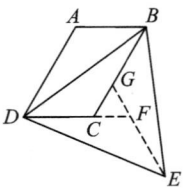

第3题图

4. 答案:2795。

分析:$2021=2×9^3+6×9^2+8×9+5$,所以第 2021 次计数后变为 2795。

5. 答案:172。

分析:"吉祥数"除以 35 只能余 4,27 或 33。

2021=35×57+26,所以有 3×57+1=172(个)。

6. 答案:108。

分析:"马"从左下走到右上最少需要 6 步。

如题图所示,标数法可求得 3 步时到各格的走法数量。考虑到前 3 步与后 3 步的对称性。

走法共有 $(3×1+4×3+4×3+3×1)×2+2^2+4^2+2^2+2^2+4^2+2^2=108$(种)。

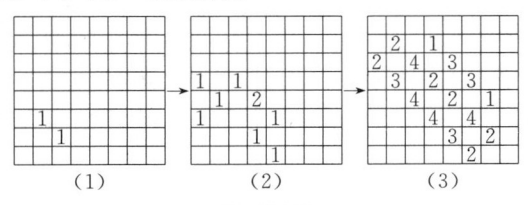

第 6 题图

7. 答案:129032。

分析:黑白间隔染色后同色奇偶性必须相同,所以一共有 $(2^8-2)^2 ×2=129032$(种)。

8. 答案:221。

分析:最重的要尽量轻,则较小的砝码尽可能少。

$1+2+4+8+\cdots+128=255$,此时可称出 1~255 克的任意整数重量。

$(2021-255)÷8=220 \frac{3}{4}$,所以最重的至少是 221 克。

9. 答案:81。

分析:出现 3:0 的情况有 $C_6^2 + C_6^1 =21$(种)。

未出现 3:0 出现 4:1 的情况有 $3×(C_4^1+C_4^0)=15$(种)。

未出现 3:0 或 4:1 而出现 5:2 的情况有 $C_5^2 -1=9$(种)。

所以未出现差 3 分的情况有 $C_9^4-21-15-9=81$(种)。

10. 答案:1140。

分析:可能构成一个圈或者 3+4 的两个圈,所以共有 $6!+C_7^3×2!×3!=1140$(种)。

6 年级

1. 答案:$2\frac{336}{337}$。

分析:$\frac{2n+1}{1^2+2^2+\cdots+n^2}=\frac{6}{n(n+1)}=\frac{6}{n}-\frac{6}{n+1}$。

所以原式 $=\frac{6}{2}-\frac{6}{3}+\frac{6}{3}-\frac{6}{4}+\cdots+\frac{6}{2021}-\frac{6}{2022}=2\frac{336}{337}$。

2. 答案:54。

分析:$C_6^2 C_4^2 - (C_3^1 C_2^1)^2 =54$(条)。

3. 答案:81。

分析:如题图所示,延长 BA、CD 交于点 P,则 $\frac{PD}{PC}=$

$\frac{AD}{BC}=\frac{2}{7}$。

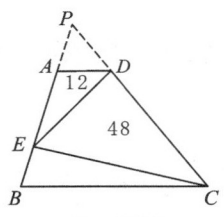

第 3 题图

$S_{\triangle PDE}=S_{\triangle CDE}×\frac{2}{5}=19.2, S_{\triangle PAD}=19.2-12=7.2$,

$S_{梯形ABCD}=S_{\triangle PAD}×\frac{7^2-2^2}{2^2}=81$。

4. 答案:31。

分析:$248=2^8-2^3=2^3×(2^5-1)$,第 2021 天盆内有 2^{2020} 文钱,所以 $248 | 2^5×(2^{2015}-1)$,即 $248 | 2^{2020}-32$,所以最后投了 31 文钱。

5. 答案:31.4。

分析:每人跑 $\frac{1}{4}$ 圈时面积最大,所以至少经过 $\frac{1}{4}×2π×100÷5=31.4$(秒)。

6. 答案:ABCDE。

分析:若 A 假,则 B、E 在 A 同侧,C、D 在另一侧与 C 发言矛盾;若 B 假,则 A 在 B 同侧,C、D 在另一端,A、C、D 占第一、三、五位,B、E 发言矛盾;若 E 假,A、B 在 E 同侧,C、D 在另一侧与 C 发言矛盾;所以 C 假,E 在右侧,则 A 在第一位,D 在第四位;顺序依次为 ABCDE。

7. 答案:13。

分析:取棋子时,桌上有合数枚棋子的人必败,所以先手取非合数型即可,有 1、5、13、17、29、37、41、53、61、73、89、97、101 共 13 种。

8. 答案:A。

分析:染色方法如题图。

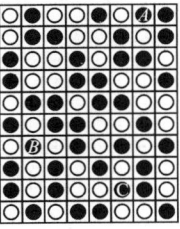

第 8 题图

9. 答案:120。

分析:$360=2^3×3^2×5$,记两个数为 A、B。

若 A 中因数 2 的个数比 B 多,则称 A 在 2 上胜 B,则在 2,3,5 上,A、B 有胜有负。

2 胜 1 负有:$C_3^2×C_3^2×C_2^2=54$(种)。

1 胜 1 负 1 平有:

$C_4^2×C_3^1×C_2^1+C_4^1×C_3^2×C_2^1+C_4^1×C_3^1×C_2^2=6×3×2+4×3×1+6×3×1=66$(种)。

合计共有:54+66=120(种)。

10. 答案:红色。

分析:红、绿球数之和奇偶性始终不变,所以最后红、绿球数之和为奇数,最后一个球不为黄色,注意到最后只放回一个小球,所以最后一个球为红色。

2021年 优才杯暑秋数学学情诊断

1年级

1. 答案:3。

分析:皮皮有6块水果糖,康康有3块水果糖,皮皮比康康多6－3＝3(块)。

2. 答案:9。

分析:根据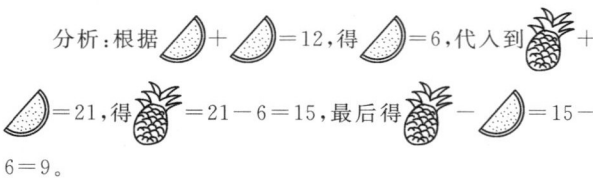

3. 答案:9。

4. 答案:A。

5. 答案:D。

分析:"小猫"表示小猫的速度,其他同理。小猫比小兔快,得"小猫">"小兔";小狗比小猫慢,得"小猫">"小狗";小鸡没有小兔快,得"小兔">"小鸡";小狗比小羊快,得"小狗">"小羊"。最终得"小猫">"小兔">"小鸡","小猫">"小狗">"小羊",即第一名是小猫。正确答案选D。

6. 答案:D。

分析:图①中加粗的小线段共8条,相当于图①中大三角形的2条边;

图②中加粗的小线段共10条,相当于图②中大三角形的2条边;

图③中加粗的小线段共12条,相当于图③中大三角形的2条边。

综上所述,3条加粗的路线,3条一样长。

7. 答案:D。

分析:从康康开始,康康→妮妮→皮皮→豆豆→呦呦→艾玛→康康,6次后回到康康手里,再继续传9－6＝3(次),此时在豆豆手里(康康→妮妮→皮皮→豆豆)。正确答案为D。

8. 答案:C。

分析:根据皮皮说"我家房顶上没有汉堡"这句话是假话,可知皮皮家的房子有汉堡;根据妮妮说"我家门前没有树"可知,妮妮家的房子为C。

9. 答案:9。

分析:根据题左图可知,2只玩具小熊的身高＝3只玩具兔子的身高。根据题右图可知为2只玩具兔子的身高正好为12厘米,1只玩具兔子的身高为12的一半,即为6厘米。3只玩具兔子身高总和为6＋6＋6＝18(厘米),正好为2只玩具小熊的身高,1只玩具小熊身高为18的一半,即9厘米。

10. 答案:20。

分析:灰色正方体共有4层,每层4个,共计16个;黑色小正方体共有4个,灰色正方体后面不确定有没有,但题问最少有多少个,即默认为后边没有小正方体,即最少有16＋4＝20(个)小正方体。

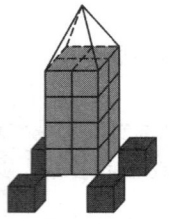

第10题图

11. 答案:6。

分析:第一个经过的是单数7,经过8个房间后走了出来,所以最多只能经过8－1＝7(个)编号为偶数的房间。为了尽量多走偶数房间,通过尝试发现最多只能经6个编号为偶数的房间,给出一种可行的方案如下:7→0→4→6→8→3→8→8→6→出。

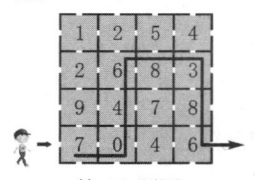

第11题图

12. 答案:16。

分析:根据"如果给豆豆加2朵小红花,豆豆的小红花数量就只比皮皮少6朵了",可得豆豆比皮皮少2＋6＝8(朵)。结合妮妮的小红花比皮皮多8朵,可得妮妮比豆豆多8＋8＝16(朵)。

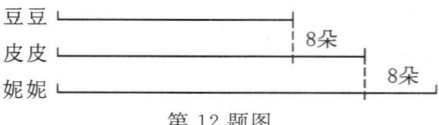

第12题图

13. 答案:3;5。

分析:(1)从最少的角度分析,当关闭1个阀门时,通过尝试无论关闭哪一个,水都可以正常流出来;同理,当关闭2个阀门时,通过尝试无论关闭哪2个,水都可以正常流出来;当关闭3个时,关闭③、④、⑤时,水无法正常流出来。

(2)如果关闭4个阀门不让水流出,有5种方法,分别为①②③④;①③④⑤;②③④⑤;③④⑤⑥;③④⑤⑦。

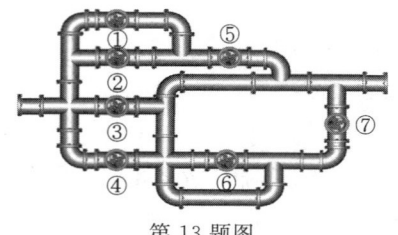

第13题图

2年级

1. 答案:45。

分析:计算1～9连续自然数的和,1＋2＋3＋4＋5＋6＋7＋8＋9＝45。

2. 答案:9。

分析:数数与计数。由线围起来的空白封闭图形是区域,共9个。

3. 答案:A。

分析:巧填算符。试填 $9+8-7-6=4$。求差法。全填加号有 $9+8+7+6=30$。差为 $30-4=26$,26 的一半是 13,凑出减 13,故有 $9+8-7-6=4$。

4. 答案:14。

分析:重叠问题。从左往右到红毛怪和从右往左到绿毛怪的总数为 $10+8=18$(个),中间重叠 4 个,所以一共有 $18-4=14$(个)妖怪。

5. 答案:1。

分析:图形规律。每行左斜线都是 1 根、2 根、3 根,"?"处为 3 根左斜线;每行右斜线也都是 1 根、2 根、3 根,所以"?"处为 1 根右斜线。

6. 答案:1。

分析:将正方体进行还原以后,1 和 A 在相对面。

7. 答案:40。

分析:图上时间为 10 点 10 分,距离准时出发已经过去了 40 分钟,所以乐乐现在出发的话会迟到 40 分钟。

8. 答案:9。

分析:三个队人数相等时各有 4 人,则原来第 1 队的人数为 $4+2+3=9$(人)。

9. 答案:6。

分析:优优拿右边的部分有 3 种情况,拿左边部分也有 3 种情况,一共 $3+3=6$(种)可能。

10. 答案:30。

分析:总数和为 $5+10+15+20+25=75$,总公共和为 $35+35+35=105$,所以 $A+B=105-75=30$。

11. 答案:6。

分析:等量代换。4 只猴子的重量等于 3 只河马的重量,那么 16 只猴子的重量等于 12 只河马的重量。2 只河马的重量等于 1 只大象的重量,那么 12 只河马的重量等于 6 只大象的重量,则 16 只小猴的重量等于 6 只大象的重量。

12. 答案:34。

分析:把 20 节竹子按 5 节分组,$20=5+5+5+5$,分为 4 组,每组吃 5 节竹子用 4 分钟,所以和和吃竹子用时 $4\times 4=16$(分钟);和和每间隔玩 6 分钟,分成 4 组有 3 个间隔,所以玩了 $3\times 6=18$(分钟),则总共用时 $16+18=34$(分钟)。

13. 答案:4。

分析:假设第一个小矮人说真话,和他自己所说的没人说真话自相矛盾,因此第一个小矮人一定说假话。8 人中有 1 个人说假话,那么最多就只有 7 个人说真话,则第八个小矮人说的是真话。接着假设第二个小矮人说真话,那就有第二个和第八个小矮人说真话,与他自己所说的最多 1 人说真话矛盾,因此第二个小矮人一定说假话。8 人中已经有 2 个人说假话了,那么最多就只有 6 人说真话,则第七个小矮人说的是真话。同理,可得第三个、第四个小矮人说假话,第五个、第六个小矮人说真话,说真话的小矮人一共有 4 个。

14. 答案:6。

分析:由于密码是数字和为 12 的四位数,所以枚举时从 1 开始,且千位+百位=十位+个位=6。由枚举可得,1515、2424、3333、4242、5151、6060,一共有 6 种情况,所

李奶奶至少要试 6 次才能保证把门打开。

15. 答案:11。

分析:首先因为 $21=8+9+4$,所以可唯一确定 5 与 4 的位置(如图所示),所以 4 的相邻格的数字和为 $1+2+3+5=11$。

6		8
	4	5
7		9

第 15 题图

16. 答案:14。

分析:根据两组条件对比分析,$\overline{麻花}-\overline{开心}=5$,符合条件的只有 $31-26=5$ 或 $41-36=5$ 或 $51-46=5$。

(1)若 $\overline{麻花}=31$,$\overline{开心}=26$,$\overline{团队}=61-26=35$,有重复数字,排除。

(2)若 $\overline{麻花}=41$,$\overline{开心}=36$,$\overline{团队}=61-36=25$,没有重复数字,所以,开+心+麻+花=$3+6+4+1=14$。

(3)若 $\overline{麻花}=51$,$\overline{开心}=46$,$\overline{团队}=61-46=15$,有重复数字,排除。

综上,所求答案为 14。

17. 答案:48。

分析:如图所示,$6+12+14+16=48$。

6	5	4	3
7	12	13	2
8	11	14	1
9	10	15	16

第 17 题图

3 年级

1. 答案:180。

分析:原式 $=(16+64)+(69+31)$
$=80+100$
$=180$。

2. 答案:20。

分析:剩下的两根绳子相差 $15-5=10$(米),$10\div(3-1)=5$(米),即第二根绳子剩下的长度为 5 米,原来每根绳子长 $5+15=20$(米)。

3. 答案:27。

分析:将相邻两数的后一项减去前一项,可得差依次为 1,2,3,3,3,4,4,( ),( ),5,5。观察规律可知,空缺的两个差均为 4,所以题中括号里应填的数为 $23+4=27$。

4. 答案:18。

分析:1×1 的正方形有 13 个;2×2 的正方形有 4 个;3×3 的正方形有 1 个。共有 $13+4+1=18$(个)正方形。

5. 答案:B。

分析:一笔画图形的奇点的个数必为 0 或 2,且为连通图形。选项 B 有 2 个奇点,符合题意;选项 A、C、D 的奇点个数均大于 2,不符合题意。故选 B。

6. 答案:62。

分析:琉璃桥的长度为 $15\times 2=30$(米),每侧挂彩旗数为 $30\div 1+1=31$(面),两侧共挂 $31\times 2=62$(面)。

7. 答案：16。

分析：取走火柴前，共 16＋7＋3＋1＝27（个）三角形。拿掉一根火柴，可以使图形中减少 2、4、5 或 6 个三角形。若拿掉两根减少 6 个三角形的火柴，因减少的三角形有重复，最多减少 10 个三角形。若拿掉一根减少 5 个和一根减少 6 个三角形的火柴，当这两根平行时，减少的三角形没有重复，因此剩下的图形中最少有 27－5－6＝16（个）三角形。

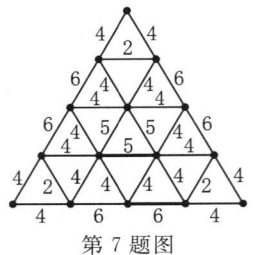

第7题图

8. 答案：30。

分析：使用列表尝试法。

铅笔/支	圆珠笔/支	铅笔数－圆珠笔数/支
4×5＝20	6×4＝24	铅笔数小于圆珠笔数
5×5＝25	5×4＝20	5
6×5＝30	4×4＝16	14

由表知，王老师一共买了 30 支铅笔。

9. 答案：135。

分析：公差为 3，共 9 项。原式＝（3＋27）×9÷2＝135。

10. 答案：4。

分析：重叠部分有 12＋9－15＝6（人），其中包含了王老师和李老师，那么王老师和李老师之间有 6－2＝4（人）。

11. 答案：4。

分析：如图所示，共进行 4 次交换。

1 4	1 5		1 3	5		1 2	3		1 2	3
2 3	6	第1次交换	2 4	6	第2次交换	4 5	6	第3次交换	4 5	6

第4次交换后：
1	2	3
4	5	6

第11题图

12. 答案：11。

分析：列表枚举，共 11 种。

编号	100元/张	50元/张	20元/张	10元/张
1	1	1	0	1
2	1	0	3	0
3	1	0	2	2
4	1	0	1	4
5	0	3	0	1
6	0	2	3	0
7	0	2	2	2
8	0	2	1	4
9	0	1	5	1
10	0	1	4	3
11	0	1	3	5

13. 答案：12。

分析：康康的奖杯数为（37－3）÷2＝17（个）；豆豆与禾禾的奖杯总数为 17＋3＝20（个）。豆豆的奖杯数量是禾禾的 2 倍少 4 个，禾禾得（20＋4）÷（1＋2）＝8（个）奖杯，豆豆得 2×8－4＝12（个）奖杯。

14. 答案：5。

分析：由题可知，小木的两张牌存在两倍关系，在 1～6 中，只有 3 种可能：1 和 2，2 和 4，3 和 6。因小林两张牌的和比小木的小，所以小木的牌不可能是 1 和 2。

（1）假设小木的牌为 2 和 4，那么小林的牌为 1 和 3，1 和 6 时，他才能确定小木的牌；这两种情况下，小森的牌分别为 5 和 6，3 和 5；因小林两张牌的和比小木的小，比小森的大，两种情况均不符合题意，假设不成立。

（2）假设小木的牌为 3 和 6，那么小林的牌分别为 1 和 2，2 和 4，2 和 5，1 和 4 时，他才能确定小木的牌；这四种情况下，小森的牌分别为 4 和 5，1 和 5，1 和 4，2 和 5，因小林两张牌的和比小木的小，比小森的大，所以小林的牌为 2 和 5，小森的牌为 1 和 4。小森两张牌之和为 1＋4＝5。

15. 答案：A。

分析：观察△运算发现，运算结果为△前的鲜花；观察○运算发现，运算结果为○后的鲜花。

故原式＝月季花△桃花○桃花△玉兰花
＝月季花○桃花△玉兰花
＝桃花△玉兰花
＝桃花

16. 答案：28。

分析：小王有 19－7＋2＝14（元），小张有 14－7＋2＝9（元），西瓜的价格为 14＋9＋2＝28（元）。

17. 答案：48。

分析：8 个奇点，最少有 3 条棱爬不到，可去掉 3 条最短的棱，如图，乌龟沿 A→B→C→D→E→F→G→H 路线爬行，爬行路线最长。总路程为 6＋5＋6＋5＋6＋5＋6＋5＝48（分米）。

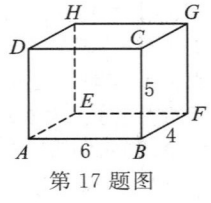

第17题图

18. 答案：13534。

分析：由①与 2 和 3 都不满足连续或 2 倍的规则可知，必填 5；由列知，②和 E 填 1、4，因②与 3 不连续，所以②填 2，E＝4；③与 E 有 2 倍关系，③与④有 2 倍关系，所以③填 2，④填 1；⑤与⑥有 2 倍关系，⑤与⑥有 2 倍关系，由列知，B 和⑦填 3、5，由行知，B＝3，⑦填 5；C 与⑥连续，由行知，C＝5；⑧与 3 不连续，由行知，⑧填 1，⑨填 2；⑩与⑧有 2 倍关系，⑩与⑨有 2 倍关系，所以⑩填 2，⑪填 4；⑪与 A 不连续，由列知，A＝1；⑫与⑨不连续且无 2 倍关系，由列知，⑫与 D 不连续，由行知，D＝3。因此 $\overline{ABCDE}$＝13534。

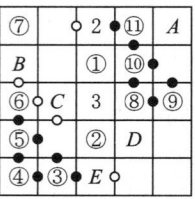

第18题图

19. 答案：92；99。

分析:由题可知,小红比小强多4分,小强比小明多4分,则小红比小明多8分。因为小明的分数是一个大于90分的奇数,且试卷满分是100分,那么小明考了91分,小红考了91+8=99(分),小强考了91+4=95(分)。小丽的分数比小红、小强和小明的平均分少3分,则小丽考了(99+95+91)÷3-3=92(分)。

20. 答案:117;176。

分析:

	圆点数
第1个图	5
第2个图	12
第3个图	22
第4个图	35
……	……

观察规律可得,第8个图有5+7+10+13+16+19+22+25=117(个)圆点。第10个图有5+7+10+13+16+19+22+25+28+31=176(个)圆点。

4年级

1. 答案:10104。
分析:2021×4+2020=8084+2020=10104。

2. 答案:6;12。
分析:看图可得,顶点有1+4+1=6(个),棱有4+4+4=12(条)。

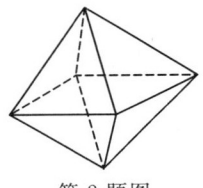

第2题图

3. 答案:5。
分析:佩奇和乔治可以分别有(3,7),(4,6),(5,5),(6,4),(7,3),共计5种分法。

4. 答案:55。
分析:哈利比赫敏少击杀2个食死徒,若赫敏少击杀2个,两人击杀数量相同,两个人共击杀112-2=110(个)食死徒,所以哈利击杀110÷2=55(个)食死徒。

5. 答案:13。
分析:将6×6的方阵变成更大的方阵,至少变成7×7的方阵,所以需要增加7×7-6×6=13(只)狼。

6. 答案:8。
分析:假设全部都是4人混合赛,共有4×20=80(人),多算了80-64=16(人)。将4人混合赛转化为2人一对一赛,每转化一次少4-2=2(人),需要转化16÷2=8(次),所以2人一对一赛共有8场。

7. 答案:10。
分析:已知5个桃核可以换1个桃,现在有40个桃核,40÷5=8,可以换8个桃。8÷5=1……3,吃完桃后优优的桃核又可以换1个桃。此时优优共有3+1=4(个)桃核,向厂家借1个桃核,5个桃核还可以再换1个桃,最后吃完桃再将桃核还回去。优优最多可以换到8+1+1=

10(个)桃。

8. 答案:60。
分析:因为∠1=60°,∠ABC=90°,所以∠C=180°-∠1-∠ABC=30°。又因为图形沿着EF对折,点C刚好与点B重合,所以∠CFE=90°,∠2=180°-∠C-∠CFE=60°。

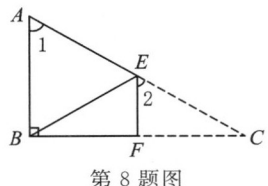

第8题图

9. 答案:2200。
分析:原式=22×(78+22)=22×100=2200。

10. 答案:24。
分析:如图所示,A位置有4种选择,B位置有3种选择,C位置有2种选择,根据乘法原理共有4×3×2=24(种)选择。

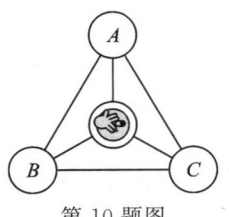

第10题图

11. 答案:6。
分析:逆推计算,大鹏将金豆的数量变为36颗,因为36=6×6,所以青狮和白象对金豆施完法后金豆还剩下6颗。如图,将白象的操作还原发现每次操作前是6颗,同理将青狮的操作还原发现每次操作前也都是6颗,所以将白象与青狮的5次操作分别还原后,得到原来有6颗金豆。

白象操作一次: 6 →×8 48 →-42 6
           ÷8   +42

青狮操作一次: 6 →-5 1 →×6 6
           +5   ÷6

第11题图

12. 答案:64。
分析:多了4名男老师,相当于多分了3×4=12(个)橘子,通过两次分配可求出女老师人数为(12+7-4)÷(4-3)=15(人),则橘子的个数是15×4+4=64(个)。

13. 答案:16。
分析:大正方形的边长是72÷4=18(厘米),小正方形的边长是48÷4=12(厘米)。如图所示,可得大正方形和小正方形边长的差为两个小长方形的宽,所以小长方形的宽是(18-12)÷2=3(厘米),小长方形的长是(18-3)÷3=5(厘米),小长方形的周长是(5+3)×2=16(厘米)。

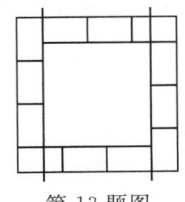

第13题图

14. 答案：9204。

分析：四位数的各个数位数字互不相同，所以一共有 4 种数字。由豪豪和鹏鹏猜的结果：1、2、3、4 中有两个数字正确，5、6、7、8 中没有正确数字，可知四位数中含有数字 0、9；根据锟锟猜的结果可知，他猜对了 0 和 9，但是数位不正确，且 1 和 3 不正确；结合豪豪猜的结果，该四位数为 $\overline{\square 2 \square 4}$；又因 0 不能作为该数的首位，所以答案是 9204。

15. 答案：B。

分析：公交车从 A 站出发，停靠站为 $\overline{B,C,D,E,F,E,D,C,B,A}$、B、C、D、E、F、…，周期长度是 10。$2021 \div 10 = 202 \cdots\cdots 1$，所以第 2021 次停车是停在 B 站。

16. 答案：580。

分析：第 1 年运营收入为 100 万元，第 12 年运营收入为 $100 - (12-1) \times 5 = 45$（万元），运营总收入为 $(100+45) \times 12 \div 2 = 870$（万元）。第 1 年管理费为 2 万元，第 12 年管理费为 $2 + (12-1) \times 1 = 13$（万元），管理费总费用为 $(2+13) \times 12 \div 2 = 90$（万元）。购买汽车需要 200 万元。所以从购买到报废一共能赚 $870-90-200=580$（万元）。

17. 答案：21。

分析：依题意可得下图，不管是过去现在还是未来，锟锟与桦桦的年龄差不变。所以可以把过去桦桦的年龄看成 1 份，那么由题意，过去锟锟与现在桦桦的年龄就是（"2"-3）岁，由此得出年龄差为（"1"-3）岁，那么现在锟锟和未来桦桦的年龄就是（"3"-6）岁，未来锟锟的年龄就是（"4"-9）岁，所以（"3"-6）+（"4"-9）=69，得出 "1" 为 12 岁，那么桦桦现在的年龄为 $2 \times 12 - 3 = 21$（岁）。

现在桦桦 过去锟锟
过去桦桦 过去锟锟 未来桦桦 未来锟锟
"1" ("2"-3)岁 ("3"-6)岁 ("4"-9)岁

第 17 题图

18. 答案：82593。

分析：如图所示，我们得到三个算式 $\overline{AB1} \times \bigstar = \overline{\square 0 \square}$，$\overline{AB1} \times \blacktriangle = \overline{1\square\square}$，$\overline{AB1} \times 3 = \overline{4\square\square}$。

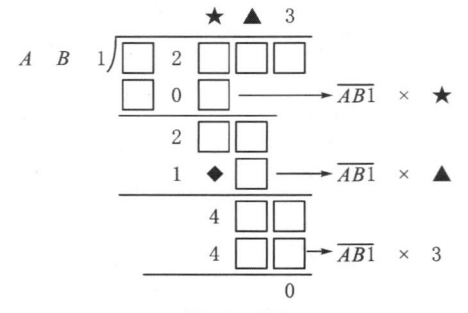

第 18 题图

根据 $\overline{AB1} \times \blacktriangle = \overline{1\square\square}$，可得 $A = \blacktriangle = 1$，可推算为 $\overline{1B1} \times 1 = \overline{1\blacklozenge 1}$，$\blacklozenge = B$。

再看 $\overline{AB1} \times 3 = \overline{4\square\square}$，可推算为 $\overline{1B1} \times 3 = \overline{4\square\square}$，估算出 B=4 或 5 或 6。

再看减法：$\overline{2\square\square} - \overline{1\blacklozenge\square} = \overline{4\square}$，可得 $\blacklozenge = B = 5$ 或 6，除数为 151 或 161，经尝试，151 不符合条件，即除数为 161。

最后看 $\overline{AB1} \times \bigstar = \overline{\square 0 \square}$，可推算为 $161 \times \bigstar = \overline{\square 0 \bigstar}$，个位不进位所以 $16 \times \bigstar = \overline{\square 0}$，则 $\bigstar = 5$。

综上，除数为 161，商为 513，被除数为 82593。

19. 答案：27；21；16。

分析：由一个小三角形组成的称为①，由 4 个三角形组成的大三角形称为④，以此类推……

（1）正着的①：$1+2+3+4 = 10$（个）；反着的①：$1+2+3=6$（个）；

正着的④：$1+2+3 = 6$（个）；反着的④：1 个；

正着的⑨：$1+2=3$（个）；正着的⑯：1 个。共计 $10+6+6+1+3+1=27$（个）。

（2）用标数法将图中线所对应的三角形个数标出，如图(1)，由此可知，去掉边上中间标 6 的线会去掉更多的三角形，所以剩下的三角形数为 $27-6=21$（个）。

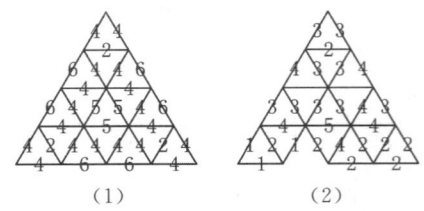

（1）　　　　（2）

第 19 题图

（3）若先去除掉 1 个 6，势必会影响其他火柴棒所对应的三角形个数，所以仍然用标数法将其标出，如图(2)，由此可知，去掉标 5 的会去掉更多的三角形，所以剩下的三角形数为 $21-5=16$（个）。

20. 答案：B；69。

分析：（1）若左视图为 B，至少需要 8 块积木。

（2）按最底层有几块进行分类，因为不能悬空，且中间要有 3 块，可以将中间的 3 块分为底层的 1 块和顶层的 2 块，所以最底层只能分为 4 块或 5 块。

A	B	C
D	E	F
G	H	I

第 20 题图

如果底层是 4 块：中间只能 EH，此时左右各选 1 个，$2 \times 2 = 4$（种），顶层 1 块和 2 块的可以随意放，所以共 $2 \times 4 = 8$（种）；同理，BE 也是 8 种，实际物体和底层是 EH 的完全一样，所以共计还是 8 种。

如果底层是 5 块，种类就会多一些：

①如果中间只有 1 块 H，则有左 1 右 3、左 2 右 2、左 3 右 1，共计 3 种情况；同理，中间为 B 也是 3 种。如果中间只有 1 块 E，则有左 1 右 3、左 2 右 3、左 3 右 1 各对应 1 种情况，左右 2 则 D 和 F 必选，剩的 AG 选一个，CI 选一个，共 $2 \times 2 = 4$（种），但选择时实际物体也会有重复，ABCDF 与 DEFGI，ACDEF 与 DFGHI，所以中间有 1 块的共计 3+

3+6−2=10(种),顶层的2块只能放在中间的格子上。共计10种。

②如果中间有2块为BH,不能满足条件;如果是EH则分为只能是左2右1或者左1右2,若是左2右1则左边必选D,右边在FI中选一个,有2×2=4(种)情况。同理,左1右2也有4种,共计8种。同理BE也是8种,但选择时实际物体也会有重复,ABCDE与DEFGH等,共重复4种;顶层的2块就有2种选择,所以共(8×2−4)×2=24(种)。

③如果中间有3块只能为BEH,此时左右各有3种情况,并且顶层的2块也有3种选择,此时一共有3×3×3=27(种)。

综上,共计8+10+24+27=69(种)。

5 年级

1. 答案:2021。

分析:原式=2020×(202−10.1)−2021×201=(202−201)×2021=2021。

2. 答案:6。

分析:假设9个宝箱都是大宝箱,应该能买到270个宝石。每用一个超级宝箱交换一个大宝箱,宝石增加80−30=50(个),一共增加420−270=150(个)宝石,需要用3个超级宝箱交换大宝箱,即有6个大宝箱和3个超级宝箱。

3. 答案:117。

分析:∠4=∠1+∠2+∠3−180°=117°。

4. 答案:8。

分析:同时包含中英文的歌词的句数=包含中文的歌词的句数+包含英文的歌词的句数−全部歌词的句数=32+24−48=8(句)。

5. 答案:31。

分析:构造抽屉:(大王)(小王),每种花色的(1,2)(3,4)(5,6)(7,8)(9,10)(11,12)(13),一共有30个抽屉。如果某个抽屉中被抽出2张,则会出现相邻自然数,所以至少抽出31张才能保证满足题意要求。

构造一种抽30张不满足要求的情况:抽出大王、小王,每种花色的1、3、5、7、9、11、13,共计30张。

6. 答案:168。

分析:睿睿和静静的钱一共可以买12+9=21(个)包子,两人钱数一样多,所以每个人带的钱够买10.5个包子。睿睿向静静借的24元钱可以买12−10.5=1.5(个)包子,一个包子24÷1.5=16(元),睿睿带了16×10.5=168(元)钱。

7. 答案:8。

分析:马里奥的顺风速度为90÷10=9(米/秒),逆风速度为70÷10=7(米/秒),所以无风时,他的速度为(9+7)÷2=8(米/秒)。

8. 答案:15。

分析:过E、G作AD、BC边的平行线,过H、F作AB、CD边的平行线,构成一个长为3、宽为2的长方形,如图所示。则阴影部分面积+空白面积=正方形ABCD面积且空白面积=阴影部分面积+中心长方形面积,即阴影部分面积=(正方形ABCD面积−中心长方形面积)÷2=(6²−2×3)÷2=15。

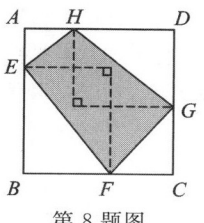

第8题图

9. 答案:14808519。

分析:4443×3333=4443×9999÷3=44425557÷3=14808519。

10. 答案:320。

分析:原来蛋白质、脂肪、碳水化合物摄入量的比为1∶2∶3=5∶10∶15,现在蛋白质、脂肪、碳水化合物摄入量的比变为3∶1∶1=18∶6∶6,总量均为30份。则蛋白质由原来的5份变成现在的18份,增加13份=1040kJ,1份=80kJ,脂肪由原来的10份降低到现在的6份,降低了4份,为4×80=320(kJ)。

11. 答案:36。

分析:设环形跑道一整圈路程为54份,两人同向跑,潇潇每9分钟追上小孔一圈,说明每分钟潇潇比小孔多跑6份;两人反向跑,两人每6分钟合跑一圈,说明每分钟两人合跑9份。所以潇潇每分钟跑7.5份,小孔每分钟跑1.5份,小孔跑一圈需要54÷1.5=36(分钟)。

12. 答案:720。

分析:将被分成5部分的粽子按如图所示编上字母编号,并按B−C−A−E−D的顺序给5个部分染色。B有5种染法;C与B不同色,可以从剩下的4个颜色中选一种染,有4种染法;A、E与B,C均不同色,有3种染法;D仅与B不同色,有4种染法。共计5×4×3×3×4=720(种)染法。

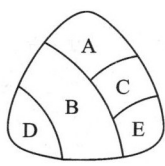

第12题图

13. 答案:97。

分析:4个分母为质数且分子为1的分数之和,其分母所含的质因数一定在这4个数之中,不会有其他质因数。20210=2×5×43×47,所以这四个质数只能是2、5、43、47。

14. 答案:11232。

分析:2位乘数的十位与20□相乘是4位数,说明2位乘数的首位不小于5,且乘积的百位不大于1。这样2位乘数的首位只能是5。

2位乘数的个位与$\overline{20\square}$相乘是3位数,说明2位乘数的个位不大于4,如2位乘数的个位为4,则$\overline{20\square}$的末位为3或8,经试算208×54=11232满足要求;若2位乘数的个位为3,则$\overline{20\square}$的末位为4,经试算不行;若2位乘数的个位为2,则$\overline{20\square}$的末位为1或6,经试算不行;若2位乘数的个位为1,则$\overline{20\square}$的末位为2。经试算不行。

所以仅有208×54=11232一种填法。

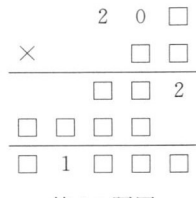

第14题图

15. 答案:20。

分析:华华和琴琴两人相遇用时为24÷(2+4)=4(小时),那么小狗特丽莎一共跑了4小时,即4×6=24(千米),小狗特丽莎只有两个奔跑方向,向着琴琴记为S_1,向着华华记为S_2,那么特丽莎跑的总路程=S_1+S_2=24(千米),而相遇位置应为距华华出发地4×4=16(千米)的位置,即S_1-S_2=16(千米),根据和差问题公式可求得S_1=(24+16)÷2=20(千米)。

16. 答案:12。

分析:有5个因数的数应为质数的4次方形式,一个数的5倍必含质因数5,这个数只能是5^4=625,那么原数为125。125×50=$2×5^5$,共有(5+1)×(1+1)=12(个)因数。

17. 答案:72。

分析:3个男生和3个女生不能站在静静老师的同侧,那么静静老师的两侧只能是2男1女和2女1男,站队方式只能是:男、女、男、静、女、男、女,或女、男、女、静、男、女、男两种。每种站队方式对应的情况为:3个男生在男生位排队情况×3个女生在女生位排队情况。总排队方式为$2×A_3^3×A_3^3$=72(种)。

18. 答案:23663。

分析:要让计算结果尽量小,需要让$\overline{\square\square\square}×\overline{\square\square\square}+\square$尽量小,同时$\overline{\square\square}×\square$尽量大。显然$\overline{\square\square}×\square$中应该填7、8、9;由于乘法计算优先于加法,所以$\overline{\square\square\square}×\overline{\square\square\square}$中应填0~5,$\square$中应填6。为了让$\overline{\square\square\square}×\overline{\square\square\square}$最小,位值高的数应尽量小,且0不能填在首位,首位应填1、2,十位应填0、3,个位应填4、5,两个三位乘数的和为339固定,则两数差越大,其乘积越小,最小为104×235。将$\overline{\square\square}×\square$变为$\overline{\square\square}×\overline{\square0}÷10$,只要$\overline{\square\square}×\overline{\square0}$最大即可,十位填9、8,个位填7,两个乘数之和为177固定,两数差越小乘积越大,最大为87×90。综上所述,算式最小值为104×235+6−87×9=23663。

19. 答案:182。

分析:一个数的平方等于它所有因数的积,相当于这个数等于它的所有非本身的因数之积。

如果这个数只有1个质因数,这个数为a^n的形式,有$a^n=a·a^2·a^3……a^{n-1}$,即$n=\frac{n(n-1)}{2}$,$n=3$。

如果这个数有2个不同质因数,这个数至少有4个因数,除了1和本身,其他的数前后配对,其乘积都等于原数,所以这个数应为2个质因数相乘的形式。

从小到大筛出满足以上两个条件的最小10个数如下:6、8、10、14、15、21、22、26、27、33,其和为182。

20. 答案:9。

分析:连接EF,因为E为BC的中点,且四边形$DCME$、$DCNF$都是平行四边形,所以$S_{\triangle MBE}=S_{\triangle MCE}=S_{\triangle DCE}=S_{\triangle BDE}$。同理,$S_{\triangle AFN}=S_{\triangle AFD}$。$\triangle DEF$相当于由$\triangle CMN$沿$CD$方向平移得到,则两三角形面积必然相等。所以 $S_{阴影}=S_{\triangle ABD}+S_{\triangle BDE}+S_{\triangle DEF}+S_{\triangle ADF}=S_{\triangle ABC}-S_{\triangle CEF}=12-\frac{12}{4}=9$。

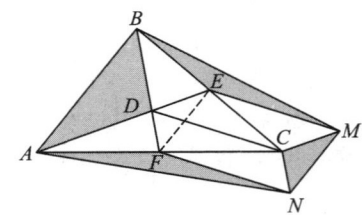

第20题图

6年级

1. 答案:20。

分析:原式=$99×\frac{5}{8}-\frac{5}{8}×67=\frac{5}{8}×(99-67)=\frac{5}{8}×32=20$。

2. 答案:1。

分析:这个数可以表示为$18n+13$,这样它除以6的余数为1。

3. 答案:16。

分析:女生=男生$×\frac{4}{5}$,所以女生人数为$20×\frac{4}{5}=16$。

4. 答案:25。

分析:售价=进价×(1+利润率),所以每支钢笔的进价为30÷(1+20%)=25(元)。

5. 答案:8。

分析:阴影部分的左侧是一个扇形,而阴影部分右边的空白部分恰好与左边的扇形构成一个边长为4的正方形,那么阴影部分的面积等于大的矩形面积减去正方形的面积。则阴影部分的面积=(2+2+2)×4−(2+2)×4=8。

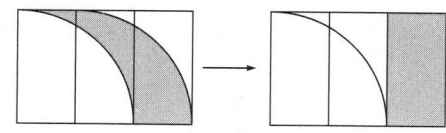

第5题图

6. 答案:79。

分析:设一共 N 本书,由题意 N 除以 10 余 9, N 可以等于 9、19、29、39、49、59、69、79、89、99。这些数 N 除以 9 余 7 只有 79。

7. 答案:90。

分析:分别安排红、蓝、绿三组的人,一共有 $C_6^2 \times C_4^2 \times C_2^2 = 90$(种)分法。

8. 答案:260。

分析:出发时,甲是顺水行驶,速度为 $60+5=65$(千米/时);乙是逆水行驶,速度为 $70-5=65$(千米/时),所以两船在中点第 1 次相遇,且两船同时掉头。掉头后,$v_{甲逆} : v_{乙顺} = (60-5) : (70+5) = 11 : 15$,设 AB 全程为 26 份,那么第 2 次相遇地点距 B 地为 11 份,所以第 1、2 次的相遇地点相距 $\frac{(11+15)}{2} - 11 = 2$ 份,所以 1 份等于 $20 \div 2 = 10$(千米),那么全程为 260 千米。

9. 答案:46。

分析:原式 $= 177 \times \frac{46}{149} - 56 \times \frac{47}{149} + 56 \times \frac{24}{149}$
$= 177 \times \frac{46}{149} - 56 \times \left(\frac{47}{149} - \frac{24}{149}\right)$
$= 177 \times \frac{46}{149} - 56 \times \frac{23}{149}$
$= 177 \times \frac{46}{149} - 28 \times \frac{46}{149}$
$= (177-28) \times \frac{46}{149}$
$= 149 \times \frac{46}{149}$
$= 46$。

10. 答案:10。

分析:假设 A、B 两人都没做对第 1 题,那么其余人都必须做对第 1 题,否则会出现 3 人都没做对第 1 题的情况,与条件矛盾。所以,这 5 人中任意两人没做对的题互不相同,这样至少需要 $C_5^2 = 10$(道)题。

11. 答案:660。

分析:前两位有 $99 \div 3 - 3 = 30$(种)情况,后两位有 $96 \div 4 - 2 = 22$(种)情况,共 $30 \times 22 = 660$(个)数。

12. 答案:1922。

分析:完全平方数,所有质因数必成对出现。$72 = 2^3 \times 3^2 = 2 \times 6^2$,所以满足条件的数必为某个完全平方数的 2 倍,由于 $2 \times 31^2 = 1922 < 2021 < 2 \times 32^2 = 2048$,因此最大的 n 应为 1922。

13. 答案:8。

分析:三桶水剩余水量之比为 5:6:9,每份为 $2 \times$

$20 \div (5+6+9) = 2$(升),所以 C 桶比 A 桶水多 $(9-5) \times 2 = 8$(升)。

14. 答案:1。

分析:根据沙漏模型,$\frac{BF}{PN} = \frac{FG}{GP} = \frac{CF}{MP}$,即 $\frac{BF}{CF} = \frac{PN}{MP}$。根据金字塔模型,$\frac{BF}{DP} = \frac{AF}{AP} = \frac{CF}{PE}$,即 $\frac{BF}{CF} = \frac{DP}{PE}$。综合可得 $\frac{PN}{MP} = \frac{DP}{PE}$,那么 $\frac{8}{6} = \frac{12}{PE}$,$PE = 9$,所以 $EN = 9-8 = 1$。

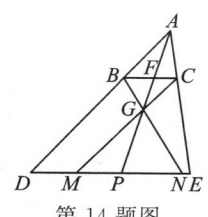

第14题图

15. 答案:1152。

分析:第一步擦 2688 的 2,有一种方法;第二步擦前两个 688 中的 6,有 2 种方法;第三步擦 88、88、68 中的 8 或 6,先考虑这 3 个数的选择先后顺序有 $A_3^3 = 6$(种)方法,然后对于 88,选择擦去那个 8,有 2 种选择,共 $6 \times 2 \times 2 = 24$(种)擦法;第四步擦 8、8、8、6,有 24 种方法。所以一共有 $1 \times 2 \times 24 \times 24 = 1152$(种)方法。

16. 答案:202。

分析:考虑最不利的情况。假设有 n 个 0,我们先把所有的 0 放到圆周上,任意两个相邻的 0 之间放入 9 个 1,可得 $(9+1) \times n < 2021$,这时 n 最大为 202。当我们再加入 1 个 1 时,必会出现 10 个连续的数都是 1 的情况。

17. 答案:973254。

分析:$2021 = 43 \times 47$,$\overline{AB} - C$ 找不到符合条件的数,所以 ①$(\overline{AB} - C) \div D = 43$,$\overline{EA} - F^2 = 47$,此时找不到符合条件的数;②$(\overline{AB} - C) \div D = 47$,$\overline{EA} - F^2 = 43$,此时可得 $(97-3) \div 2 = 47$,$59 - 4^2 = 43$。所以 $\overline{ABCDEF}$ 所代表的六位数是 973254。

18. 答案:645312。

分析:(1) 由 A 的话,我们可以推导出 A 的边上两人的名次必定一奇一偶,如图(1)。

(2) B 听了 A 的话能推导出自己的数是偶数,那么他必须能确定 3 个奇数的位置,也就是他边上两人都是奇数,且与 A 边上的奇数不重,这样他就必然是偶数了。所以 B 只能在 A 对面,这样六个位置的奇偶性都已经出来了,如图(2)。

(3) C 的边上两人名次之和为 6,说明 C 边上两人的名次的奇偶性相同,这样 C 的位置也能确定下来,如图(3),且 $6 = 2 + 4$,那么 A 是第 6 名。

(4) D 的边上两人名次之和为 5,那么 D 不能在 A 边上,这样 D 的位置也能确定下来,如图(4),且 $5 = 1 + 4 = 3 + 2$。

(5) E 说自己是第 1 名,那么 E、F 的位置能确定下来,且 B 是第 4 名,F 是第 2 名。E 通过 D 的话只能知道自己为1或3,那么他能确定自己是1,只能是他能确定3的位置,所以D为第3名,这样C只能是第5名,如图(5)。

所以,$\overline{ABCDEF}=645312$。

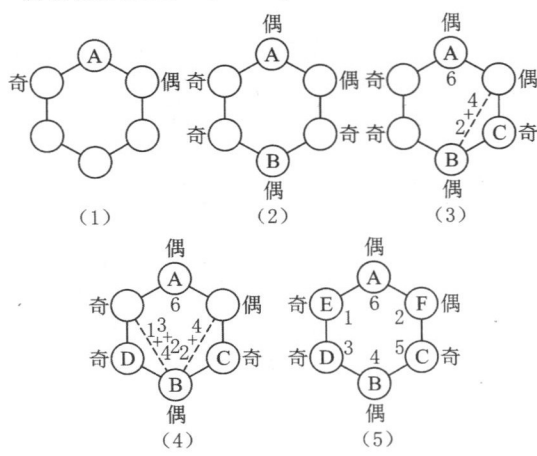

第18题图

19. 答案:110。

分析:甲、乙两车在点C相遇,那么因为甲、乙两车的速度比为5∶6,所以$AC∶BC=5∶6$。相遇后两车速度都减少20%,所以速度比不变,那么$CD∶CE=5∶6$,这样可得$AD∶BE=5∶6$。当甲、丙相遇后,$v_{甲3}∶v_{乙2}=5×(1-20\%)×(1+50\%)∶6×(1-20\%)=5∶4$,所以$BD∶EA=5∶4$。因为$BE-AD=BD-AE$,所以通过化连比知$D$为$AB$的中点。设$AB$为22份,可得$AC=10$份,$CD=1$份,$DB=11$份,这样$t_{甲3}∶t_{甲2}=\frac{1}{1}∶\frac{11}{1.5}=3∶22$,可得$t_{甲3}=6÷3×22=44$(分钟)。又$t_{丙1}∶t_{甲2}=v_{甲2}∶v_{丙1}=1.5∶1=3∶2$,所以$t_{丙1}=44÷2×3=66$(分钟),所以丙一共用了110分钟。

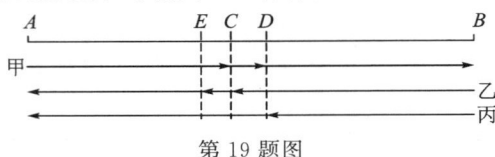

第19题图

20. 答案:(1)5;(2)720。

分析:(1)由$S_{四边形AHFD}=S_{四边形ECGH}$,则$S_{△AGD}=S_{△ECF}$。因为$AD∶EC=2∶1$,那么$DG∶CF=1∶2$,

再根据$GF=\frac{1}{3}DC$,可推出$DF∶FG∶GC=1∶3∶5$,故线段CG的长度是线段DF长度的5倍。

(2)取AD的中点M,连接EM交AG于点N。设$DC="9"$,易知$MN=\frac{1}{2}DG="2"$,$NE="7"$,即$\frac{FH}{HE}=\frac{FG}{NE}=\frac{3}{7}$。

根据"鸟头模型"可得,$S_{△FHG}=\frac{3}{8}×\frac{3}{10}×S_{△FEC}=\frac{9}{80}$

$S_{△FEC}$,即$S_{四边形ECGH}=\frac{71}{80}S_{△FEC}$。

由于$S_{四边形ECGH}=142$,则$S_{△FEC}=160$。连接BD,可求

$S_{△BDC}=\frac{2}{1}×\frac{9}{8}×160=360$,那么长方形$ABCD$的面积为720。

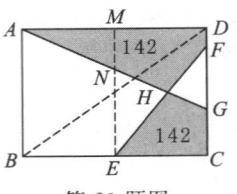

第20题图

2021年 南京市第十五届"时代杯"数学文化节活动

初赛

3年级

1. 答案:550;5100;107;290;6257;10100。
2. 答案:B。
3. 答案:B。
4. 答案:A;C。
5. 答案:B。
6. 答案:4。
7. 答案:8。

分析:一个数减去这个数是0,一个数除以这个数是1,由式子可以得出这个数乘这个数等于64,这个数是8。

8. 答案:66。

分析:把第一堆棋子看成1份,第二堆棋子就有2份,第三堆棋子就有6份,一共有99颗。那么1份棋子有$99÷(1+2+6)=11$(颗),第三堆有棋子$11×6=66$(颗)。

9. 答案:D。
10. 答案:C。
11. 答案:1;1;1;8。
12. 答案:17;$\frac{1}{16}$。

分析:小三角形有12个,中三角形有4个,大三角形有1个,一共有$12+4+1=17$(个)。小三角形是中三角形的$\frac{1}{4}$,中三角形是大三角形的$\frac{1}{4}$,小三角形是大三角形的$\frac{1}{16}$。

13. 答案:52。

分析:长+宽=14+12=26(厘米)。

14. 答案:4。

分析:家族中女生人数—男生人数=3。

15. 答案:55;100。

分析:$1+2+3+\cdots+10=55$,$10×10=100$。

4年级

1. 答案:12;54;1。
2. 答案:4。
3. 答案:4;12;2。
4. 答案:120;260。

5. 答案:B。

分析:和一共有 2、3、3、4、4、4、5、5、6 这 9 种可能,其中单数有 4 个,偶数有 5 个,所以小玲赢的可能性大。

6. 答案:3;5;9。

7. 答案:29。

分析:足球=1,衣服=2,鞋子=3,5×3+2×7=29;或足球=2,衣服=1,鞋子=3,(3+1)×3+1×(4+1+3)=20。最大为 29。

8. 答案:15:00。

9. 答案:36。

分析:有 1-1-2,1-2-1,2-1-1 三种批次,每种批次有 12 种方式,一共有 36 种方式。

10. 答案:25。

分析:108-90=18(千米/时)=5(米/秒)。5×5=25(米)。

11. 答案:(1)10;13;16。 (2)61。 (3)673。

分析:(1)略。 (2)20×3+1=61。

(3)2021-1=2020。2020÷3=673……1。

12. 答案:(1)D。 (2)1700。

分析:(1)A 和 E 比,E 大,A 移到 B,B 相当于 40,这时 B 和 E 比,E 大,B 移到 C,C 相当于 60。C 和 E 相等,一起移到 D。

(2)(10+40+60+60)×1=170(元)。

13. 答案:21。

分析:13+16-8=21。

14. 答案:10。

15. 答案:100;145。

分析:10×10=100。

35+16=51,51+19=70,70+22=92,92+25=117,117+28=145。

5 年级

1. 答案:27;2.04;1;4041。

2. 答案:-2388。

3. 答案:

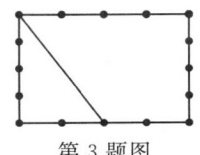

第 3 题图

(答案不唯一)

4. 答案:151.2。

分析:火车过桥问题,路程=车长+桥长,所以路程为 6800+760=7560(米),车速为 180÷3.6=50(米/秒),所以时间为 7560÷50=151.2(秒)。

5. 答案:2.8。

6. 答案:10。

7. 答案:31;6。

8. 答案:18。

9. 答案:(5,0)。

分析:如图,可发现周期规律。

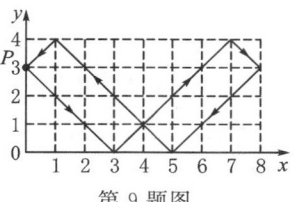

第 9 题图

10. 答案:2;3;4;6;K=n-2;H=(n-2)×180°。

11. 答案:88。

分析:这个四位数必是 11 的倍数,爷爷的年龄可能是 66,77,88,99 中的一个,经尝试,只有 88 符合题意。

12. 答案:99;87。

分析:由题意可知,语文总分比数学总分少 3 分,而全部总分是 93+98+90+100+186=567。因此语文总分是(567-3)÷2=282(分),数学总分是 285 分。因此朱桂的语文成绩是 282-93-90=99(分),数学成绩是 285-98-100=87(分)。

13. 答案:51。

分析:19+9+15+8=51(种)。

14. 答案:管家。

分析:如果管家说的是真话,则保姆说的也是真话,与"只有一人说了真话"矛盾。因此,管家说的是假话。管家偷了名画。

15. 答案:100;10;10。

分析:如图,可发现周期规律。

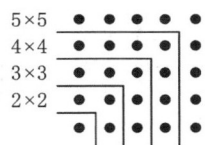

第 15 题图

1+3=4=2×2,
1+3+5=9=3×3,
1+3+5+7=16=4×4,
1+3+5+7+9=25=5×5,
……
1+3+5+7+9+11+…+19=100=10×10。

6 年级

1. 答案:$\frac{9}{20}$;$\frac{1}{4}$;$\frac{1}{12}$;$\frac{511}{1280}$。

2. 答案:84。

3. 答案:208。

4. 答案:14。

5. 答案:亏本;2.5。

6. 答案:60;$\frac{200}{3}$。

7. 答案:53。

8. 答案:宋代或宋朝;6;10。

9. 答案:

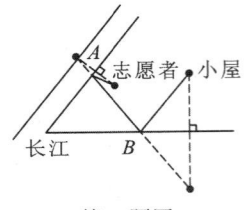

第 9 题图

分析:根据"轴对称的两点到对称轴的距离相等"的原理,将两点转化到河岸对侧。再根据"两点之间线段最短",可画出最短路线。

10. 答案:(1)$4n+4$。 (2)2401。

11. 答案:6。

12. 答案:2。

分析:本题可以进行裁切和焊接,要使容器的容积最大,那么铁皮必然不能浪费。由于高已经确定是 5 厘米,那么应该使底面成为一个正方形。

如题图折叠,容器的容积最大,是 $20\times 20\times 5=2000$(毫升),即 2 升。

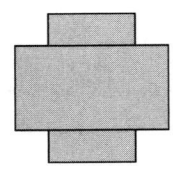

第 12 题图

13. 答案:1;$5\frac{5}{11}$。

分析:在时钟内,分针每分钟转 $6°$,时针每分钟转 $0.5°$。正午指的是 12 点整,时针与分针再次重合,分针要比时针多走一圈,需要 $360\div(6-0.5)=65\frac{5}{11}$(分钟),12 点整经过 $65\frac{5}{11}$ 分钟是 1 时 $5\frac{5}{11}$ 分。

14. 答案:日。

15. 答案:己巳。

分析:天干每 10 年为一个周期,地支每 12 年为一个周期。中华人民共和国成立 100 周年是 2049 年,因为 $(2049-2020)\div 10=2\cdots\cdots 9$,所以天干在"庚"年的基础上数 9 年,为"己"年;因为 $(2049-2020)\div 12=2\cdots\cdots 5$,所以地支在"子"年的基础上数 5 年,为"巳"年。所以中华人民共和国成立 100 周年是"己巳"年。

决赛A

3 年级

1. 答案:(1)B。 (2)A。 (3)C。
2. 答案:8。
3. 答案:B。
4. 答案:8;36;16。
5. 答案:3。

分析:$45+36=81$(棵),$4+2+3=9$(棵),$81\div 9=9$(小时)。$4\times 9=36$(棵),$45-36=9$(棵),$9\div 3=3$(小时)。

6. 答案:181。

分析:池水深:$98-15=83$(厘米),竹竿长:$83+83+15=181$(厘米)。

7. 答案:星期一。

分析:要使一个月有 5 个星期天,至少需要 4 个完整的星期加 1 个星期天,共 29 天。而 2 月最多 29 天,所以 2 月的第一天和最后一天都是星期天。3 月 1 日是星期一。

8. 答案:15。

分析:第一类,右边只放 1 个砝码:有 1 克,2 克,4 克,8 克这 4 种情况。

第二类,右边只放 2 个砝码:有 $1+2=3$(克),$1+4=5$(克),$1+8=9$(克),$2+4=6$(克),$2+8=10$(克),$4+8=12$(克)这 6 种情况。

第三类,右边只放 3 个砝码:有 $1+2+4=7$(克),$1+2+8=11$(克),$1+4+8=13$(克),$2+4+8=14$(克),这 4 种情况。

第四类,右边放 4 个砝码:只有 $1+2+4+8=15$(克)这 1 种情况。

所以用这个天平和这些砝码可以称出 $4+6+4+1=15$(种)不同重量,即 $1\sim 15$ 克都可以称出来。

9. 答案:8。

分析:6 个小三角形,2 个大三角形。

10. 答案:22。

分析:一昼夜,时针走 2 圈,分针走 24 圈,时针和分针重合了 22 次。

11. 答案:(1)16。 (2)22。 (3)34。

分析:前几个图形依次有 1,4,9,16 个小正方形。第六个图形有 $1+3+5+7+9+11=36$(个)小正方形,它的周长是 $(11+6)\times 2=34$(厘米)。

12. 答案:89。

分析:枚举法 $3\times 3+\square$,$4\times 4+\square$,$5\times 5+\square$,$6\times 6+\square$,$7\times 7+\square$,$8\times 8+\square$,$9\times 9+\square$ 只有 $9\times 9+8$ 符合要求,故 $89\div 9=9\cdots\cdots 8$。

13. 答案:3。

分析:设原来黑球是 1 份。第一次增加 3 份,总数增加 1 份,总数是 3 份,而白球是 $3-1=2$(份)。那么,白球变为 4 倍,总球数共 $2\times 4+1=9$(份),总球数变成原来的 $9\div 3=3$ 倍。

14. 答案:18。

分析:先将 $1\sim 10$ 号同学按顺序围成一个圈,这样就有 10 个间隔。1 和 10 之间不能插数,10 和 9 之间也不能插数。但 9 和 8 之间最大可以插入 11,因为 $11\times 9<100$,$11\times 8<100$。继续想下去,8 和 7 之间可以插入 12,7 和 6 之间插入 13,6 和 5 之间插入 14,5 和 4 之间

插入 15,4 和 3 之间插入 16,3 和 2 之间插入 17,2 和 1 之间插入 18。一共可以选出 18 名同学,而且任何相邻两个同学的号码数乘积都小于 100。如果有 19 个数,11~19 这 9 个数不能相邻,必然有一个数会与 10 相邻,矛盾。所以最多可选出 18 名同学。

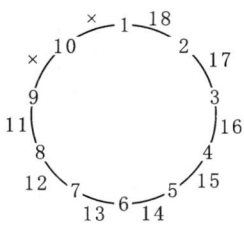

第 14 题图

15. 答案:(1)1;9;36。 (2)512。

```
                1
              1   1
            1   2   1
          1   3   3   1
        1   4   6   4   1
      1   5  10  10   5   1
    1   6  15  20  15   6   1
  1   7  21  35  35  21   7   1
1   8  28  56  70  56  28   8   1
1   9  36  84 126 126  84  36   9   1
                  ……
```

第 15 题图

④ 年级

1. 答案:(1)C。 (2)C。 (3)B。

2. 答案:18。

分析:12÷4×5×5×6=18(个)。

3. 答案:见分析。

分析:如下,方法不唯一。

(5−5)×5+5+5=10

(5−5)÷5+5+5=10

5×(5−5)+5+5=10

5×5−5−5−5=10

(5÷5+5÷5)×5=10

(5×5+5×5)÷5=10

4. 答案:10。

分析:以一步为 1 个单位,16×15÷2=120,120÷12=10(步)。

5. 答案:5。

分析:还剩 46−15−12−8=11(票)。如果甲再得 5 票,15+5=20,12+6=18,20>18,甲可以当选;如果甲再得 4 票,15+4=19,12+7=19,甲还不一定当选。所以甲至少还要得 5 票。

6. 答案:336。

分析:27 元=2700 分,1~9 号书需要 9×3=27(分),10~99 号书需要 90×6=540(分),从 100 号书开始,每个标签 3×3=9(分)。(2700−27−540)÷9=237(本),237+99=336(本)。

7. 答案:12。

分析:增加了 24÷4=6(只)青蛙,说明蝌蚪原来有 6×2=12(只)。去掉这 12 只蝌蚪,青蛙、蜻蜓原来有 46−12=34(只),有腿 192 条。假设原来全是蜻蜓,应有腿 6×34=204(条),与实际相差 204−192=12(条),说明原有青蛙 12÷(6−4)=6(只),此时有青蛙 6+6=12(只)。

8. 答案:6。

分析:一共有 11+6+12+13=42(人)次,重复计算 42−30=12(人)次,每有一人吃过 3 种冰激凌就会多算 2 人次,所以最多有 12÷2=6(人)。

9. 答案:4。

10. 答案:22;44。

分析:一昼夜,时针走 2 圈,分针走 24 圈,时针和分针重合了 22 次,时针和分针形成直角 44 次。

11. 答案:1492。

分析:最后两位是 92 或 41,而第一位是 1,所以最后两位是 92。

12. 答案:2;5;9;$n(n-3)÷2$。

分析:每个顶点可向外作(n−3)条对角线,一共 n 个顶点,那么一共 n(n−3)条,但是每一条都重复计算了一次,所以是 n(n−3)÷2 条。

13. 答案:矮;12。

分析:1、2、3 号总身高比 5、6、7 号总身高少 9 厘米,2、3、4 号总身高比 4、5、6 号总身高多 3 厘米,所以 2、3 号身高之比 5、6 号身高之和多 3 厘米。1 号比 7 号矮 12 厘米。

14. 答案:22。

分析:延长 AB 到底边。四边形的面积=大三角形的面积−小三角形的面积=(5+3)×(4+3)÷2−3×4÷2=28−6=22(平方厘米)。

15. 答案:(1)2。 (2)1。 (3)14;24;15。

分析:24×60=1440(分钟),1440÷100=14……40,40×60÷100=24(秒),1440÷96=15(分钟)。

⑤ 年级

1. 答案:(1)2。 (2)13.5。 (3)64。 (4)100。

2. 答案:270。

3. 答案:(1)√。 (2)√。 (3)×。 (4)√。

4. 答案:(1)82;11。 (2)45。 (3)33。

5. 答案:A。

6. 答案:8。

分析:设鸭梨为 x 千克,则葡萄为(8−x)千克。可列方程 5x+3×(8−x)=28,解得 x=2。不弄反价格的话应该得 3×2+5×6=36(元),因此一共少赚 36−28=8(元)。

7. 答案:21;150。

8. 答案:B。

9. 答案:

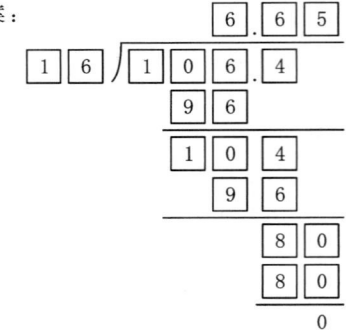

第9题图

10. 答案:9;8;0;1。
11. 答案:B。
12. 分析:爸爸追上军军所用时间是相遇所用时间的2倍,那么速度和是速度差的2倍,$v_爸+v_军=2(v_爸-v_军)$,所以$v_爸=3v_军$。
13. 答案:2。
14. 答案:64。

分析:分情况考虑。

(1)奇数日期只有1天,那么1日可能读1,3,5,7,9,11,13首,有7种方法。

(2)奇数日期有3天,首先保证1日,2日,3日,4日,5日分别读了1首,2首,1首,2首,1首,还剩6首诗可以2首一组,分到1日~6日。3组分到一天,有$C_6^1=6$(种)方法;3组分到2天,有$A_6^2=30$(种)方法;3组分到3天,有$C_6^3=20$(种)方法。共有6+30+20=56(种)。

(3)奇数日期有5天,只有1种方法,1日~9日都按最少阅读数阅读。

因此,孩子们读完13首古诗有7+56+1=64(种)方法。

15. 答案:a^2;b^2;ab;ab;$a^2+2ab+b^2$;45。

6年级

1. 答案:$\frac{4}{3}$;64;$\frac{4}{9}$;$1\frac{7}{15}$。
2. 答案:(1)4;3。 (2)80。
3. 答案:(1)√。 (2)√。 (3)×。 (4)×。
4. 答案:9;18。
5. 答案:(1)6。 (2)120。
6. 答案:100。

分析:第一天摘了仙桃总个数的$\frac{1}{10}$,第二天摘了仙桃总个数的$\left(1-\frac{1}{10}\right)\times\frac{1}{9}=\frac{1}{10}$,以此类推,每天摘的都是仙桃总个数的$\frac{1}{10}$,因此树上原来有$10\times10=100$(个)仙桃。

7. 答案:50。

分析:先分铅笔,每人5支多45支;再分笔记本,每人2本多8本。因为铅笔的总数是笔记本的3倍,"每人分笔记本2本多8本"可以转化为"每人分铅笔$2\times3=6$(支)多$8\times$

3=24(支)",即每人分6支铅笔多24支。所以同学有(45-24)÷(6-5)=21(位),笔记本有21×2+8=50(本)。

8. 答案:

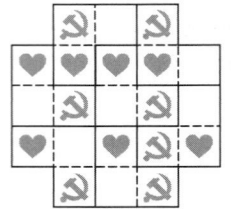

第8题图

9. 答案:7;1;8;40。
10. 答案:98;102;4;$n\times(n+4)+4=(n+2)^2$。
11. 答案:198;150。
12. 答案:420。

分析:3个连续自然数的和说明这个自然数是3的倍数,同理还是5、7的倍数,这个数还是8个连续自然数的和,说明是4的倍数,但不是8的倍数,这个数最小是420。

13. 答案:2。
14. 答案:404.2。

分析:如图,连接PQ,由相似模型可知$\frac{HG}{PQ}=\frac{OH}{OQ}=\frac{2}{3}$,在梯形$CHQP$中,利用梯形模型上下底之比可知梯形内部4个小三角形面积比如图所标。易知$\frac{S_{一个阴影}}{S_{\triangle OGH}}=\frac{4}{20}=\frac{1}{5}$,所以$S_{阴影}=\frac{1}{5}S_{八边形}=\frac{1}{5}\times2021=404.2$(平方厘米)。

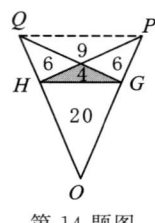

第14题图

15. 答案:B。

决赛B

3年级

1. 答案:1921。
2. 答案:A。
3. 答案:8;36;16。
4. 答案:37。

分析:卡卡有66-44=22(颗),宁宁有22×5+1=111(颗),所以跳跳有111÷3=37(颗)。

5. 答案:62。

分析:父亲6年后年龄为(112+6×4)÷2=68(岁),所以今年父亲68-6=62(岁)。

6. 答案:甲队获胜。

分析:甲队=2×女教师+3×女学生=1×男学生+5×女学生,乙队=1×女学生+4×男学生=6×女学生。

7. 答案:181。

分析：池水深98－15＝83(厘米)，竹竿长83＋83＋15＝181(厘米)。

8. 答案：8。

分析：6个小三角形，2个大三角形。6＋2＝8。

9. 答案：1326。

分析：先填出左上角的框和第三列，然后可以填出第一列。A＝1，B＝3，C＝2，D＝6。

10. 答案：44。

分析：长方形的长是6厘米，宽是2厘米，帽子的周长是(6＋6＋2＋2＋6)×2＝44(厘米)。

11. 答案：4。

分析：1、2号一定是一真一假，而3、4号同真同假。由于只有两个人说假话，所以3、4号只能同时说真话，从而判断出5号玩家是狼人。5号说假话，1号是好人，1号是预言家，3号是女巫，4号是猎人。

12. 答案：37；901234567。

分析：根据规律，12345679×37＝456789123，12345679×73＝901234567。

13. 答案：(1)16。 (2)22。 (3)34。

分析：前几个图形依次有1，4，9，16个小正方形。第六个图形有1＋3＋5＋7＋9＋11＝36(个)小正方形，它的周长是(11＋6)×2＝34(厘米)。

14. 答案：18。

分析：先将1～10号同学按顺序围成一个圈，这样就有10个间隔。1和10之间不能插数，10和9之间也不能插数（想想为什么）。但9和8之间最大可以插入11，因为11×9＜100，11×8＜100。继续想下去，8和7之间可以插入12，7和6之间插入13，6和5之间插入14，5和4之间插入15，4和3之间插入16，3和2之间插入17，2和1之间插入18。一共可以选出18名同学，而且任何相邻两个同学的号码数乘积都小于100。如果有19个数，11～19这9个数不能相邻，必然有一个数会与10相邻，矛盾。所以最多可选出18名同学。

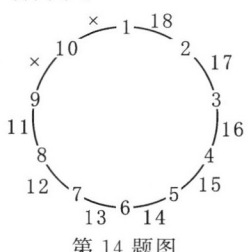

第14题图

15. 答案：(1)1；9；36。 (2)512。

```
              1
             1 1
            1 2 1
           1 3 3 1
          1 4 6 4 1
         1 5 10 10 5 1
        1 6 15 20 15 6 1
       1 7 21 35 35 21 7 1
      1 8 28 56 70 56 28 8 1
     1 9 36 84 126 126 84 36 9 1
```

第15题图

4年级

1. 答案：1990。

分析：2022－(19－11)×4＝1990。

2. 答案：144。

分析：100×60＝6000(毫升)＝6(升)，24×6＝144(升)。

3. 答案：32。

分析：将6块阴影移到同一行，可以看出阴影部分的面积是整个长方形面积4份中的1份。128÷4＝32(平方厘米)。

4. 答案：6。

分析：一共有11＋6＋12＋13＝42(人)，重复计算42－30＝12(人)，每有一人吃过3种冰激凌就会多算2人，所以最多有12÷2＝6(人)。

5. 答案：13。

分析：根据小明坐在火车甲上通过一座180米的桥用了12秒，可知火车甲的速度是180÷12＝15(米/秒)。再根据小明看到迎面而来的另一列火车乙通过用了6秒，可知火车甲与火车乙的速度和为168÷6＝28(米/秒)，那火车乙的车速就为28－15＝13(米/秒)。

6. 答案：30。

分析：可以先在钟面上把3点18分的时刻画下来，时针在3和4中间，分针指向3，时针和分针所成的锐角是30°。

7. 答案：32。

分析：妈妈与弟弟年龄差不变。2年前，妈妈与弟弟的年龄差是弟弟年龄的5倍，1年后妈妈与哥哥的年龄差是哥哥年龄的2倍。1年后，妈妈与哥哥的年龄差是弟弟年龄的2倍＋9岁，它比2年前弟弟年龄的2倍多9＋2)×2＝15(岁)，弟弟两年前的年龄为15÷(5－2)＝5(岁)，妈妈今年5×6＋2＝32(岁)。

8. 答案：四。

分析：假设男人说的是假话，那么昨天是他说真话的日子。而若"昨天是星期日，今天是星期一"，与女人说的话矛盾。所以男人说的是真话，今天是星期四。

性别	星期						
	一	二	三	四	五	六	日
男	×	×	×	√	√	√	√
女	√	√	√	×	×	×	×

第8题图

9. 答案：4。

10. 答案：1024。

分析："迎""接""晚"为1，0，9，因为"春"×"春"个位是"春"，"春"不为1和0，所以"春"为5或6。若"春"为5，则"天"只能为0，矛盾；若"春"为6，"天"是4，"夏"是2。16×64＝1024。

11. 答案：14；见分析。

分析：2＋6＋6＝14。
66＝24＋24＋6＋6＋6，如图。

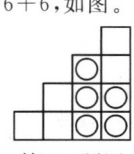

第11题图

12. 答案:37;901234567。

分析:同3年级第12题。

13. 答案:2;5;9;$\frac{n(n-3)}{2}$。

分析:每个顶点可向外作$(n-3)$条对角线,一共n个顶点,那么一共$n(n-3)$条,但是每一条都重复计算了一次,所以是$\frac{n(n-3)}{2}$条。

14. 答案:32;17。

分析:可分层计算积木的个数。从下往上数,最底层有$4×3=12$(个),第二层有$12-2=10$(个),第三层有$4+3=7$(个),第四层有3个。共计32个。

同样分层计算蓝色积木的个数。最底层有6个,第二层有5个,第三层有4个,第四层有2个。共计17个。

15. 答案:(1)2。 (2)1。 (3)14;24;15。

分析:(1)略;(2)略;(3)$24×60=1440$(分钟),$1440÷100=14……40$,$40×60÷100=24$(秒),$1440÷96=15$(分钟)。

5年级

1. 答案:904;0.25;100000000;9.3。
2. 答案:$0.20\dot{2}\dot{1}<0.202\dot{1}<0.\dot{2}02\dot{1}<0.\dot{2}0\dot{2}\dot{1}$。
3. 答案:(1)√。 (2)√。 (3)×。 (4)×。
4. 答案:(1)82;11。 (2)33。 (3)D。
5. 答案:A。
6. 答案:27.8。
7. 答案:30。

分析:爸爸追上军军所用时间是相遇所用时间的2倍,那么速度和是速度差的2倍,$v_爸+v_军=2(v_爸-v_军)$,所以$v_爸=3v_军$。

8. 答案:

5	4	3	1	2
3	2	1	5	6	4
6	5	4	3	2	1
2	1	5	4	6	3
4	6	2	1	3	5
1	3	6	2	4	5

第8题图

9. 答案:

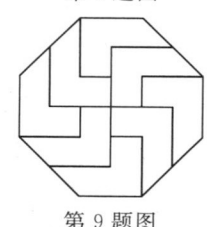

第9题图

10. 答案:9;8;0;1。
11. 答案:6。

分析:$a+(a+1)+(a+5)+(a+6)=36,a=6$。

12. 答案:16。

分析:阴影部分的面积是3个小正方形面积的一半,因此每个小正方形的面积是$384×2÷3=256$(平方厘米),所以小正方形的边长是16厘米。

13. 答案:2021;7。

14. 答案:64。

分析:分情况考虑。

(1)奇数日期只有1天,那么1日可能读1,3,5,7,9,11,13首,有7种方法。

(2)奇数日期有3天,首先保证1日、2日、3日、4日、5日分别读了1首、2首、1首、2首、1首,还剩6首诗可以2首诗一组,分到1日~6日。3组分到一天,有$C_6^1=6$(种)方法;3组分到2天,有$A_6^2=30$(种)方法;3组分到3天,有$C_6^3=20$(种)方法。共有$6+30+20=56$(种)。

(3)奇数日期有5天,只有1种方法,1日~9日都按最少阅读数阅读。

因此,同学们读完13首古诗有$7+56+1=64$(种)方法。

15. 答案:a^2-b^2;a^2-b^2;7800;1。

分析:$89^2-11^2=(89+11)×(89-11)$
$=100×78$
$=7800$。

$2020^2÷(2021×2019+1)=\frac{(2021-1)×(2019+1)}{2021×2019+1}$
$=\frac{2021×2019+1}{2021×2019+1}$
$=1$。

6年级

1. 答案:$\frac{5}{12};\frac{1}{28};\frac{3}{13};\frac{20}{11}$。
2. 答案:(1)4;1。 (2)30。
3. 答案:(1)×。 (2)√。 (3)√。 (4)×。
4. 答案:7.5。

分析:小俞从第1盏路灯到第41盏路灯所走过的路程为$(41-1)×40=1600$(米),速度为$1600÷4=400$(米/分),还需要$(4600-1600)÷400=7.5$(分钟)才能通过大桥。

5. 答案:小指。

分析:$2021÷8=252……5$,落在小指上。

6. 答案:100。

分析:第一天摘下仙桃总个数的$\frac{1}{10}$,第二天摘了仙桃总个数的$\left(1-\frac{1}{10}\right)×\frac{1}{9}=\frac{1}{10}$,以此类推,每天摘的都是仙桃总个数的$\frac{1}{10}$,因此树上原来有$10×10=100$(个)仙桃。

7. 答案:28;52。

8. 答案:84。

分析:最底下一层有$7+6+5+4+3+2+1=28$(个)小正方体,上面一层有$6+5+4+3+2+1=21$(个),再上面一层有15个,依此类推,共有$28+21+15+10+6+3+1=84$(个)小正方体。

9. 答案:1;1;8;3。

10. 答案:791。

11. 答案:2857.4。

分析:根据表面积减少157厘米,可求出圆柱的底面半径是5厘米,原来圆柱的高是$31.4÷5=36.4$(厘米),所以体积是2857.4立方厘米。

12. 答案:25.6。
13. 答案:630。

分析:当其中一个数是另外两个数的倍数时,它们的最小公倍数才可能更小;其他两个数最大是它的 $\frac{1}{2}$ 和 $\frac{1}{3}$,所以这三个数的最小公倍数不小于 $1155\div(1+\frac{1}{2}+\frac{1}{3})=630$。

14. 答案:404.2。

分析:如图,连接 PQ,由相似模型可知 $\frac{HG}{PQ}=\frac{OH}{OQ}=\frac{2}{3}$。
在梯形 $GHQP$ 中,利用梯形模型上下底之比可知梯形内部 4 个小三角形面积比如图所标。易知 $\frac{S_{一个小阴影}}{S_{\triangle OGH}}=\frac{4}{20}=\frac{1}{5}$,所以 $S_{阴影}=\frac{1}{5}S_{八边形}=\frac{1}{5}\times 2021=404.2$(平方厘米)。

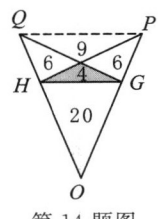

第 14 题图

15. 答案:A。

总决赛

3 年级

1. 答案:23;0;25;1200;3.3;304;8.9;43;$\frac{2}{7}$;1。

2. 答案:1921。
分析:2021-100=1921。

3. 答案:C。
分析:注意要平均分。

4. 答案:6。
分析:手往上扬,中间是长方形,脚是圆形。

5. 答案:21;17。

6. 答案:4。
分析:第一次弹起 16 米,第二次弹起 8 米,第三次弹起 4 米。

7. 答案:3。
分析:4 年后明明 7 岁,爸爸 35 岁。明明今年 3 岁。

8. 答案:24。
分析:1 个基本小三角形有 8 个,2 个基本三角形组成的三角形有 8 个,3 个基本三角形组成的三角形有 4 个,4 个基本三角形组成的三角形有 4 个。一共 8+8+4+4=24(个)。

9. 答案:171。
分析:每人先各分 1 个苹果,剩下 17 个。如果第一个人再分 0 个,第二个人可分 0~17 个,第三个人就可确定了,共 18 种。如果第一个人再分 1 个,第二个人可分 0~16 个,第三个人就可确定了,共 17 种。以此类推,共 18+17+16+…+1=171(种)。

10. 答案:上午;妹妹。
分析:姐姐上午(真)说上午,下午(假)也说上午;妹妹上午(假)说下午,下午(真)也说下午,所以矮个是姐姐,高个是妹妹。
因为矮个是姐姐,从两人都说自己是姐姐,判断姐姐说的是真话,即矮个说了真话,所以现在时间是上午。

11. 答案:4;3;5;2。
分析:第一行第四个是双数,不能是 4,只能是 2。
第三行第三个是双数,不能是 2,只能是 4。
第三列是 5,3,4,2,1。
第一行是 1,4,5,2,3。故 $A=4$。
第二行第一个是双数,不能是 2,只能是 4。
第二行是 4,1,3,5,2。
第五行第二个是 2,第五行第五个是 4。故 $D=2$。
第五行是 5,2,1,3,4。
第二列是 4,1,5,2。故 $B=3,C=5$。

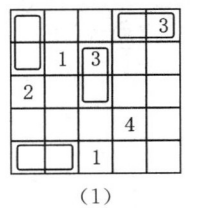

第 11 题图

4 年级

1. 答案:4;1000;4;81;7;27;468;3600;7;5。
2. 答案:80。
3. 答案:4。
分析:可以逐个尝试,发现只有 4 号图形可以拼成。
4. 答案:60;锐;直;锐。
5. 答案:同时到达。
分析:骑车的路程正好是步行的 3 倍,因此两人同时到达。
6. 答案:3。
分析:从图前面的 1 开始分析,对面为 6;挨着的面为 2,对面为 5;挨着的面为 3,对面为 4。转弯处 1 在上面,则 6 在底下,1 的左右两面只能是 2,5。如果右面为 2,挨着的面则为 6,对面为 1,紧挨着的面为 7,不符合要求。所以 1 的右面为 5,挨着的面为 3,对面为 4,标有问号的面为 3。

7. 答案:21。
分析:我们可以分类计数。
(1)一排 4 张。可以撕下 1,2,3,4,也可以撕下 5,6,7,8。有 2 种撕法。
(2)上面 3 张,下面 1 张,可以撕下 1,2,3,5,1,2,3,6,1,2,3,7,2,3,4,6,2,3,4,7,2,3,4,8。有 6 种撕法。
(3)下面 3 张,上面 1 张,可以撕下 5,6,7,1,5,6,7,2,5,6,7,3,6,7,8,2,6,7,8,3,6,7,8,4。有 6 种撕法。
(4)上面 2 张,下面 2 张,可以撕下 1,2,5,6,1,2,6,7,2,3,5,6,2,3,6,7,2,3,7,8,3,4,6,7,3,4,7,8。有 7 种撕法。

一共有 2+6+6+7=21(种)不同的撕法。

8. 答案:26573 或 66570。

分析:三个人,每人猜中了两个不相邻的数字,三个人一共猜中了 6 个号码数字。仔细观察,同一位上,除了第三位的 5 出现两次之外,没有数字重复,肯定有两人猜中了第三位的 5。

因为猜中的两个数字不相邻,所以有可能甲猜中了一位的 2 和第三位的 5,丙猜中了第三位的 5 和第五位的 3,这样乙就猜中了第二位的 6 和第四位的 7。

也有可能甲猜中了第三位的 5 和第五位的 0,丙猜中了第一位的 6 和第三位的 5,这样乙也猜中了第二位的 6 和第四位的 7。

所以正确的五位数有可能是 26573,也有可能是 66570。

	一	二	三	四	五			一	二	三	四	五
甲	②	4	⑤	8	0		甲	2	4	⑤	8	⓪
乙	3	⑥	9	⑦	1		乙	3	⑥	9	⑦	1
丙	6	7	⑤	0	③		丙	⑥	7	⑤	0	3
			(1)							(2)		

第 8 题图

9. 答案:2026。

分析:4 年后父母年龄和是 78+8=86(岁),4 年后兄弟年龄和是 17+8=25(岁)。25×3=75(岁),86-75=11(岁),这个是 4 年后弟弟的年龄,这时哥哥 25-11=14(岁),爸爸 44 岁,妈妈 42 岁。所以今年弟弟 7 岁,哥哥 10 岁,爸爸 40 岁,妈妈 38 岁。

爸爸和哥哥的年龄差是 30 岁,5 年后,爸爸 45 岁,哥哥 15 岁,爸爸的年龄是哥哥的 3 倍。这一年是 2026 年。

10. 答案:375。

分析:小正方形边长是 5 厘米。设左边正方形边长为 a 厘米,右边正方形边长为 b 厘米,$4a+4b=160$(厘米),所以 $a+b=40$(厘米)。

长方形长$=a\div 2+b\div 2+5=25$(厘米),长方形宽$=a\div 2+b\div 2-5=15$(厘米),面积$=25\times 15=375$(平方厘米)。

11. 答案:720。

分析:首先,第四行最后两位数是 45,第一个乘数十位上是 1,想到 15×3=45。而第三行、第四行分别是两千多、三千多,所以第一个乘数千位上是 1,第一个乘数是 $\overline{1\square 15}$,百位上是 0,1,2 或 3;第二个乘数是 $\overline{\square 32}$。"家"是 0。

注意到得数是一个七位数,最高位只能是 1,"里"是 9,万位上也要有进位,"烟"不能太小。

如果"去"是 9,1015×9=9135,万位上没有进位;1115×9=10035。不满足;

如果"去"是 7,1015×7=7105,1115×7=7805,1215×7=8505,1315×7=9205,均不满足。

而 1315×6=7890<9000,故"去"不能小于等于 6。

当"去"是 8,1015×8=8120,1115×8=8920,1215×8=9720(满足),1315×8=10520。

所以"去"是 8,"里"是 9,"烟"是 7,"村"是 2。

"烟村家"代表 720。

5 年级

1. 答案:1500;7600;$\frac{4}{13}$;2.7。

2. 答案:40;50。

分析:乙吃的西瓜数比甲多 10 块,所以比拼时间是 10÷(10-8)=5 分钟。甲吃了 40 块,乙吃了 50 块。

3. 答案:75。

分析:本题是一个典型盈亏问题。先求出一共有伤员 (21+15)÷(5-3)=18(人),鸡蛋有 3×18+21=75(个)。

4. 答案:27。

分析:表示 S 需要 5 个单位时间,表示 O 需要 11 个单位时间,表示 SOS 需要 5+3+11+3+5=27(个)单位时间。

5. 答案:$0.98765432\dot{1}$;366。或 $0.9876543\dot{2}\dot{1}$;462。

分析:根据题意,这个循环小数第 100 位上的数字是 6,那么一个循环点一定在末尾 1 上,另一个循环点可能在 9,8,7,6 上。经试算,有两种情况:(1)循环点在 6 上,97÷6=16……1,所以前 100 位的数字和是 9+8+7+(6+5+4+3+2+1)×16+6=366;(2)循环点在 8 上,99÷8=12……3,所以前 100 位的数字和是 9+(8+7+6+5+4+3+2+1)×12+8+7+6=462。

6. 答案:40。

分析:设一头牛每天吃草量为 1,1×17×30=510,1×19×24=456。

所以每日生长草量为 (510-456)÷(30-24)=9。

所以牧场原有草量为 510-9×30=240。

假设 4 头牛不卖掉,则若干头牛 8 天所吃草=牧场原有草量+牧场草 8 天生长量+4 头牛 2 天所吃草,而一头牛 8 天所吃草量为 1×8,则原有的牛的头数为 (240+9×8+1×4×2)÷(1×8)=40(头)。

7. 答案:972。

分析:要使"新青年"表示的数尽可能大,并且新青年,首先想到的是 981,但 $981=3^2\times 109$,不符合题意。接着想 972,$972=2^2\times 3^5=18\times 54$,符合题意。因此 $\overline{新青年}=972$。

8. 答案:$6\pi+9$。

分析:左边的"1"的面积是 1×1+1×4=5(平方厘米),右边的两个"0"需要用两个圆的面积减去中间重叠部分的面积。重叠部分的面积是 $(\pi\times 2^2\div 4-2\times 2\div 2)\times 2=2(\pi-2)$(平方厘米)。因此,两个"0"的面积是 $\pi\times 2^2\times 2-2(\pi-2)=6\pi+4$(平方厘米)。整个图形的面积是 $5+6\pi+4=6\pi+9$(平方厘米)。

9. 答案:6。

分析:设六位数为 $\overline{abcdef}$,它乘以其数字和为 A,A 乘以其数字和为 B。

(1)首先 $a=1$。否则若 $a\geq 2$,则 $A\geq 200000\times 2=400000$,$B\geq 400000\times 4=1600000$,则 B 不是六位数。

(2)六位数 $\overline{abcdef}$ 的数字和只能为 1 或 2,否则若数字和至少为 3,则 $A>100000\times 3=300000$,A 的数字和一定

大于 3,那么 $B>300000\times4=1200000$,则 B 不是六位数。

所以满足条件的六位数有 100000,100001,100010,100100,101000,110000,共 6 种可能。

10. 答案:丁。

分析:甲和丁的话是矛盾的,其中一定有一人说了假话,那乙和丙说的都是真话。那甲、乙、丙都打过疫苗了。只有丁说的假话,他没有打疫苗。

11. 答案:18 分 49 秒×3=56 分 27 秒。

分析:设 $\boxed{A}\boxed{B}$分$\boxed{C}\boxed{D}$秒×$\boxed{E}$=$\boxed{F}\boxed{G}$分$\boxed{H}\boxed{I}$秒。

当 $A\geq2$ 时,E 只能为 1,等式左右相等,不符合;当 $A=2$ 时,E 也只能为 2,不符合,所以首先可以判定 $A=1$。

接着可以判定 $1<E<5$,因为当 $E=5$ 时,B 最小取 2 也会使后面等式超过 1 小时。

6,7,8,9 只能出现在 B、D、G、I 这 4 个位置。

(1)当 $E=2$ 时:末尾 9 乘 2 得末尾 8 时,末尾 7 乘 2 得末尾 4,要求秒的乘积向分进 2 次位,在乘 2 的情况下不可能实现,同样末尾 8 乘 2 得末尾 6,7 和 9 之间也无法实现。

(2)当 $E=3$ 时:末尾 $D=9$ 乘 3 得末尾 $I=7$ 时,末尾 $B=8$ 乘 3 得末尾 $G=4$,要求秒的乘积向分进 2 次位后使 $G=6$,C 的取值为 4 或 5。尝试:

18 分 49 秒×3=56 分 27 秒,满足题意。

18 分 59 秒×3=56 分 57 秒,不满足题意。

末尾 $D=6$ 乘 3 得末尾 $I=8$ 时,末尾 $B=9$ 乘 3 得末尾 $G=7$,要求 C 的取值为 1,排除。

(3)当 $E=4$ 时:末尾 $D=9$ 乘 4 得末尾 $I=6$ 时,末尾 $B=7$ 乘 4 得末尾 $G=8$,要求 C 的取值为 1,排除。同样道理排除 $D=7$,$B=9$ 时情况。

因此本题只有一种答案。

6 年级

1. 答案:11,$\frac{9}{202}$;23 $\frac{11}{20}$;$\frac{352}{381}$。

2. 答案:(1)60;96。 (2)11。

3. 答案:E。

分析:D 盘未用 $300\times(1-85\%)=45(GB)$,$45G<46G$,装不下;E 盘未用 $200\times\frac{3}{7+3}=60(GB)$,$60GB>45GB$,所以选 E 盘。

4. 答案:64;89。

分析:今年父亲的党龄是 $50-18=32$(年),爷爷的党龄是 64 年。爷爷和父亲相差 $64-30=34$(岁),所以爷爷的年龄是 $55+34=89$(岁)。

5. 答案:$\frac{17}{24}$。

分析:天天一个想要的玩具都没买到的可能性是 $C_7^3\div C_{10}^3=\frac{7}{24}$,因此,他至少买到一个想要的玩具的可能性是 $\frac{17}{24}$。

6. 答案:25。

分析:包含因数 5 的数是 1925,1930,…,2020,一共 20 个,包含 25 的数是 1925,1950,1975,2000,一共 4 个,包含

125 的数是 2000,一共 1 个。因此,乘积中因数 5 共有 25 个,末尾有 25 个 0。

7. 答案:15。

分析:容器可以看成一个底面边长 10 的正方形,高是 3C 的长方体。下雨 5 小时能使水面上升 10,那么灌满右面的容器需要 15 小时。

8. 答案:如图。

18	1	20
15	13	11
6	25	5

第 8 题图

分析:首先算出中间数 $18+6-11=13$,再根据幻和=中间数×3,依次算出其他数。

9. 答案:CDFGBEA。

10. 答案:1680。

分析:由甲、乙速度比是 4∶3,设 $BC=3x$,则 $AC=4x$,$EC=0.5x$。又因为甲晚出发 7 分钟后,在点 D 相遇。则 $(560+3x)∶4x=4∶3$,解得 $x=240$。$AB=240\times7=1680$(米)。

11. 答案:530。

分析:设这个队列有 a 行,b 列。那么有 $ab=8a+10b+6$,化简得 $a=\frac{10b+6}{b-8}=10+\frac{86}{b-8}$。由于 a,b 都是整数,有:

$b-8=1,b=9,a=96$;
$b-8=2,b=10,a=53$;
$b-8=43,b=51,a=12$;
$b-8=86,b=94,a=44$。

ab 的积最小是 $53\times10=530$。

 南京市书人教育数学竞赛试题

2021年

3 年级

1. 答案:5。
2. 答案:8000。
3. 答案:28。
4. 答案:9。
5. 答案:$\frac{1}{2}$。
6. 答案:6。
7. 答案:7。
8. 答案:10。
9. 答案:7。
10. 答案:9。
11. 答案:16。
12. 答案:5。
13. 答案:286。
14. 答案:13。
15. 答案:21。
16. 答案:50。

17. 答案:24。

18. 答案:6。

19. 答案:20。

20. 答案:6。

21. 答案:60。

22. 答案:4。

23. 答案:28。

24. 答案:5。

25. 答案:195。

26. 答案:495。

27. 答案:六。

28. 答案:7。

29. 答案:30。

30. 答案:3。

31. 答案:丁香花30棵,月季花60棵。

分析:丁香花 150÷5=30(棵);

月季花 30×2=60(棵)。

32. 答案:355。

分析:319+40-4=355。

33. 答案:星期一。

分析:30÷7=4(周)……2(天)。

34. 答案:周长为32米。

分析:(6+8)×2+2×2=32(米)。

35. 答案:面积是46平方米。

分析:5×2=10(米);

10×5=50(平方米);

50-2×2=46(平方米)。

36. 答案:9898。

37. 答案:180。

38. 答案:18。

39. 答案:9。

40. 答案:3。

41. 答案:60。

42. 答案:9;2。

43. 答案:一。

44. 答案:19。

45. 答案:25。

46. 答案:5。

47. 答案:60。

48. 答案:28。

49. 答案:48。

50. 答案:30。

51. 答案:50。

4年级

1. 答案:百万。

2. 答案:3。

3. 答案:3。

4. 50°或50度。

5. 答案:不能。

6. 答案:8。

7. 答案:60。

8. 答案:2。

9. 答案:3。

10. 答案:67。

11. 答案:250。

12. 答案:32。

13. 答案:20。

14. 答案:400。

15. 答案:200。

16. 答案:14。

17. 答案:24。

18. 答案:6。

19. 答案:40。

20. 答案:18。

21. 答案:×。

22. 答案:50。

23. 答案:3。

24. 答案:58。

25. 答案:90。

26. 答案:3。

27. 答案:10。

28. 答案:2。

29. 答案:4。

30. 答案:80。

31. 答案:笔记本3元一本,钢笔6元一支。

分析:钢笔 (69-39)÷(10-5)=6(元);

笔记本 (39-5×6)÷3=3(元)。

32. 答案:1分钟。

分析:50×5=250(米);

250÷(300-50)=1(分钟)。

33. 答案:甲的速度是6米/秒,乙的速度是4米/秒。

分析:3分20秒=200秒;

400÷200=2(米/秒);

400÷40=10(米/秒)。

甲:(10+2)÷2=6(米/秒);

乙:6-2=4(米/秒)。

34. 答案:13或22。

分析:不进位:6+7=13;

进位:5+17=22。

35. 答案:8厘米。

分析:12×6÷9=8(厘米)。

36. 答案:41。

37. 答案:7。

38. 答案:6。

39. 答案:30。

40. 答案:1。

41. 答案:9。

42. 答案:300。

43. 答案:200。

44. 答案:190。
45. 答案:10。
46. 答案:5。
47. 答案:2。
48. 答案:20。
49. 答案:10。
50. 答案:1200。
51. 答案:140。

5年级

1. 答案:5。
2. 答案:10。
3. 答案:4。
4. 答案:16。
5. 答案:15。
6. 答案:$\frac{1}{3}$。
7. 答案:1。
8. 答案:>。
9. 答案:>。
10. 答案:4π。
11. 答案:1。
12. 答案:$\frac{4}{7}$。
13. 答案:3。
14. 答案:0.25。
15. 答案:1。
16. 答案:4π。
17. 答案:1。
18. 答案:6。
19. 答案:$\frac{1}{9}$。
20. 答案:16π。
21. 答案:纯。
22. 答案:8。
23. 答案:$\frac{1}{5}$。
24. 答案:4π。
25. 答案:12.56。
26. 答案:$1\frac{3}{20}$。
27. 答案:10。
28. 答案:$\frac{5}{6}$。
29. 答案:0.9。
30. 答案:6。
31. 答案:面积是1256平方分米。

分析:2×2×3.14=12.56(平方米);
12.56平方米=1256平方分米。

32. 答案:3。

分析: 89×17+20×11
≡4×2+0×1
≡8
≡3(mod5)。

33. 答案:$\frac{10}{9}$。

分析: $0.\dot{2}×4+0.\dot{5}×0.\dot{4}$
$=\frac{2}{9}×4+\frac{5}{9}×\frac{2}{5}$
$=\frac{8}{9}+\frac{2}{9}$
$=\frac{10}{9}$。

34. 答案:6。

分析: $\frac{7}{8}×\frac{3}{7}÷\frac{1}{16}$
$=\frac{3}{8}×16$
$=6$。

35. 答案:面积是3.44平方厘米。

分析:正方形面积:4×4=16(平方厘米);
圆半径:4÷2=2(厘米);
圆面积:3.14×22=12.56(平方厘米);
阴影面积:16−12.56=3.44(平方厘米)。

36. 答案:14。
37. 答案:24。
38. 答案:2。
39. 答案:$19\frac{19}{20}$。
40. 答案:$\frac{7}{20}$。
41. 答案:$\frac{41}{90}$。
42. 答案:0.375。
43. 答案:4。
44. 答案:<。
45. 答案:61。
46. 答案:9。
47. 答案:582。
48. 答案:20π。
49. 答案:6π。
50. 答案:103。
51. 答案:(1)59。 (2)277。

分析:(1)由题可知30031不是质数,因此可以使用分解质因数的方法,30031=59×509,因此满足条件的最小质数是59。

(2)由题可知500511不是质数,因此可以分解质因数,500511=19×97×277,因此满足条件的最大质数是277。

6年级

1. 答案:2。
2. 答案:7。
3. 答案:18。

4. 答案:19。

5. 答案:2.4。

6. 答案:54。

7. 答案:$\frac{1}{5}$。

8. 答案:30。

9. 答案:6。

10. 答案:100。

11. 答案:>。

12. 答案:4。

13. 答案:24。

14. 答案:$\frac{5}{21}$。

15. 答案:250。

16. 答案:5。

17. 答案:3。

18. 答案:7。

19. 答案:不是。

20. 答案:6。

21. 答案:600606。

22. 答案:b;a。

23. 答案:2.8。

24. 答案:奇数。

25. 答案:48;60。

26. 答案:192。

27. 答案:5:7;7:5。

28. 答案:直角。

29. 答案:90。

30. 答案:3。

31. 答案:面积为22平方米。

分析:主视图 4个;

左视图 3个;

俯视图 4个;

$(4+3+4) \times 2 \times 1^2 = 22$(平方米)。

32. 答案:18。

分析:设最大公因数为 m,6个两位数为 $A(A=ma)$,另一个两位数为 $B(B=mb)$。

$m=360 \div 60=6$,又有最小公倍数:$mab=60$,可得 $ab=10$。

若 $a=1, b=10$ 可得 $A=6, B=60$(舍去)。

若 $a=2, b=5$ 可得 $A=12, B=30$。

则 $B-A=18$。

33. 答案:8分钟。

分析:$\left(\frac{1}{12}+\frac{1}{9}+\frac{1}{18}\right) \div 2=\frac{1}{8}$;

$1 \div \frac{1}{8}=8$(分钟)。

34. 答案:面积是15平方厘米。

分析:△BCD的面积是 $40 \div 2=20$(平方厘米);

△CEF的面积是 $40 \div 2 \div 2 \div 2=5$(平方厘米);

四边形DBFE的面积是 $20-5=15$(平方厘米)。

35. 答案:3600米。

分析:$200 \times 2 \div (5-4) \times (5+4)=3600$(米)。

36. 答案:4。

37. 答案:3。

38. 答案:40。

39. 答案:48。

40. 答案:6。

41. 答案:4。

42. 答案:72。

43. 答案:266。

44. 答案:20。

45. 答案:45。

46. 答案:24。

47. 答案:24。

48. 答案:8。

49. 答案:109。

50. 答案:30。

51. 答案:(1)5。 (2)$\frac{3}{8}$。

分析:(1)根据勾股定理,$3^2+4^2=5^2$,可得 AD 的长是 5。

(2)△CDI 的面积:△BDA 的面积 $=(1:4)^2=1:16$。

△CDI 的面积:△HAI 的面积 $=(1:3)^2=1:9$,

四边形 ABCH 的面积 $=3^2=9$,

△CDI 的面积 $=9 \div (16-1+9) \times 1=\frac{3}{8}$。

2021年 春·广州悦教育高端班选拔考试

1年级

1. 答案:(1)63。 (2)51。 (3)44。 (4)859。

2. 答案:6;3。

分析:1个冰激凌等于2根棒棒糖,所以3根棒棒糖等于9,那么1根棒棒糖等于3,1个冰激凌等于6。

3. 答案:19。

分析:第一层4个,第二层6个,第三层9个。共 $4+6+9=19$(个)。

4. 答案:6。

分析:假设三个小朋友分别是A、B、C。枚举:ABC、ACB、BAC、BCA、CAB、CBA,共6种。

5. 答案:8。

分析:小娇给小钰4个后,小娇有 $12-4=8$(个),小钰有 $12+4=16$(个),小钰比小娇多 $16-8=8$(个)。

6. 答案:20。

分析:小悦送给大悦12个玩具后,小悦还剩 $44-12=32$(个),比送给大悦的多 $32-12=20$(个)。

7. 答案:$A=6; B=7$。

分析:个位向十位借1,所以 $B=11-4=7$,那么 $A=3+2+1=6$。

8. 答案:18。

分析:1个汉堡2杯果汁需要12+5+5=22(元),还剩40-22=18(元)。

9. 答案:A。

分析:由C说的话可知C是第三名,因为A不是第一名,所以A是第二名。

10. 答案:如图所示。

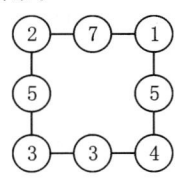

第10题图

11. 答案:6。

分析:15米每隔3米摆一盆花,因为15=5×3,所以有5个间隔,要摆5+1=6(盆)花。

12. 答案:B。

分析:从88到99有6个单数,所以和为双数。

13. 答案:13。

分析:倒推,10+8-5=13(个)。

14. 答案:1。

分析:小+甜+真+美=2+0+1+9=12,12-11=11,所以真=1。

15. 答案:6。

分析:如图所示。

第15题图

2年级

1. 答案:(1)655。 (2)200。 (3)52。 (4)103。

2. 答案:51。

分析:公差为2的等差数列求末项,1+(26-1)×2=51。

3. 答案:8。

分析:假设全是鸡,则有10×2=20(条)腿,兔有(36-20)÷(4-2)=8(只)。

4. 答案:30。

分析:周长减少了2条正方形的边长,所以正方形的边长为10÷2=5(厘米),新长方形的长为10厘米,宽为5厘米,所以周长为(10+5)×2=30(厘米)。

5. 答案:32。

分析:女版为1份,则男版为2份,共3份,所以1份为48÷3=16(个),男版有16×2=32(个)。

6. 答案:25。

分析:第一队调8辆到第二队,两队车辆相等,说明原来第一队比第二队多8×2=16(辆),原来第一队有(66-

16)÷2=25(辆)。

7. 答案:357。

分析:把十位上的6错写成4,则少加20;把个位上的6错写成2,则少加4。一共少加24时得到的和为333,所以原来的和为333+24=357。

8. 答案:23。

分析:甲、乙相差15+8=23(岁)。

9. 答案:乙。

分析:由(1)知甲不是歌手,由(3)知乙不是歌手,所以歌手是丙;由(2)(3)知乙不是医生,所以医生是甲,画家是乙。

10. 答案:176。

分析:把语文组看成1份,则数学组是3份,相差2份,对应88人。所以1份为88÷2=44(人),数学组和语文组一共44×(1+3)=176(人)。

11. 答案:36;60。

分析:从A袋取出12千克到B袋后,把此时的A袋看成1份,B袋为3份,此时的1份为96÷(1+3)=24(千克),所以此时A袋有24千克,原来A袋有24+12=36(千克),B袋有96-36=60(千克)。

12. 答案:37。

分析:年龄差不变,今年小悦和妈妈仍然相差26岁,所以今年妈妈(48+26)÷2=37(岁)。

13. 答案:20。

分析:三根铁丝共50×3=150(厘米),重叠后减少150-110=40(厘米),重叠部分为2段相等长度,每一段为40÷2=20(厘米)。

14. 答案:48。

分析:一共有16个小正方体,有16×6=96(个)面,由三视图法得,被涂色部分有(9+6+8)×2+2=48(个)面,所以没有涂色的部分有96-48=48(个)面。

15. 答案:如图,填法不唯一。

分析:数和为8+9+10+11+12+13+14=77,线和为44×2=88,所以中间重叠部分为88-77=11,再根据线和依次填好其他部分,如图所示。

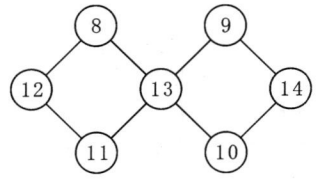

第15题图

3年级

1. 答案:121。

分析:直接计算即可。原式=(420+2000)÷20=121。

2. 答案:9401。

分析:提取公因式。原式=79×(99+20)=79×119=9401。

3. 答案:21。

分析:按照解方程步骤解即可。

$3x+4=67$
$3x=63$
$x=21$。

4. 答案：4。

分析：根据条件竖式可写为

```
    8 教 育
    5 1 好
  + 哈 哈 哈
  ─────────
    2 0 2 1
```

第4题图

分析"2021"这个和，发现：百位向千位进2，十位向百位进1，个位向十位进1。所以百位上的"哈"＝20－1－8－5＝6，十位上的"教"＝12－1－1－6＝4。

5. 答案：29。

分析：数列规律(1,3,5)(7,7,9)(13,11,13)…，每组中对应位置上的数都可以构成等差数列，所以有三个等差数列。第21个数21÷3＝7，位于第三个等差数列的第7项。所以第21个数为5＋(7－1)×4＝29。

6. 答案：185。

分析：根据条件画线段图如下。

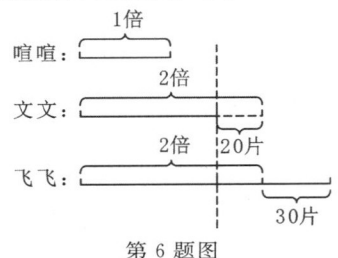

第6题图

文文有(20＋30)÷(2－1)＝50(片)，喧喧有(50＋20)÷2＝35(片)，飞飞有50÷2＝100(片)，一共50＋35＋100＝185(片)。

7. 答案：23；23；40。

分析：二尾狐和四尾狐的数量相同，(2＋4)÷2＝3，因此可以看成数量不变的三尾狐。

假设全是三尾狐，则九尾狐有(498－3×86)÷(9－3)＝40(只)，二尾狐和四尾狐各有(86－40)÷2＝23(只)。

8. 答案：12。

分析：将每一部分进行标号，再组合。

由一部分构成的三角形有(4)(7)(8)，3个；
由两部分构成的三角形有(34)(46)(67)(89)，4个；
由三部分构成的三角形有(567)(8910)(469)，3个；
由四部分构成的三角形有(3456)，1个；
由六部分构成的三角形有(345689)，1个。
一共3＋4＋3＋1＋1＝12(个)三角形。

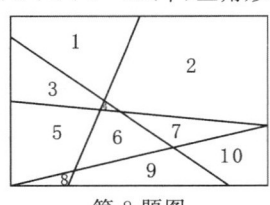

第8题图

9. 答案：26。

分析：先选卡片，再组合：(1,1,6)可组成3个三位数，(1,1,9)可组成3个三位数，(1,6,6)可组成3个三位数，(1,6,9)可组成6个三位数，(1,9,9)可组成3个三位数，(6,6,6)可组成1个三位数，(6,6,9)可组成3个三位数，(6,9,9)可组成3个三位数，(9,9,9)可组成1个三位数。
一共组成3×6＋6＋1＋1＝26(个)三位数。

10. 答案：4。

分析：因为 $\overline{21A37}$ 是221的倍数，所以竖式中余数为0。容易得出A＝4。

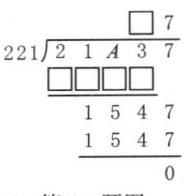

第10题图

11. 答案：421。

分析：若喜宝给喜姐21颗珠子，那么喜姐的珠子比喜宝多21×20＋21＝441(颗)，那么喜宝现在的珠子有(441－20)÷(21－1)＝421(颗)。

12. 答案：1386。

分析：设最小数为 a，则10个数的最小和为 $a+(a+1)+(a+2)+\cdots+(a+8)+21a=36+30a$，有 $36+30a\leqslant 2021$，知 a 的最大值为66，此时 $36+30a=2016$，还差 $2021-2016=5$，给中间八个数任意加5即可，所以最大数的最大值为 $66\times 21=1386$。

13. 答案：67。

分析：设这个数为 m。假设甲的前半句对，那么乙的后半句对，这个数是个偶数，那么丁的两句话都对，与已知条件"每人对一句错一句"矛盾，所以甲后半句对，乙的前半句对，即这个数是比70小的奇数，且满足丁对一句错一句。

假设丙的前半句正确，有 $m+20=21k$（k 为奇数且最大3），此时 m 最大为43。

假设丙的后半句正确，有 $m+21=22k$（k 为整数且最大4），此时 m 最大为67。

综上，这个数最大是67。

14. 答案：24。

分析：根据45是3的15倍，可以做如下分割，于是阴影部分面积为 $8\times 3=24$。

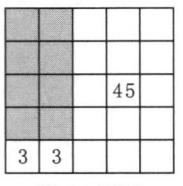

第14题图

15. 答案：66。

分析：千位为2：2002、2020、2000，共3个。
千位为1：1个1，1＿＿＿，有9个；2个1，1＿＿，3×9＝27(个)；3个1，1＿＿，3×9＝27(个)。
一共3＋9＋27＋27＝66(个)。

16. 答案：316。

462

分析：剩下的鸡和兔中，20÷4＝5（只），去掉5只兔后，兔腿是鸡头的21倍。

将21只兔和4只鸡进行捆绑，满足21倍关系，可知剩下的鸡兔总数有(21＋4)k＋5只（k为整数）。又知卖掉的鸡兔是大于等于21的奇数只，则剩下的鸡兔总数为不超过2000的偶数，所以k为奇数。

需要卖掉的鸡的数量最小，则k要最大。(21＋4)×k＋5≤2000，知k的最大值为79，所以剩下的鸡和兔中，鸡有79×4＝316（只）。

4年级

1. 答案：11.2。

分析：直接计算，原式＝2＋0.2＋1＋8＝11.2。

2. 答案：202100。

分析：原式＝2021×(2021－21)÷20＝2021×2000÷20＝2021×100＝202100。

3. 答案：115。

分析：直接解方程。
$$21.21x＋5289÷123×47＝4321＋1.21x$$
$$21.21x－1.21x＝4321－43×47$$
$$20x＝2300$$
$$x＝115$$

4. 答案：54。

分析：将原式变形为$\overline{AB}＝\overline{CD}＋\overline{EF}$，要使$\overline{AB}$最小，$\overline{CD}＋\overline{EF}$要最小。

C、E最小为1、2，此时A最小为3，

D、F最小为4、5，此时B为9，满足题意。

所以$A×B＋(C＋E)×(D＋F)＝3×9＋3×9＝54$。

5. 答案：1500。

分析：假设悦悦从家到学校需要x分钟。根据题意列方程：$50x＝60(x－5)$，解得$x＝30$，则悦悦家与学校的距离为$50×30＝1500$（米）。

6. 答案：37。

分析：假设去掉8条兔脚，相当于去掉$8÷4＝2$（只）兔，此时鸡兔共$44－2＝42$（只），且兔脚数是鸡脚数的10倍，又每只兔的脚是每只鸡的脚的2倍，所以鸡的只数是兔的5倍。鸡：$42÷(5＋1)＝7$（只），兔：$7×5＋2＝37$（只）。

7. 答案：5。

分析：由于$2021÷22＝91……19$（颗），所以第2021颗珠子是第92个周期中的第19颗，这19颗的第一颗为1号，第二颗为22号，第三颗为21号……所以第19颗为$22－(19－1)＋1＝5$号。

8. 答案：328。

分析：$\overline{ABAC}$为偶数，则C为0、2、4、6、8中任一个。若$C＝0$，有$9×8＝72$（种）；若$C＝2,4,6,8$，每类都有$8×8＝64$（种）。

所以满足条件的四位偶数有$72＋64×4＝328$（个）。

9. 答案：18。

分析：包含左边两个三角形共有4个，包含右边两个三角形共有4个，包含上边两个三角形共有6个，包含下边两个三角形共有2个，仅在六边形内部的三角形有2个。整个图形共有三角形$4＋4＋6＋2＋2＝18$（个）。

10. 答案：482。

分析：假设最开始喜宝有x颗珠子，那么喜姐最开始有$(20x＋21)$颗珠子；喜姐给喜宝459颗珠子后，喜姐有$(20x－438)$颗，喜宝有$(x＋459)$颗。根据题意列方程：$x＋459＝21(20x－438)＋20$，解方程得$x＝23$，所以此时喜宝有$23＋459＝482$（颗）。

11. 答案：64280。

分析：设这个数为$\overline{abcde}$，这个数的前5位是5的倍数，所以个位$e＝0$；前4位是4的倍数，所以$\overline{cd}$是4的倍数，所以$\overline{cd}＝24$或28或48或84或68；前3位为3的倍数，所以$\overline{abc}$是3的倍数，即$a＋b＋c$是3的倍数。

当$\overline{cd}＝24$时，a、b为8和6，而$8＋6＋2＝16$，不是3的倍数，舍去；

当$\overline{cd}＝28$时，a、b为4和6，而$4＋6＋2＝12$，是3的倍数，最大为64280；

当$\overline{cd}＝48$时，a、b为2和6，而$2＋6＋4＝12$，是3的倍数，最大为62480；

当$\overline{cd}＝84$时，a、b为2和6，而$8＋6＋2＝16$，不是3的倍数，舍去；

当$\overline{cd}＝24$时，a、b为2和4，而$2＋4＋6＝12$，是3的倍数，最大为42680。

综上所述，该五位数最大为64280。

12. 答案：144。

分析：题中所求面积之差$＝2×(S_{\triangle GPF}－S_{\triangle EPF})$，由题意可知正方形边上的点都是三等分点，且$NE＝12$，所以$2×(S_{\triangle GPF}－S_{\triangle EPF})＝2×(12×24÷2－12×12÷2)＝144$。

13. 答案：386。

分析：设这个数为$\overline{abcde}$，由题意得后三位数中有两个数分别为2、4。

若c、d为2和4，则满足题意的五位数为31245，$312＋124＝436$；

若c、e为2和4，则满足题意的五位数为13254，$132＋254＝386$；

若d、e为2和4，则满足题意的五位数为53124，$312＋124＝436$。

综上所述，和最小为386。

14. 答案：46。

分析：设甲、乙、丙得到的数分别为$\overline{ab}$、$\overline{cd}$、$\overline{ef}$。

由甲说的话可知$\overline{ab}＝13,15,21,23,25,31$；由乙说的话可知$\overline{cd}＝46,54$；由丙说的话可知$e＝5$或6。

若丙的值最小，则$e＝5$，那么$\overline{cd}＝46$。

15. 答案：3。

分析：设前n次的平均成绩为a_n，前$(n＋2)$次的平均成绩为$a_{n＋2}$，后2次成绩a_1，a_2($a_1＜a_2$)。所以从大到小只能是$a_n, a_{n＋2}, a_1$。a_2比$a_{n＋2}$小5，a_1比$a_{n＋2}$小10，所以$(n＋2)a_{n＋2}$比na_n小$5＋10＝15$，而$a_{n＋2}$比a_n小5，由移多补少得$n＝3$。

16. 答案：444。

分析：若千位为1，在0～9中选两个数，有36种。记这两个数为a、b，1、1、a、b：6；1、a、a、b：3；1、a、b、b：3个。共$36×(6＋3＋3)＝432$（个）。

若千位为 2,$\overline{200a}(a\neq 0,2)$:8 个;$\overline{201a}$:($a=0,1,2$) 3 个;2021:1 个。

共 $432+8+3+1=444$(个)。

5 年级

1. 答案:202.1。

分析:原式$=2.021\times(35+48+17)=202.1$。

2. 答案:2.4。

分析:原式$=\dfrac{\dfrac{57}{5}-\dfrac{57}{7}}{\dfrac{15}{7}-\dfrac{11}{14}}=2.4$。

3. 答案:45。

分析:星期一:星期二:星期三$=15:20:25$,(星期二+星期三):星期四$=45:36$。所以周一做题:$48\div(36-20)\times 3=45$(道)。

4. 答案:65556。

分析:由题意得,A 为偶数,最大为 8,最小为 2,此时 B 对应最大和最小分别为 6 和 1。根据 3 的倍数特征得:五位数最大为 86568,最小为 21012,所以最大的数比最小的数多 $86568-21012=65556$。

5. 答案:$\dfrac{589}{420}$。

分析:原式$=\dfrac{1}{1\times 2}+\dfrac{1}{2\times 3}+\dfrac{1}{2\times 3}+\dfrac{1}{3\times 4}+\cdots+\dfrac{1}{19\times 20}+\dfrac{1}{20\times 21}=\dfrac{20}{21}+\dfrac{9}{20}=\dfrac{589}{420}$。

6. 答案:10。

分析:2000 至 2021 中除以 3 余 0 的 7 个,余 1 的 7 个,余 2 的 8 个,考虑最不利原则,先选 8 个余 2 的,再选 1 个余 0 的,此时不能被 3 整除,再任意一个即满足,共 $8+1+1=10$(个)。

7. 答案:15。

分析:如图摆放,共需要 15 个。

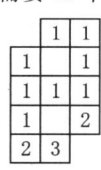

第 7 题图

8. 答案:840;280。

分析:将图形补成等边三角形 GHI 并分割成边长为 1 的小等边三角形。

因为 $S_{六ABCDEF}=1560$,所以 $S_{\triangle GHI}=1560\times\dfrac{16}{13}=1920$。

由鸟头模型可知:$S_{\triangle GFB}=\dfrac{3}{4}\times\dfrac{1}{4}S_{\triangle GHI}$,所以 $S_{\triangle BDF}=1920\times\left(1-\dfrac{3}{16}\times 3\right)=840$。

$S_{\triangle ABD}=\dfrac{3}{4}\times\dfrac{3}{4}\times\dfrac{2}{3}S_{\triangle GHI}=\dfrac{3}{8}S_{\triangle GHI}$,$S_{\triangle AFD}=\dfrac{1}{4}\times\dfrac{3}{4}S_{\triangle GHI}=\dfrac{3}{16}S_{\triangle GHI}$,再由风筝模型可知 $BP:PF=\dfrac{3}{8}:$

$\dfrac{3}{16}=2:1$,所以阴影面积为 $840\times\left(1-\dfrac{1}{3}\times\dfrac{2}{3}\times 3\right)=280$。

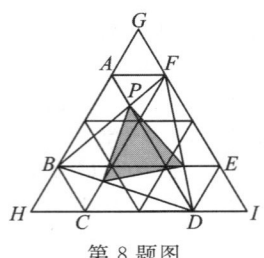

第 8 题图

9. 答案:33。

分析:由题意可得不定方程 $\begin{cases}x+y+z=50,\\4x-2y=z=100,\end{cases}$ 所以 $5x-y=150$,x 最大值取 33。

10. 答案:30。

分析:在 [4,5]=20(天) 里,甲做 10 天,乙做 8 天,共完成 $\dfrac{5}{12}+\dfrac{2}{9}=\dfrac{23}{36}$。再过 10 天,甲做 6 天,乙做 4 天,共完成 $\dfrac{1}{4}+\dfrac{1}{9}=\dfrac{13}{36}$,此时正好完成且不为休息日,共需要 $20+10=30$(天)。

11. 答案:28。

分析:中间四个格子至多染黑 1 个。不妨假设染黑 A 格,则还有两格只能在 B、C、D、E 中选无公共点的 2 格,有 BD、BE、CE 三种选法,所有中间有染黑的共有 $4\times 3=12$(种);若中间四格无染黑,周围 8 格中染黑 3 格无公共点,共 $C_8^3-8-8\times 4=16$(种)。所以一共有 $12+16=28$(种)。

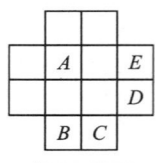

第 11 题图

12. 答案:$\dfrac{175}{3}$。

分析:由题意得,B 最多。

A 最多与 C 溶液重量相等,所以 AC 混合浓度为 $(90\%+100\%)\div 2=95\%$,由浓度三角,95% 与 80% 混合为 85% 的质量比为 1:2,所以 A 最多 $350\times\dfrac{1}{3}\times\dfrac{1}{2}=\dfrac{175}{3}$。

13. 答案:1500。

分析:由题意得,$256=16^2$,所以 $m^2-16^2=1000k$,有 $(m+16)(m-16)=1000k=2^3\times 5^3 k$。$(m-16)$ 和 $(m+16)$ 奇偶性相同且同为偶数,所以其中一个为 500 倍的,所以 $(m+16)$ 为 500 倍或者 $(m-16)$ 为 500 倍数,经检验得 $516+984=1500$。

14. 答案:12。

分析:由题意得,因为喜喜的速度变为原来的 50%,所以后一半的路程所用时间为原来的 2 倍。假设飞飞第一个过程走 1 份,由于时间变为原来时间的 2 倍,所以第二个过程可以走 $3\times 2=6$(份),全程 7 份,则喜喜第一个过程走3.5份,所以喜喜的速度是飞飞的3.5倍,飞飞的速度为30÷(3.5-1)=12(米/分)。

15. 答案:840。

分析:∵甲第二段路程和第三段路程相同,∴乙第二段路程和第三段路程相同,也等于丙第二段路程,∴$v_乙=v_丙$,∴乙丙第一次相遇时,甲走AB,乙走AB的一半,∴$v_甲=2v_乙$,∴$S_{AC}=2S_{BC}$,∴全程为280÷1×3=840(千米)。

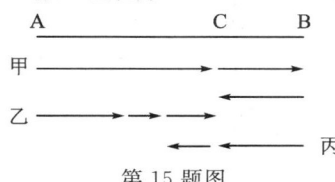

第15题图

16. 答案:105。

分析:由题意有6类取法。

(1)0+0+5+5类:有3种。

(2)0+0+5+6类:①0+0+5+6,共有3+3=6(个);②0+0+5+9,共有3+3=6(个)。共有6+6=12(个)。

(3)0+0+6+6类:①0+0+6+6,共有3(个);②0+0+6+9,3×2=6(个);③0+0+9+9,3个。共3+6+3=12(个)。

(4)0+5+5+6类:①0+5+5+6,3×2×1×3=9(个);②0+5+5+9,3×2×1×3=9(个)。共9+9=18(个)。

(5)0+5+6+6类:①0+5+6+6,3×2×1×3=9(个);②0+5+6+9,3×3×2×1=18(个);③0+5+9+9,3×2×1×3=9(个)。共9+18+9=36(个)。

(6)5+5+6+9类:①5+5+6+6,3+3=6(个);②5+5+6+9,3×2×1=12(个);③5+5+6+9,3+3=6(个)。共6+12+6=24(个)。

综上,共有3+12+12+18+36+24=105(个)。

6年级

1. 答案:8083。

分析:原式$=2021×\dfrac{\frac{5}{7}}{\frac{12}{28}-\frac{7}{28}}-\dfrac{177}{194}÷\dfrac{177}{194}=2021×\left(\dfrac{5}{7}×\dfrac{28}{5}\right)-1=2021×4-1=8083$。

2. 答案:$\dfrac{1819}{2400}$。

分析:原式$=2021×\left(\dfrac{1}{800}+\dfrac{1}{900}\right)-1700×\left(\dfrac{1}{800}+\dfrac{1}{1221}\right)-1700×\left(\dfrac{1}{900}+\dfrac{1}{1121}\right)+1700×\left(\dfrac{1}{1221}+\dfrac{1}{1121}\right)$

$=\left(\dfrac{1}{800}+\dfrac{1}{900}\right)×(2021-1700)$

$=\left(\dfrac{1}{800}+\dfrac{1}{900}\right)×321$

$=\dfrac{1819}{2400}$。

3. 答案:555。

分析:$\begin{cases}a+2b+2c=7,\\a+3b+6c=16,\\2a+4b+8c=18,\end{cases}\Rightarrow\begin{cases}a=5,\\b=0,\\c=1,\end{cases}$∴$x*y=5x+xy$,

$1*2+2*3+3*4+\cdots+9*10$

$=5×(1+2+\cdots+9)+1×2+2×3+\cdots+9×10$

$=5×45+9×10×11÷3$

$=225+330$

$=555$。

4. 答案:$227×325=73775$。

分析:每个框中能填的一位质数:2、3、5、7,因为积末位仍为质数,所以乘数的末尾必有5,积的首位"牛"大于等于4,只能是5或7。若牛=5,检验$225×\overline{2□□}$无解,所以另一个乘数末位5;则牛=7,检验$227×325=73775$成立。

5. 答案:3600。

分析:原来,妈妈:其他=55%:45%=11:9=99:81;后来,妈妈:其他=9:11=99:121,所以800÷(121-81)×(99+81)=20×180=3600,原来共有3600元。

6. 答案:120。

分析:设这个三位数为$2^a×3^b×M$。若$M=1$,奇因数个数有$b+1$个,能被3整除的个数有$(a+1)b$,$(a+1)b=b+1+4$个,$ab=1×5,2×3^5=486$。若M有m个因数$(m≥2)$,奇因数个数有$(b+1)m$个,能被3整除的个数有$(a+1)bm$,$(a+1)bm=(b+1)m+4$,$(ab-1)m=4$,最小的是$a=3,b=1,m=2$,这个三位数是$2^3×3×5=120$。

7. 答案:$\dfrac{28}{9}$。

分析:设总工程量为1,甲的工作效率为$\dfrac{1}{10}$,乙的工作效率为$\dfrac{1}{12}$,丙的工作效率为$\dfrac{1}{15}$,合作时,工作效率分别降为$\dfrac{1}{10}×(1-10\%)=\dfrac{9}{100}$、$\dfrac{1}{12}×(1-16\%)=\dfrac{7}{100}$、$\dfrac{1}{15}×(1-20\%)=\dfrac{4}{75}$,则6天中乙、丙完成了$\left(\dfrac{7}{100}+\dfrac{4}{75}\right)×6=0.74$,所以甲做了$\dfrac{1-0.74}{\frac{9}{100}}=2\dfrac{8}{9}$(天),甲离开后乙、丙又修了$6-2\dfrac{8}{9}=3\dfrac{1}{9}$(天)。

8. 答案:32%。

分析:设A种糖水浓度为a,B浓度为b,根据题意列方程有

$\begin{cases}\dfrac{80a+120b}{200}=56\%,\\\dfrac{a+b}{2}=52\%,\end{cases}$ 解得 $\begin{cases}a=32\%,\\b=72\%,\end{cases}$

所以A糖水浓度为32%。

9. 答案:翔翔。

分析:剩1~4根时取的人必胜,剩5根时取的人必输,剩6根时取的人没有必胜策略,为了不输一定只取1

根,剩 7~10 根时取的人取完剩 6 根,必胜,依此类推,列表如下:

必胜	必输	平
1~4	5	6
7~10	11	12
...	...	...
	2021	

所以无论哲哲怎么取,必输,下一个取的翔翔必胜。

10. 答案:8281。

分析:设这个完全平方数 $m^2=\overline{ab}$,其中 a、b 为相邻的两个两位数,$m<100$。若 $a>b$,$m^2=101b+100$,$m^2-100=101b$,$(m-10)(m+10)=101b$,所以 $m=91$。若 $a<b$,$m^2=101b-100$,$m^2-1=101(b-1)$,$(m-10)(m+10)=101(b-1)$,所以 $m=91$。

综上所述,$m^2=8281$。

11. 答案:62。

分析:不能连续 3 颗或更多同色珠子,按 5 颗红珠子分类。

第一类:$5=2+2+1$。

(1)红红、红红、红:2 个红红之间只能 2 黄,第二个间隔 1 黄或 2 黄,可枚举得 5 种排列;

(2)红红、红、红红:同(1);

(3)红、红红、红红:两个间隔必 1 黄和 2 黄才能满足题意,可枚举得 6 种排列。

共 $5+5+6=16$(种)。

第二类:$5=2+1+1+1$。单个红两边最多 1 个 2 黄。

(1)红红在最左或最右各有 9 种,共 18 种;

(2)红红在中间第二或第三位各有 11 种,共 22 种。

共 $18+22=40$(种)。

第三类:$5=1+1+1+1+1$。6 种。

综上,好的排法一共 $16+40+6=62$(种)。

12. 答案:55。

分析:一个数除以 3、6、9、12 的余数以及四个余数之和除以 3 同余,17 除以 3 余 2,所以这个数有以下几种情况。

(1)除以 3 余 2,除以 6 余 5,除以 9 余 5,除以 12 余 5,则有 5,41,…,977 共 28 个;

(2)除以 3 余 2,除以 6 余 2,除以 9 余 2,除以 12 余 8,则有 32,…,968 共 27 个。

综上,满足条件的数共 $27+28=55$(个)。

13. 答案:20。

分析:$240=2^4\times3\times5$,将 240 的因数分组:$(3^0\times5^0\times2^{0,1,2,3,4})$,$(3^1\times5^0\times2^{0,1,2,3,4})$,$(3^0\times5^1\times2^{0,1,2,3,4})$,$(3^1\times5^1\times2^{0,1,2,3,4})$。

每组最多取一个数,且可以取 2^4、3×2^3、5×2^2、3×5 四个,所以 n 的最大值为 4。

当 $n=4$ 时,设取 2^a、3×2^b、5×2^c、$3\times5\times2^d$,其中 $0\leqslant a,b,c,d\leqslant4$,$a$ 最大,d 最小。

若 $b=c$,有 C_3^3 种;若 $b\neq c$,有 $C_5^4\times2=10$(种)。所以当 n 最大时,取法有 20 种。

14. 答案:$\dfrac{319}{1680}$。

分析:如图,连接 EI、NI,延长 AB、IG 交于 R 点,延长 EG、DC 交于 S 点,$AE:EF:FB=10:20:10$,$DI:IH:HC=5:25:10$,因为 $BG:GC=3:2$,所以 $BE:CS=3:2=30:20$,$BR:CI=3:2=52.5:35$。所以 $FM:MI=EF:IS=20:55=4:11$,$FN:NH=EF:HS=20:30=2:3$,$FP:PH=62.5:25=5:2$。

所以 $FN:NP:PH=14:11:10$。

$$S_{MNPI}=S_{\triangle MNI}+S_{\triangle PNI}$$
$$=1\times\dfrac{5}{8}\times\dfrac{2}{5}\times\dfrac{1}{2}\times\dfrac{11}{15}+1\times\dfrac{5}{8}\times\dfrac{11}{35}\times\dfrac{1}{2}$$
$$=\dfrac{11}{120}+\dfrac{11}{112}$$
$$=\dfrac{319}{1680}。$$

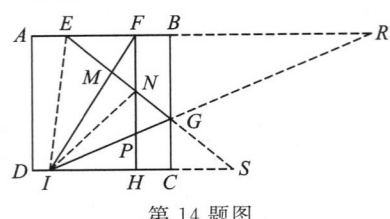

第 14 题图

15. 答案:25。

分析:当涂黑 24 个小方格时,如图,无 L 型方块。

第 15 题图

在 3×3 的方格图中涂黑 7 个小方格必可以找到一个 L 型方块,6×6 的方格图中有四个 3×3 的方格图,所以当涂黑 25 个小方格时,$25\div4=6\cdots\cdots1$,必有一个 3×3 的方格图中至少涂黑 7 个小方格,有 L 型方块,所以至少要涂黑 25 个小方格。

16. 答案:448。

分析:设丁以甲、丙的平均速度,和甲、丙同时从 A 地出发,经过 84 分钟,乙和丁相遇,乙调头两次后再次和丁相遇。因为丁和乙 84 分钟合走一个全程,所以 42 分钟合走半个全程,因为乙走 $84+12+114=210$(分钟)和乙 42 分钟合走一个全程,所以丁走 168 分钟能走半个全程。

所以设全程为 1,则丁的速度为 $\dfrac{1}{336}$,所以甲和丙的速度和为 $\dfrac{1}{168}$,乙的速度为 $\dfrac{1}{112}$。

所以第一次乙、丁相遇时,乙走了 $\dfrac{1}{112}\times84=\dfrac{3}{4}$,乙追

上甲时距离 A 地 $\frac{1}{4}+\frac{1}{112}\times 12=\frac{5}{14}$,

所以甲的速度为 $\frac{5}{14}\div(84+12)=\frac{5}{1344}$,所以丙的速度

为 $\frac{1}{168}-\frac{5}{1344}=\frac{1}{448}$,所以丙走一个全程要448分钟。

2021年秋·广州悦教育高端班选拔考试

1年级

1. 答案:(1)14。 (2)9。 (3)79。 (4)120。(5)202。

2. 答案:10。

分析:$4+3+2+1=10$(个)。

3. 答案:10:40 或 22:40。

4. 答案:6。

分析:枚举。分别有 467、476、647、674、746、764,共 6 个无重复数字的三位数。

5. 答案:F。

分析:B 对面是 D,C 对面是 E,所以 A 对面是 F。

6. 答案:14。

分析:分类枚举。根据题意求无重复数字的四位数偶数,末位为0、2、6符合要求。当末位为0,可以组成 1260,1620,2160,2610,6120,6210,共有 6 种;当末位为 2,可以组成 1062,1602,6012,6102,共有 4 种;当末位为 6,可以组成 1026,1206,2016,2106,共有 4 种。合计:$6+4+4=14$(种)。

7. 答案:3。

分析:剩下 $35-16=19$(根),$19-16=3$(根),所以欢欢送给晶晶的竹子数量比它剩下的少 3 根。

8. 答案:23。

分析:香蕉有 $6-2=4$(千克),总共有 $13+6+4=23$(千克),故妈妈共买 23 千克水果。

9. 答案:42。

分析:小黑鱼有 $15+13-14=14$(条),总共有 $15+13+14=42$(条),故一共钓了 42 条鱼。

10. 答案:

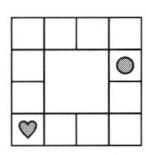

第10题图

11. 答案:2;25。

12. 答案:39。

分析:根据规律可得,每组球数为 $1+2+3=6$(个),78 个恰好可以分成 13 组,每组有 3 个蓝色小球,故 13 组共有 39 个蓝色小球。

13. 答案:27。

分析:根据图中可知共有 9 个立体模型,每个立体模型有 6 个面,共有 54 面。根据三视图我们可以看到主视图及后视图染色面有 $6+6=12$(面),侧视图染色面有 $5+5=10$(面),俯视图染色面有 5 面,合计 $12+10+5=27$(面),则没染色的面有 $54-27=27$(面)。

14. 答案:桃子。

分析:由图(1)知橙子比梨重,由图(2)知桃子比苹果重,由图(3)知橙子比桃子重。综上,桃子最重。

15. 答案:11。

分析:分类枚举。两位数:13、14、18、34、38、48(6 个),三位数:134、138、148、348(4 个),四位数:1348(1 个),可以组成的上升数共有:$6+4+1=11$(个)。

16. 答案:红。

分析:根据题意,每人都猜对了一半分析,假设小悦说的红球在最上层是对的,则小悦说的黄球在中间是错的。因为小悦说的红球在最上面是对的,则小娇和小钰说的红球在中间和最下层是错的,那小娇说的蓝球在最上层与小悦说的红球在最上层矛盾,假设错误。则小悦说的红球在最上层是错的,黄球在中间是对的;小娇说的红球在中间是错的,蓝球在最上层是对的;小钰说的黄球在最上层是错的,红球在最下层是对的。故放在最下层抽屉的是红球。

2年级

1. 答案:(1)27。 (2)16。 (3)42。 (4)0。(5)30。

2. 答案:(1)740。 (2)1700。 (3)21000。 (4)69。(5)23。

3. 答案:(1)7。 (2)8。 (3)3。

4. 答案:$1-2+3-4+5-6+7+8=12$。(不唯一)

5. 答案:45。

分析:每一个金字塔含有 $5+4+3+2+1=15$(个)三角形,共 $15\times 3=45$(个)。

6. 答案:6。

分析:妹妹折了 1 份,那么姐姐折了 4 份多 3 个,所以 1 份有 $(27-3)\div 4=6$(个),即妹妹折了 6 个。

7. 答案:72。

分析:小熙为 1 份,小悦为 8 份,共 9 份,所以 1 份有 $81\div 9=9$(张),即小悦有 $9\times 8=72$(张)。

8. 答案:6。

分析:文文原计划每天做题 $120\div 10=12$(道),实际每天做了 $12+8=20$(道)题,实际花了 $120\div 20=6$(天)。

9. 答案:36。

分析:如果小猴多摘 4 个桃,大猴少摘 2 个桃,则有 $88+4-2=90$(个),那么小猴摘了 $(90-10)\div 2=40$(个),实际小猴摘了 $40-4=36$(个)桃。

10. 答案:3。

分析:每搬一次能将两个货架上的饮料数之差减少 $3+3=6$(箱),所以店员需要把第一个货架的饮料搬到第二个货架上,$(20-2)\div 6=3$(分钟)。

11. 答案:8。

分析:青蛙每天爬了 $3-1=2$(米),最后一天不一样,除了最后一天,需要 $(17-3)\div 2=7$(天),所以在第 8 天傍

晚的时候能从井底爬出来。

12. 答案:30。

分析:50+54+56=160(千克)为三个人重量和的两倍,三个人的重量之和为160÷2=80(千克),减去两个最轻的重量为第三个最大的重量,即80-50=30(千克)。

13. 答案:4。

分析:情况如下。

上上上上。
上下下下。
下上下下。
上上下上。
下下下下。

14. 答案:如图,答案不唯一。

分析:题图共有4×4=16(个)网格,16=1+2+3+4+6,所以分割成1×1、1×2、1×3、1×4、2×3即可。

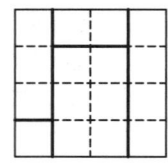 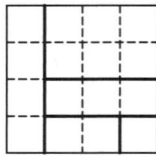

第14题图

15. 答案:11。

分析:总数为20+25=45(张),后来快快为1份,乐乐为4份,快快剩45÷5=9(张),那么快快少了20-9=11(张)。

16. 答案:1010。

分析:第一个三角形需要3根火柴,后面每加一个三角形需要2根火柴。2021-3=2018(根),2018÷2=1009(个),共有1009+1=1010(个)。

3年级

1. 答案:333。

分析:原式=74÷2×9=37×9=333。

2. 答案:18189。

分析:原式=2021×21-2021×13+2021×1
=2021×(21-13+1)
=2021×9
=18189。

3. 答案:1。

分析:2x-40=x-13x-26
14x=14
x=1。

4. 答案:10。

分析:通过末位和进位分析知"育"=5,"教"=9,"悦"≥4。

(1)若"悦"=4,则"爱"=2、7;
(2)若"悦"=7,则"爱"=1、2;
(3)若"悦"=8,则"欢"=5,重复,舍去。

综上,"爱"代表的数字可能是1、2、7,它们的和是1+2+7=10。

5. 答案:24。

分析:设1人1天工作1份,总共30×80=2400(份)。已完成30×20+60×10=1200(份),剩下的工程还需(2400-1200)÷(30+30-10)=24(天)。

6. 答案:29。

分析:实心方阵最外层每边有(76+4)÷4=20(人),总人数为20×20=400(人),改成4层空心方阵,最外层共有(400+8+16+24)÷4=112(人),所以最外层每边有112÷4+1=29(人)。

7. 答案:152。

分析:第4次到达点A,走过4×4=16(条)边,停留16-1=15(次)。共用时:2×16+(1+2+…+15)=152(分钟)。

8. 答案:28。

分析:剪下4个正方形之后剩下的图形为长方形,长为18-2×3=12(厘米),宽为20-18=2(厘米),周长为(12+2)×2=28(厘米)。

9. 答案:25。

分析:如图所示。1块:8个;2块:①②、③④、④⑤、⑤⑥、⑥⑨、⑧⑨,共7个;3块:①②③、①②⑦、③⑥⑧、④⑤⑨、⑤⑥⑦、⑥⑦⑧,共6个;4块:①②③④、③④⑤⑥,共2个;5块:⑤⑥⑦⑧⑨,共1个;6块:①②③⑥⑦⑧,共1个。

综上,总共:8+7+6+2+1+1=25(个)。

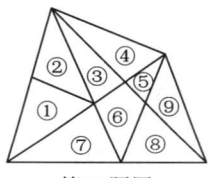

第9题图

10. 答案:208。

分析:设最小的自然数为a,则最大的自然数为(a+22)。要想最大的数最小,则中间8个数要取最大,最大分别为:(a+14),(a+15),…,(a+21)。(14+22)×9÷2=162,所以a最小为(2022-162)÷10=186,所以最大数的最小值为186+22=208。

11. 答案:234。

分析:如图所示,4×32÷8=16,6×32÷16=12,8×40÷32=10,12×40÷32=15,40×21÷15=56,10×56÷40=14,所以大长方形的面积为4+8+10+14+16+40+56+6+12+15+21=234。

4	8	10	14
16	32	40	56
6	12	15	21

第11题图

12. 答案:4021。

分析:从出发到第一次相遇,甲、乙合走一个全程,甲走了2021米。从第一次相遇开始到第二次相遇,甲、乙合走两个全程,且两人速度一样,所以甲、乙各走一个全程,且乙正好走2021+2021-21=4021(米)。所以AB全程有4021米。

13. 答案:20。

分析:分类枚举。

若A=1,1=1+0,有2个;

若A=2,4=4+0=3+1=2+2,有2+2+1=5(个);

若A=3,9=9+0=8+1=7+2=6+3=5+4,有2×5=10(个);

若A=4,16=9+7=8+8,有2+1=3(个);

若A=5,B和C无满足的值。

综上,满足条件的三位数共有:2+5+10+3=20(个)。

14. 答案:639。

分析:分析丙,若一个数是6的倍数,则一定是3的倍数。那么丙的前半句是对的,后半句是错的,即这个数是3的倍数。分析乙,这个数是3的倍数,那么加上20(非3的倍数)后不可能是21的倍数,所以这个数加上21是20的倍数。分析甲,这个数加上21是20的倍数,则这个数一定是奇数,甲后半句错,前半句对,所以这个数比650小。在600~700内满足条件的数有:619、639,其中只有639是3的倍数。所以这三位数是639。

15. 答案:18。

分析:根据题意知,乙的年龄原来是丙的一半,即丙的年龄原来是乙的2倍。有"乙原来的2倍多3岁+丙原来年龄+乙原来的2倍多5岁"的和是118岁,所以乙原来的年龄为(118-5-3)÷(2+2+1)=22(岁),丙原来的年龄为22×2=44(岁),甲原来的年龄为84-22-44=18(岁)。

16. 答案:61。

分析:201-10×17=31(元),按照5元的张数进行分类。

①6张5元:此时1元可以1张,1种;
②5张5元:31-5×5=6(元),此时2元可以拿0~3张,4种;
③4张5元:31-4×5=11(元),此时2元可以拿0~5张,6种;
④3张5元:31-3×5=16(元),此时2元可以拿0~8张,9种;
⑤2张5元:31-2×5=21(元),此时2元可以拿0~10张,11种;
⑥1张5元:31-1×5=26(元),此时2元可以拿0~13张,14种;
⑦0张5元:此时2元可以拿0~15张,16种。

综上,一共有1+4+6+9+11+14+16=61(种)。

4年级

1. 答案:100。

分析:原式=(61.1÷13)×21-4.7+6
=4.7×21-4.7+6
=4.7×(21-1)+6
=94+6
=100。

2. 答案:921。

分析:原式=45×13.5+45×6.5+21
=45×(13.5+6.5)+21
=45×20+21
=921。

3. 答案:211。

分析:由题意10△7=8△3可得,$10^2-7k=8^2-3k$,解得k=9。

因此,20△21=$20^2-21×9$=211。

4. 答案:18。

分析:由末位分析,"教"דの"="教"可得"教"=1或9。若"教"=1,由"好"+"教"的和的末位为4,不会产生进位,因此"悦"+"悦"=7,无解。若"教"=9,由"好"+"教"的和的末位为4,因此必产生进位,"好"=5,从而"悦"+"悦"+1=7,"悦"=3,因此"育"=1。

综上,"悦"=3,"教"=9,"育"=1,"好"=5。"悦"+"教"+"育"+"好"=18。

5. 答案:224。

分析:要想这个多位数最小,首先保证这个多位数的位数最小。由于2022÷9=224……6,因此这个多位数至少为225位。又因这个数能被15整除,从而末位为0或5,因此这个多位数最小只能为226位,并且以1开头、5结尾中间包含224个9。因此这个最小的多位数中含有224个9。

6. 答案:36。

分析:将正六边形进行如图所示切分,将大正六边形平均分为24个小三角形,每个三角形的面积为2。又因为AM∥FN,因此$S_{\triangle AMF}=S_{\triangle AMN}=2$。从而小正六边形ABCDEF的面积=48-6×2=36。

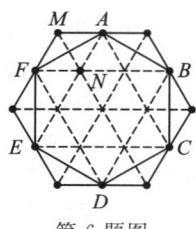

第6题图

7. 答案:86。

分析:从数表的左上角作为起点,每个正方形的右下角均为一个平方数,并且两个平方数之间的数按照先竖从上到下,后横从左到右进行排列。由于$1936=44^2<2021<45^2=2025$。由于2025位于45行45列。从而2021需要往上推4格,位于45行41列。所以2021所在的行列和为45+41=86。

8. 答案:300。

分析:阴影四边形ABGF可以分成△ABG和△AFG,由于四边形ABHG是平行四边形,因此AG=BH=12,因此阴影部分面积=$S_{\triangle ABG}+S_{\triangle AFG}$=12×20÷2+12×30÷2=300。

9. 答案:7。

分析:四人进行单循环比赛一共进行了3+2+1=

6(场),则总分的范围是 12~18,要使得甲保证稳居前 2 名,则只需考虑第三名最多能得多少分。当前三名都是 2 胜 1 负,第四名 0 胜 3 负时,第三名最多能取 6 分。因此甲至少得 7 分才能保证稳居前 2 名。

10. 答案:255。

分析:由于 $AE \parallel BC$, $S_{\triangle BCE} = S_{\triangle BCD}$,从而 $S_{\triangle BCF} + S_{\triangle CEF} = S_{\triangle BCF} + S_{\triangle BDF}$。因此 $S_{\triangle BDF} = S_{\triangle CEF} = 1020$。从而"?"部分三角形的面积 $= 1020 - 765 = 255$。

11. 答案:62。

分析:由题可得,小飞以 8 秒为一个周期,顺时针跑了 16 米;小喜以 7 秒为一个周期,逆时针跑了 30 米。那么经过 56 秒后小飞和小喜一共跑了 $16 \times 7 + 30 \times 8 = 352$(米),因此还需合跑 52 米,才能第一次相遇。由于 $52 = 4 \times 4 + 6 \times 6$,从而再过 6 秒两人相遇,即小飞顺时针走 4 秒休息 2 秒,小喜逆时针走 6 秒,两人就能相遇。从而一共需要 $56 + 6 = 62$(秒)。

12. 答案:5。

分析:①若小喜写"貌",则小飞写"美",小柴和小喧有 2 种写法。

②若小喜写"美",则小飞写"貌",小柴和小喧有 2 种写法。

③若小喜写"如",则小柴写"花",小喧写"美",小飞写"貌",1 种写法。

综上所述,一共有 $2 + 2 + 1 = 5$(种)不同的写法。

13. 答案:8609。

分析:由于 $20 | \overline{ABC}$,那么 $C = 0$,B 是个偶数。又因为 $21 | \overline{BCD}$,$\overline{BCD}$ 经过枚举只能等于 609。故而 $\overline{ABCD}$ 的最大值是 8609。

14. 答案:31。

分析:设甲的两位数为 $\overline{ab}$,要使得 $\overline{ab}$ 一定不是最大,则 1~6 中除去甲包含的数字后,存在至少 3 个大于 a 的数;要使得 $\overline{ab}$ 有可能不是最小,则 1~6 中除去甲包含的数字后,存在至少 2 个大于 a 的数,并且存在至少一个小于 a 的数。因此 $\overline{ab}$ 可能的取值为 23、24、25、26、31、32。

再根据乙的话可知,乙的两位数的十位为 6,或者这个两位数是 56。

根据丙的话:听到甲、乙说话之前可能不是最小的,那么丙的两位数可能为 23、24、25、26、31、32、33、34、35、36、41、42、43。

听到两人的说话后,丙一定是最小的,由于乙一定含有 6,故甲丙一定不含 6。又因丙小于甲,则丙只可能取 23、24、25。若丙为 23,则甲无解;若丙为 24,则甲为 31,乙为 56 或 65;若丙为 25,则甲为 31,乙为 64。

综上,甲拿的两位数是 31。

15. 答案:20。

分析:设火车长为 L 米,由题意可得,火车以原速走 5 秒可以走 $\frac{L}{2}$ 米,以原速度的 2 倍走 24 秒可以走 $\left(1000 + 75 + \frac{L}{2}\right)$ 米。因此火车以原速走 48 秒可以走 $\left(1000 + 75 + \frac{L}{2}\right)$ 米。$v_{原} = \left(1000 + 75 + \frac{L}{2} - \frac{L}{2}\right) \div (48 - 5) = 25$(米/秒),$L = 5 \times 25 \times 2 = 250$(米),因此通过一个 250 米的隧道需要 $(250 + 250) \div 25 = 20$(秒)。

16. 答案:165。

分析:①以 2 开头的四位数,有 2003、2008、2013、2021,一共 5 个。

②以 1 开头的四位数 $\overline{1abc}$,由于 $\overline{1abc}$ 不是 5 的倍数,因此 c 的可能只能为 1、2、3、4、6、7、8、9。

当 $c = 1$ 时,$\overline{ab}$ 的范围是 00~99。将从 00 开始连续五个数分成一组,如 00~04,05~09,…,95~99,一共分成 20 组。每组恰有一个数使得构成的四位数的数字和是 5 的倍数。故一共有 20 个。当 c 取其他值时也是 20 个。

综上,一共有 $20 \times 8 + 5 = 165$(个)。

5 年级

1. 答案:8。

分析:原式 $= (60 - 12) \times \frac{13}{18} \times \frac{3}{13} = 8$。

2. 答案:5。

分析:$\frac{3}{10} + \frac{2}{3x - 5} = \frac{1}{2}$

$3x - 5 = 10$

$x = 5$。

3. 答案:365。

分析:$4 \triangle 6 = 4^2 + \frac{6}{2} = 19$,$19 \triangle 8 = 19^2 + \frac{8}{2} = 365$,所以 $(4 \triangle 6) \triangle 8 = 365$。

4. 答案:586。

分析:由题意得,因为第 1 个乘积的十位为 0,所以第 1 个乘数的十位为 5;由第 3 个乘积的末两位为 16 且由 4 乘一个三位数所得,所以第 1 个乘数的个位为 4,且百位只能为 1;同时第 2 个乘数的十位为 3,即 $154 + 432 = 586$。

5. 答案:168。

分析:根据题意可知,已看的页数与剩下的页数之和为 $15 \times 5 + 45 = 120$,根据量率对应得,全书有 $120 \div \left(1 - \frac{2}{7}\right) = 168$(页)。

6. 答案:10。

分析:三人效率和为 $\frac{1}{20} + \frac{1}{24} + \frac{1}{30} = \frac{1}{8}$。假设悦悦未离开,三人合修 12 天可完成 $\frac{1}{8} \times 12 = \frac{3}{2}$,超出总工作量 $\frac{3}{2} - 1 = \frac{1}{2}$,$\frac{1}{2} \div \frac{1}{20} = 10$(天),即悦悦未修的时间为 10 天,也就是仅有乐乐、飞飞合修的时间为 10 天。

7. 答案:21850。

分析:试除法。假设这个五位数为 21800,$[19, 23] = 437$,$21800 \div 437 = 49 \cdots\cdots 387$,$437 - 387 = 50$,所以满足条件的五位数为 $21800 + 50 = 21850$。

8. 答案:17。

分析:由题意可得

n	1	2	3	4	5	6	7	8	9	10	11	12
$2^n \div 13$ 的余数	2	4	8	3	6	12	11	9	5	10	7	1
$5^n \div 13$ 的余数	5	12	8	1	5	12	8	1	5	12	8	1

当 $n=7$ 的时候满足 $200 \div 12 = 16 \cdots\cdots 8$,共有 $16+1=17$(个)。

9. 答案:16。

分析:连接 HI,GI,$S_{\triangle DHI}=36 \times \dfrac{1 \times 1}{2 \times 2}=9=S_{\triangle AGI}$,$S_{\triangle AGI}=\dfrac{3 \times 3}{4 \times 4}S_{\triangle ABC}=9$,$S_{\triangle ABC}=9 \div \dfrac{9}{16}=16$。

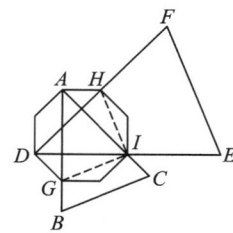

第 9 题图

10. 答案:70。

分析:通过小飞的话可知,成绩一定为合数,所以这个数小于 80。若有 9 个因数则为平方数,只有 $64=2^6$,不是 9 个因数,所以成绩为 7 的倍数,小于 80 的 7 的倍数有 70 和 77,其中 70 为 5 的倍数,符合。

11. 答案:269。

分析:由题意得,$(A,B,C)=1$,$(A,B)=$ 质数,$(A,C)=$ 平方数,$(B,C)=$ 平方数,要使这个数尽量小,则平方数为 $2^4、3^2$,另一个质数为 5,所以 $A=3^2 \times 5=45$,$B=5 \times 2^4=80$,$C=3^2 \times 2^4=144$,所以和最小为 $45+80+144=269$。

12. 答案:14。

分析:由题意得,1、11、13、17、19 和其他数都互质,都去掉;没有两个数和 7 不互质,去掉,剩下 14 个数可组合成一圈,如 2、6、3、15、5、10、14、12、9、18、8、16、20、4。

13. 答案:186。

分析:由勾股定理得 $AE=25$,由相似得 $\dfrac{AF}{20}=\dfrac{20}{25}$,$AF=16$,$\therefore AF:FE=16:9$。连接 FC,设 $S_{\triangle BEF}=9$ 份,由燕尾定理得,$AD:DC=2:3$,$\therefore$ 四边形 $FECD=20 \times 40 \times \dfrac{1}{2} \times \dfrac{5}{8} \times (1-\dfrac{16}{25} \times \dfrac{2}{5})=186$。

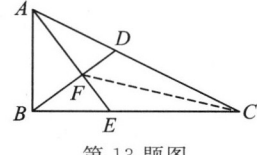

第 13 题图

14. 答案:10。

分析:设全程为 1,35 分钟甲、乙合走 $35 \times (\dfrac{1}{180}+\dfrac{1}{144})=\dfrac{7}{16}$,乙、丙相遇用时 $(1-\dfrac{7}{16}) \div (\dfrac{1}{180}+\dfrac{1}{144})=45$(分钟),

$\therefore v_丙=\dfrac{1}{2} \div 45 - \dfrac{1}{144}=\dfrac{1}{240}$,再过 $t=\dfrac{7}{16} \div (\dfrac{1}{180}+\dfrac{1}{240})-35=10$(分钟),甲才与丙相遇。

15. 答案:27。

分析:设 $x=ma$,$y=mb$,$(a,b)=1$,$\because [x,y]+(x,y)=mab+m=m(ab+1)=45$,

$\therefore m=3,5,9,15$。

(1) $m=3$,$ab+1=15$,$ab=14=1 \times 14=2 \times 7$,$x+y$ 分别为 45 和 27,此时最小为 27;

(2) $m=5$,$ab+1=9$,$ab=8=1 \times 8=2 \times 4$(舍去),$x+y$ 为 45;

(3) $m=9$,$ab+1=5$,$ab=1 \times 4=2 \times 2$(舍去),$x+y$ 为 45;

(4) $m=15$,$ab+1=3$,$ab=2=1 \times 2$,$x+y$ 为 45。

$\therefore x+y$ 最小为 27。

16. 答案:1752。

分析:(1) 无 0:$1+4+6+7+9=27$,重复 6 或 9,$A_5^3 \times 3+A_5^2 \times A_4^2=420$;

(2) 无 1:$0+4+6+7+9=26$,重复 4 或 7,$2 \times 4 \times A_4^2+4 \times A_4^2 \times C_3^1=240$;

(3) 无 4:$0+1+6+7+9=23$,重复 1 或 7,$2 \times 4 \times A_4^2=384$;

(4) 无 6:$0+1+4+7+9=21$,重复 0 或 9,$A_4^2 \times 3+4 \times A_4^2 \times 4=300$;

(5) 无 7:$0+1+4+6+9=20$,重复 1 或 4,$3 \times A_4^2 \times 4+2 \times 4 \times A_4^2=240$;

(6) 无 9:$0+1+4+6+7=18$,重复 0 或 6,$A_4^2 \times 3 \times 2+4 \times A_4^2 \times 2=168$。

$\therefore$ 共 $420+240+384+300+240+168=1752$(种)。

6 年级

1. 答案:46。

分析:$34\dfrac{2}{7} \div \dfrac{48}{35}+21=\dfrac{240}{7} \times \dfrac{35}{48}+21=25+21=46$。

2. 答案:8。

分析:原式$=36 \times (\dfrac{1}{2 \times 4}+\dfrac{1}{4 \times 6}+\dfrac{1}{6 \times 8}+\cdots+\dfrac{1}{16 \times 18})$

$=36 \times \dfrac{1}{2^2} \times (\dfrac{1}{1 \times 2}+\dfrac{1}{2 \times 3}+\dfrac{1}{3 \times 4}+\cdots+\dfrac{1}{8 \times 9})$

$=9 \times (1-\dfrac{1}{9})$

$=8$。

3. 答案:15。

分析:等式左边 $=24 \otimes 22 \oplus (10 \otimes x)=576 \oplus (10 \otimes x)$,所以 $2(10 \otimes x)=450$,$10 \otimes x=225$,所以 $x^2=225$,$x=15$。

4. 答案:753。

分析:末位分析可得,$a=1$,或 $a=6$,$c=$ 偶数,或 $c=5$,$a=$ 奇数。因为乘积是 2 开头的五位数,所以 1 太小,$a \neq 1$,又因为 $a<b$,所以 6 太大,$a \neq 6$,所以 $c=5$,$a=$ 奇数,只能 $a=3$。检验当 $c=5$、$a=3$、$a<b$ 时,仅 $b=7$ 成立。所以 $\overline{bca}$ 代表的自然数是 753。

5. 答案:1。

分析:因为 $x=[x]+\{x\}$,所以 $2[x]+2\{x\}+[x]-2=5\{x\}$,化简可得 $3[x]=3\{x\}+2$,因为 $0\leqslant\{x\}<1$,所以 $2\leqslant3[x]=3\{x\}+2<5$,所以 $[x]=1$。

6. 答案:6。

分析:设红色凳子买了 x 张,蓝色凳子买了 y 张,黄色凳子买了 z 张,x、y、z 均为正整数。由题意列出方程组 $\begin{cases}3.5x+4y+6.5z=70,\\x+y+z=14。\end{cases}$

该方程组仅有一组解 $\begin{cases}x=2,\\y=6,\\z=6。\end{cases}$ 所以蓝色凳子买了 6 张。

7. 答案:30。

分析:因为有奇数个因数的数是完全平方数,分解质因数后所有质因数的指数都是偶数,$120=2^3\times3\times5$,所以这个数最小是 $2\times3\times5=30$。

8. 答案:120。

分析:100 克浓度为 $a\%$ 的 A 溶液与 a 克浓度为 20% 的 B 溶液混合后浓度变为 21%,所以列方程得 $100\times a\%+20\%a=(100+a)\times21\%$,化简得 $0.99a=21$。设 99 克 A 溶液与 x 克浓度为 19% 的溶液混合使得浓度变为 20%,则 $21+19\%x=20\%(99+x)$,解得 $x=120$。

9. 答案:1600。

分析:当甲走完全程的时候,丙走到全程的 $\dfrac{2}{5}$ 处,所以甲和丙的速度比为 $5:2$,所以丙走到全程的 $\dfrac{1}{4}$ 处时,甲走到全程的 $\dfrac{1}{4}\times\dfrac{5}{2}=\dfrac{5}{8}$ 处,此处距离中点 200 米,所以全程 $200\div\left(\dfrac{5}{8}-\dfrac{1}{2}\right)=1600$(米)。

10. 答案:22。

分析:如图所示,将 9 个黑色正方形分为三类:4 个"角"、4 个"边"、1 个"心"。则选出三个黑色正方形的选法有:

第 10 题图

(1)3 角:1 种;
(2)2 角 1 边:相邻 2 角 4 种,相对 2 角 2 种,共 6 种;
(3)2 角 1 心:2 种;
(4)1 角 2 边:相邻 2 边 4 种,相对 2 边 2 种,共 6 种;
(5)1 角 1 边 1 心:4 种;
(6)2 边 1 心:2 种;
(7)3 边:1 种。

所以综上共有 $1+6+2+6+4+2+1=22$(种)选法。

11. 答案:48。

分析:$0.08=\dfrac{2}{25}$,所以这个正整数的质因数包括 2 和 5,不妨假设分解质因数后得到 $2^a\times5^b\times M$(M 不包含质因数 2 和 5 且 M 的因数个数为 m),根据因数个数定理,这个数的因数中是 10 的倍数的有 $(a\times b\times m)$ 个。设比值为

0.08 的这对因数是 $2k$ 和 $25k$(k 为正整数),则 k 的取值可能性为 $2^{a-1}\times5^{b-2}\times M$ 的因数个数,所以 $24=a\times(b-1)\times m$,所以 $a\times b\times m$ 的最大值在 $b=2$ 时成立,所以最多有 48 个。

12. 答案:7938。

分析:设原来的 200 个数分别为 $a_1,a_2,\cdots,a_{200}$,$200\div3=66\cdots\cdots2$,第一轮操作后得到 $a_{199},a_{200},b_1,\cdots,b_{66}$,$68\div3=22\cdots\cdots2$,第二轮操作后得到 $b_{65},b_{66},c_1,\cdots,c_{22}$,$24\div3=8$,第三轮操作后得到 $d_1,d_2,\cdots,d_8$,$8\div3=2\cdots\cdots2$,第四轮操作后得到 d_7,d_8,e_1,e_2,第五轮操作后得到 e_2,f_1,所以倒数第二个数是 e_2。倒推得到,

$e_2=d_4+d_5+d_6$
$=c_8+c_9+\cdots c_{16}$
$=b_{20}+b_{21}+\cdots+b_{46}$
$=a_{58}+a_{59}+\cdots+a_{138}$
$=\dfrac{(58+138)\times81}{2}$
$=7938$。

13. 答案:12。

分析:先求得 $\triangle CMN$ 的面积。因为 CF 平行于 BG,所以 $S_{\triangle CMN}=S_{\triangle BCM}$。因为 CD 平行于 BE,DE 平行于 CF,所以平行四边形 $CDEM$ 中,$CM=DE=6$。因为 $BC=6$,所以 $S_{\triangle CMN}=6\times6\div2=18$。连接 CH、AE,由对称性交 BG 于点 Q,如图所示,因为 $BQ=AH=6$,$QN=AH=6$,所以 $S_{\triangle BMN}=12\times6\div2=36$,所以 $S_{\triangle BCM}:S_{\triangle BMN}=1:2$,所以 $CP:PN=1:2$,所以阴影 $\triangle MNP$ 的面积为 $18\times\dfrac{2}{3}=12$。

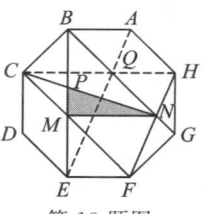

第 13 题图

14. 答案:98202160。

分析:这个数是 5、7、8、9、11 的倍数,这个数的个位必为 0。

(1)2021 的后面至少再写上两位数才能是 8 的倍数,写上 20 或 60。由 99 的整除特征,在 2021 的前面写上两位,得到 58202120 和 98202160,检验 7 的倍数可得 98202160 成立。

(2)若 2021 后面写上三位数,由 99 的整除特征可以得到 22021560、62021520、92021490,检验 8 和 7 的倍数得知都不成立。

(3)若 2021 后面写上四位数,由 99 的整除特征可以得到 20215800、20211840、20219760,检验 7 的倍数都不成立。

综上,这个多位数至少是八位数 98202160。

15. 答案:405。

分析:为选出尽可能多的数,则这个等差数列的公差

尽可能小。当公差为1、2、3、4时,不能选出被5除余3的数则最多只能选出4个数。

公差为5时,2022÷5=404······2,选择被5除余2的数,2,7,12,17,···,2022,由个位可知,不包含平方数,所以最多选出405个数构成等差数列。

16. 答案:1928。

分析:按重复数字的位置分类为以下6类。

(1)AA__:个位若为0,有9×8=72(种),个位为其他偶数,有4×8×8=256(种),共72+256=328(种);

(2)A_A_:同(1)有328种;

(3)A__A:个位不能为0,有4×9×8=288(种);

(4)_AA_:同(1)有328种;

(5)_A_A:同(1)有328种;

(6)__AA:同(1)有328种。

所以综上共328×5+288=1928(种)。

2021年 郑州平行线百子菁英计划数学选拔赛

4年级

1. 答案:777777777000。

分析:72=8×9,注意到每一位只能是7或者0,要想被8整除,末三位必须都为0,而要想被9整除,需要9个7,因此这个数最小是777777777000。

2. 答案:日。

分析:2月有5个星期日,说明分别是1、8、15、22、29号,故3月31日为星期三,4月30日为星期五,5月31日为星期一,6月30日为星期三,7月31日为星期六,8月8日为星期日。

3. 答案:34。

分析:至少1位,至多9位,且必为奇数位。一位数:1个;三位数:1+1+7型,3个,1+3+5型,6个,3+3+3型,1个,共计10个;五位数:1+1+1+1+5型,5个,1+1+1+3+3型,10个,共计15个;七位数:必为6个1与1个3,有7个;九位数:1个。总计1+10+15+7+1=34(个)。

4. 答案:18。

分析:图形不为空心图形,所以只有两种情况。

(1)在正方形角落剪下长方形,此时周长不变,仍为40。

(2)在正方形边长上剪下一个长方形,此时周长在原来的基础上多两个长方形的其中一个边长,又边长为整数,所以长方形的长最大为9,周长最大为58。

所以最大值减最小值为18。

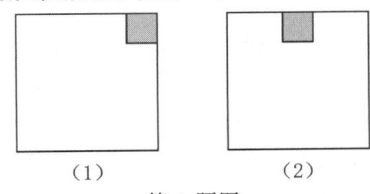

第4题图

5. 答案:丁、己。

分析:甲与乙的说法相互矛盾,必有一真一假;丁与戊

的说法互相矛盾,且很明显戊说了假话,因此丁说了真话,戊就是猎人;由于只有两人说了真话,那么丙和己都说了假话,故丙不是狼,己是女巫。

狼在说真话的人里面出,如果丁就是狼,推导不出任何矛盾,暂时成立;否则,狼就在甲与乙里面出,如果甲是狼,则甲说了假话,矛盾;如果乙是狼,则乙说了假话,也矛盾;因此,狼就是丁。

综上,丁是狼,己是女巫。

6. 答案:416。

分析:找规律,1,2,3,4,6,7,8,9,每4个数一组,那么第333个数应该在此之前已经有了332÷4=83(组),到达83×5=415,再往后一位即416。

7. 答案:265。

分析:六种动物地位等价,我们可以以汉羊为主要分析对象。不妨设汉羊跟魏猴打,最终的结果×5即可。

第一种情形,如果魏羊是跟汉猴打,那么相当于还剩四种动物错位决斗,根据四个人的错装信封问题,不难得出有9种打法。

第二种情形,如果汉猴不是跟魏羊打,那么假设汉猴跟魏x打,那么我们可以理解为没有猴这种动物,而直接就是五种动物的错位对决,因此,我们需要计算五种动物的错位对决有几种方法。不妨假设汉猴跟魏象打,那么如果汉象是跟魏羊打,那么相当于还剩三种动物进行错位对决,有2种打法;如果汉象不是跟魏羊打,那么我们可以理解为没有猴、象这两种动物,而直接就是四种动物进行错位对决,有9种打法。

因此,五种动物的错位对决有4×(2+9)=44(种)打法,六种动物的错位对决有5×(9+44)=265(种)打法。

8. 答案:39。

分析:重叠面积如图。共有9.75个格的阴影,每个方格的面积为4,9.75×4=39。

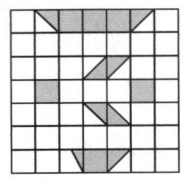

第8题图

9. 答案:1152。

分析:将1、4、7染红,2、5、8染蓝,3、6染绿,等价于绿跟绿不在一起,红跟蓝不在一起。注意到,蓝牌、红牌、绿牌内部都有区别,因此我们需要先确定它们的宏观位置,再对于每种颜色进行内部的全排列。颜色内全排列为$A_3^3 \cdot A_3^3 \cdot A_2^2 = 72$,在考虑72之前,可以认为颜色内部是没有区别的。

将位置编号1、2、3、4、5、6、7、8,考虑两张绿牌的放置方式。两张绿牌将这条线分成两空或者三空,每个空置区域内只能完全放红牌或者完全放蓝牌,因此每个空置区域不得超过3个位置,并注意当出现三个空置区域时,这三个区域不能是2+2+2型分布。因此,两张绿牌可以选的位置有(1,5),(2,5),(2,6),(3,5),(3,7),(4,6),(4,7),(4,8)。

(1,5)型:两个空置区域必然一个放蓝,一个放红,两种；

(2,5)型：6、7、8 三个位置或者全红，或者全蓝，也是两种；

(2,6)型：3、4、5 三个位置或者全红，或者全蓝，也是两种；

(3,5)型：6、7、8 三个位置或者全红，或者全蓝，也是两种；

(3,7)型：与(2,6)型对称，两种；

(4,6)型：与(3,5)型对称，两种；

(4,7)型：与(2,6)型对称，两种；

(4,8)型：与(1,5)型对称，两种。

总计 16 种，$16 \times 72 = 1152$（种）。

10. 答案：126。

分析：不妨设 $a < b < c$，$a+b=m$，$b+c=n$，则 $m+n = a+2b+c = 2b+119$ 必为奇数，且 m，n 与原质数奇偶相同，故其中必有偶数，即 $m = 2^3 = 8$，此时有 $\begin{cases} a=1 \\ b=7 \end{cases}$，$\begin{cases} a=2 \\ b=6 \end{cases}$，$\begin{cases} a=3 \\ b=5 \end{cases}$ 三种情况，仅 $\begin{cases} a=1 \\ b=7 \end{cases}$ 成立，此时 $n = 5^3 = 125$，$a+b+c = 126$。

11. 答案：786593808。

分析：甲+乙+丁＝16，且甲≥5，乙≥6，丁≥4，自然它们都是正整数。我们不难发现，这里只有 1 个人是灵活的，能自由分配给三件任务中的任意一件，因此，(甲，乙，丙，丁)＝(6,6,2,4)或(5,7,2,4)或(5,6,2,5)，分别计算并求和。

(6,6,2,4)：$C_{18}^6 \cdot C_{12}^6 \cdot C_6^2 \cdot C_4^4 = 257297040$，

(5,7,2,4)：$C_{18}^5 \cdot C_{13}^7 \cdot C_6^2 \cdot C_4^4 = 220540320$，

(5,6,2,5)：$C_{18}^5 \cdot C_{13}^6 \cdot C_7^2 \cdot C_5^5 = 308756448$。

求和，$257297040+220540320+308756448 = 786593808$。

本题虽然有一定的计算量，但可利用在计算过程中出现的"$11 \times 13 \times 14$"简化运算。

12. 答案："厉""害""了""同""学""百""子""菁""英"分别代表 1、9、6、2、3、4、5、0、8。

分析："同学"是质数，又不带 7，所以"学"必为 1、3、9 中的一个，根据尾数分析，若"学"为 1，则"了"为 8，不可能为完全平方数的尾数，舍去；若"学"为 3，则"了"为 6，暂时没有问题；若"学"为 9，则"了"为 2，不可能为完全平方数的尾数，舍去。因此，得出"学"为 3，"了"为 6。

"厉害了"可能为 196、256、576，对应"同学"可能为 13、23、43。验证 $196 \times 23 = 4508$（成立），$196 \times 43 = 8428$（不成立），$256 \times 13 = 3328$（不成立），$576 \times 13 = 7488$（不成立）。因此，$196 \times 23 = 4508$ 符合题意。

5 年级

1. 答案：30。

2. 答案：265。

3. 答案：18。

4. 答案：4552071。

5. 答案：14。

6. 答案：78。

7. 答案：四或五。

8. 答案：96。

9. 答案：$\dfrac{20}{9}$。

分析：如图，该阴影部分是图中最小的"六芒星"，将其作如图分割，则分为完全一样的 12 个小正三角形，所以阴影部分的面积为小正六边形的 2 倍。同时 $A_1A_2 = B_1B_2 = 3B_3B_4$，即正六边形 $A_1A_2A_3A_4A_5A_6$ 与中间小正六边形的相似比为 3：1，则面积比为 9：1。所以，阴影部分面积与正六边形 $A_1A_2A_3A_4A_5A_6$ 面积比为 2：9。所以阴影部分的面积为 $10 \times \dfrac{2}{9} = \dfrac{20}{9}$。

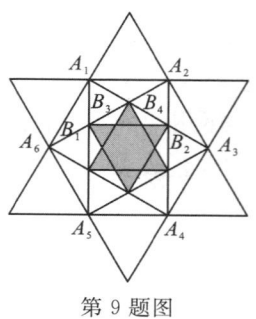

第 9 题图

10. 答案：$\dfrac{1}{3}S$。

分析：如图，将正六边形作如图分割。因为 $A_1A_2 \parallel B_2B_6$，则 $S_{\triangle A_2B_1B_6} = S_{\triangle A_2B_1B_2} = \dfrac{1}{24}S$，另外 $S_{\triangle M_1M_3B_6} + S_{\triangle M_2M_4B_3} = \dfrac{1}{2}S_{长方形M_1M_3M_4M_2} = \dfrac{1}{6}S$，则 $S_{阴} = \dfrac{1}{24}S \times 4 + \dfrac{1}{6}S = \dfrac{1}{3}S$。

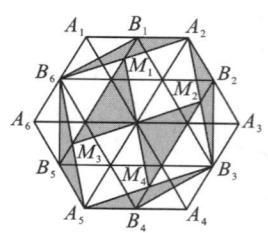

第 10 题图

11. 答案：30 种。

分析：用 A 表示黑球，B 表示白球，用 C 表示红球，此题即求 2 个 A，2 个 B，2 个 C 的排列方式，其中要求相同字母不能相邻，分两步完成排列。

(1)先考虑 AB 的放法（暂先不考虑相同字母不能相邻），有以下 6 种：

①$AABB$；②$BBAA$；③$ABAB$；④$BABA$；⑤$ABBA$；⑥$BAAB$。

(2)再考虑放入 C，此时要求使得相同字母不能相邻。

①②对称，方法数都为 1 种；

③④对称，方法数都为 $C_5^2 = 10$（种）；

⑤⑥对称，方法数都为 $C_4^1 = 4$（种）。

所以，共有 $(1+10+4) \times 2 = 30$（种）不同的排列方式。

12. 答案:90000 个。

分析:将所有的六位数进行如下分组。

$\{100000,100001,100002,100003,100004,100005,$
$100006,100007,100008,100009\}$,

$\{100010,100011,100012,100013,100014,100015,$
$100016,100017,100018,100019\}$,

……

$\{999990,999991,999992,999993,999994,999995,$
$999996,999997,999998,999999\}$。

则每组中任意两个数互为"菁英数",即每组 10 个数中至多可以选出 1 个。所以,最多可能选出 $900000 \times \frac{1}{10} = 90000$(个)数,使得任意两个数都互不为"菁英数"。构造如下:对于 10000~99999 这 90000 个数,求每个数的数字和,将数字和除以 10 的余数补在该数最后一位,这样得到的 90000 个六位数中任意两个数互不为"菁英数"。

6 年级

1. 答案:200。
2. 答案:8100。
3. 答案:596。
4. 答案:18。
5. 答案:15。
6. 答案:7。
7. 答案:48384。
8. 答案:$\frac{1}{4}\left[1-\left(-\frac{1}{3}\right)^{16}\right]$ 或 $\frac{10761680}{43046721}$。
9. 答案:38:37。

分析:如图,连接 EC、FC、GC、HC。

$\frac{S_{\triangle EFC}}{S_{\text{四边形}ABCD}} = 1 - \frac{S_{\triangle FBC}}{S_{\text{四边形}ABCD}} - \frac{S_{\triangle FAE}}{S_{\text{四边形}ABCD}} - \frac{S_{\triangle CED}}{S_{\text{四边形}ABCD}} =$

$1 - \frac{2}{2+3} \times \frac{1}{2} - \frac{2}{2+3} \times \frac{3}{2+3} \times \frac{1}{2} - \frac{3}{2+3} \times \frac{1}{2} = \frac{19}{50}$,

$\frac{S_{\triangle HGC}}{S_{\text{四边形}ABCD}} = \frac{3}{2} \times \frac{1}{2} = \frac{37}{100}$。

$\because EF \parallel NM \parallel HG$,

$\therefore \frac{FM}{GM} = \frac{S_{\triangle EFC}}{S_{\triangle HGC}} = \frac{19}{50} : \frac{37}{100} = 38 : 37$。

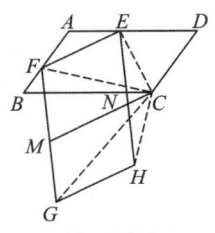

第 9 题图

10. 答案:56:111。

分析:如图,设 $AE=a$,$DF=b$,$BH=h$,则 $ED=1-a$,$FC=1-b$,$BD=2h$。

$\therefore S_{\triangle ABE} : S_{\text{四边形}BEDF} : S_{\triangle BFC} = \frac{1}{2}ah : \frac{1}{2}[(1-a) \times h + 2bh] : \frac{1}{2}(1-b) \times 2h = 1 : 2 : 4$。

$\therefore \frac{a}{2b-a+1} = \frac{1}{2}, \frac{a}{2-2b} = \frac{1}{4}$,解得 $a = \frac{3}{7}, b = \frac{1}{7}$。

$\therefore \frac{DQ}{BC} = \frac{DF}{FC} = \frac{1}{6}, \therefore DQ = \frac{1}{3}, \therefore EQ = ED + DQ = \frac{19}{21}$。

$\therefore \frac{AE}{CR} = \frac{EP}{PC} = \frac{EQ}{BC} = \frac{19}{42}, \therefore CR = \frac{18}{19}, \therefore \frac{DG}{GC} = \frac{AD}{CR} = \frac{19}{18}$。

$\therefore \frac{S_{\triangle ADG}}{S_{\text{梯形}ABCD}} = \frac{1 \times \frac{19}{18+19}}{1+2} = \frac{19}{111}, \frac{S_{\triangle BCG}}{S_{\text{梯形}ABCD}} = \frac{2 \times \frac{18}{18+19}}{1+2}$

$= \frac{12}{37}$。

$\therefore S_{\triangle ABG} : S_{\text{梯形}ABCD} = \left(1 - \frac{19}{111} - \frac{12}{37}\right) : 1 = 56 : 111$。

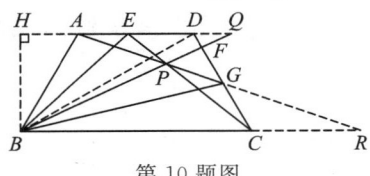

第 10 题图

11. 答案:81。

分析:设共有 N 个人,考虑三人组 (a_1, a_2, a_3),其中 a_1 与 a_2、a_3 均握手(设 a_2, a_3 为无序对)。

注意到 (a_1, a_2, a_3) 和 (a_1, a_3, a_2) 是同一个三人组,但和 (a_2, a_1, a_3) 不是同一个三人组。下面计算这样的三人组的个数。由于每个人恰好与 20 个人握手,故对于某个确定的 a_1,有 $C_{20}^2 = 190$(个)这样的三人组。

于是这样的三人组共有 $190N$ 个。

另一方面,全部的 N 个人可以组成 C_N^2 个二人组,将这些二人组分成两类:互相握过手的(设有 x 个),没有握过手的(设有 y 个)。于是 $x+y = C_N^2$。由于每个人恰好与 20 个人握手,故共进行了 $\frac{20N}{2} = 10N$(次)握手(每次握手被计算两次)。

于是 $x = 10N$。由后两个条件可知,三人组 (a_1, a_2, a_3) 的个数为(按照 a_2, a_3 是否进行握手分类):

$x + 6y = 10N + 6(C_N^2 - 10N) = 3N(N-1) - 50N$。于是 $3N(N-1) - 50N = 190N$,即 $3(N-1) = 240$。于是 $N = 81$,即参加晚会的共有 81 人。

12. 答案:乙有必胜策略。

分析:首先说明,无论甲乙,只要是能发号施令的时候就必须要发号施令,否则必败。(这个虽然看上去明显,但是必须要说,因为这是问题分析的一个不可或缺的环节,不说则扣分。)

先假设甲乙都是一直轮流发号施令的,则第 1 秒丙到了中点偏向乙的 1 米处(简记为[1 乙],下同),第 2 秒到[2 甲],第 3 秒[3 乙],第 4 秒[4 甲],……,第 $2k$ 秒就是 [$2k$ 甲],第 $(2k-1)$ 秒就是 [$(2k-1)$ 乙]。假如在第 $2k$ 秒结束的时候,甲不发号施令,则下一秒丙将到达[$(2k+4k-1)$ 甲]。自此以后,甲无论怎么办,只要乙在能发号施令的时候毫不手软,则丙永远是首先达到距离甲更近的地方,从而最终甲输了;同理,如果乙在 $(2k-1)$ 秒的时候没有发号施令,则下一秒丙将到达[$2k-1+4k-3$ 乙],同样,无论乙接下来怎么办,只要甲毫不留情,丙就永远首先达到距离乙更近的地方,从而乙输。因此,无论甲乙,只要是能发号施令的时刻必然会发号施令。

由丙的运动规律可以看出:如果$\frac{x}{2}$是个奇数,则丙首先碰到乙;如果$\frac{x}{2}$是个偶数,则丙首先碰到甲。因此,只要乙选择令$x=20$,就可以获胜,故乙有获胜的策略。

本题中有一个看似非常显然但必须要说的结论,因为这个结论并非绝对成立。如果丙每次转身增加的速度为每秒多走3米或更多,那么在刚开局的时候,乙选择哪一秒让丙转身,就可能会有文章了。

2021年 云南乐之培优综合素质测评

3年级

1. 答案:2600。

分析:本题主要考察乘法分配律的逆运算。
$26 \times 11 + 52 \times 19 + 78 \times 17$
$= 26 \times 11 + 26 \times 2 \times 19 + 26 \times 3 \times 17$
$= 26 \times 11 + 26 \times 38 + 26 \times 51$
$= 26 \times (11 + 38 + 51)$
$= 26 \times 100$
$= 2600$。

2. 答案:7+4=11。

分析:本题主要考察火柴棒游戏,移动后成立的算式为7+4=11。

3. 答案:70915。

分析:简单地找规律。根据题目条件,将0、1、2、3、4、5、6、7、8、9十个数字逐一往后推4个数字来代替,现在要找到实际表示的数,只需要把每一个数字往前推4个数字,1往前推4个数字是7,4往前推4个数字是0,3往前推4个数字是9,5往前推4个数字是1,9往前推4个数字是5,所以实际这一串数表示的是70915。

4. 答案:130。

分析:如图所示,共有16+18+16+11=61(个)小正方形,每个小正方形中都有2个小三角形,共61×2=122(个)小三角形;图中还有由4个小三角形组成的大三角形,共8个大三角形。综上可知,三角形一共有122+8=130(个)。

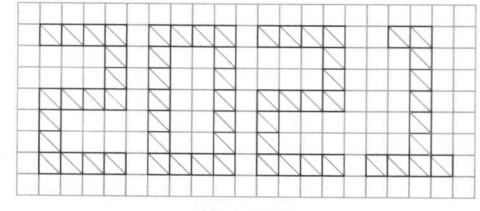

第4题图

5. 答案:6347。

分析:加法竖式谜。"中"=1,千位上满十前进1,和0已经用过,百位上一定满十要向千位进1,那么"百"=6,个位上"章"=7,数字还剩下2、3、4、5、8没有用到。"华"不能为2、3、5,当"华"=4,"产"=8,"年"=3,"共"=2;"华"=8,"产"=2时,"年"和"共"表示的数字会一样,那么百年华章代表的四位数是6347。

6. 答案:天。

分析:周期问题。44个字分为一组,2021÷44=45……41,第2021个字相当于第46组中的第41个字,是"天"。

7. 答案:150。

分析:本题主要考察容斥原理问题,双减后的总人数为150+300−100=350(人),减少的人数为500−350=150(人)。

8. 答案:42。

分析:本题主要考察枚举法。从5、4、3、6四个数中选出3个数字能选出4组,每组能拼成3个不同的三位数,一共有4×6=24(个)不同的三位数;磁力贴可以旋转,6旋转后可以当9用,含有数字6的三位数有18个,可以把数字6换成数字9,一共能组成24+18=42(个)不同的三位数。

9. 答案:13。

分析:本题主要考察枚举法,按照顺序一一枚举。一共有13种不同的走法。

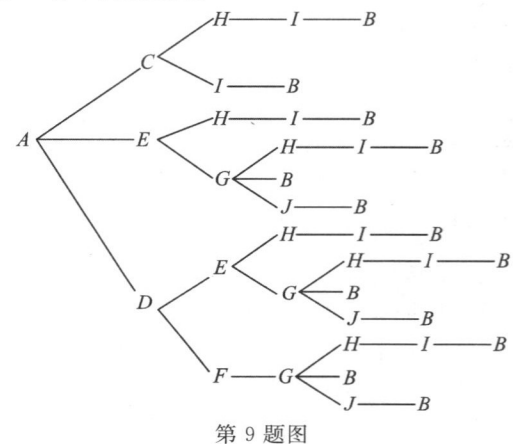

第9题图

10. 答案:120。

分析:本题主要考察和差倍问题。把乐乐剩下的钱看作1份,则优优剩下的钱是2份,优优一开始带的钱就是4份。根据题意得,1份+4份+30元=180元,1份为(180−30)÷(1+4)=30(元),优优一开始带了4×30=120(元)。

11. 答案:6。

分析:本题主要考察鸡兔同笼问题。小箱子个数是中箱子的3倍,那么有1个中箱子就会有3个小箱子,可以把1个中箱子和3个小箱子捆绑,4个箱子一共有12+4×3=24(千克)货物,平均每个箱子有24÷4=6(千克)货物,现在相当于有装32千克货物的箱子和装6千克货物的箱子共34个,假设全为装32千克货物的箱子,一共可以装32×34=1088(千克),小箱子共有(1088−464)÷(32−6)=24(个),即小箱子共有24个,则中箱子有24÷(3+1)=6(个)。

12. 答案:526134。

分析:数独。通过找寻突破口,从方格外标有数字1

的位置入手,对比排除逐一填空。

第12题图

4 年级

1. 答案:0。

分析:原算式=2020×2021×10001−2021×2020×10001=0。

2. 答案:60。

分析:∠ACD=∠ABE=30°,∠BOC=180°−30°−30°=120°,∠BOD=180°−120°=60°。

3. 答案:220。

分析:本题主要考察盈亏问题。先假设每只鸡每天吃1份饲料,"卖掉10只鸡,饲料可以维持20天"可以理解为"如果要维持20天,还少10×20=200(份)饲料";"再买进60只鸡,那么饲料只能维持15天"可以理解为"如果只需要维持15天,还多60×15=900(份)",可以求出,5天内,鸡要吃掉饲料:900+200=1100(份),那么鸡的数量为1100÷5=220(只)。

4. 答案:150。

分析:本题主要考察和差倍问题。找出参加人数最少的游泳为基础设为1份,足球人数就是1份多10人,轮滑人数就是1份多10+46=56(人)。游泳人数=56÷(3−1)=28(人),足球人数=28+10=38(人),轮滑人数=28×3=84(人),总:28+38+84=150(人)。

5. 答案:2。

分析:本题主要考察等差数列求和,求公差。由等差数列求和公式"和=(首项+末项)×项数÷2",可得最后一个花瓶里的花=112×2÷8−7=21(朵),公差=(21−7)÷(8−1)=2(朵)。

6. 答案:7。

分析:本题主要考察图形的剪拼。如图,最大的正方形1决定了整个图形的框架,将正方形2放在正方形1的右下方,将与正方形2同样大小的正方形3放在正方形1的左上方,正方形4放在正方形3的右上角,将正方形5放在正方形3的右下角,再将正方形6放在正方形5的右上角,最后将正方形7放在正方形2的右下角。

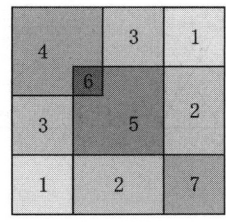

第6题图

7. 答案:65;1956。

分析:本题主要考察和倍问题。因为把优优拿到的数个位上的"6"去掉,得到了乐乐拿到数的3倍,所以,优优的数减去6后是乐乐的数的30倍。把乐乐的数看作"1份",优优的数就是"30份+6",2021−6的差就是"(1+30)份"。乐乐:(2021−6)÷(1+30)=65,优优:65×30+6=1956。

8. 答案:5。

分析:以AG为上底的梯形有1个,以GF为上底的梯形有3个,以HC为上底的梯形有1个。共1+3+1=5(个)。

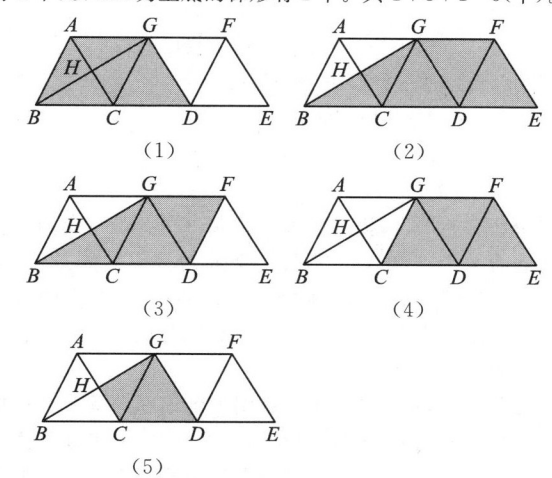

第8题图

9. 答案:7776。

分析:本题主要考察乘法原理。(3×2×1)×(3×2×1)×(3×2×1)×(3×2×1)×(3×2×1)=7776(种)。

10. 答案:二。

分析:本题主要考察日期的周期规律。2021年是平年,共365天,365÷7=52……1,53个周五,说明元旦是周五,2020年是闰年,共366天,366÷7=52……2,说明多余的2天分别是周三和周四或周四和周五,由于2021年元旦是周五,所以2020年元旦是周三,那么2019年的元旦再往前推1天,应该是星期二。

11. 答案:22。

分析:本题主要考察倍数及鸡兔同笼思想。不管小猫还是小牛,每个动物手中的蝴蝶风筝比燕子风筝多11只,那么总的蝴蝶风筝比燕子风筝多的必须是11倍,也就是"蝴蝶风筝−102"是11的倍数,且蝴蝶风筝数范围在540~550,则蝴蝶风筝=542只才行,那么这样542−102=440才是11的倍数,那么总动物数是440÷11=40(只)。

假设这40只全是小猫,那么燕子风筝有40×3=120(只),比较120−102=18(只),将一只猫变为一只牛会少拿1只燕子风筝,所以牛有18÷1=18(只),那么猫有22只。

12. 答案:5。

分析:乐乐不知道优优的数是多少,说明乐乐的数不是1、2、8、9,否则他能立马猜出优优的数;同时,优优猜不出他的数,说明乐乐的数也不是3、4、6、7,否则优优有可能猜出乐乐的数。此时,只剩下了5,故优优根据乐乐所说,能猜出他选的数。

5年级

1. 答案：2043231。

分析：本题主要考察分数凑整。

原式 $= \frac{1}{1} + \left(\frac{1}{2} + \frac{3}{2}\right) + \left(\frac{1}{3} + \frac{3}{3} + \frac{5}{3}\right) + \left(\frac{1}{4} + \frac{3}{4} + \frac{5}{4} + \frac{7}{4}\right) + \cdots + \left(\frac{1}{2021} + \frac{3}{2021} + \frac{5}{2021} + \cdots + \frac{4041}{2021}\right)$

$= 1 + \frac{2^2}{2} + \frac{3^2}{3} + \frac{4^2}{4} + \cdots + \frac{2021^2}{2021}$

$= 1 + 2 + 3 + 4 + \cdots + 2021$

$= (1+2021) \times 2021 \div 2$

$= 2043231$。

2. 答案：9。

分析：$6 = 2 \times 3$，根据乐乐说的话，3个人的号码的乘积至少包含3个2和3个3，故3个人的号码只能是(3、8、9)、(6、8、9)或(4、6、9)。根据培培说的话，三个人的号码只能是4、6、9；根据优优说的话，优优的号码是9。

3. 答案：65.68。

分析：本题主要考察不规则图形的面积与周长。根据观察，可将阴影部分可划分成上、下两部分，上半部分阴影由上方三个扇形构成，下半部分阴影由除上方三个扇形之外的其他阴影部分构成。上半部分阴影周长由对应的三个扇形圆弧长及大长方形周长的上半部分构成，下半部分阴影周长由对应的三个扇形圆弧长及大长方形周长的下半部分构成。综上，阴影部分的周长之和包含6个扇形所对应圆弧长之和（即三个半径为2的圆的周长）以及大长方形的周长。而大长方形的长相当于图中扇形所在圆半径的四倍，即$2 \times 4 = 8$，大长方形的宽为6，那么阴影部分的周长之和 $= 2 \times 2 \times \pi \times 3 + (8+6) \times 2 = 65.68$。

4. 答案：2021。

分析：由乐乐的话可知，小于100的5、9的公倍数有45和90。再结合优优的话得，两质数和为45和90时，奇数+偶数=奇数，仅有$2+43=45$（不符合，小学生体重不可能还是个位数，直接舍去），奇数+奇数=偶数，"和定近积大"，$90 \div 2 = 45$，再根据质数表找离最近的两个质数即为43、47，$47 \times 43 = 2021$。

5. 答案：9点18分。

分析：火车与乐乐为追及问题，路程差＝火车行驶路程－乐乐骑车行驶的路程；

火车与优优为相遇问题，总路程＝火车行驶路程+优优走的路程；

乐乐与优优为相遇问题，总路程＝乐乐骑车行驶的路程+优优走的路车。

先统一单位：火车的速度为 $40 \times 1000 \div 60 = \frac{2000}{3}$（米/分），火车与乐乐的追击时间为 $18 \div 60 = \frac{3}{10}$（分），乐乐的速度为 $\left(\frac{2000}{3} \times \frac{3}{10} - 110\right) \div \frac{3}{10} = 3000$（米/分），优优与火车的相遇时间为 $9 \div 60 = \frac{3}{20}$（分），优优的速度为 $\left(110 - \frac{2000}{3} \times \frac{3}{20}\right) \div \frac{3}{20} = \frac{200}{3}$（米/分），乐乐与优优相遇的总路程为 $\left(\frac{2000}{3} + \frac{200}{3}\right) \times 9 = 6600$（米），乐乐与优优相遇时间为 $6600 \div \left(300 + \frac{200}{3}\right) = 18$（分），即9点18分两人相遇。

6. 答案：15。

分析：本题主要考察质数的特性。除2和5以外的质数个位只能出现数字1、3、7、9，如这三个是不含5，且要是三个连续奇数，个位可能是7、9、1或9、1、3，而连续的三个奇数必有1个是3的倍数，都不成立，因此这三个质数必含有5，这三个连续的奇数只能是3、5、7，所以这个奇数是 $3+5+7=15$。

7. 答案：136。

分析：本题主要考察比和比例应用题。这是一道比和比例应用题，由于英国奥运队和俄罗斯奥运队金牌数量总和与银牌数量总和之比为6∶7，铜牌数量总和与金牌数量总和之比为15∶14，所以金牌数量总和∶银牌数量总和∶铜牌数量总和 $= 42∶49∶45$，1份数为 $3 \div (45-42) = 1$（枚），则总和为 $1 \times (42+49+45) = 136$（枚）。

8. 答案：20 种。

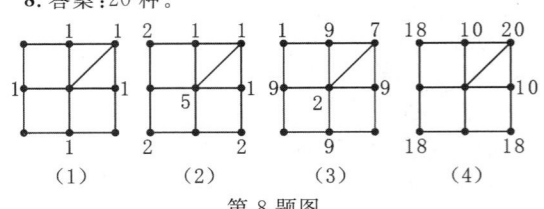

第8题图

分析：分步标数，如图，第四步标数之后，到达B点的方法数一共有20（种）。

9. 答案：2880。

分析：00~23 一共有24个数，00~59 一共有60个数，显示小时 & 分钟 & 秒的三组，除以3同余时，或三组的余数各不相同时，该六位数一定能被3整除。故一共有 $8 \times 20 \times 20 \times 3 + 8 \times 20 \times 20 \times 3 \times 2 = 2880$（个）。

10. 答案：23。

分析：①连接AF、DG，梯形AFGD的面积是 $72 \times \frac{2}{3} = 48$，$S_{\triangle FGM} : S_{\triangle GMD} : S_{\triangle FMA} : S_{\triangle MDA} = 1:3:3:9$，$\triangle MDA$ 的面积是 $48 \times \frac{9}{1+3+3+9} = 27$，再用 $\triangle MDA$ 的面积减去 $\triangle NDE$ 的面积。

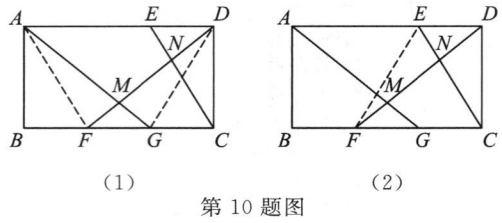

第10题图

②连接EF，梯形EFCD的面积是 $72 \times \frac{1}{2} = 36$，$S_{\triangle NDE} : S_{\triangle NEF} : S_{\triangle DNC} : S_{\triangle NFC} = 1:2:2:4$，$\triangle NDE$ 的

面积是 $36\times\dfrac{1}{1+2+2+4}=4$,则阴影部分面积是 $27-4=23$。

11. 答案:5。

分析:$60=2^2\times3\times5$,乘积要是完全平方数,这个自然数最小是 $3\times5=15$,此时乘积为 $60\times15=2^2\times3\times5\times3\times5=2^2\times3^2\times5^2$。要有 15 个奇因数,就是除了 2 之外的质因数的指数+1 连乘等于 15,最终的结果除质因数 2 之外,必然只能含有质因数 3 和 5,3 和 5 现在的指数加 1 均为 3,因此会带来两种情况。

(1)当 3 的指数+1 为 3 时,则 5 的指数应是 4,此时还需要再乘 5^2,这个自然数最小是 $15\times5^2=375$,5000 以内满足的有:375,$375\times2^2=1500$。

(2)当 5 的指数+1 为 3 时,则 3 的指数应是 4,此时还需要再乘 3^2,这个自然数最小是 $15\times3^2=135$,5000 以内满足的有:135,$135\times2^2=540$,$135\times2^4=2160$。

综上所述,符合条件的自然数有 5 个。

12. 答案:957。

分析:$21=9+9+3=9+8+4=9+7+5=9+6+6=8+8+5=8+7+6=7+7+7$。由第一次三人均不知道可知不可能是 9、9、3 或 9、8、4;由乐乐知道另外两个数和为偶数可知乐乐的数为奇数,乐乐还知道自己的数和他们都不相同可以排除 7、7、7 和 8、7、6;之之知道自己的数是最小的数可知之之和培培的数也不相等,则满足的三个数只可能是 9、7、5,按照乐乐、之之、培培的顺序组成的三位数为 957。

6 年级

1. 答案:167。

分析:原式 $=\left(81-\dfrac{9}{8}\right)\times\dfrac{8}{9}+\left(64-\dfrac{8}{7}\right)\times\dfrac{7}{8}+\left(49-\dfrac{7}{6}\right)\times\dfrac{6}{7}$

$=81\times\dfrac{8}{9}-\dfrac{9}{8}\times\dfrac{8}{9}+64\times\dfrac{7}{8}-\dfrac{8}{7}\times\dfrac{7}{8}+49\times\dfrac{6}{7}-\dfrac{7}{6}\times\dfrac{6}{7}$

$=72-1+56-1+42-1$

$=167$。

2. 答案:东;4044。

分析:因为第 2021 次是向东走,所以规定向东为"+",向西为"-",则第 2021 次跑完后距离出发点的距离可以表示为 $4-8+12-16+20-24+\cdots+8076-8080+8084=8084-4\times1010=8084-4040=4044$(米),故第 2021 次跑完后小明在出发点的东边,距离出发点 4044 米。

3. 答案:4。

分析:按照"冰雹猜想",数列为 17,52,26,13,40,20,10,5,16,8,4,2,1,4,2,1…从第 11 个数开始每 3 个数为 1 个周期。

$2021-10=2011$,$2011\div3=670\cdots\cdots1$,故第 2021 个数为周期中的第 1 个,是 4。

4. 答案:3456;9630。

分析:四位"乐之数"能被 9 整除,则这个四位数的数字和是 9 的倍数,满足的最小值为 3456,最大值为 9630。

5. 答案:43。

分析:由题可知,上午测体重的同学号牌均为 100 以内的奇数,共有 50 人,号牌数之和为 1~99 连续奇数的和。由 1 开始连续奇数前 n 项的和为 n^2,要使得抽取人数尽可能多,则抽取号码要尽可能小,$45^2=2025$,即若抽取 1~45 号,号牌数之和为 2025。$2025-2021=4$,$4=1+3$,即 1~45 号中去掉 1 号和 3 号,号码之和恰好为 2021,此时抽取了 $45-2=43$(人)。

6. 答案:60。

分析:假设原来的 5 个数是 a_1、a_2、a_3、a_4、a_5;现在的 8 个数是 b_1、b_2、b_3、b_4、b_5、b_6、b_7、b_8,则 $(a_1+a_5)\times5\div2=(b_1+b_8)\times8\div2$,化简得 $(2a_1+4)\times5=(2b_1+7)\times8$,则 $(2b_1+7)$ 是 5 的倍数,故最小 $b_1=4$。经检验,符合题目要求,则桃子的数量最少有 $(4+4+7)\times8\div2=60$(个)。

7. 答案:12。

分析:本题主要考察鸽巢原理。要保证同一天回省人数被隔离人员最少且这件事一定发生,最坏的情况就是这些人都是需要隔离 21 天,21 天内全部回省需要隔离的人员在 9 月 1 日总共有 240 人,$240\div21=11\cdots\cdots9$,一定能保证有不少于 $11+1=12$(人)同一天回省。

8. 答案:39.2。

分析:图中阴影部分被分为三个相等的部分,每个部分的面积为 2 个三角形的面积和减去一个圆心角为 60°的小扇形的面积,即 $15.6\times2-\dfrac{1}{6}\times3\times6^2=13.2$,则阴影部分的面积为 $13.2\times3=39.6$。

9. 答案:0。

分析:$\dfrac{1}{1}-\left(\dfrac{1}{2}+\dfrac{2}{2}+\dfrac{1}{2}\right)+\left(\dfrac{1}{3}+\dfrac{2}{3}+\dfrac{3}{3}+\dfrac{2}{3}+\dfrac{1}{3}\right)-\left(\dfrac{1}{4}+\dfrac{2}{4}+\dfrac{3}{4}+\dfrac{4}{4}+\dfrac{3}{4}+\dfrac{2}{4}+\dfrac{1}{4}\right)+\cdots+\left(\dfrac{1}{2019}+\dfrac{2}{2019}+\cdots+\dfrac{2}{2019}+\dfrac{1}{2019}\right)$

$=1-2+3-4+\cdots+2017-2018-\left(\dfrac{1}{2019}+\dfrac{2}{2019}+\cdots+\dfrac{2017}{2019}+\dfrac{2018}{2019}\right)$

$=\left(\dfrac{1}{2019}+\dfrac{2}{2019}+\cdots+\dfrac{2017}{2019}+\dfrac{2018}{2019}\right)+(1-3-4+\cdots+2017-2018)$

$=\dfrac{(1+2018)\times2018\div2}{2019}-1009$

$=1009-1009$

$=0$。

10. 答案:118;222。

分析:本题主要考察最小公倍数的运用。因为菜地里小猪与大猪的头数相同,那么一头小猪与一头大猪可分为一组,那么一组中的大、小两头猪每天能拱出的白菜数为 $24\div2\times7+24\div1\times15=444$(颗),而菜地里小狗与大狗的只数也相同,那么一只小狗与一只大狗可分为一组,那么一组中的大、小两只狗每天需吃的白菜数为 $24\div3\times7+24\div2\times15=236$(颗)。而 $[444,236]=4\times59\times111$,则菜地里的猪至少有 $4\times59\times111\div444\times2=118$(头),菜地里的狗至少有 $4\times59\times111\div236\times2=222$(只)。

11. 答案:13:24:13。

分析:本题主要考察等底模型。

连接 AO、BO、CO,因为 $\triangle ABC$ 是等边三角形,形成了三个等底三角形,面积之比=高之比,$S_{\triangle ABO}:S_{\triangle BCO}:S_{\triangle CAO}=2:2:1$,若将 $\triangle ABC$ 的面积设为"1",则 $\triangle ABO$ 的面积为 $\frac{2}{5}$,$\triangle BCO$ 的面积为 $\frac{2}{5}$,$\triangle CAO$ 的面积为 $\frac{1}{5}$。

而在 $\triangle ABO$,$\triangle BCO$,$\triangle CAO$ 中又出现了等高模型,面积比=底边之比,接下来每一小块的面积都可求出(如图)。

那么 $S_{四边形ADOF}:S_{四边形DBEO}:S_{四边形ECFO}=\left(\frac{4}{25}+\frac{1}{10}\right):\left(\frac{6}{25}+\frac{6}{25}\right):\left(\frac{4}{25}+\frac{1}{10}\right)=13:24:13$。

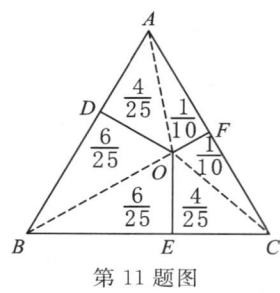

第11题图

12. 答案:702701700。

分析:$2021=43\times47$。

(1)当三个连续自然数中最小数为一位数时,易验证组成的多位数不可能是 2021 的倍数。

(2)当三个连续自然数均为两位数时,假设最小数为 a,则多位数可以表示为 $10101a+20100$,20100 除以 43 余 19,10101 除以 43 余 39,则 a 除以 43 余 37。同理可得 20100 除以 47 余 31,10101 除以 47 余 43,a 除以 47 余 43,a 除以 43 余 37,除以 47 余 43,易发现没有满足的两位数 a。

(3)当三个连续自然数均为三位数时,假设最小数为 b,则多位数可以表示为 $1001001a+2001000$,2001000 除以 43 余 38,1001001 除以 43 余 4,则 b 除以 43 余 12;2001000 除以 47 余 22,1001001 除以 47 余 42,则 b 除以 47 余 42;b 除以 43 余 12,除以 47 余 42,则 b 为 700,此时满足的多位数为 702701700,即为满足的最小值。

火花思维运动会挑战试题 2021年(网络活动)

1年级

1. 答案:8。

分析:花上的数是每一排两片叶子上的数之差。其中,上面一排,左边的数大一些;下面一排,右边的数大一些。

2. 答案:21。

分析:从记分牌上的文字"方块猴 VS 圆圆鼠"可以看出,文字的顺序左右相反,并且每个字也左右相反。因此比分是 21:13,方块猴已经得到了 21 分。

3. 答案:6。

分析:沿着图中的线剪开,这条绳子会出现 5 个切口,从而变成 6 段。

4. 答案:8。

分析:第 1 个天平左右同时去掉 1 个桃子,然后平均分可以得到 1 个苹果等于 2 个桃子。第 3 个天平 3 个苹果等于 6 个桃子,通过第 2 个天平可以把 6 个桃子换成 8 个梨。

5. 答案:2;4。

分析:(1)比较第一层和第三层,分别去掉 1 个热水瓶和 3 个水杯,得出 1 个茶壶=2 个水杯。

(2)比较第一层和第二层,分别去掉 1 个茶壶和 3 个水杯,得出 1 个热水瓶=2 个茶壶=4 个水杯。

6. 答案:5。

分析:套中一次金币多 2 枚,不中则金币少 1 枚。那么套中 1 次、套不中 2 次,金币数量不变。11 次游戏后,金币比最初多了 4 枚,我们可以如下规划:套中 2 次,此时金币多 4 枚。另外 9 次,不能让金币的数量发生变化,即 3 次套中 6 次没有套中。一共套中 $2+3=5$(次)。

7. 答案:8。

分析:圆圆鼠和方块猴一共有 12 枚金币,这是不变的。圆圆鼠给了方块猴金币后还剩下 4 枚,此时方块猴有 $12-4=8$(枚)金币。圆圆鼠给方块猴的金币数量是方块猴原本有的金币数量,用 ▲ 表示。

借助流程图分别表示两人金币变化的过程:

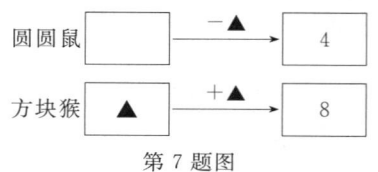

第7题图

得到:

▲+▲=8,▲=4。

故圆圆鼠一开始拥有 8 枚金币。

8. 答案:157。

分析:"与 632 没有数字相同"说明密码中没有出现 6、3、2 这 3 个数字。"与 372 有一个数字相同,但位置不对"结合第一句,说明密码中有 7,且 7 不在中间。"与 897 有一个数字相同,而且位置也对"说明 7 在右边,且密码中一定没有 8、9。"与 891 有一个数字相同,但位置不对"结合第三句,说明密码中有 1,且 1 不在右边。"与 596 有一个数字相同,但位置不对",说明密码中有 5,且 5 不在左边。

综上所述,1 在左边,5 在中间,7 在右边,密码是 157。

9. 答案:14。

分析:方块猴剪铁丝的时间与他剪的次数有关系。

他把铁丝剪成 4 段,剪了 3 次,用了 6 分钟,那么剪一次需要用2分钟。

要把铁丝剪成8段,需要剪7次,也就是7个2分钟,需要用14分钟。

10. 答案:2;1。

分析:本题是逻辑推理类题目,已知山羊永远说真话,绵羊永远说假话,且羊的分组有三种情况:全是山羊的组、全是绵羊的组以及既有山羊又有绵羊的组。每组羊的回答是不一样的,可采用列表分析。如下表:

组别	3只山羊	3只绵羊	山羊+绵羊	分析
第一次回答	有	有	山羊:有	15只回答"有",另外9只回答"没有"。表中回答"没有"的都是绵羊,因此在既有山羊又有绵羊的组中有9只绵羊,剩下的3只绵羊1组
			绵羊:没有	
第二次回答	没有	没有	山羊:有	18只回答"没有",另外6只回答"有"。表中回答"有"的都是山羊,因此在既有山羊又有绵羊的组中有6只山羊,剩下的6只山羊分成2组
			绵羊:没有	

综上所述,全是山羊的组有2组,全是绵羊的组有1组,既有山羊又有绵羊的组有5组。

2年级

1. 答案:50。

分析:观察给出的算式。算式中加号左边的数是2、4、6、8、10这五个数不断重复,30个算式恰好重复6组,因此第30个算式加号左边就是10。加号右边的数从11开始依次增加1,到第30个算式加号右边是40。第30个算式为10+40,和是50。

2. 答案:37。

分析:先观察图(1)能看到1个小正方体。

图(2)一共有2×2×2=8(个)小正方体,能看到7个,有1个看不到;图(3)一共有3×3×3=27(个)小正方体,能看到19个,有8个看不到。通过分析发现,后一个图形看不到的小正方体数量刚好是前一个图形拼搭所需要的小正方体数量。

由此可知,搭4层一共需要4×4×4=64(个)小正方体,有27个看不到,所以能看到的应该是64-27=37(个)小正方体。

3. 答案:8。

分析:观察三组称重关系,后两组中都是1辆坦克的重量与其他玩具模型的做对比,发现1辆坦克的重量比2架飞机的重量轻,1辆坦克的重量等于1辆汽车和1架飞机的重量。对比之后就会发现1架飞机比1辆汽车重;结合第一组称重关系发现,确定1辆坦克比1架飞机重,1架飞机比1辆汽车重。

其中汽车模型重2千克,那么1架飞机最少重3千

克,如果1架飞机重3千克,依次分析三组称重是否符合。根据第三组称重关系确定1辆坦克重5千克;第二组称重关系符合;第一组称重关系也符合,所以假设正确。

故飞机和坦克共重是8千克。

4. 答案:18。

分析:分类有序枚举包含一枚黑棋的正方形即可。1个格的小正方形有6个;4个格组成的正方形有8个;9个格组成的正方形有4个。和起来一共有6+8+4=18(个)符合情况的正方形。

5. 答案:12。

分析:图中9块饼干上的数之和是117,圆圆鼠和三角兔选的数之和是75+73=148。他们选择的12个数中有3个是相同的,说明12个数中包括9块饼干上的9个数以及其中重复的3个数,由此可知重复的3个数之和是148-117=31。观察可知九宫格中只有9+10+12的和是31,所以这3个数分别是9、10、12,其中最大的是12。

6. 答案:111。

分析:要摆出这些数,需使用火柴棒的数量如图所示。

第6题图

位数越多数越大,一共6根火柴棒,每一位最少需要2根火柴棒,所以最多是三位数。每一位是2根火柴棒只能摆出1,所以三位数是111。

7. 答案:11。

分析:如题图所示,已知下面圆圈内的数等于和它相邻的上面两个圆圈内的数之和。最下边给出的数57是上边X和Y圈内数之和。

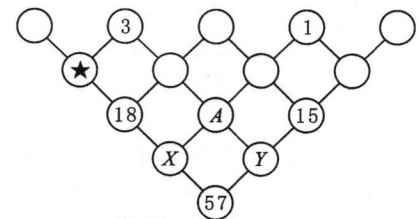

第7题图(1)

观察可知,X圈内的数是上边18+A圈内的数得出来的,Y圈内的数是上边15+A圈内的数得出来的。因此,X和Y圈内数和起来就是18+15+A+A=57,所以A圈内的数是12。

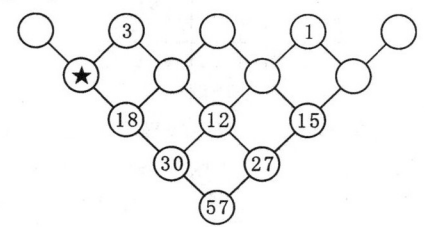

第7题图(2)

又由于12是和它相邻的上面M、N圈内的数之和,且M圈的数是3+B得出来的,N圈的数是1+B得出来的,3+1+B+B=12,所以B圈内的数是4。M和N圈内的

481

数对应可知为7和5。

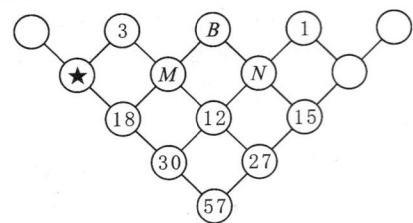

第7题图(3)

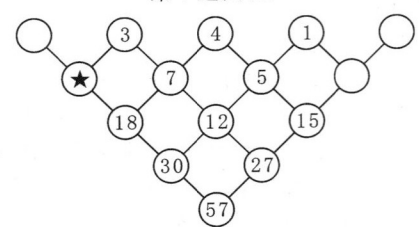

第7题图(4)

故★圈内的数加上7等于18,所以★圈内的数是11。

8. 答案:260。

分析:四行四列的方格阵一共是16个小方格,现在已有色块的方格数依次是3个、4个、5个。由于最后没有剩余,说明我们要用三类区块恰好凑够16个小方格,可以是5+5+3+3、5+4+4+3、4+4+4+4、4+3+3+3+3,全部消除后对应得到的分数分别是260分、230分、200分、170分。得分最高是260分,尝试进行构造后发现可以按题图所示实现,所以最高分就是260分。

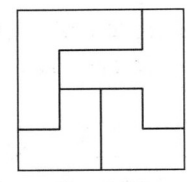

第8题图

9. 答案:19。

分析:要想将棋盘变成上下、左右都对称的图形,先要找到横、竖对称轴的位置,如题图所示(虚线)。

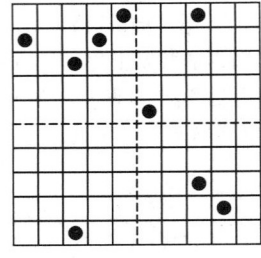

第9题图(1)

左上角的棋子最多,要想这些棋子在棋盘上也是上下左右对称的,必须在其他三个区域添加11枚棋子(图中①标出的位置)。再观察右上角,比已经对称的部分还多2枚棋子,为了满足上下左右对称,继续在其他三个区域添加5枚棋子(图中③标出的位置)。最后观察右下角,比已经对称的部分还多1枚棋子,为了满足上下左右对称,继续在其他三个区域添加3枚棋子(图中②标出的位置)。

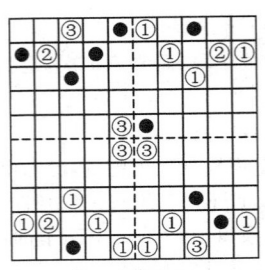

第9题图(2)

10. 答案:3。

分析:每年的生日只会收到一个生日礼物,那么两年最多只能收到2个礼物,截至去年的某天,总共有8个礼物,那么今年最多只能收到第10个,所以后天应该是明年的生日。今天还是今年,后天就是明年了,那么后天可能是1月1日或1月2日。结合去年的某天只有8个礼物,可知那天应该是过生日之前,如果生日是1月1日,那之前就是前年而不是去年。所以生日可能是1月2日,最后的答案是1+2=3。

3年级

1. 答案:84。

分析:仔细观察可发现,四面体的每一层的圆点个数都是三角形数。因此四面体数可由几个三角形数相加得到。

第一个数:1。

第二个数:4=1+3。

第三个数:10=1+3+6。

第四个数:20=1+3+6+10。

第五个数:35=1+3+6+10+15。

……

第七个数:1+3+6+10+15+21+28=84。

2. 答案:974。

分析:解决这类操作型问题时,应重点关注操作表述,特别是操作过程,要尝试着把过程展示出来再观察规律,而不是仅仅观察结果的规律。

(1,2,3)=6

过程(1,1+2,2,2+3,3)

结果(1,3,2,5,3)=14。

过程(1,1+3,3,3+2,2,2+5,5,5+3,3)

结果(1,4,3,5,2,7,5,8,3)=38。

过程(1,1+4,4,4+3,3,3+5,5,5+2,2,2+7,7,7+5,5,5+8,8,8+3,3)

结果(1,5,4,7,3,8,5,7,2,9,7,12,5,13,8,11,3)=110。

……

每一次操作时,其实就是两端的2个数分别参与计算1次,中间的所有数都参与计算2次(和左边的数算1次,和右边的数算1次)。

所以,每操作一次的总和=原总和+原总和的2倍-两端2数之和=原总和的3倍-两端2数之和。

由题知,两端2数之和为1+3=4。

第1次操作后的和为:6×3-4=14。

第 2 次操作后的和为：$14×3-4=38$。
第 3 次操作后的和为：$38×3-4=110$。
第 4 次操作后的和为：$110×3-4=326$。
第 5 次操作后的和为：$326×3-4=974$。

3. 答案：2。

分析：游戏规则是，①每次只能向右移动一个筹码；②移动的筹码不能越过其他筹码；③赢家是最后移动筹码者。

必胜方法是利用对称解决问题。每一步先手者都找到与上一步的对称位置。

A →		B			C		D
	A		B			C	D

4. 答案：0。

分析：从左往右一列列地观察每一层：

种类	层数		
	第一列	第二列	第三列
小金块	3+2+3+2	2+3+2+3	3+2+3+2
小银块	2+3+2+3	3+2+3+2	2+3+2+3

每一列的小金块和小银块数量相等，因此小金块和小银块一样多。

5. 答案：三角兔。

分析：方块猴说圆圆鼠看了，圆圆鼠说自己没看，两个人说话是矛盾的，所以两人说话一真一假，因为三个人中有两人说话，所以三角兔说的"我没有看。"一定是假话，因此三角兔看了这部影片。

6. 答案：30。

分析：根据(1)式和(2)式：☆+☆=□+□，□+□+□=▲+▲+▲+▲，能够得出☆+☆=▲+▲，所以☆=▲+▲。再看(3)式：☆+□+▲+▲=▲+▲+▲+▲+□，▲=▲+▲+▲+▲。得出□+□+□=80，所以□=20。

根据(1)式：☆+☆=□+□=60，得出☆=30。

7. 答案：A。

分析：从左到右观察第一行的图片规律，第 1 图是 1、2 格，第 2 图是 2、3 格，第 3 图是 3、4 格……从左到右两个格按行平移，第 5 图是 5、6 格，所以第 6 图应该是 6、7 格。

8. 答案：84；8。

分析：逆向考虑。

(1)输入到 D 的数为 $120÷3=40$，输入到 C 的数为 $40+5=45$，输入到 B 的数为 $45×2=90$，所以输入到 A 的数是 $90-6=84$。

(2)输入到 C 的数是 $13+5=18$，输入到 A 的数是 $18-6=12$，输入到 D 的数是 $12÷3=4$，所以输入到 B 的数是 $4×2=8$。

9. 答案：1；4。

分析：这个问题的终点是确定的。所以，需要从终点往前倒推。

如图所示，24 为第一次应按的按钮，在第 1 行第 4 个。

9	3	10	24	2
15	4	16	5	14
22	21	0	23	1
12	20	11	6	13
8	19	17	7	18

第 9 题图

10. 答案：165。

分析：以每个点为左端点的线段数如表格所示。

长度	左端点									各长度总和
	A	C	D	E	F	H	I	G	K	
1	✓	✓	✓	✓	✓	✓	✓	✓	✓	9
2	✓	✓	✓	✓	✓	✓	✓	✓		16
3	✓	✓	✓	✓	✓	✓	✓			21
4	✓	✓	✓	✓	✓	✓				24
5	✓	✓	✓	✓	✓					25
6	✓	✓	✓	✓						24
7	✓	✓	✓							21
8	✓	✓								16
9	✓									9

长度总和：$9+16+21+24+25+24+21+16+9=165$。

4 年级

1. 答案：2。

分析：假设每名工人每天的工作量为"1"，则总工程量$=30×20=600$。工作 7 天后，剩余工作量$=600-30×7=390$。此后增加了 9 名工人，还需要工作的天数$=390÷(30+9)=10$，提前的天数$=20-(7+1+10)=2$。

2. 答案：166。

分析：从第 1 支起，每 12 支分为"1 组"，1 组中共有 2 支路桩既编了 1 号又编了 3 号(第 7 和第 9 支)。$1000÷12=83(组)……4(支)$，所以满足条件的路桩一共有 $83×2=166(支)$。

3. 答案：A；6。

分析：如题图所示，假设第 1 行中间格填的数是 C，根据三阶幻方的规律有：$42+C=2A$，$30+C=2B$。由于 C 是"公共数"，那么 A 比 B 大，大 $(42-30)÷2=6$。

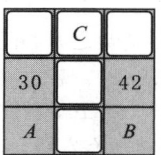

第 3 题图

4. 答案：140。

分析：假设一开始酒壶中的酒一共有"4 份"，李白中午喝了"2 份"，剩余"2 份"；晚上喝了"1 份"，总共喝了"3份"。对应900－330＝570(克),所以酒壶的重量为900－570÷3×4＝140(克)。

5. 答案:2。

分析:"10人同时参加了2个项目",这10人中包含了"3个项目都参加"的2人,所以只参加了2个项目的有8人,那么火花工会参加这3个项目的总人数＝20＋16＋8－8＋2＝38,所以有40－38＝2(人)未参加这3个项目。

6. 答案:7144。

分析:第4行的百位是6,第3行的百位是3,那么 D 的大小接近于9的一半:$D=4$ 或5。因为第3行的个位为4,故 D 不能等于5,只能为4。积的首位为7,则第4行至少为 $66\square$,则 $A=7$。$D=4$,第4行的个位为4,由个位分析可知,$B=1$ 或6,根据第3行 $3\square4$ 可知,$B=6$。根据 $76×94$ 补全竖式即可,积为7144。

7. 答案:2。

分析:根据条件,3种长度的钢管的截取次数、段数、根数等数据如表所示。

原材料	8米管	10米管	6米管
总段数	24段	25段	27段
每根截断段数	4段	5段	3段
每根截断次数	3次	4次	2次
所需总根数	6根	5根	9根
总截断次数	18次	20次	18次

可知,最快者比最慢者多锯了20－18＝2(次)。

8. 答案:61;29;18。

分析:3人原来共有108颗草莓,已经吃了1＋2＝3(颗),剩余108－3＝105(颗)。根据倍数关系,设三角兔有"1份",则圆圆鼠有"2份",方块猴有"4份",那么"1份"＝105÷(1＋2＋4)＝15(颗),所以三角兔原有15＋3＝18(颗),圆圆鼠原有15×2－3＋2＝29(颗),方块猴原有15×4＋1＝61(颗)。

9. 答案:

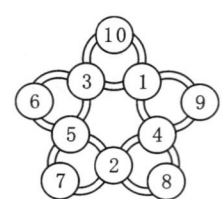

第9题图

分析:把5个圆环上的数相加,最外边的圆圈各加了1次,中间5个圆圈各加了2次。因为1＋2＋…＋10＝55,故中间5个圆圈中的数之和必须是5的倍数(由剩余数字可知,只能是15或20)。若中间5个数之和为15,则5个圆环的总和＝55＋15＝70,每个圆环3个数之和＝70÷5＝14,按顺序补全所有空格。若中心5个数之和为20,则每个圆环的3个数之和＝(55＋20)÷5＝15,经尝试出现重复数字,可排除。

10. 答案:8。

分析:拼接方式如图。

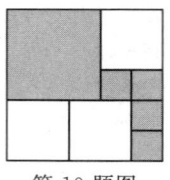

第10题图

5年级

1. 答案:5。

分析:设向上跳 x 次,向下跳 y 次,则 $7x-11y=17$。解得最小的整数解为 $\begin{cases}x=4\\y=1\end{cases}$,故至少需要跳5次。

构造:7、14、3、10、17。

2. 答案:14。

分析:

a	b	c
d	e	f
g	h	i

第2题图

$(a+b+c)+(a+d+g)+(a+e+i)=a+b+c+d+e+f+g+h+i$,所以 $2a=f+h$。则 $8+x=11×2$,$x=14$。

3. 答案:0。

分析:第六项为 $7^3-343=0$。

4. 答案:76。

分析:5个数的和是380,前4个数的和是4的倍数,最后1个数是76或者80;若最后1个数是80,前4个数的和是300,则第4个数是3的倍数,矛盾!则最后一个数是76。

构造:80、82、71、91、76 或 71、91、80、82、76 等。

5. 答案:3。

分析:结束时排列共有6种可能,有偶数个圈时是奇数次变化,占一半,共有3种,即132、213、321。

6. 答案:12。

分析:按如图所示方法进行染色,染色部分每个(图形相同)区域总和是1,和为6,未染色部分之和同样也是6,故总和为12。

1	1	0	0	1	1
0	0	0	0	0	0
0	0	1	1	0	0
0	0	1	1	0	0
0	0	0	0	0	0
1	1	0	0	1	1

第6题图

7. 答案:4.5。

分析:K甲虫的活动范围为图中阴影区域所示。

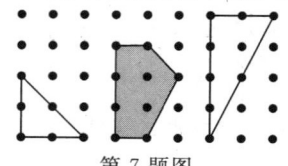

第7题图

8. 答案:16。

分析:15=1+2+3+4+5。先切面积是5的,有2种方法(横或竖);切完后剩下 ,若面积是4的切2×2,后面无法得到面积1、2、3,所以面积是4的只能切1×4,有2种切法;再切3还是2种;2的2种。

综上:共有2×2×2×2=16(种)方法。

9. 答案:45。

分析:要使选的数多,应尽量从小的开始取,不妨设取了1~n。

前n个数的和是n(n+1)/2,则(n+1)与2024的平均数是n(n+1)/2,所以n+1+2024=n(n+1),解得n=45。

10. 答案:39。

分析:$2400^2=5760000$、$2500^2=6250000$,再考虑个位是6。设两个相邻的自然数为$\overline{24a2}×\overline{24a3}$或$\overline{24b7}×\overline{24b8}$,$a$是大于5的偶数,验证:2462×2463=6063906,2482×2483=6162806,均不符合;b是小于7的奇数,验证:2457×2458=6039306,符合,则$\overline{AB}=39$。

2021年 方田教育升班定级考试

清明节

3年级

1. 答案:33。
2. 答案:25。
3. 答案:103。
4. 答案:16。
5. 答案:109。
6. 答案:16。
7. 答案:40。
8. 答案:56。
9. 答案:700;100。

分析:(1) 1000−156−82−44−18
　　　　=1000−(156+82+44+18)
　　　　=1000−(156+44+82+18)
　　　　=1000−300
　　　　=700。

(2) 1+2+3+…+9+10+9+…+3+2+1
　　=45+10+45
　　=100。

或 1+2+3+…+9+10+9+…+3+2+1
　　=10×10
　　=100。

10. 答案:9;112。

分析:(1) 3÷(3÷4)÷(4÷5)÷(5÷6)÷(6÷7)÷(7÷8)÷(8÷9)
=3×3×4÷4×5÷5×6÷6×7÷7×8÷8×9
=1×9
=9。

(2) 112÷3+224÷6+336÷9
=112÷3+112÷3+112÷3
=112×3÷3
=112。

11. 答案:21个。

分析:1+2+3+4+5+6=21(个)。

同一平面上的7条直线最多可以有21个交点。

12. 答案:60条。

分析:如题图所示标数,从A点经过C点走到B点共有60条最短路线。

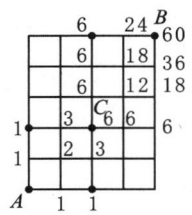

第12题图

13. 答案:这套工作服值300元。

分析:多干了20−10=10(天),多发了700−200=500(元),干1天有500÷10=50(元),一套工作服值20×50−700=300(元)。

14. 答案:他全部兑奖后还有192元。

分析:买99张卡片还剩200−99×2=2(元)。

含数字8的卡片有10+10−1=19(张)。

可兑奖:19×10=190(元),

最后还有:2+190=192(元)。

15. 答案:方大田做对了25题。

分析:100−50=50(分),做对的和做错的题目一样多。

在前20题中,做错20−15=5(题)。做对的比做错的多15−5=10(题)。

故余下题目中,做错的要比做对的多10题。

又做对的题是做错的一半,做对:10÷(2−1)=10(题)。

所以方大田共做对了:15+10=25(题)。

16. 答案:原来小杰有37张,小伟有25张。

分析:因牌只在小杰和小伟之间交换,因此两人持牌的总数是不变的。

设牌的总数是24份少10张,依照题意有,第一轮后小杰的牌为8份,小伟的牌为16份少10张。

二、三轮后,小伟的牌为3份,小杰的牌为21份少10张。如题图所示。

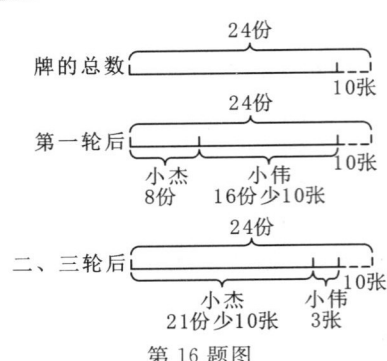

第16题图

所以小伟在第二、三轮中输了13份少10张牌,这些牌一共有29张,

那么1份牌就是$(29+10)\div 13=3$(张)。

那么第一轮后小杰有$3\times 8=24$(张),小伟有$3\times 16-10=38$(张)。

因此开始时小杰有:$24+13=37$(张),小伟有:$38-13=25$(张)。

4年级

1. 答案:34。
2. 答案:101。
3. 答案:5。
4. 答案:7。
5. 答案:14。
6. 答案:5。
7. 答案:12。
8. 答案:9.75。
9. 答案:77.4;0.8。

分析:(1) $4.5\times 4.8\div 0.25-18.9\div 2.1$
   $=21.6\div 0.25-9$
   $=77.4$。

(2) $2.58\div 6+7.36\div 23+0.05$
   $=0.43+7.36\div 23+0.05$
   $=0.43+0.32+0.05$
   $=0.8$。

10. 答案:最大的三位数是975。

分析:$315=5\times 7\times 9$,5、7、9可构成最大的三位数是975。

11. 答案:2021位于第674行第2列。

分析:周期为6,$2021\div 6=336……5$,$336\times 2+2=674$。因此,2021位于第674行第2列。

12. 答案:不同填法共有16种。

分析:因为要求"填在黑格里的数比它旁边的两个数都大",所以填入黑格中的数不能太小,否则就不满足条件。通过枚举法可知填入黑格里的数只有两类:第一类,填在黑格里的数是5和4;第二类,填在黑格里的数是5和3。接下来就根据这两类进行计数:

第一类,填在黑格里的数是5和4时,分以下几步:

第一步,第一个黑格可从5和4中任选一个,有2种选法;

第二步,第二个黑格可从5和4中剩下的数中选择,只有1种选法;第三步,第一个白格可从1、2、3中任意选1个,有3种选法;第四步,第二个白格从1、2、3中剩下的2个数中任选一个,有2种选法;第五步,最后一个白格只有1种选法。根据乘法原理,一共有$(2\times 1)\times (3\times 2\times 1)=12$(种)。

第二类,填在黑格里的数是5和3时,黑格中有2种填法,此时白格也有2种填法,根据乘法原理,不同的填法有$2\times 2=4$(种)。所以,根据加法原理,不同的填法共有$12+4=16$(种)。

13. 答案:满足条件的数有35个。

分析:以个位的值为分类标准,可以分为以下几类情况来考虑。

第1类——个位是0,共15个:

(1)十位数字0:5000、4100、3200、2300、1400。

(2)十位数字为1:4010、3110、2210、1310。

(3)十位数字为2:3020、2120、1220。

(4)十位数字3:2030、1130。

(5)十位数字为4:1040。

第2类——个位是1,共10个:

(1)十位是0:4001、3101、2201、1301。

(2)十位是1:3011、2111、1211。

(3)十位是2:2021、1121。

(4)十位是3:1031。

第3类——个位是2,共6个:

(1)十位是0:3002、2102、1202。

(2)十位是1:2012、1112。

(3)十位是2:1022。

第4类——个位是3,共3个:

(1)十位是0:2003、1103。

(2)十位是1:1013。

第5类——个位是4,共1个:

(1)十位是0:1004。

根据上面分析,由加法原理可求出满足条件的数共有$15+10+6+3+1=35$(个)。

14. 答案:丙校参展的画有18幅。

分析:甲+乙=43,乙+丙=41,甲+丙=38,则甲+乙+丙=$(43+41+38)\div 2=61$,则丙有$61-43=18$(幅)。

15. 答案:有840种不同的染法。

分析:先按A,B,D,C,E的次序染色,可供选择的颜色依次有5,4,3,2,3种,注意E与D的颜色搭配有$3\times 3=9$(种),其中有3种E和D同色,有6种E和D异色。最后染F,当E与D同色时有3种颜色可选,当E与D异色时有2种颜色可选,所以共有$5\times 4\times 2\times (3\times 3+6\times 2)=840$(种)染法。

16. 答案:$\triangle ABC$的面积为30。

分析:如题图所示,图(1)变成图(2),$\triangle ABC$的面积与图(3)中阴影部分面积相等。又$\triangle ABC$是长方形$ACBP$面积的一半,因此,$\triangle ABC$的面积与长方形E_1OE_2P

相同。

由 $AE=AE=3$，$BG=BE=10$，得 $S_{E_1OE_2P}=3\times10=30$，因此 $\triangle ABC$ 面积为 30。

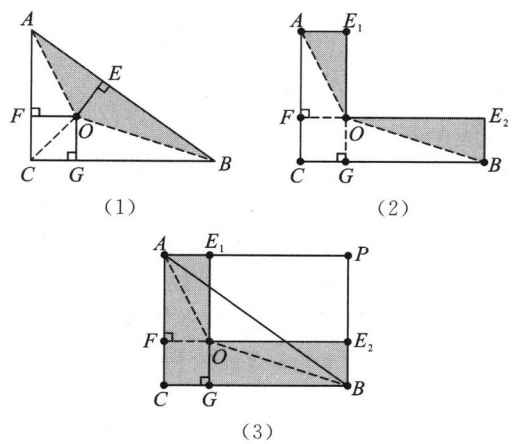

第16题图

5 年级

1. 答案：113.04。

2. 答案：66。

3. 答案：93。

4. 答案：A。

5. 答案：60。

6. 答案：3158。

7. 答案：3。

8. 答案：332。

9. (1)答案：1；43。

分析：(1) $(101+102\times100)\div(102\times101-1)$
$=(102-1+102\times100)\div(102\times101-1)$
$=(102\times101-1)\div(102\times101-1)$
$=1$。

(2) $21\dfrac{1}{3}\div\dfrac{4}{3}+31\dfrac{1}{5}\div\dfrac{6}{5}+1\dfrac{2}{7}\div\dfrac{9}{7}$
$=21\dfrac{1}{3}\times\dfrac{3}{4}+31\dfrac{1}{5}\times\dfrac{5}{6}+1\dfrac{2}{7}\times\dfrac{7}{9}$
$=\left(20+1\dfrac{1}{3}\right)\times\dfrac{3}{4}+\left(30+1\dfrac{1}{5}\right)\times\dfrac{5}{6}+\dfrac{9}{7}\times\dfrac{7}{9}$
$=20\times\dfrac{3}{4}+\dfrac{4}{3}\times\dfrac{3}{4}+30\times\dfrac{5}{6}+\dfrac{6}{5}\times\dfrac{5}{6}\times1$
$=15+1+25+1+1$
$=43$。

10. 答案：混合盐水溶液浓度为 22.5%。

分析：盐的质量为 $100\times30\%+300\times20\%=90$(克)，浓度为 $90\div(100+300)\times100\%=22.5\%$。

11. 答案：两位数 $\overline{ab}$ 可能是 49、58、67、76、85、94。

分析：$13(a+b)=13^2$，$a+b=13$。$\overline{ab}$ 可能为 49、58、67、76、85、94。

12. 答案：阴影部分面积和 43.36 平方厘米。

分析："圆方圆"模型，圆：方：圆 $=\pi:2:\dfrac{\pi}{2}$。

大圆面积 $=\pi\times4^2=16\pi$(平方厘米)；

正方形面积 $=16\pi\div\pi\times2=32$(平方厘米)；

小圆面积 $=16\pi\div\pi\times\dfrac{\pi}{2}=8\pi$(平方厘米)；

阴影部分面积和 $=(16\pi-32)+8\pi=24\pi-32=43.36$(平方厘米)。

13. 答案：原式余数为 6。

分析：利用余数可乘性。

除式	余数
$2021^1\div7$	5
$2021^2\div7$	4
$2021^3\div7$	6
$2021^4\div7$	2
$2021^5\div7$	3
$2021^6\div7$	1
$2021^7\div7$	5
...	...

余数以 6 个为周期变化，$2021\div6=336\cdots\cdots5$；

一周期余数和：$5+4+6+2+3+1=21$，21 恰是 7 的倍数；

又 $(5+4+6+2+3)\div7=2\cdots\cdots6$，所以原式除以 7 的余数为 6。

14. 答案：此时油层的高度是 7 厘米。

分析：水层底面积 $=16\times12-8\times8=128$(平方厘米)；

水层高度 $=16\times12\times6\div128=9$(厘米)；

油层中铁块高度 $=12-9=3$(厘米)；

油层高度 $=(16\times12\times6+8\times8\times3)\div(16\times12)=7$(厘米)。

15. 答案：最后得到的黄色容器中的盐水浓度是 4.8%。

分析：开始时，白色容器中有盐 $500\times12\%=60$(克)，水 $500-60=440$(克)。

第一次把白色容器中溶液的一半倒入黄色容器中：白色容器中盐水浓度不变，倒走一半，盐、水都减半；黄色容器中盐增加 30 克，水增加 220 克；黄色容器中盐水浓度为 $30\div(500+30+220)\times100\%=4\%$。

第二次把黄色容器中溶液的一半倒入白色容器中：黄色容器中盐水浓度不变，倒走一半，盐、水都减半；白色容器中盐增加 15 克，水增加 360 克；白色容器中盐水浓度为 $(30+15)\div(250+15+360)\times100\%=7.2\%$。

第三次把白色容器中溶液倒入黄色容器中，使两容器中溶液一样多。白容器中盐水浓度不变，倒走 125 克盐水，盐减少 $125\times7.2\%=9$(克)，水减少 $125-9=116$(克)；黄色容器中盐增加 9 克，水增加 116 克；黄色容器中盐水浓度为 $(9+15)\div(116+9+375)\times100\%=4.8\%$。

16. 答案：A、B 两地相距 72 千米。

分析：相遇地点都在桥上，所以三种情况下甲、乙的路程不变。

第二种情况下,乙速度不变,那么乙从出发到桥上仍然用时3小时,又乙提前0.5小时出发;那么甲从出发到桥上用时:3-0.5=2.5(小时),甲每小时多走了2千米,2.5小时多走:2.5×2=5(千米),相比较第一种情况少走了0.5小时,那么甲速度为5÷0.5=10(千米/时)。

第三种情况下,甲速度不变,那么甲从出发到桥上仍然用时3小时,又甲延迟0.5小时出发;那么乙从出发到桥上用时:3+0.5=3.5(小时),乙每小时少走2千米,3.5小时多走:3.5×2=7(千米),相比较第一种情况多走了0.5小时,那么乙速度为7÷0.5=14(千米/时)。

A、B两地相距:(10+14)×3=72(千米)。

6 年级

1. 答案:10。
2. 答案:9。
3. 答案:205。
4. 答案:16。
5. 答案:25。
6. 答案:4。
7. 答案:9504。
8. 答案:50。
9. 答案:1;9。

分析:(1) $\frac{11}{21}+\frac{202}{2121}+\frac{80808}{212121}$

$=\frac{11}{21}+\frac{2}{21}+\frac{8}{21}$

$=1$。

(2) $19\frac{7}{8}÷3\frac{2}{9}+10\frac{5}{6}×\frac{9}{29}-\frac{9}{29}÷\frac{24}{41}$

$=\frac{159}{8}×\frac{9}{29}+\frac{65}{6}×\frac{9}{29}-\frac{9}{29}×\frac{41}{24}$

$=\frac{9}{29}×\left(\frac{159}{8}+\frac{65}{6}-\frac{41}{24}\right)$

$=\frac{9}{29}×29$

$=9$。

10. 答案:原来的两位数为45。

分析:设原来的两位数为 $\overline{ab}$,则两个三位数分别为 $\overline{9ab}$、$\overline{ab9}$,四位数为 $\overline{4ab4}$,则 $\overline{4ab4}-\overline{ab9}-\overline{9ab}=3050$,根据位值原理,4004+100a+10b-100a-10b-9-900-10a-b=3050,化简得10a+b=45,所以原来的两位数为45。

11. 答案:分给这些小朋友6颗糖果共有4200种方法。

分析:若小龙选择草莓味,小波有3种选择,共有3×7×6×5×4=2520(种);

若小龙选择苹果味,小波有2种选择,共有2×7×6×5×4=1680(种);

所以分给这些小朋友6颗糖果共有1680+2520=4200(种)。

12. 答案:这个数最大是9896。

分析:加同补,(11,12)=132,9999÷132=75……100,132×75-4=9896。

13. 答案:几何体的表面积是2784平方厘米,体积是7040立方厘米。

分析:表面积=20×20×6-2×4²×3+2×4×3×20=2784(平方厘米);

体积=20³-4²×3×20=7040(立方厘米)。

14. 答案:"六一"儿童节这天共有4850人入园。

分析:设前一天大人有 x 人,小孩有 y 人。根据门票收入与前一天相同可知,$x×60\%×20=y×10$,则 $x:y=5:6$,"六一"那天增加的大人与增加的小孩人数比为 $(5×60\%):(6×90\%)=5:9$,大人增加的人数为 $2100×\frac{5}{5+9}=750$(人),小孩增加的人数为 $2100×\frac{9}{5+9}=1350$(人),大人的总数为 $750÷60\%+750=2000$(人),小孩的总人数为 $1350÷90\%+1350=2850$(人),总人数为 $2000+2850=4850$(人)。

15. 答案:49;1226。

分析:螺旋数表中,

(1)25 右上角是49。

(2)2 算1右边第1列,那么2025在1右边第(45-1)÷2=22(列),2021在1右边第18列,第17列的17×17数阵中右上角是35²=1225,所以第18列最小的是1226。

16. 答案:他再向上游航行1.5小时就到达宝石丢失点。

分析:设A港到追上草帽的位置距离为1,船从A港出发,追上草帽用2小时,顺水船速为 $1÷2=\frac{1}{2}$;追上草帽返回A港用了3小时,则逆水船速为 $1÷3=\frac{1}{3}$;水速为 $\left(\frac{1}{2}-\frac{1}{3}\right)÷2=\frac{1}{12}$,静水船速为 $\frac{1}{2}-\frac{1}{12}=\frac{5}{12}$,因此,静水船速与水速的比是 $\frac{5}{12}:\frac{1}{12}=5:1$。

草帽在A港丢入江中被追上用了 $1÷\frac{1}{12}=12$(小时),而船从A港出发追上草帽用了2小时,因此,船在A港停泊了12-2=10(小时)。

从酒葫芦掉入江中到酒葫芦被船追上,酒葫芦与船行的路程相同,顺水速度与酒葫芦漂流速度的比为 $\frac{1}{2}:\frac{1}{12}=6:1$,则船与酒葫芦行相同路程的时间比为1:6,即船行这段路程的时间为1份,酒葫芦行这段路程的时间为6份,因途中船在A港停泊了10小时,所以船行这段路程的时间为10÷(6-1)×1=2(小时)。而船从A港追上酒葫芦用了1小时,因此,船从酒葫芦掉入江中的位置顺水行至A港用了2-1=1(小时),那么船从A港出发向上游行至丢宝石的位置要用 $1×\frac{1}{2}÷\frac{1}{3}=1.5$(小时)。

端午节

3年级

1. 答案:0.21。

2. 答案:21.45。

3. 答案:300。

4. 答案:13。

5. 答案:279。

6. 答案:4。

7. 答案:44。

8. 答案:6。

9. 答案:$x=2$;$x=9$。

   分析:(1)$4x=11-3$

   $4x=8$

   $x=8\div 4$

   $x=2$。

   (2)$5+7x-12=5x-x+20$

   $5+7x-12=4x+20$

   $5+7x-12-4x=4x+20-4x$

   $5+3x-12=20$

   $5+3x-12+12=20+12$

   $5+3x=32$

   $3x=27$

   $x=9$。

10. 答案:"$-$""$\times$""$\div$""$+$";276。

    分析:(1)(7 $-$ 4) $\times$ (14 $\div$ 2 $+$ 5)=36。

    (2)公差:4。

    项数:$(45-1)\div 4+1=12$(项)。

    原式$=(1+45)\times 12\div 2$

    $=46\times 12\div 2$

    $=276$。

11. 答案:x 的值为 10。

    分析:$2x+25=45$

    $2x=45-25$

    $2x=20$

    $x=20\div 2$

    $x=10$。

12. 答案:龅牙兔往返的平均速度是 24 米/分。

    分析:往返总路程为 $1200\times 2=2400$(米)。

    往返总时间为 $(1200\div 60)+(1200\div 15)=100$(分钟)。

    往返平均速度:$2400\div 100=24$(米/分)。

13. 答案:原来这堆包子有 66 个。

    分析:画流程图。

    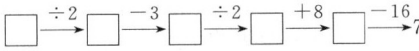

    可以有如下算式:

    $7+16=23$(个),$23-8=15$(个),$15\times 2=30$(个),$30+3=33$(个),$33\times 2=66$(个)。

14. 答案:(1)方方从家到图书馆的最短路线有 4 条。
    (2)他从家到学校的最短路线有 6 条。

    分析:(1)如图(1)所示标数:

    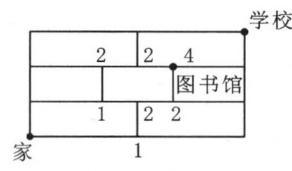

    第 14 题图(1)

    (2)如图(2)所示标数:

    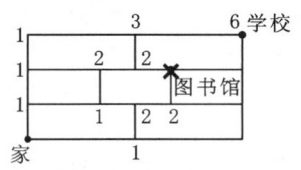

    第 14 题图(2)

15. 答案:是第 7 个报数的人报错了。

    分析:如果没报错,最后一个人会报 $1+(10-1)\times 3=28$,10 人正确报数总和为 $(1+28)\times 10\div 2=145$,比实际多了 $145-121=24$,一人报对变报错会少 $3\times 2=6$,因此有 $24\div 6=4$(人)报错。

    开始报错的人:$10-4+1=7$。

16. 答案:甲现在 25 岁,乙现在 15 岁。

    分析:画年龄轴:

    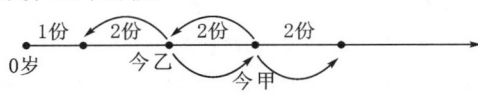

    第 16 题图

    如题图所示,当甲变成乙,若把变化后的乙的年龄看成 1 份,则变化后的甲的年龄为 3 份,年龄差可看成 2 份,则今年乙的年龄为 3 份,今年甲的年龄为 5 份;当乙变成甲后,变化后的甲的年龄可看成 7 份,根据此时的年龄比乙今年年龄的 2 倍多 5 岁,可得 1 份:$5\div(7-3\times 2)=5$(岁),故甲现在:$5\times 5=25$(岁),乙现在:$5\times 3=15$(岁)。

4年级

1. 答案:5。

2. 答案:8。

3. 答案:25。

4. 答案:7。

5. 答案:2088。

6. 答案:12。

7. 答案:4。

8. 答案:589374。

9. 答案:$x=7$;$x=4$。

   分析:(1)$5x+8=6x+1$

   $6x-5x=8-1$

   $x=7$。

(2) $13-4x+6=5-x+2$
$19-4x=7-x$
$19-7=4x-x$
$3x=12$
$x=4$

10. 答案：他前 20 天一共写了 610 道题目。

分析：第 20 天写了 $2+3\times(20-1)=59$（道）题，前 20 天一共写了 $(2+59)\times 20\div 2=610$（道）题。

11. 答案：这艘机帆船往返两港需要 64 小时。

分析：顺水航行的时间为 $20-5=15$（小时），轮船逆流速度为 $360\div 20=18$（千米/时），顺流速度为 $360\div 15=24$（千米/时），水速为 $(24-18)\div 2=3$（千米/时），所以机帆船往返两港需要的时间为 $360\div(12+3)+360\div(12-3)=64$（小时）。

12. 答案：最少时间为 128 分钟。

分析：为使总的等待时间尽量短，应让理发所需时间少的人先理。甲先给需 10 分钟的人理发，然后理 15 分钟的，最后理 24 分钟的；乙先给需 12 分钟的人理发，然后理 20 分钟的。总的占用时间为 $(10\times 3+15\times 2+24)+(12\times 2+20)=128$（分钟）。

13. 答案：四位数为 9720 或者 1728。

分析：$72=8\times 9$，$8|\overline{a72b}$，则 $8|\overline{72b}$，$b=0$ 或 8。

当 $b=0$ 时，$9|\overline{a720}$，$9|a+7+2+0=a+9$，$a=9$，则四位数为 9720；当 $b=8$ 时，$9|\overline{a728}$，$9|a+7+2+8=a+17$，$a=1$，则四位数为 1728。

14. 答案：有 144 种染色方法。

分析：优先给 D，A 染色，$4\times 3\times 2\times 2\times 3=144$（种）。

15. 答案：(1) $5^{k+m-2n}=4$；(2) $k-3m-n=0$。

分析：(1) $5^{k+m-2n}=5^k\times 5^m\div(5^n)^2=32\times 2\div 4^2=4$。

(2) $5^{k-3m-n}=5^k\div(5^m)^3\div 5^n=32\div 2^3\div 4=1$，所以 $k-3m-n=0$。

16. 答案：游船在静水中的速度为每小时 15 千米。

分析：两者的速度差是 $18\div 6=3$（千米/时）。由于两者都是顺水航行，故在静水中两者的速度差也是 3 千米。在紧接着的 10 个小时中，货船开始领先游船，两者最后相距 $3\times 10=30$（千米）。这时货船上的东西落入水中，1 小时后货船上的人才发现。此时货船离落入水中的东西的距离是货船的静水速度×1（千米），从此时算起，到货船和落入水中的物体相遇，又是一个相遇问题，两者的速度之和刚好等于货船的静水速度，所以这段时间是货船的静水速度÷货船的静水速度=1（小时）。按题意，此时也刚好遇上追上来的游船。货船开始回追物体时，货船和游船刚好相距 $30\div 3=33$（千米），两者到相遇共用了 1 小时，两者的速度和是每小时 $33\div 1=33$（千米/时），这与它们两在静水中的速度和相等。又已知在静水中货船比游船每小时快 3 千米，故游船的速度为每小时 $(33-3)\div 2=15$（千米）。

5 年级

1. 答案：$\dfrac{13}{20}$。

2. 答案：39。

3. 答案：150。

4. 答案：C。

5. 答案：14。

6. 答案：90。

7. 答案：5。

8. 答案：56。

9. 答案：$x\equiv 4(\bmod 7)$；$\dfrac{99}{140}$。

分析：(1) $3x\equiv 5+7(\bmod 7)$
$3x\equiv 12(\bmod 7)$
$x\equiv 4(\bmod 7)$。

(2) 原式 $=\dfrac{2}{5}\times\dfrac{3}{7}+\dfrac{1}{4}\div\dfrac{7}{3}+\dfrac{1}{5}\times\dfrac{15}{7}$
$=\dfrac{2}{5}\times\dfrac{3}{7}+\dfrac{1}{4}\times\dfrac{3}{7}+\dfrac{3}{7}$
$=\left(\dfrac{2}{5}+\dfrac{1}{4}+1\right)\times\dfrac{3}{7}$
$=\dfrac{33}{20}\times\dfrac{3}{7}$
$=\dfrac{99}{140}$。

10. 答案：混合盐水溶液浓度为 40%。

分析：盐有 $120\times 25\%+30=60$（克）。

浓度为 $60\div(120+30)\times 100\%=40\%$。

11. 答案：原来库存水果 1500 千克。

分析：原来的库存水果 $700\div\left(30\%+\dfrac{1}{6}\right)=1500$（千克）。

12. 答案：阴影部分面积和为 6.88。

分析：一个阴影部分面积：$4\times 4\times\dfrac{1}{2}-\dfrac{1}{8}\times\pi\times 4^2=1.72$。

阴影部分面积和：$1.72\times 4=6.88$。

13. 答案：A 的整数部分是 46。

分析：设 $B=\dfrac{1}{1979}+\dfrac{1}{1980}+\dfrac{1}{1981}+\cdots+\dfrac{1}{2020}+\dfrac{1}{2021}$，

$2021-1979+1=43$，那么 $\dfrac{1}{2021}\times 43<B<\dfrac{1}{1979}\times 43$。

那么 $\dfrac{1979}{43}<A<\dfrac{2021}{43}$，化简得 $46\dfrac{1}{43}<A<47$。

所以 A 的整数部分是 46。

14. 答案：A、B 两地相距 175 千米。

分析：两人速度比为 4∶3，相遇过程时间相同，路程比为 4∶3，可以把全程分为 7 份。

第一次相遇甲走 4 份，距 A 地 4 份；第二次相遇甲走 $4+4\times 2=12$（份），距 A 地 $7-(12-7)=2$ 份；全程 $50\div\left(\dfrac{4}{7}-\dfrac{2}{7}\right)=175$（千米）。

15. 答案：四边形 $ABGD$ 面积是 110。

分析：如题图所示，连接 BD、CG，设 △DFG 面积为 a。

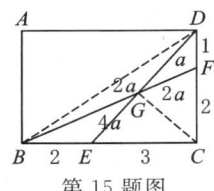

第15题图

则 $S_{\triangle CFG}=2a$，$S_{\triangle CDG}=a+2a=3a$。

根据燕尾模型 $S_{\triangle BDG}:S_{\triangle CDG}=BE:EC=2:3$，所以 $S_{\triangle BDG}=3a\div 3\times 2=2a$。

根据燕尾模型 $S_{\triangle BDG}:S_{\triangle BCG}=DF:FC=1:2$，所以 $S_{\triangle BCG}=2a\div 1\times 2=4a$。

$S_{\triangle CEG}=4a\div(2+3)\times 3=\frac{12}{5}a$，$S_{四边形CEGF}=\frac{12}{5}a+2a=\frac{22}{5}a=44$；$a=10$，$S_{\triangle ABD}=S_{\triangle CBD}=a+2a+2a+4a=9a$，

$S_{四边形ABGD}=S_{\triangle ABD}+S_{\triangle BGD}=9a+2a=11a=110$。

16. 答案：汤屋和沼泽地相距 672 千米。

分析：相遇后相同时间，白龙和千寻路程比为 480：240＝2：1，那么白龙和千寻的速度比为2：1。

则变速前白龙和千寻的速度比为（2÷4）：（1÷3）＝$\frac{1}{2}:\frac{1}{3}=3:2$。

变速前千寻的路程为 480 千米，那么白龙路程应该为 480÷2×3＝720（千米）；白龙比千寻多走 720－480＝240（千米），实际上，白龙有一部分路程以原速行走，一部分以 4 倍原速返回，两段路程相等，所以前进的路程相当于返回路程的 4 倍，返回路程为 240÷（4+1）＝48（千米）。

故两地相距：720－48＝672（千米）。

6 年级

1. 答案：120。
2. 答案：12.56。
3. 答案：128。
4. 答案：1516。
5. 答案：56。
6. 答案：两种都喜欢喝的有 3 名。

分析：（19+27）－（48－5）＝3（名）。

7. 答案：A、B 两港之间距离为 144 千米。

分析：$v_{顺}$＝42+6＝48（千米/时），$v_{逆}$＝42－6＝36（千米/时），相同路程，$v_{顺}:v_{逆}$＝4：3，则 $t_{顺}:t_{逆}$＝3：4。所以 $t_{顺}=7\times\frac{3}{3+4}=3$（小时），A、B 两港之间距离为 48×3＝144（千米）。

8. 答案：田田带了 144 元。

分析：假设每个粽子原价为 x 元，根据题目条件可得方程：

$9x+9=16\times x+0.6$
$0.6x=9$
$x=15$。

则田田带了 9×15+9＝144（元）。

9. 答案：$\frac{3}{5}$；$\frac{4}{5}$。

10. 答案：$\frac{12}{5}$；$\frac{5}{12}$。

11. 答案：BA 的长为 240 海里。

分析：$\angle APB=90°$，$\angle PAB=60°$，$\cos 60°=\frac{AP}{AB}$，$AB=120\div\frac{1}{2}=240$（海里）。

12. 答案：48。

分析：$\tan A=\frac{a}{b}$，所以 $b=8\div\frac{2}{3}=12$，$S_{\triangle ABC}=\frac{1}{2}\times ab=\frac{1}{2}\times 12\times 8=48$。

13. （1）证明：在题图中过 A 点作 CB 边上的高 AD，$AD=b\sin C$，所以 $S_{\triangle ABC}=\frac{1}{2}BC\times AD=\frac{1}{2}ab\sin C$。

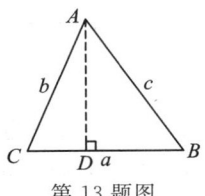

第13题图

（2）答案：140。

分析：$S_{\triangle ABC}=\frac{1}{2}ab\sin C=100$，$b=2\times 100\div 20\div\frac{5}{7}=14$。

14. 证明：$\sin^2 A+\cos^2 A=\left(\frac{a}{c}\right)^2+\left(\frac{b}{c}\right)^2=\frac{a^2+b^2}{c^2}=1$。

15. 答案：21；$\frac{n\times(n-1)}{2}$。

16. 答案：256；2^n。

17. 答案：3^{10}；2^{10}；5^{10}。

18. 答案：5^{10}；2^{10}；7^{10}。

19. 分析：$(a+b)^n=(C_n^0 a^0 C_n^n b^n+C_n^1 a^1 C_{n-1}^{n-1} b^{n-1}+C_n^2 a^2 C_{n-2}^{n-2} b^{n-2}+\cdots+C_n^n a^n C_0^0 b^0)=(C_n^0 b^n+C_n^1 a^1 b^{n-1}+C_n^2 a^2 b^{n-2}+\cdots+C_n^n a^n)$，当 $a=b=1$ 时，$C_n^0+C_n^1+C_n^2+\cdots+C_n^n=2^n$。

2021年 春·武汉明心资优生水平测试

3 年级

1. 答案：21。

分析：原式＝10+7+4＝21。

2. 答案：2021。

分析：原式＝43×47＝2021。

3. 答案：8。

分析：原式＝(99－43)÷7＝56÷7＝8。

4. 答案：740。

分析：原式＝17×74－14×37＝17×74－7×74＝10×74＝740。

5. 答案：1011。

分析：周期为4，2021÷4＝505……1，每个周期的第1个数字是2，所以共有2×505＋1＝1011(个)2。

6. 答案：CDBA。

分析：如图。

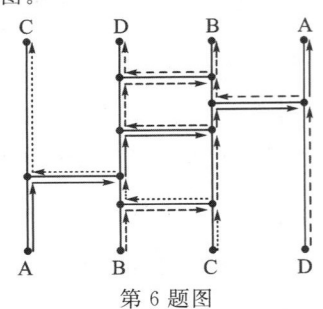

第6题图

7. 答案：8。

分析：两人合买5本差3＋5＝8(元)，所以一本售价为8÷(5－4)＝8(元)。

8. 答案：18。

分析：方法1 由第一个假设可知原周长为36×2＝72(厘米)，要让周长缩小到原来的一半，即周长减少72÷2＝36(厘米)，长需减少36÷2＝18(厘米)。

方法2 由第一个假设可知长加宽的和就是36厘米，即周长的一半；要让周长缩小到原来的一半，即周长减少36，长需减少36÷2＝18(厘米)。

9. 答案：8。

分析：沿虚线剪开后，两根绳子被剪成4段并分为3组，有2组是1段绳子，有1组是2段绳子。如图所示，AB等于12厘米，因为OB与OC不能都长8厘米，所以只有AO与DO的长度为8厘米，于是$AO＝12×2÷3＝8$(厘米)，$BO＝12－8＝4$(厘米)，重叠部分$CO＝4×2＝8$(厘米)。

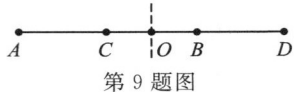

第9题图

10. 答案：3。

分析：因为取出球后第一堆球数是三堆球数的平均数，且每堆拿走的球数相同，所以开始时第一堆球数也是三堆点球数的平均数，所以第一堆原有99÷9＝33(个)球。

11. 答案：5。

分析：方法1 枚举B可得$B＝4$，正确的计算结果只能为5。

方法2 错误结果比正确结果大了2倍的$(9－B)$，则正确的结果就是$(9－B)$，即差只能是一位数，所以十位A比C大1，正确的计算结果也为$10＋B－9＝1＋B$，于是$(9－B)$与$(1＋B)$一样大，B为$(9－1)÷2＝4$，所以正确结果为$14－9＝5$。

12. 答案：60。

分析：阴影部分与空白部分公共的边长抵消后，阴影部分比空白部分多了6条最大正六边形的边长，即多10×6＝60(厘米)。

13. 答案：15267。

分析：因为"影"≠0或1，且"影×影＝__影"，所以

"影"＝5或6。又因为"花影×花＝镜花"，所以花＜3，且"花"为偶数，故"花"只能为2，"影"只能为6；于是原竖式为：

```
      2 6
    × 2 6
    ─────
    1 5 6
    5 2
    ─────
    6 7 6
```

第13题图

所以"一镜花影动"所代表的五位数是15267。

14. 答案：35。

分析：2020年与2021年比较，象群的数量没有变化，那么年龄总数也不会发生变化。象群现有的每头大象都比2020年年初时增加了1岁，刚好弥补少算的35岁，所以象群现有35÷1＝35(头)象。

15. 答案：5731。

分析：解答如图所示。

		2		4		6	
7	2		4	4	6	6	
7	5	5	5			1	6
7	7	7	5	3	3	3	
7		7		3		6	

第15题图

16. 答案：160。

分析：因为小路南端有树，所以一般情况下第2分钟数的棵数会比第1分钟数的棵数少，只有在第2分钟刚好走到小路北端的时候，北端有2棵树，才能让第2分钟与第1分钟都数了17棵树，即光头强2分钟刚好走到北端，小路全长5×(34－1－1)＝160(米)。

17. 答案：108。

分析：方法1 取出一半的白棋与等数量的黑棋，即取出了与白棋数量相等的棋子，剩下的数量即为黑棋的数量，所以小刚取之前，黑棋有24枚，白棋有60－24＝36(枚)。同理小明取出的数量即为黑棋的数量，黑棋原有24×2＝48(枚)，原来共有60＋48＝108(枚)。

方法2 取走一半的黑棋与等数量的白棋相当于取走所有黑棋，60枚即为原白棋数量；同理，第二次取走棋子后，剩下的24枚即为取走前黑棋的数量，则第一次取棋之前黑棋有24×2＝48(枚)棋子。

原来共有60＋48＝108(枚)棋子。

18. 答案：32。

分析：个位向十位借位，可能是2、3、4、5、6、7、8、9、102、103、104、105、106、107、108、109，合计16个；十位向百位借位，可能是20、21、30、31、40、41、50、51、60、61、70、71、80、81、90、91，合计16个。

共计：16＋16＝32(个)。

4年级

1. 答案：0。

2. 答案：2021。

3. 答案：4。

4. 答案:47。

5. 答案:1145。

分析:两个差的和是 2021－999＝1022,差为 1022÷(1＋6)＝146,A 为 999＋146＝1145。

6. 答案:19。

分析:由题意可知,这个两位数减去十位数字后再减去个位数字恰好等于个位数字,即十位数字的9倍等于个位数字,所以只能是 19。

7. 答案:13。

分析:2×6＋1＝13(个)。

8. 答案:24。

分析:通过平移可知,△ABC 的周长就是△IFO、△DOG、△OEH 的周长和,所以△ABC 的周长等于7＋8＋9＝24(厘米)。

9. 答案:17。

分析:如图所示,图(1)阴影长方形加上 4 张纸片的面积与图(2)阴影长方形加上 2 张纸片的面积相等,所以原图中的两块阴影面积相差了 2 张小纸片的面积,所以 1 张小纸片的面积为 34÷2＝17(平方厘米)。

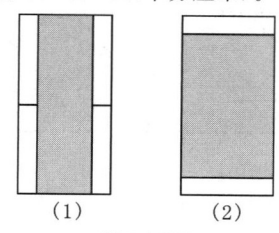

第9题图

10. 答案:122。

分析:每个数位只能表达出 6 个数字,所以一位数可以表达出 6 个,两位数可以表达出 6×6＝36(个),故第 50 个数为 122。

11. 答案:A。

分析:将每幅图都补成 ,依次添加的图形分别为 0、1、2、3、4,所以第 6 幅图应该选 A。

12. 答案:136。

分析:如果 6 个 6 不全在个位,百位不可能有 6,而 666÷6＝111,所以十位也不可能有多于两个 6。当十位有两个 6,则个位有 4 个 6,个位有 4 个 6 则必有相邻两项的个位都是 6,于是所有 6 项的个位均为 6,则共有 8 个 6,不符合题意,即十位不应该有 6,于是 6 个 6 都应该在个位。

去掉个位的 6 个 6,六个数依然为等差数列,和为 666－6×6＝630,且公差为 10 的倍数,630＝80＋90＋100＋110＋120＋130＝30＋60＋90＋120＋150＋180,因为十位已经不可以出现数字6,所以仅有 86、96、106、116、126、136 满足题意,最大的数为 136。

13. 答案:22。

分析:按蓝精灵的数量分类。

一桌恰有 1 个蓝精灵:只能坐在中心,1 种;一桌恰有 2 个蓝精灵:可以任意坐,坐中心有 4 种,不坐中心有 6 种,共 10 种;一桌恰有 3 个蓝精灵:可以任意坐,即有 2 个位置给绿精灵坐,与第二类相同,10 种;一桌恰有 4 个蓝精灵:绿精灵只能坐中间,1 种。

共计 1＋10＋10＋1＝22(种)。

14. 答案:44。

分析:要想六个顶角处所填的数之和最大,则应使顶角上的数尽量大,中圈的数尽量小。且在做减法计算的过程中,中圈的数要么当作两次被减数(加上该数的 2 倍),要么当作两次减数(减去该数的 2 倍),要么一次当作被减数一次当作减数(抵消),所以外圈 6 个数的总和一定为偶数。

尝试一种填法:12 不可能放在顶角,只能在中圈,将 1、2 放在其两边,则 11、10 可以被放在顶角;接下来 9 不可能被放在顶角,则 9 一定放在中圈,将其放在 1 旁边,则 8 被放在顶角;此时 7 不可能放在顶角,于是 7 放在中圈,将其放在 2 旁边,则 5 被放在顶角;接下来将剩下数中最小的 3 放在中圈,则 6、4 被放在顶角。

此时中圈 6 个数之和为 34。

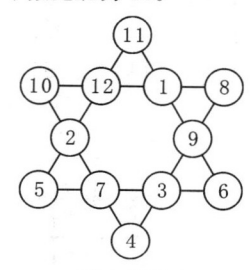

第14题图

若中圈 6 个数之和小于 34,则至少为 32,去掉 12 以后,其余 5 个数之和为 20。又因为 11、10、9 这 3 个数不可能同时放在外圈,所以至少选择其中 1 个;同理 8、7、6 中也至少选择 1 个,则剩余 5 个数之和最小为 9＋6＋3＋2＋1＝21＞20,所以 6 个数之和一定大于 32,即中圈之和最小为 34,六个顶角处之和最大为 44。

15. 答案:45。

分析:如图所示,答对第三题的同学平均分是9分说明A＝B,做对两道题的同学平均分也是 9 分说明A＝C,所以A＝B＝C＝10÷2＝5(人)。总人数为(30＋20)－(5＋5)＋5＝45(人)。

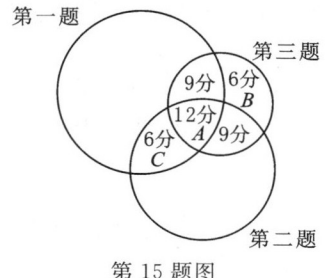

第15题图

16. 答案:720。

分析:将 AB 的长度看作 1 份。如果不降速,第一次两人相遇合走了 4 份,记作 1 份时间,此段时间内小刚走了 1 份多 216×2＝432(米);第二次两人相遇合走了 8 份,记作 2 份时间,此段时间内小刚走了 2 份多 432×2＝864(米),小明走了4份多576米,所以1份为$(864+576)\div(8-6)=720$(米)。

17. 答案:69。

分析:方法1 共拿了4颗。

当$4=2+2$时,按第一次拿2颗在第2、3、4、5天分类,有$3+3+2+1=9$(种);当$4=2+1+1$时,按拿2颗在第2、3、4、5、6天分类,有$6+(10-9)+10+10+10=45$(种);当$4=1+1+1+1$时,即有2天没有拿,有15种。

共计:$9+45+15=69$(种)。

方法2 横轴表示天数,纵轴表示已取走的仙豆颗数,因为每天悟空取走的颗数不可能超过已有的颗数,所以纵轴不会超过横轴,又因为最后剩下2颗,所以实际上悟空前后共取了4颗仙豆,所求即为从起点O到P有多少种不同的路线。

由于悟空每天可取走的数量为0颗、1颗或2颗,所以图中到达点E的可能路线等于点A与点B的和,即$E=A+B$;点H的可能路线等于点C、点D与点E的和,即$H=C+D+E$;到达点I的可能路线等于点D与点E的和,即$I=D+E$……于是,我们可以进行如下标数:

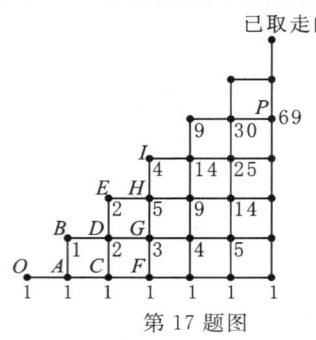

第17题图

共计69种不同的情况。

18. 答案:276。

分析:主人的速度为$(720-648)\div(9-6)=24$(米/分)。开始时,三只小狗与主人的距离为$648-24\times6=504$(米)。乐乐的速度为$504\div2+24=276$(米/分)。

5年级

1. 答案:20。

分析:原式$=37\times0.25+43\times0.25=(37+43)\times0.25=20$。

2. 答案:0。

分析:原式$=(100-99-98+97)+(96-95-94+93)+\cdots+(4-3-2+1)=0$。

3. 答案:6。

分析:$7|333333,7|444444$,所以$7|\overline{3\square4}$,因此$\square=6$。

4. 答案:2021。

分析:$45\bigstar2=(45+2)\times(45-2)=47\times43=2021$。

5. 答案:4。

分析:有$1\times1\times12,1\times2\times6,1\times3\times4,2\times2\times3$,共4种。

6. 答案:9。

分析:假设这个数是A,那么$\dfrac{1000}{A}$一定是100的约数,所以共有$3\times3=9$(个)。

7. 答案:75。

分析:连接DE(图略),$AB=2AD,AC=1.5AE$,所以$S_{\triangle ABC}=3S_{\triangle ADE}$。而$S_{四边形BCED}=BE\times CD\div2=50$。所以$S_{\triangle ABC}=50\div(3-1)\times3=75$。

8. 答案:25。

分析:前三位数字为600的五位平方数只有$245^2=60025$。

9. 答案:37。

分析:注意到每人每场都必须参加,且甲胜的场次恰好等于乙败的场次,所以丙胜的场次与丁败的场次相等。丙败的场次为$(2\times2+7)\div(3-1)=11$(场),总比赛场次为$11+11\times3-7=37$(场)。

10. 答案:32。

分析:如图所示,将上下两个等腰直角三角形左右平移即可知,小正方形的对角线为$4+(5+3)\div2=8$。所以小正方形的面积为$8\times8\div2=32$。

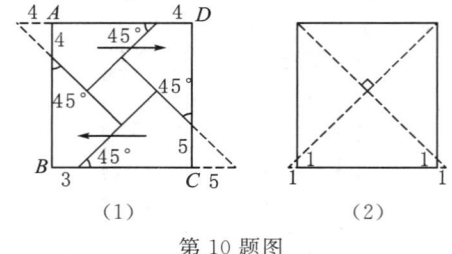

(1) (2)

第10题图

11. 答案:540。

分析:长为$648\div(270\div5)=12$(厘米),宽为$648\div(360\div5)=9$(厘米),所以若高增加5厘米,体积增加$12\times9\times5=540$(立方厘米)。

12. 答案:35。

分析:一个正方形和一个圆至多有8个交点(每条边上两个交点),所以至多将平面分成10个部分。加入第一条直线至多增加4个部分,此时外围分成了两个部分。

之后每加入一条直线,只需要考虑该直线被分成多少段,即与之前的图形的交点个数加1,因此第二、三、四条直线至多使平面增加6、7、8个部分。

因此,至多将平面分为$10+4+6+7+8=35$(个)部分。

13. 答案:240。

分析:如图所示,将大长方形分割成小长方形,则$S_{四边形CHLG}=24\times2=48$,$S_{四边形DHKE}=40\times2=80$,比较$\triangle ABF$和$\triangle AEF$可知,$S_{四边形BCHJ}=S_{四边形DHKE}=80$,因此$S_{四边形DHLI}=88\times2-80=96=2S_{四边形CHLG}$,$DH=2HC$。$S_{四边形ABCD}=3S_{四边形BCHJ}=240$。

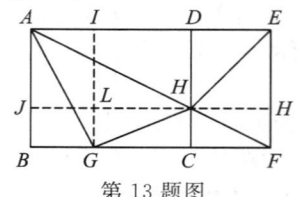

第13题图

14. 答案:10。

分析:如图所示,L 形的总面积为 $5\times8+5\times12=100$,所以 $S_{\triangle CEF}=50$,注意到 ABCD 是面积为 25 的正方形,所以△CEF 只能是等腰直角三角形,$CE=CF=10$。所求周长差为 $5+8+7+5+12+13-(10+10)\times2=10$。

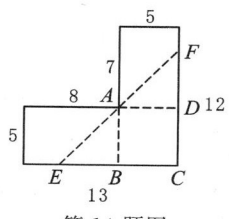

第 14 题图

15. 答案:336。

分析:

```
        2 1
      × 1 6
      -----
        1 2 6
      2 1
      -----
      3 3 6
```

第 15 题图

16. 答案:130。

分析:考虑十位上的数字。

十位数字为 1 时,十位数字与个位数字无法不互质;十位数字为 2 时,百位数字有 5 种选择,个位数字有 4 种选择;十位数字为 3 时,百位数字有 6 种选择,个位数字有 3 种选择;十位数字为 4 时,百位数字有 5 种选择,个位数字有 4 种选择;十位数字为 5 时,百位数字有 8 种选择,个位数字有 1 种选择;十位数字为 6 时,百位数字有 3 种选择,个位数字有 6 种选择;十位数字为 7 时,百位数字有 8 种选择,个位数字有 1 种选择;十位数字为 8 时,百位数字有 5 种选择,个位数字有 4 种选择;十位数字为 9 时,百位数字有 6 种选择,个位数字有 3 种选择。

所以总共有 $5\times4+6\times3+5\times4+8\times1+3\times6+8\times1+5\times4+6\times3=130$(个)。

17. 答案:25。

分析:如图所示,作 $CE\perp BD$ 于点 E。因为 $BC=CD$,所以 E 为 BD 的中点。作 $AF\perp BD$ 于点 F,因为 $AB=BC$ 且 $\angle ABC=90°$,由弦图可知 $AF=BE=\frac{1}{2}BD=5$,所以 $S_{\triangle ABD}=10\times5\div2=25$。

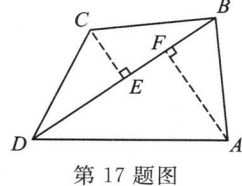

第 17 题图

18. 答案:23。

分析:2021 表示成 3 个自然数之积只能表示为 $1\times43\times47$。

如图(1),数表中 43 在第 7 行第 3 个点处,47 在第 2 行第 9 个点处。

所以代号为 2021 的三角形如图(2)所示。

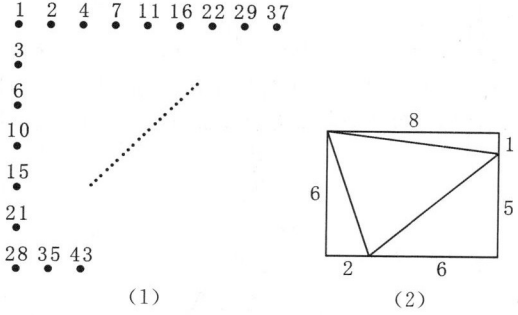

第 18 题图

面积为 $6\times8-6\times2\div2-8\times1\div2-5\times6\div2=23$。

6 年级

1. 答案:$18\frac{11}{20}$。

分析:原式 $=(2+3+4+5+6)-\left(\frac{1}{2}+\frac{1}{3}+\frac{1}{6}\right)-\left(\frac{1}{4}+\frac{1}{5}\right)=20-1-\frac{9}{20}=18\frac{11}{20}$。

2. 答案:126。

分析:原式 $=(23+17)\div\frac{5}{7}+(59-19)\div\frac{4}{7}=56+70=126$。

3. 答案:2021。

分析:原式 $=(22+21)\times(24+23)=43\times47=2021$。

4. 答案:$\frac{4}{2021}$。

分析:原式 $=\frac{1}{43}-\frac{1}{44}+\frac{1}{44}-\frac{1}{45}+\frac{1}{45}-\frac{1}{46}+\frac{1}{46}-\frac{1}{47}=\frac{1}{43}-\frac{1}{47}=\frac{4}{2021}$。

5. 答案:48。

分析:一、二、三班人数的比为 7∶8∶6,因此二班有学生 $126\times\frac{8}{7+8+6}=48$(人)。

6. 答案:30。

分析:注意到原来一瓶装有 $\frac{1}{12}$ 桶 A 种酒,$\frac{1}{20}$ 桶 B 种酒,之后装有 $\frac{1}{10}$ 桶 A 种酒,则装有 $\frac{1}{12}+\frac{1}{20}-\frac{1}{10}=\frac{1}{30}$ 桶 B 种酒,即一桶 B 种酒恰好够配 $1\div\frac{1}{30}=30$(瓶)鸡尾酒。

7. 答案:10。

分析:成本上涨了 10%,(1+利润率)的比为 11∶10,所以原利润率为 $12\%\times\frac{11}{11-10}-1=32\%$。所以如果成本上涨了 20%,利润率为 $(1+32\%)\div(1+20\%)-1=10\%$。

8. 答案:52。

分析:三位数字都相同的三位数一定是 3 和 37 的倍数。如果其中一个自然数是 111 的倍数,则另一个只能是一位数,差不符合要求,所以其中必有一个自然数是 37 或者 74,则另一个数是 3 的倍数,且不大于 27。经验算,知

两个数为 37 和 15,它们的和为 37＋15＝52。

9. 答案:36。

分析:连接 AC,作 $BM \perp AC$ 于点 M。因为 $AB=BC$,所以 M 为 AC 的中点。由勾股定理可知 $AC=10$,$BM=12$。因此凹四边形的面积为 $10\times 12\div 2-6\times 8\div 2=36$。

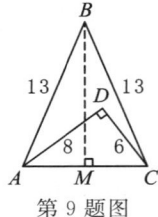

第 9 题图

10. 答案:16。

分析:如果摸出两种颜色的所有袜子及第三种颜色的 3 双袜子各 1 只,总计 15 只袜子,不能满足要求。

若摸出 16 只袜子,则只有 2 只袜子未被摸出,在 3×3 的方格中任意去掉 2 格,必可找到 3 格互不同行且不同列。

综上,小明至少需要摸出 16 只袜子才能满足要求。

11. 答案:2。

分析:将立方体表面展开,蚂蚁的最短路线即 6×9 的长方形的对角线,它经过了 $(6,9)-1=2(个)$ "格点"。

12. 答案:628。

分析:如图所示,圆扫过的范围分为 3 个扇环和 3 个扇形,恰好可以拼成一个半径为 20 的半圆,面积为 $\pi \times 20^2 \div 2 = 628$。

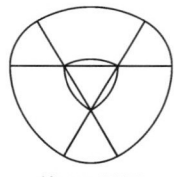

第 12 题图

13. 答案:50。

分析:将第一组分为与第二组做对数量相同和与第三组做对数量相同的两组。则可知道第二组和第三组做题数之比为 $3:5$,因为每组都有错有对,所以第二组做对 3 题,第三组做对 5 题,第一组做对 8 题。总共得分 $2\times 8+3\times 3+5\times 5=50(分)$。

14. 答案:249750。

分析:这个六位数的数字不可能含有 1、3、6、8。剩下的数字在乘以 3 时需要:

数字 2 需要下一位进 1,不向前一位进位;数字 4 需要下一位进 2,且向前一位进 1;数字 5 需要下一位不进位,且向前一位进 1;数字 7 需要下一位进 1,且向前一位进 2;数字 9 需要下一位进 2,且向前一位进 2;数字 0 下一位不进位,且不向前一位进位。

因此,只可能是 $249750\times 3=749250$。

15. 答案:50。

分析:$S_{\triangle ADC}=S_{\triangle CDE}$,$S_{\triangle ABC}=S_{\triangle ACF}$,所以 $S_{四边形ABCD}=\dfrac{1}{2}S_{四边形AECG}=\dfrac{1}{2}\times 10\times 10=50$。

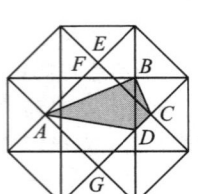

第 15 题图

16. 答案:9。

分析:首先,由图(1)可知,8 个点不能保证结论成立。

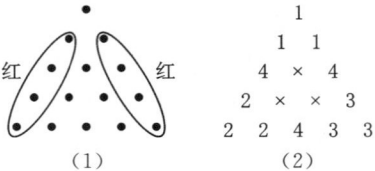

第 16 题图

若将 9 个点染红,考虑不在边界的 3 个点。

若三个点不是红色,如图(2)将其余 12 点分为 4 组,由抽屉原理知,9 个点中必有 3 个点在同一组,结论成立。

若有 1 个点为红色,不妨设图(3)点 A 为红色,则编号的 5 组中必有 1 组全红,结论成立。

```
    1              5
   2 3           1 2
  2 A 3         2 × 1
 5 × × 5       3 A B 4
1 4 5 4 1     1 5 3 6 4 5
   (3)           (4)
```

第 16 题图

若有 2 个点为红色,不妨设图(4)中点 A、B 为红色,则编号的 6 组中必有 1 组全红,结论成立。

综上,将 9 个点染红,则必出现 3 个红点,构成一个正三角形的三个顶点。

17. 答案:27。

分析:如图所示,分别过 A,C 作 BD 的垂线,垂足分别为 E,F。

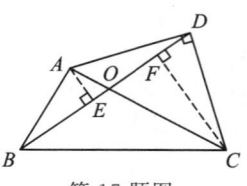

第 17 题图

由共边定理知,$S_{\triangle ABD}=72\times \dfrac{1}{1+3}=18$,$S_{\triangle BCD}=72\times \dfrac{3}{1+3}=54$。

因此 $AE=18\times 2\div 12=3$,$CF=54\times 2\div 12=9$。

由弦图知,$AD^2=AE^2+CF^2=90$。

因此 $S_{\triangle ACD}=90\div 2=45$,$S_{\triangle ABC}=72-45=27$。

18. 答案:"凹数"多,多 45 个。

分析:将和为 999 的两个数分为一组,其中一个为"凸数",则另一个必为"凹数"。但百位为 9 的"凹数"并没有和"凸数"对应。因此"凹数"比较多。

百位为 9 的"凹数",后两位数字即从 0~9 中选择 2

个,较小的作为十位数字,较大的作为个位数字即可,因此有百位为9的"凹数"$C_{10}^2=45$(个)。即"凹数"比"凸数"多45个。

2021年秋·武汉明心资优生水平测试

3年级

1. 答案:500。
分析:原式$=(36+264)+(72+128)=300+200=500$。

2. 答案:1790。
分析:原式$=2021-(55+77+99)=2021-77\times3=2021-231=1790$。

3. 答案:2200。
分析:原式$=22+66\times22+33\times22=22\times(1+66+33)=22\times100=2200$。

4. 答案:55555。
分析:原式$=5+50+500+5000+50000=55555$。

5. 答案:2。
分析:$(16-12)\div2=2$(名)。

6. 答案:能。
分析:路线如图所示。

第6题图

7. 答案:10。
分析:如果大笨狗最后一次回答也是两个字,那么小笨狗比大笨狗多说了22个字,且每次对话都多说2个字。所以,它们看到了$22\div2-1=10$(幅)画。

8. 答案:90。
分析:因为十位相同,且$40\times40<2021<50\times50$,所以"无"$=4$;因为2021尾数为1,且"喜"与"悲"代表的数字不同,所以只能是3×7,验算得$43\times47=2021$。于是$\overline{无喜}+\overline{无悲}=43+47=90$。

9. 答案:13。
分析:共割掉了$59-6\times3=41$(厘米),所以较短的一根韭菜被割掉了$(41-2)\div3=13$(厘米)。

10. 答案:20。
分析:同学们写下的数依次为:42,20,4,16,37,58,89,145,42,20,4,…,8个数一个周期。因为$50\div8=6\cdots\cdots2$,所以第50名同学写下的数是20。

11. 答案:8。
分析:共有$10+22=32$(张)嘴,即癞蛤蟆与天鹅共有32只。
癞蛤蟆有$(100-2\times32)\div(4-2)=18$(只),嘴巴没被踢歪的有$18-10=8$(只)。

12. 答案:88。
分析:如图,在计算四个小长方形时,除了外框外,内部的线段都被算了两次,平移后总长度即为长方形$ABCD$的周长,那么四个小长方形的周长和即为长方形$ABCD$周长的两倍,长方形$ABCD$的周长为$176\div2=88$(厘米)。

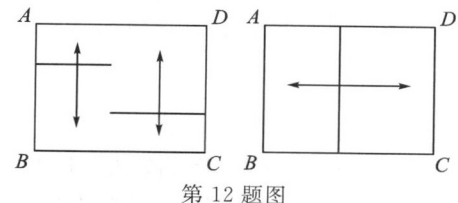

第12题图

13. 答案:9。
分析:因为每棵树高矮不同,所以间距也各不相同,想要树多,则间距越小越好。又因为$1+2+3+4+5+6+7+8=36$,所以最多有8个间距,9棵树。

14. 答案:6。
分析:如图所示,经过4次计算后,长方形框中的实心圆圈数为结果11,正好是原数的2倍少1,所以原数为$(11+1)\div2=6$。

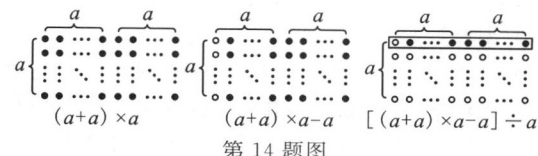

第14题图

15. 答案:44。
分析:利用"8个蘑菇→1个西瓜→2个馅饼→10个蘑菇"的交易流程可以赚得2个蘑菇,10个西瓜共可赚取$2\times10=20$(个)蘑菇,交易过程如下:
24个蘑菇→3个西瓜→6个馅饼→30个蘑菇 3个西瓜6个蘑菇→6个馅饼6个蘑菇→36个蘑菇→4个西瓜4个蘑菇→8个馅饼4个蘑菇→44个蘑菇。

16. 答案:7。
分析:因为小苑的年龄加1后的两倍比减1后的两倍多4,所以小心比小舒大$4-2=2$(岁),小苑肯定比他俩都小;又因为小明比小舒小、比小苑大,那么四人年龄由大到小的顺序为小心>小舒>小明>小苑。
于是,四人年龄组成的等差数列的公差为2,小心比小苑大$2\times3=6$(岁),小苑今年$6\div(2-1)-1=5$(岁),小明今年$5+2=7$(岁)。

17. 答案:4。
分析:共有$7\times11=77$(页),想要提前4天读完,每天至少读$77\div(11-7)=11$(页),多读$11-7=4$(页)。

18. 答案:四娃。
分析:两人重复买了$5+5-7=3$(个),这重复的3个总价为$91+89-(11+13+15+17+19+21+23)=61$(元),而$61=23+21+17$,所以价格最低的是四娃。

4年级

1. 答案:2757。
分析:原式$=3580-823=2757$。

2. 答案:2500。

分析:原式=27×50+50×23=50×50=2500。

3. 答案:997002。

分析:原式 = 998 × 1000 − 998 = 998000 − 998=997002。

4. 答案:2021。

分析:原式=5+7+9+11+…+89
=(5+89)×43÷2
=2021。

5. 答案:6。

分析:5个当中有2个是半价,所以买5个用去了原价4个的钱数,那么冰激凌原来的单价为24÷4=6(元)。

6. 答案:93。

分析:第5个数为297÷9=33,第4个数为33−2=31,所以三个数和为31×3=93。

7. 答案:5。

分析:因为曲线 DE 是甲、乙公共的,所以甲、乙的周长差不变。又因为AB=DC,所以差为(12×12−2)−2=20(厘米),于是乙的周长为20÷(3−1)=10(厘米),曲线DE 的长为10−3−2=5(厘米)。

8. 答案:57。

分析:因为总数不变,所以第一种假设中瘦头陀剩下的馒头数量与第二种假设中胖头陀剩下的馒头数量相等,都是1倍量。于是,两种情况中他们拿出的部分48+24=72(个)馒头对应9−1=8倍,所以1倍量为72÷8=9(个)馒头,瘦头陀有9+48=57(个)馒头。

9. 答案:30。

分析:3个方向的图共计4×3=12(次)线段,而1条铁丝最多在2个方向上显示成线段,所以至少需要12÷2=6(根)铁丝。如图中实线所示,共长5×6=30(厘米)。

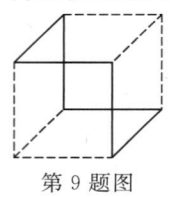

第9题图

10. 答案:66。

分析:第一种情况可转化为"若6朵桃花换一壶酒,则可换回1个月的酒还剩6朵桃花"。于是一个月的酒有(16−6)÷(6−5)=10(壶),桃花仙人有桃花5×10+16=66(朵)。

11. 答案:65739。

分析:①"看" = 1,则"看红藕映藕红"可能为 $\overline{123映32}$、$\overline{135映53}$、$\overline{147映74}$ 或 $\overline{159映95}$。②因为万位进1,所以个位进1;因为个位、万位都是"藕+手=10+红",所以千位不进位;而十位与千位计算结果相同,说明十位也不进位,且百位进1。③当"看红藕映藕红"为 $\overline{123映32}$时,"碗" = 0,不符合题意;当"看红藕映藕红"为时 $\overline{135映53}$,"碗" = 1 = "看",不符合题意;当"看红藕映藕红"为 $\overline{147映74}$ 时,"手"=7="藕",不符合题意;当"看红藕映藕红"为时 $\overline{159映95}$,有下面竖式满足题意。

```
    6 5 7 3 9
+     9 3 7 5 6
  ─────────────
  1 5 9 4 9 5
```

第11题图

所以"手红冰碗藕"所以代表的五位数是65739。

12. 答案:35米。

分析:第一种情况,绳长比(6−1)×2=10(层)多0.5×2=1(米)。第二种情况,绳长比(4−1)×3=9(层)多2×3=6(米)。

所以这座塔的层高为(6−1)÷(10−9)=5(米),塔高5×7=35(米)。

13. 答案:6。

分析:没下雨,毛毛虫一天上升5−1=4(分米);下雨,毛毛虫一天上升4−2=2(分米)。因为每个整天上升的都是偶数分米,且17日下雨晚上下滑了2分米,所以第18日至少且只能上升4分米到达竹子顶端,则前17天上升了60−4=56(分米)。所以前17天中,雨天有(4×17−56)÷(4−2)=6(天)。

14. 答案:36。

分析:5个长方形的周长和恰为大正方形的4+2×4=12(条)边长,所以大正方形的边长为(40+41+43+45+47)÷12=18(厘米)。

那么,长方形 A 的宽为40÷2−18=2(厘米),面积为18×2=36(平方厘米)。

15. 答案:22。

分析:含数码 3 的纸张有 3(4)、13(14)、23(24)、29(30)~39(40)、43(44)、53(54)、63(64)、73(74)、83(84)、93(94),共 15 张;含数码 5 的纸张有同样有 15 张;重复了 35(36)、53(54)这 2 张,所以两人共撕掉了 15+15−2=28(张),剩下 52−28=22(张)。

16. 答案:2880。

分析:如图,①号运动员比小明多走2BC,②号运动员比小明多走2AM,点 C′是点 C 关于点 M 的对称点,于是 AC′=BC。

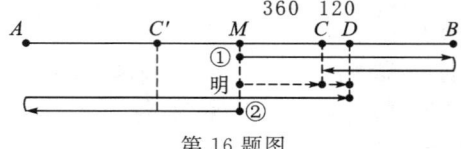

第16题图

因为360÷120=3倍,所以小明走CD用1份时间,走MC用3份时间。又因为运动员与小明的速度差相同且不变,所以3份时间形成的距离差2BC=2AC′,也是1份时间形成的距离差2C′M 的 3 倍,所以 AC′=3C′M=360×3=1080(米),AB=(1080+360)×2=2880(米)。

17. 答案:149。

分析:两块阴影部分的周长和就是两个正方形的周长和,两块阴影部分的面积差同样也是两个正方形的面积差于是两个正方形的边长和为68÷4＝17(厘米)，面积差如图(2)转换可知两个正方形的边长差为51÷17＝3(厘米)。

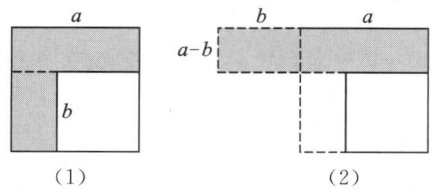

第17题图

所以大正方形的边长为(17＋3)÷2＝10(厘米)，小正方形的边长为10－3＝7(厘米)，面积和为$10^2+7^2=$149(平方厘米)。

18. 答案：16。

分析：甲船顺水速度为6＋2＝8(千米)，逆水速度为6－2＝4(千米)，顺水速度是逆水速度的2倍；乙船顺水速度为4＋2＝6(千米)，逆水速度为4－2＝2(千米)，顺水速度是逆水速度的3倍；由于每艘船自身往返距离相等，所以甲船的逆水时间是顺水时间的2倍，$t_{甲顺}=12÷(1+2)=4$(小时)，$t_{甲逆}=4×2=8$(小时)；乙船的逆水时间是顺水时间的3倍，$t_{乙顺}=12÷(1+3)=3$(小时)，$t_{乙逆}=3×3=9$(小时)。

两船开始时顺流而下，乙船行3小时返航，所以4小时甲船返航时两船相距最远，两船相距(8－6)×3＋(8＋2)×(4－1)＝16(千米)。

5年级

1. 答案：2011。
   分析：原式＝(655＋345)＋(924－124)＋211＝2011。
2. 答案：5921。
   分析：原式＝2960＋2961＝5921。
3. 答案：7。
   分析：原式＝(43×47×7×4)÷(47×2×43×2)＝7。
4. 答案：2450。
   分析：原式＝2×(1＋5＋9＋…＋97)＝2×(1＋97)×25÷2＝2450。
5. 答案：40。
   分析：一个角的余角比补角小90°，所以它的补角为(90°－20°)×2＝140°，所求角的大小为180°－140°＝40°。
6. 答案：60。
   分析：内角和外角的和为180°，所以该正多边形的一个外角为(180°－168°)÷2＝6°，因此这个正多边形有360°÷6°＝60(条)边。
7. 答案：8。
   分析：整个大长方形的面积为48÷(7－1)×7＝56，所以阴影部分的面积为56－48＝8。
8. 答案：60。
   分析：因为乙比丙多付20元，所以乙应该获得10＋20＝30(元)补偿。所以甲实际应该支付10＋30＝40(元)，开心果一斤40×3÷2＝60(元)。
9. 答案：8084。

分析：如图，$S_{四边形ABCD}=4S_{\triangle OAD}=\frac{1}{2}S_{八边形}$，$S_{八边形}=2021×2÷\left(1-\frac{1}{2}\right)=8084$。

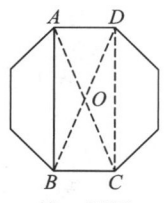

第9题图

10. 答案：10。

分析：三种情况下乙的速度均未变，所以乙到C处仍然用时3小时。那么甲速度提高后，用时2小时，甲的实际速度为20×2＝40(千米/时)。

那么所求甲降低速度为40－40×3÷4＝10(千米/时)。

11. 答案：21。

分析：一位数的部分构成的两位数满足要求的有2个，即12，56。

二位数的部分，如果是本身的两位数被4整除，有10个；如果是相邻的两位数各取一个数字，那么后一个两位数的首位必须是2或者4，有9个。

因此，总共有2＋10＋9＝21(个)。

12. 答案：112。

分析：$S_{\triangle OAB}=S_{\triangle OCD}$，所以AD∥BC。注意到BC＝3AD，则OB＝3OD。

所以四边形ABCD的面积为21＋21＋21÷3＋21×3＝112。

13. 答案：10；20。

分析：过其中任意2点画直线，共可以画5×4÷2＝10(条)直线。

注意到原有的5个点每个点在4条直线上，被重复计算了4×3÷2＝6(次)，所以最多还有10×9÷2－5×(6－1)＝20(个)交点。

14. 答案：200。

分析：如图所示，QB＋CR＝35－15＝20，AE＋FD＝AM＋DN＝AB＋CD－(BM＋CN)＝15×2－20＝10。

所以$S_{\triangle AEM}+S_{\triangle DFN}$的最小值为10×10÷2÷2＝25。

阴影部分面积最大为15×15－25＝200。

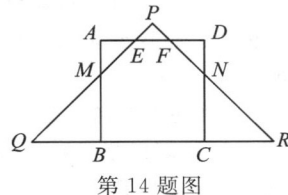

第14题图

15. 答案：33。
    分析：(23＋26＋28＋29＋31＋34＋36＋38＋41＋44)÷10＝33。

16. 答案：30。
    分析：甲的第一句话说明甲手上的是奇数，结合第二句话即可知道甲手上的数是3或5或7。因为三个数互不相同,且乙不确定是否最大,所以乙的数大于11,小于14。所以乙手上的数为12。所以三个数为(5,12,13)。

注意到 $5^2+12^2=13^2$,可知这个三角形是直角三角形,所以面积为 $5×12÷2=30$。

17. 答案:7720。

分析:若有2个非零数字各1个,则组成的互不相同的四位数必为偶数个。

所以非零数字至多有2种。

(1)若非零数字只有1种,①没有数字0,注意到 $\overline{aaaa}+\overline{aaaa}$ 的个位数字为偶数;②1个数字0,$\overline{a0aa}+\overline{aaa0}$ 的十位数字为偶数;③2个数字0,$\overline{a00a}+\overline{aa00}$ 的十位数字为偶数;④3个数字0,$\overline{a000}+\overline{a000}$ 的个位数字为偶数。

(2)若非零数字有2种,则必然各有1个和2个,记作 a 和 b。①若 $a>b$,$\overline{abb}+\overline{b0ba}$ 的十位数字为偶数;②若 $a<b$,$\overline{bba0}+\overline{a0bb}$ 的各位数字均为奇数,所以 b 为奇数,a 为偶数。又因为 $a+2b$ 的因数个数为奇数,所以 $a+2b$ 为完全平方数。所以 $a=2,b=7$。

所求四位数为7720。

18. 答案:20。

分析:由共边定理知,$S_{\triangle BCE}=S_{\triangle COD}$,$S_{\triangle BFE}=S_{\triangle CFD}$,$S_{\triangle AOD}=S_{\triangle CDF}$,因此 $S_{\triangle PEF}=120-100=20$。

6 年级

1. 答案:20。

2. 答案:1。

3. 答案:$\dfrac{11}{3}$。

4. 答案:25。

5. 答案:5。

分析:设 $BC=x$,则 $AB=3x,CD=2x$,因此 $3x-x=10$,解得 $x=5$。因此 $BD=CD-BC=x=5$ 厘米。

6. 答案:18。

分析:若出生年份为 $\overline{201a}$ 年,则 $\overline{201a}+3+a=2021$,即 $2a+3=11$,解得 $a=4$;

若出生年份为 $\overline{200a}$ 年,则 $\overline{200a}+2+a=2021$,即 $2a+2=21$,无整数解;若出生年份为 $\overline{199a}$ 年,则 $\overline{199a}+19+a=2021$,即 $2a+19=31$,解得 $a=6$。因年份数字和不超过28,所以出生年份不早于1993年。因此甲2014年出生,乙1996年出生。甲出生那年,乙 $2014-1996=18$(岁)。

7. 答案:3000。

分析:设第一天参观的男士有 x 人,则第二天参观的男士有 $2x$ 人,第三天参观的男士有 $3x$ 人,因此 $2x+400=3x+100$,解得 $x=300$,因此三天共有 $(300×3+100)×3=3000$(人)参观。

8. 答案:16。

分析:设乙队每天工作量为 a,甲队每天工作量为 x,则 $3x+10a=4x+8a$,解得 $x=2a$,因此甲单独完成该工程需 $\dfrac{3×(2a+a)+7a+8a+4×2a}{2a}=16$(天)。

9. 答案:1。

分析:设这个数是 x,依题意列方程,有 $\dfrac{1}{3}\{\dfrac{1}{3}\cdots[\dfrac{1}{3}(x+2)+2]\cdots+2\}=x$,这个一元一次方程的解为 $x=1$。

10. 答案:6。

分析:设老师交给小马虎的试剂瓶中有盐水 x 克,则 $30\%x+5\%×300=10\%(x+300)$,解得 $x=75$。所以小马虎配制出来的盐水浓度为 $30\%×75÷(300+75)=6\%$。

11. 答案:12。

分析:假设甲、乙、丙三种玩偶的总成本为 $3x$ 元,则总个数为 $\dfrac{x}{6}+\dfrac{x}{8}+\dfrac{x}{12}$ 个。因此单价为 $3x×(1+50\%)÷\left(\dfrac{x}{6}+\dfrac{x}{8}+\dfrac{x}{12}\right)=12$(元)。

12. 答案:35。

分析:方法1 甲1小时走的路程相当于两人合走25分钟的路程,所以 $v_甲:v_乙=5:7$,因此乙1小时走的路程相当于两人合走35分钟的路程。

方法2 综合考虑两次行走,两人各提前了1小时,相当于一起提前了1小时,因此本题答案为 $60-25=35$(分钟)。

13. 答案:2。

分析:设长方体的高是 h,则长和宽都是 $2h$,表面积为 $(h·2h+2h·2h+2h·h)×2=16h^2$,体积为 $2h·2h·h=4h^3$。

设正方体棱长为 a,则表面积 $6a^2=16h^2×1.5$,所以 $a=2h$,因此正方体体积 $a^3=8h^3$ 是长方体体积的2倍。

14. 答案:975。

分析:方法1 三个数字中必有5,设其余两个为 a 和 $b(a\leqslant b)$,则 $5ab=15(a+b+5)$,即 $ab=3a+3b+15$,试算得 $a=7,b=9$。5、7、9构成的三位数中有12个因数的仅有975。

方法2 三位数不含质因数2,仅含一个质因数3。

若不含质因数5,则至少为 $3×7^2×11>1000$,不合题意,因此含有质因数5,即个位数字为5,而 $795=3×5×53,975=3×5^2×13$,所以所求三位数为975。

15. 答案:1.5。

分析:将乙买的钢笔换成等价值的铅笔,则总数量与甲相同,花了400元;将丙买的铅笔换成等价值的钢笔,则总数量与甲相同,花了500元。

因此钢笔单价是铅笔的 $5÷4=1.25$ 倍。甲买的数量是甲买的总数的 $(440-400)÷(500-400)=40\%$,因此甲买的铅笔是钢笔数量的 $(1-40\%)÷40\%=1.5$ 倍。

16. 答案:4800。

分析:这三种图形的周长和面积的数值恰好相同,所以分割成的各个部分的周长和恰是总面积 $100×100=10000$,除去最外围的大正方形周长,其余线段每一段都被计算两次,因此所有线段的长度和为(10000－100×4)÷2＝4800。

17. 答案:5。

分析:同一段路程两人相遇时间与追及时间的比即速度和与速度差的反比,所以 $\frac{v_甲-v_乙}{v_甲+v_乙}=\frac{v_乙-v_明}{v_乙+v_明}$,因此 $v_甲$:$v_乙=v_乙$:$v_明$。由题目知 $v_甲=9v_明$,所以 $v_甲=3v_乙$,$v_乙=3v_明$。9月2日乙追上小明即甲追上乙时恰好在AB的中点处,即距离A地还有10÷2＝5(千米)。

18. 答案:18。

分析:设 $PD=2x$,则 $PE=PF=5x$。由勾股定理知 $AB=20$,所以 $16×2x+12×5x+20×5x=12×16$,解得 $x=1$,因此 $PD=2$,$PE=PF=5$,继而推出 $AE=10$,$BD=11$,注意到 $11^2+2^2=10^2+5^2$,因此 $AP=BP$,$AF=BF=10$。

所以 $S_{\triangle DEF}=\frac{1}{2}×12×16×(1-\frac{2}{12}×\frac{5}{16}-\frac{11}{20}×\frac{5}{16}-\frac{10}{20}×\frac{10}{12})=18$。

二、历事炼心·2021年模拟题精选

模拟试卷一(中年级组)★★★

1. 答案:80。

分析:从点A出发,第一步只能向左或向右到达下一个岔路口,分别标记左右两个岔路口为点B和点C,下面只需统计以这两个点为起始点的所有路线即可。

如图所示,从点B走到点C的路径可简化为右图,即一条直达路线和三条相接的环路。

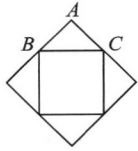
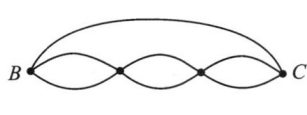

第1题图

那么,全部走法即可分成以下四类:
(1) 走一个完整环回到B,然后直达点C,再走一个"二连环"回到C;
(2) 直达C然后走一个"三连环"回到C;
(3) 走一个"二连环"回到B,然后直达C,最后走一个环形回到C;
(4) 走三个半环到达C,然后走直达路线回到B,再走三个半环到达C;
(5) 走"三连环"仍回到B,然后走直达路线到C。

所有这五种都各有2×2×2＝8(种)走法,一共就有8×5＝40(种)走法。

同理,如果初始往右到达点C,那么再经点B回到A也会有40种不同的走法。

综上所述,一共有40＋40＝80(种)走法。

2. 答案:108。

分析:根据条件,a在计算两倍时一定有数位发生了进位,要求最小的a,可以先对最小的百位数字1进行试算。此时百位在乘2时会让数字和增加1或者2(考虑进位),而8乘以2之后数字和1＋6＝7刚好减少1,所以108就是符合题意的最小三位数。

3. 答案:85321101。

分析:考虑到数值大小比较时位数优先,所以位数越长的数数值越大。从后向前推可以理解成相邻两项的和等于前一项,即有1、0、1、1、2、3、5、8的对应逆向数列达到一位数列项数最大值。经试验,85321101是符合要求的最大值。

4. 答案:180。

分析:注意到每个数字处的点都会被4个哨岗点看到,即每个数字都会被呈报4次,所以总和就是(1＋2＋3＋4＋5)×3×4＝180。

5. 答案:198。

分析:设这个三位数为 $\overline{abc}$。由题意知这个数是11的倍数,结合11的整除特征可知,这里的三个数字必须满足 $a+c-b=0$ 或者 $a+c-b=11$,则 $b=a+c$ 或者 $b=a+c-11$。而题干里的条件可用算式表述为 $100a+10b+c=11×(a+b+c)$,把得到的两个关系式分别代入并整理,可得 $8a+1=c$ 或 $8a=c$。考虑到三个字母都代表小于10的正整数,所以 $a=1$,计算得到 $b=-1$(含去)或 $b=9$。因此这个三位数就是198。

6. 答案:9。

分析:1~8都可以写出来,如下所示(填法不唯一)。

6÷6＋6－6＝1。
6÷6＋6÷6＝2。
(6＋6＋6)÷6＝3。
6－(6＋6)÷6＝4。
(6×6－6)÷6＝5。
(6－6)×6＋6＝6。
(6×6＋6)÷6＝7。
(6＋6)÷6＋6＝8。

经尝试,9无法得到。

7. 答案:6。

分析:因为折叠后重合,所以 $AB'=9$,$B'C=3$。因为 $\triangle AB'D$ 和 $\triangle CB'D$ 的高相同,故 $\frac{S_{\triangle AB'D}}{S_{\triangle CB'D}}=\frac{AB'}{B'C}=\frac{3}{1}$。

同理,$\frac{BD}{DC}=\frac{S_{\triangle ABD}}{S_{\triangle ADC}}=\frac{S_{\triangle AB'D}}{S_{\triangle ADC}}=\frac{S_{\triangle AB'D}}{S_{\triangle ADC}+S_{\triangle CB'D}}=\frac{3}{4}$。

因此 $BD=BC×\frac{3}{7}=6$。

8. 答案:25。

分析:如题图所示,全部图线可以看作是从最早的六条线段往外延伸得到,每次延伸长度加1。那么从第一条线段开始,每6条划为一组,相邻组之间线长之和逐次增加6,第一组长度和为1＋1＋1＋1＋2＋1＝7,往后的总长度可累加得到:7＋13＋19＋25＋…＋(6n＋1)＝(6n＋7)×n÷2＝3n²＋4n。

试算可知:3×57²＋4×57＝9975。也就是说截至第57组,线段总长已经达到9975,而10000－9975＝25＜57,

501

所以最后一条线段的长度为25。

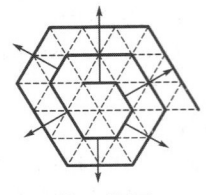

第8题图

9. 答案:2。

分析:甲每变化一次顺序,则甲位置的奇偶性就会发生一次变化。经过9次位置变换后,甲的位置应为偶数,所以此时甲的名次只能为第2名。

10. 答案:3。

分析:位于中间的数字2可能来自于一位数的2或者来自于两位数中对应位置的2,经试验,最多可以由1、2、3、23、12完成拼接。

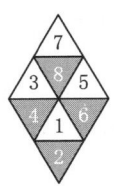

第10题图

11. 答案:20。

分析:方案如图所示(不唯一),和最小即为8+6+4+2=20。

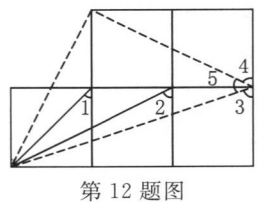

第11题图

12. 答案:180。

分析:如图所示,添加两个辅助正方形,并连接对应顶点。不难发现,∠2=∠4,∠1=45°,且虚线部分形成等腰直角三角形,故∠5=45°。所以∠1+∠2+∠3=∠5+∠4+∠3=180°。

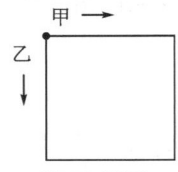

第12题图

13. 答案:48。

分析:当乙走到正方形左下角时(一个边长),甲刚好走到正方形的右下角(两个边长),此时两人同时进入下侧横向的操场跑道。乙走到第五颗树时,应走4个间隔,则此时甲应走8个间隔的长度,则可知一条边的总长度相当于12个间隔。故正方形的周长对应12×4=48(个)间隔,所以操场周围共有48棵树。

第13题图

14. 答案:AB;19。

分析:如图所示,在弹跳后小球经过十条线段就会回到起始点P,然后开始下一轮一模一样的弹跳。单轮弹跳里一共会经过3+1+4+1+3+3+1+4+1+3=24(个)单位长,而2021÷24=84……5,即小球刚好走过84轮循环到达图中大黑点的位置。所以小球下一次撞击会在AB边上,同时经过24-5=19(个)单位长的运动才能再次回到点P。

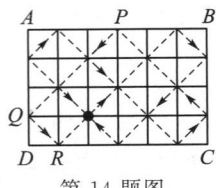

第14题图

15. 答案:1494。

分析:分别计算两种矩形地块的面积和周长之比可以发现,两种矩形的面积数值都是周长数值的2倍。而题中还有一个隐藏条件,就是每段篱笆都会充当(两个长方形的)两段边长,所以篱笆总长的两倍再加上围墙总长应该恰好等于所有小块地的周长之和。在恰好完全分隔的情况下,所有小块地的面积之和是确定的,再由刚刚计算得到的面积和周长比可知,所有小块地的周长之和一定是3000×3000÷3=3000000(米),那么篱笆总长就是(3000000-3000×4)÷2=1494000(米)=1494(千米)。

模拟试卷二(中年级组) ★★★

1. 答案:2022。

分析:去掉括号之后,算式变为2×3÷3×4×5÷5÷6×…÷1009÷1010×1010×1011,相同的数抵消之后剩下2×1011,结果为2022。

2. 答案:40。

分析:从1月到4月每个月的前10天日期都可以做相应操作,所以满足条件的数C有10×4=40(种)可能。

3. 答案:18。

分析:连接AE和CE,由于E、F分别为BD、AC的中点,所以EF∥AB∥CD。由等积变形可知,$S_{\triangle ABO}=S_{\triangle ABE}$,$S_{\triangle COD}=S_{\triangle CDE}$。由梯形的一半模型可知,$S_{\triangle ABE}+S_{\triangle CED}=\frac{1}{2}S_{梯形ABDC}$,故$S_{\triangle AOC}+S_{\triangle BOD}=\frac{1}{2}S_{梯形ABDC}=\frac{1}{2}\times\frac{1}{2}\times(10+2)\times6=18$(平方厘米)。

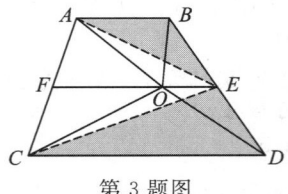

第3题图

4. 答案:3。

分析:3^1除以5的余数为3,3^2除以5的余数为4,3^3除以5的余数为2,3^4除以5的余数为1,3^5除以5的余数为3,……,每4个数的余数为1个周期,

2021÷4=505(组)……1(个),每一组的余数计算结果为3-4+2-1=0,因此最后的结果为3。

5. 答案:希希、大圣、哲哲、木头、小雪。

分析:如果希希说的是假话,那么小雪说的一定是真话,且就能知道哲哲说的是假话,那大圣说的是真话,此时前4个人说的话当中2真2假。这个时候,木头说的话无论是真话还是假话都会产生矛盾。所以希希说的一定是真话,希希最高,那么小雪说的就是假话,就能知道哲哲说的是真话,接下来如果大圣说的是假话,这个时候前4个人说的话当中2真2假。接下来木头说的话无论是真话还是假话都会产生矛盾,因此大圣说的也是真话,就能判断出大圣和小雪之间隔了2个小朋友,所以第二高的是大圣,第三高的就是哲哲,后面依次为木头和小雪。

6. 答案:4088484。

分析:当左端的蚂蚁 A 和右端的蚂蚁 B 迎面相遇后,两只蚂蚁都要同时掉头往回爬。而这两只蚂蚁的速度相同,可以把掉头往回爬的蚂蚁 A 看成继续往前爬的蚂蚁 B,把掉头往回爬的蚂蚁 B 看成继续往前爬的蚂蚁 A,相当于两只蚂蚁相遇后"换位"继续往前爬。那么每只蚂蚁在掉下金箍棒之前,都会和对面的每一只蚂蚁这样"换位"1次,那么总的"换位"次数(相遇次数)为 2022×2022=4088484。

7. 答案:21。

分析:只用8元的钱币可以支付的钱数为:8,16,24,32,40,48,56,64,72,80…

用1个7元的钱币加上若干8元的钱币可以支付的钱数为:7,15,23,31,39,47,55,63,71,79…

用2个7元的钱币加上若干8元的钱币可以支付的钱数为:14,22,30,38,46,54,62,70,78…(无法组成6)

用3个7元的钱币加上若干8元的钱币可以支付的钱数为:21,29,37,45,53,61,69,77…(无法组成13,5)

用4个7元的钱币加上若干8元的钱币可以支付的钱数为:28,36,44,52,60,68,76…(无法组成20,12,4)

用5个7元的钱币加上若干8元的钱币可以支付的钱数为:35,43,51,59,67,75…(无法组成27,19,11,3)

用6个7元的钱币加上若干8元的钱币可以支付的钱数为:42,50,58,66,74…(无法组成34,26,18,10,2)

用7个7元的钱币加上若干8元的钱币可以支付的钱数为:49,57,65,73…(无法组成41,33,25,17,9,1)

无法被支付的价格一共有 6+5+4+3+2+1=21(种)。

8. 答案:150。

1	2	3
4	5	6
7	8	9

第8题图

分析:有序思考,去掉的四个数可能为(2,4,5,6),(5,7,8,9),(1,2,3,5),(4,5,6,8),(1,4,5,7),(2,5,6,8),(2,4,5,8),(3,5,6,9),这四个数能组成的不同的和为11,17,19,21,23,29。再用原本九个数的和45分别减去后可得出16,22,24,26,28,34这6种不同的结果,它们的和为16+22+24+26+28+34=150。

9. 答案:12477947。

分析:按照题目的要求,第一次操作得到2210-122=2088,第二次操作得到8820-288=8532,第三次操作得到8532-2358=6174,第四次操作得到7641-1467=6174,往后每次的结果都是6174。

那么这2022个数的和为2021+2088+8532+6174×(2022-3)=12477947。

10. 答案:31752。

分析:将该数字谜转化为字母表示为

```
    A B C
  × D E F
  ─────────
    2 H 2
  I J 0
K L 2
─────────
M 1 N S Q
```

,根据 $\overline{ABC} \times F = \overline{2H2}$,可以知道 A 最大为 2。若 A 为 2,F 则为 1,C 为 2。而由 $\overline{ABC} \times E = \overline{IJ0}$,E 为 0 或者 5,都不符合 $\overline{IJ0}$ 为三位数,则 A 为 1,F 为 2。而 F×C 的末位为 2,D×C 的末位也为 2,可以判断出来 C 为 6,D 为 2,C×E 的末尾为 0,所以 E 为 5,剩下只有 B 未知。根据结果的万位是 1,从 1 开始枚举就知道 B 为 2,所以原式为 126×252,结果为 31752。

11. 答案:2021。

分析:由题可知,$S_{\triangle CDE} = S_{\triangle CGE}$,$S_{\triangle CBF} = S_{\triangle CGF}$,而 $S_{正方形ABCD} = S_{\triangle AEF} + S_{\triangle CDE} + S_{\triangle CBF} + S_{\triangle CEF} = S_{\triangle CEF} \times 2 + 43 \times 47$,故 $S_{\triangle AEF} = 2021$。

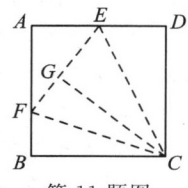

第11题图

12. 答案:6。

分析:由于比赛是两两配对的,若某次淘汰赛有奇数名选手,则一定有1人轮空;若每次都是偶数名,则永远不会有人轮空。若初始总人数是 2^n(n 为正整数),则永远不会有人轮空。如果参赛总人数再增加1988人,则总人数是 $16^5 = 2^{20}$,此时永远不会有人轮空。

现在少了1988人,我们可以给初始人数虚增1988,把虚增的人看作透明人,让透明人也同步参加比赛。每轮淘汰赛开始时,如果透明人的数量为偶数,则透明人两两互相配对比赛,有一半透明人被淘汰;如果透明人的数量是奇数,那么透明人除两两配对比赛外,剩余的1个透明人与本应轮空的那个非透明人进行比赛,并且比赛结果是非透明人获胜。那么每当透明人的数量出现1次奇数,就会有1人次轮空出现。

第1轮淘汰赛,透明人的数量从1988减少到了994;

第2轮淘汰赛,透明人的数量从994减少到了497;

第 3 轮淘汰赛,透明人的数量从 497 减少到了 248;
第 4 轮淘汰赛,透明人的数量从 248 减少到了 124。
接下来的几轮淘汰赛中,透明人的数量分别是 62,31,15,7,3,1,0。

上述过程中,透明人的数量出现了 6 次奇数,所以共有 6 人次轮空。

(或者将 1988 转化为二进制数 $1988=(11111000100)_2$,共有 6 个 1,所以出现 6 人次轮空)

13. 答案:14。

分析:如果拿到最后一根赢,那么萱萱需要保证在一轮中,每次和希希拿到的根数之和是 2021 的因数,2021 的因数有 1、43、47、2021 共 4 个,除开因数 1,还有 3 个因数。例如因数 43,就是第 42 局,每人每次可以拿 1~42 根,当希希拿完之后,萱萱拿的火柴数为 43 减去希希拿的火柴数,这时候萱萱一定可以拿到最后一根,所以萱萱开始之前说拿到最后一根的人赢的话,她就可以赢得这一局,这种情况下萱萱最多赢 3 局。

如果拿到最后一根输,则拿到倒数第二根的人赢,那么萱萱需要保证在一轮中,每次和希希拿到的根数之和是 2020 的因数,2020 的因数有 1、2、4、5、10、20、101、202、404、505、1010、2020 共 12 个,除开因数 1,还有 11 个因数。例如因数 20,就是第 19 局,每人每次可以拿 1~19 根,当希希拿完之后,萱萱拿的火柴数为 20 减去希希拿的火柴数,这时候萱萱一定可以拿到倒数第二根火柴,所以萱萱开始之前说拿到最后一根的人输的话,她就可以赢得这一局,这种情况下萱萱最多赢 11 局。

故萱萱最多赢 $3+11=14$(局)。

14. 答案:(1)2022 米。 (2)2021480。

分析:(1)设全程为 S 米,那么从开始到第一次相遇,晓风顺水行 1502 米,楠楠逆水行 ($S-1502$) 米。第二次相遇后两人继续前进,会同时到达各自出发点。从第二次相遇到最后,晓风逆水行 520 米,楠楠顺水行 ($S-520$) 米。由于两人的静水速度相同,故两人的顺水速度相同,逆水速度也相同。得出下表:

顺水行驶路程/米	逆水行驶路程/米
1502	$S-1502$
$S-520$	520
$S-2022$	$2022-S$

故 S 为 2022。

(2)两人同时出发,每次同时回到出发点就会相遇 2 次。那么第 1000 次相遇时,晓风再逆水行 520 米就可以第 500 次回到出发点了,此时晓风行了 $2022\times500\times2-520=2021480$(米)。

15. 答案:(1)625。 (2)24 个。 (3)39 个。

分析:(1)$123=1\times123=3\times41$,123 的因数有 1、3、41、123,其中没有 123 的因数,123 不是"独特数";

$356=1\times356=2\times178=4\times89$,356 的因数有 1、2、4、89、178、356,其中没有 356 的因数,356 不是"独特数";

$625=1\times625=5\times125=25\times25$,625 的因数有 1、5、25、125、625,其中 125 是 625 的因数,625 是"独特数"。

(2)①设这个三位数为 $\overline{aab}$,改变其中一种数字,可能变为 $\overline{aac}$(c 与 b 不同)或 $\overline{ccb}$(c 与 a 不同),$\overline{aab}$ 不是 $\overline{aac}$ 的倍数,只有可能是 $\overline{aab}$ 为 $\overline{ccb}$ 的倍数,此时只有 $b=0$ 符合要求,990、880、770、660、550、440、330、220 符合要求(全部变成 110 即可)。

②设这个三位数为 $\overline{aba}$,改变其中一种数字,可能变为 $\overline{aca}$(c 与 b 不同)或 $\overline{cbc}$(c 与 a 不同),$\overline{aba}$ 不是 $\overline{aca}$ 的倍数,只有可能是 $\overline{aba}$ 为 $\overline{cbc}$ 的倍数,此时只有 $b=0$ 符合要求,909、808、707、606、505、404、303、202 符合要求(全部变成 101 即可)。

③设这个三位数为 $\overline{baa}$,改变其中一种数字,可能变为 $\overline{caa}$(c 与 b 不同)或 $\overline{bcc}$(c 与 a 不同),$\overline{baa}$ 不是 $\overline{bcc}$ 的倍数,只有可能是 $\overline{baa}$ 为 $\overline{caa}$ 的倍数,此时只有 $a=0$ 符合要求,900、800、700、600、500、400、300、200 符合要求(全部变成 100 即可)。

一共有 $8+8+8=24$(个)恰好有两个数字相同的"独特数"。

(3)①三个数字全部相同,999、888、777、666、555、444、333、222 符合要求(全部变成 111 即可),一共有 8 个。

②其中两个数字相同,一共有 24 个。

③三个数字都不相同,设这个三位数为 $\overline{abc}$,改变其中一种数字,可能变为 $\overline{abd}$(c 与 d 不同)、$\overline{adc}$(b 与 d 不同)、$\overline{dbc}$(a 与 d 不同),$\overline{abc}$ 不是 $\overline{abd}$ 的倍数,$\overline{abc}$ 不是 $\overline{adc}$ 的倍数,只有可能是 $\overline{abc}$ 为 $\overline{dbc}$ 的倍数,此时 $(\overline{abc}-\overline{dbc})$ 为 $\overline{dbc}$ 的倍数,此时 625 符合要求(变成 125 即可),750、450 符合要求(变成 150 即可),875 符合要求(变成 175 即可),960 符合要求(变成 160 即可),840 符合要求(变成 140 即可),720 符合要求(变成 120 即可),一共有 7 个。

综上,共有 $8+24+7=39$(个)"独特数"。

模拟试卷三(中年级组)★★★

1. 答案:2021。

分析:$(4700+47)\div707\times43\times7$
$=4747\div707\times7\times43$
$=47\times101\div7\div101\times7\times43$
$=47\times43$
$=2021$。

2. 答案:2021。

分析:原式 $=(2021^2-2020^2)-(2019^2-2018^2)+(2017^2-2016^2)-(2015^2-2014^2)+\cdots+(5^2-4^2)-(3^2-2^2)+1^2$

$=2021+2020-2019-2018+2017+2016-2015-2014+2013+\cdots+5+4-3-2+1$

$=2021+(2020-2019-2018+2017)+(2016-2015-2014+2013)+\cdots+(4-3-2+1)$

$=2021$。

3. 答案:2;1。

分析:如图所示,旋转过程中会形成两次直角,一次平角。

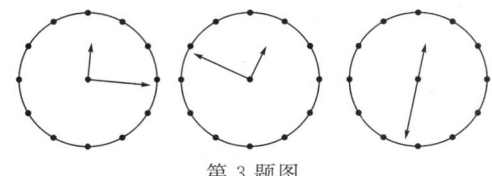

第3题图

4. 答案:F。

分析:题目中A、C、E、F四个人分为两个阵营,A、E一个阵营,C、F一个阵营。两边一定是一真一假,所以题目中说假话的两个人已经在这4人里面,B、D说的一定是真话,可知F是第一名。

5. 答案:9。

分析:原周长=(12+24)×2=72(厘米),图(2)中三个图的周长总和为138厘米,比原周长多了4条AB和6条△GEF的边。故△GEF的周长=(138-72-12×4)÷2=9(厘米)。

6. 答案:30。

分析:4△4=4+5+6+7+4×2=30。

7. 答案:1;2;3;5。

分析:满分是100+1+2+3+…+9=145(分),小志扣了145-123=22(分)。失败一关,分数减少双倍,22÷2=11(分),11=1+2+3+5,失败的关卡分别是第1、2、3、5关。

8. 答案:11。

分析:(1)142=1+2+3+…+15+16+6,6÷2=3,第3天,小于8,不符合题意。

(2)142=1+2+3+…+15+22,22÷2=11,第11天,大于8,符合题意。

综上,读三倍页数的这一天是第11天。

9. 答案:25。

分析:正常报应为1,5,9,…,第40人应报1+4×(40-1)=157。若无人报错,40个人报数总和为(157+1)×40÷2=3160。小少报错,从小少开始,后面每人少报8;从小年开始,后面每人少报11,有5人少报8,3160-2999=161,(161-8×5)÷11=11,11人少报11,小少从左到右排:40-5-11+1=25。

10. 答案:10。

分析:两次总分加起来,相当于每个题算对一次,算错一次,总题目有(70+20)÷(8-1)=15(个)。交换后小丸子得分少了50分,说明对的题目多,多出来的做对的题目,会少10分。故小丸子答对的题比答错的题多(70-20)÷(8+2)=5(个)。和差公式:(15+5)÷2=10(个),小丸子答对了10个题目。

11. 答案:192。

分析:奇数3、5、7不相邻,偶数4、6、8不相邻,3和6、4和7、5和8不相邻,因为它们除以3的余数相同,所以3可以和4、8相邻,4可以和3、5相邻,5可以和4、6相邻,6可以和5、7相邻,7可以和6、8相邻,8可以和3、7相邻。六位数总共6个数位,首位有6种选择,不管选谁,往后每个

位置都是2种选择,6×2⁵=192,共192个。

12. 答案:24;13。

分析:这条公路共种树245÷5+1=50(棵)。由条件②可以知道,这50棵树的种植是有周期性规律的,周期为4。50÷4=12(组)……2(棵),说明最后一棵树是第13组的第二棵树。由于最后一棵是杨树,所以余数2里面第二棵树是杨树,余数2里的第一棵树就是开头的第一棵树,是柳树,那么松树种了12×2=24(棵),柳树种了12×1+1=13(棵)。

13. 答案:80;84。

分析:A、B共88×2=176(分),C、D、E共94×3=282(分),282-176=106(分),相当于二班有一人考了106分,转到一班去了,使得一班平均分增加2分,二班平均分减少2分。故一班原平均分为106-2×13=80(分);二班原平均分为106-2×11=84(分)。

14. 答案:95400。

分析:8台新机器每分钟生产8×70=560(片)口罩,10台旧机器每分钟生产10×50=500(片)口罩,所有机器生产的时间为5400÷(560-500)=90(分钟),故所需口罩为90×(560+500)=95400(片)。

15. 答案:(1)48。 (2)989。

分析:(1)1000=1+2+…+43+44+1+2+3+4,共吃了48天。

(2)第一天留2号,第二天留号2+3号,……,第43天留下2+3+4+…+44号,后面还有990号到1000号这11个,第44天吃掉后面11个和前面33天每天剩下的一个,还剩10个,是第34天到第43天剩下的。画图可知,最后一个被吃的是第43天剩下的那个,即2+3+4+…+44=989(号)。

模拟试卷四(中年级组) ★★★

1. 答案:2021。

分析:原式=(45-2)×(45+2)=43×47=2021。

2. 答案:16。

分析:容易分析出第5项为432÷9=48。因为前6项的和恰好是前3项和的3倍,所以中间三项的和是前面三项和的2倍。于是第5项是第2项的2倍,于是第2项是24。容易算出公差等于8,第一项是16。

3. 答案:17。

分析:反向考虑,只有恰好是11块的早餐组合涂涂老师买不起。

总共有5×4=20(种)情况,其中热干面配豆浆、豆皮配酸梅汤、凉面配绿豆汤3种情况没办法买。

所以符合要求的情况有20-3=17(种)。

4. 答案:336。

分析:易得长方形的长比宽多5厘米,如图。

如果从正方形变成长方形:面积减少了3×边长,再增加2×(边长-3)所以3×边长-2×(边长-3)=25。于是正方形的边长为19厘米。

于是长方形的长和宽分别为21厘米和16厘米,所以

面积是336平方厘米。

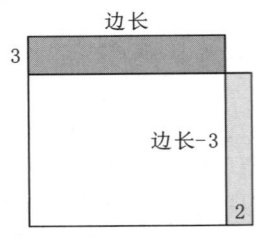

第4题图

5. 答案:133。

分析:依题意,运动员共有(777+85)÷2=431(人),女运动员有(431+16)÷1.5=298(人),于是男运动员有431-298=133(人)。

6. 答案:1126。

分析:涂涂老师总共跑了150×60=9000(米)总共会数到9000÷4+1=2251(棵)树,2251÷2=1125……1,其中柳树有1125+1=1126(棵)。

7. 答案:26979。

分析:

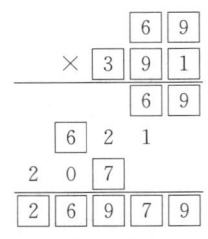

第7题图

8. 答案:14。

分析:依次枚举这列数,10,5,16,8,4,2,1,12,6,3,14,7,18,9,20,10,5…发现每15个1周期,于是2021除以15余11,所以第2021个数是14。

9. 答案:16。

分析:∵$S_{\triangle EFH}=S_{\triangle ADF}+S_{\triangle BHC}$,∴$S_{梯形ABCD}=S_{\triangle ABE}=30\times40\div2=600$。∴$AD+BC=600\times2\div50=24$。又∵$BC=2AD$,∴$BC=24\div(2+1)\times2=16$。

10. 答案:81。

分析:在考最后一次考试之前,100分平均到85分给出15分,所以考试次数为15÷(85-82)+1=6(次)。

在考最后一次考试之后,总平均分为(6×85+57)÷7=81(分)。

11. 答案:37;每次给乙留下石子1、3、7、15、31个。

分析:逆推法。可知甲应取100-63=37(个),以后每次给乙留下1、3、7、15、31个,则甲必胜。

石子数/个	1	2	3	4~6	7	8~14	15	16~30	31	32~62	63	64~126
胜(√)负(×)	√	×	√	√	×	√	×	√	×	√	×	√

12. 答案:31。

分析:吃到1根雪糕情况有4种,吃到2根雪糕情况有6种,吃到3根雪糕情况有4种,吃到4根雪糕情况有1种,共种4+6+4+1=15(种)情况。

因为一定有3个同学拿到的雪糕一样,所以至少有学生15×2+1=31(名)。

13. 答案:13225。

分析:

1	2	5	3	4
4	3	1	5	2
5	1	2	4	3
3	5	4	2	1
2	4	3	1	5

第13题图

14. 答案:(1)360秒。 (2)504秒。

分析:简单分析发现,开始丙拉开乙的距离显然大于乙拉开甲的距离,所以当第一次有一个人到另两个人距离相等,是丙还没有追上甲,且此时丙在乙和丙的中间,所以相当于丙去追2米每秒用时22520÷(9-2)=360(秒)。

第二次有一个人到另两个人距离相等,此时丙追上了甲,所以用时2520÷(9-4)=504(秒)。

15. 答案:125。

分析:假设涂涂老师每天摄入1500份维生素,于是每克西蓝花会提供1500÷500=3(份)维生素,每克生菜会提供1500÷300=5(份)维生素。

如果350克全是生菜,则可以提供350×5=1750(份)维生素,于是涂涂老师吃了(1750-1500)÷(5-3)=125(克)西蓝花。

模拟试卷五(中年级组)★★★

1. 答案:2042220。

分析:原式=2019×(2021-2017)+2015×(2017-2013)+…+3×(5-1)
=4×(2019+2015+…+3)
=2042220。

2. 答案:44。

分析:假设全为1元硬币,应有72×1=72(元)。故5角的硬币有(72-50)÷(1-0.5)=44(个)。

3. 答案:12。

分析:$48=2^4\times3$。

1+1+6+8=16;1+2+3+8=14(舍去);1+2+4+6=13(舍去);2+2+3+6=13(舍去);2+2+4+4=12(取);1+3+4+4=12(舍去)。

1、1、6、8构成的四位数有4×3=12(个)。

4. 答案:18。

分析:54-2×(12+6)=18(千米)。

5. 答案:1200。

分析:1只犀牛重3200÷2=1600(千克),1只河马重1600×3÷4=1200(千克)。

6. 答案:101。

分析:原式=(1×2×3×…×101)÷(1×2×3×4×5×6×…×99×100)=101。

7.答案:28。

分析:一共有101种得分情况,即0~100的所有整数。

129÷101=1……28,故至少有28对得分相同的学生。

8.答案:42。

分析:考虑从1到10走9步,向右表示放在第一排顺序的位置,向上表示放在第二排顺序的位置,所以共有5步向右,4步向上,且每一步总的右步数比上至少多1。因此标数如下,每一个点处的数等于它左边和下方的数之和。

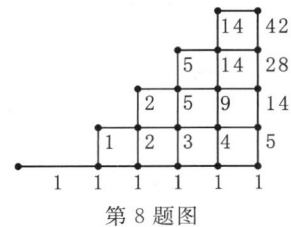

第8题图

9.答案:24。

分析:13个图形的周长=24×长+24×宽+4(长-3×宽)=18×4×5。

长+3×宽=18。

所以,长是12厘米,宽是2厘米,阴影的面积是24平方厘米。

10.答案:48。

分析:乙增加10+15=25(个),乙占球总数一半;丙增加15+8=23(个),丙占球总数一半;乙增加25个球,丙增加23个球,即为总球数。所以甲最初有25+23=48(个)球。

11.答案:34。

分析:4只冰冰兔与1只鼻涕虫,共有6头24腿,与萝卜马相同,每头都对应4腿。

巍峨鸡是2头6腿,每1头对应3腿。

假设全部是巍峨鸡,100头对应100×3=300(条)腿。有(332-300)÷(4-3)=32(个)头需要对应4条腿。所以巍峨鸡有100-32=68(个)头,有68÷2=34(只)。

12.答案:12。

分析:甲班的男生人数与乙班的女生人数相同,所以甲班的女生人数与乙班的男生人数相同。甲、乙班的男生人数是1个班的总人数,甲、乙班的女生人数是1个班的总人数。

全部男生人数加上12,就是丙班男生人数的3倍,相当于甲班、乙班的男生人数加上12,是丙班男生人数的2倍,也是就丙班总人数的2倍。所以丙班女生人数加上12,是丙班男生人数的1倍。即丙班女生人数比男生少12人。

13.答案:100。

分析:连接EG(图略),$S_{\triangle GEK}=S_{\triangle GEF}$,$S_{\triangle GED}=S_{\triangle GEB}$,所以$S_{阴影}=S_{正方形GFEB}=100$平方厘米。

14.答案:(1)6,7。 (2)45360。

分析:(1)第1次取出的是1,1,2;第2次取出的是2,3,3;还剩4、5、6、7各2个。

第3次与第4次取出的卡片编号总和差7,则第3次取出的是4,4,5;第4次取出的是6,7,7;剩下第5次取出的是6,7。

(2)前4次取出的数都有两张相同,从7个数中选出4个数成对被选出,并分配在前4次中,共有$A_7^4=840$(种);剩下的6张卡片是3对相同的卡片,有4张分别在前4次被选出,有$C_3^1\times C_4^2+C_3^2\times A_4^2=54$(种)。一共有840×54=45360(种)。

15.答案:84。

分析:如图所示,第二组有(438-30×6-30×7)÷4=12(人),公司共有30×2+12×2=84(人)。

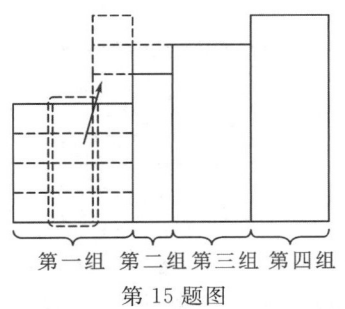

第15题图

模拟试卷六(中年级组) ★★★

1.答案:4747。

分析:2020÷(2+20+21)×(50+51)=2021÷43×101=4747。

2.答案:6。

分析:1位男同学和3个女同学分成一组,25÷(1+3)=6(组)……1(个),最后一个也需要安排女同学,所以,最多有6位男同学。

3.答案:774。

分析:为了使拼成的数尽可能大,首先拼成的个数尽可能多。

数字2需要5根火柴棒;数字3需要5根火柴棒;数字4需要4根火柴棒;数字5需要5根火柴棒;数字6需要6根火柴棒;数字7需要3根火柴棒;数字8需要7根火柴棒;数字9需要6根火柴棒;数字0需要6根火柴棒。

一共10根火柴棒,分成3+3+4,可以拼成2个7、1个4,所以拼成的最大的数是774。

4.答案:3。

分析:两车的速度差:33-32=1(米/秒);

齐头并进时,路程差是乙车的长度:1×8=8(米),

齐尾并进时,路程差是甲车的长度:1×5=5(米),

两辆车的长度差是8-5=3(米)。

5. 答案:15。

分析:除"0"上的四个圆圈用2次外,其余圆圈各用1次,所以数字和是$(0+1+2+\cdots+9)\div(4-1)=15$。

6. 答案:10。

分析:如图(1),在方格中进行黑白间隔染色。

在留下的23个方格中,共有10个A和13个B,所以覆盖A的1×2的方块最多可以用10块。

可构造图(2)。

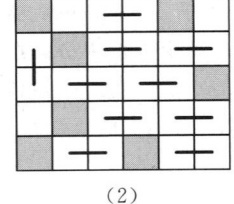

第6题图

7. 答案:4。

分析:

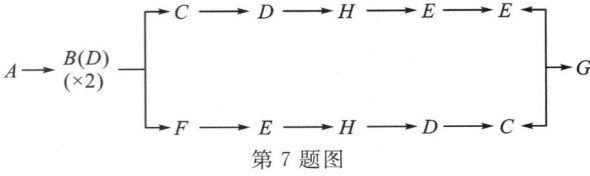

第7题图

8. 答案:64。

分析:假设除了空盒子以外一共有n个盒子。

冰冰回来查看时,原来那个空盒子现在不空了,但是冰冰却没有发现有人动过这些盒子和棋子,那么一定是有另一个盒子现在变成了空盒子。

这样,原来冰冰放置棋子时必有一个盒子只装着一个棋子。

原来只装着一个棋子的盒子变成了空盒子以后,还需要一个盒子装一个棋子来代替它,那么这个代替它的盒子原来一定只装着2个棋子,依此类推,可以推断出冰冰所放的棋子依次是$0,1,2,3,\cdots,n$。

根据这个等差数列的和不超过2021,通过尝试求出当$n=63$时,$1+2+\cdots+63=2016$,满足题意;当n大于63时均不满足。

所以,最多共有$63+1=64$(个)盒子。

9. 答案:11。

分析:三位数:122,212,221;

四位数:1022,1112,1121,1202,1211,1220,2012,2021。

所以是第11个。

10. 答案:16。

分析:因为甲组平均数比所有人平均数多1个,且甲组平均每人比乙组平均每人多完成3个,所以乙组平均数比所有平均数少2个。根据"移多补少"的思想,甲组的人数需要是乙组的2倍使两组的平均数相等,所以甲组有$24\div(1+2)\times2=16$(人)。

11. 答案:63。

分析:方法1 由1小块组成的三角形:14个;

由2小块组成的三角形:14个;

由6小块组成的三角形:14个;

由7小块组成的三角形:7个;

由10小块组成的三角形:14个。

所以共有:$14+14+14+7+14=63$(个)。

方法2 含正七边形其中一边:$7\times2\times2=28$(个),

正七边形内部:$C_7^3=35$(个)。

所以共有$28+35=63$(个)。

12. 答案:520。

分析:设$AD=a$,正方形ABCD右上方最小的正方形边长为x。

那么$HG=2a+5x$,$EF=20x-3a$,$FG=15x$,所以$a=3x$。

所以周长$C_{长方形EFGH}=(2a+5x+15x)\times2=4a+40x$。

又因为$a=30$,所以$x=30\div3=10$,$C_{长方形EFGH}=4\times30+40\times10=520$。

13. 答案:41。

分析:(1)因为大家都没有拿到重复的数字卡片,所以4个4一人一张。

(2)分成3,3,2,2的四堆有3种不同的情况:

①124,234,34,34;②134,234,24,34;③234,234,14,34。

因为丙不知道边老师拿的是什么,所以丙手里拿的一定是34,边老师可能是14或24或34;

如果甲或乙拿的是124或134时,通过第一次回答他们判断出丙是34之后,他们一定可以判断出边老师的牌。

但是现在第一次回答后甲乙还是不能判断,所以甲和乙拿的一定是234。

边老师拿的是1和4,组成的两位数最大是41。

14. 答案:60。

分析:第一次相遇,甲、乙合走了1个全程,乙的行驶路程是80千米。

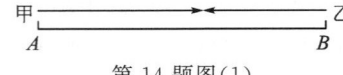

第14题图(1)

第二次相遇,假设从一开始就是速度减半,甲、乙合走了2个全程。

乙从A地的左侧半个全程开始出发,甲从B地的右侧半个全程开始出发。

时间为第一次相遇的4倍,则乙的行驶路程为$2\times80=160$(千米),半个全程为$160-60=100$(千米),则全程为200千米,则两次相遇地点距离$200-60-80=60$(千米)。

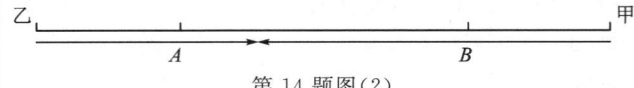

第14题图(2)

15. 答案:238。

分析:17:45后,到18:15这一组,共发车6次。

18:15后,到19:20这一组,共发车13次,共有160人乘坐,其中前12次是满员。

160÷12=13(人)……4(人),即每车满员13人,不再接受新人排队时,还有13×6+160=238(人)。

模拟试卷七(中年级组)★★★

1. 答案:184。

分析:原式=18.4×10=184。

2. 答案:13。

分析:按照规律写下去,20,21,5,8,13,12,7,10,8,9,17,17,16,15,13,10,5,6,11,8,10,9,10,10,2,3,5,8…可知从第三项开始为周期为24的周期数列。(2021−2)÷24=84……3,所以第2021项为13。

3. 答案:9218。

分析:由2的整除特征可知B为偶数,由11的整除特征可知$A+1=B+2$。$A=9,B=8$时四位数可取的最大值9218。

4. 答案:301。

分析:将1只九头虫和25只兔子分为一组则满足脚数是头数的3倍。所以,打死20只九头虫后,余下的所有动物中兔子的只数是九头虫只数的25倍,所以九头虫有(220+20)÷(25−1)+20=30(只),兔子有220+30=250(只),三种动物共有21+30+250=301(只)。

5. 答案:4。

分析:高位分析可知"二"表示的数字为1,进而可知"起"表示的数字是0,所以"一"+"飞"=12,"一"+"零"=10;"一"的取值有3,4,7,8,共4种可能,满足要求的填法有4种。

6. 答案:344。

分析:当小喜给小飞21颗珠子之后,小飞的珠子数设为"1份",则小喜的珠子数为"2份−3";若小飞返还小喜21+21=42(颗)珠子,则小喜的珠子数比小飞的3倍多2颗,此时小飞的珠子数为"1份−42",小喜的珠子数为"2份+39",可知"1份"为(39+2×42−2)÷(2−1)+42=163(颗)。所以原来小喜有珠子163×2−3+21=344(颗)。

7. 答案:43。

分析:因为1+2+3+…+63=2016,可知N的最大值为63,令除最大数与最小数之外的61个数之和为S,最小数为a,可得$S+2a=2022−63=1959$,若$a=1$,那么最大数为64,其余61个数只能为2,3,4,…,56,57,59,60,61,62,63。若$a≥2$,最小的63个自然数之和大于2022不满足题意。所以,从大到小的第21个数是43。

8. 答案:20。

分析:因为至少取12颗珠子才能保证有6颗同颜色,由最不利原则可知三种颜色的珠子数的可能搭配为(1,5,15)、(2,4,15)、(3,3,15)、(1,6,14)、(1,7,13)、(1,8,12)、(1,9,11)、(1,10,10)。所以要保证至少有10颗同色至少需要取1+9+9+1=20(颗)珠子。

9. 答案:1507。

分析:原式=(3×5−2)+(5×7−2)+…+(19×21−2)+1×1−2−2+3×3−4−4
=(3×5+5×7+…+19×21)−20
=(3×5×7−1×3×5+5×7×9−3×5×7+…+19×21×23−17×19×21)÷6−20
=(19×21×23−1×3×5)÷6−20
=1507。

10. 答案:2。

分析:由个位分析,可得$E+F=7$(若$E+F=17$,则C,D,E,F必有重复)。由十位分析,可得$B+E=6$(若$B+E=16$,则$E≥7$,只能取0与题意不符),所以$A+B=4$。经枚举有316852,318652两个六位数满足题意。

11. 答案:第45行42列。

分析:第n行的最大数为n^2,因为$44^2=1936$,可知2022在第45行,且1937在第45行第1列,2025在第45行右45列,所以2022的位置为第45行右42列。

12. 答案:3500。

分析:不妨设甲在C地第一次追上乙,甲走的路程为$AC=77×50=3850$(米),乙走的路程为BC;接着用了$60−50=10$(分钟)第二次追上了乙(不妨将第二次追及点记为点D),这10分钟的时间甲比乙多跑了$2BC$,由甲可知$2BC+CD=770$(米),由乙可知$BC=5CD$,可知$BC=350$米,$CD=70$米。所以$AB=3850−350=3500$(米)。

13. 答案:52。

分析:由甲说的话可知甲手里的两位数的可能值为46,51,52,53,54,55,56,61,62,63,64,65;由乙说的话可知乙手里的两位数的可能值为61,62,63,64,65;由丙说的话可知丙为41或43(对应的等差数列为41,52,63和43,52,61);甲能确定为等差数列,可知甲手里的两位数是52。

14. 答案:4286。

分析:连续自然数的平均数为(最大数+最小数)÷2,从1至4040中擦掉一个数后的平均数在2020至2021之间,从1至4041中擦掉一个数后的平均数在2020.5至2021.5之间,从1至4042中擦掉一个数后的平均数在2021至2022之间,从1至4043中擦掉一个数后的平均数在2021.5至2022.5之间。

若连续自然数的范围是1至4041,由2021.215×4040=8165708.6,2021.225×4040=8165749,1+2+…+4041=8166861,8166861−8165749=1112,8166861−8165708.6=1152.4,可知擦掉的数可以是1113至1152之间的任意自然数。

若连续自然数的范围是1至4042,由2021.215×4041=8167729.815,2021.225×4041=8167770.225,1+2+…+4042=8170903,8170903−8167770.225=3132.775,8170903−8167729.815=3173.185,可知擦掉的数可以是3133至3173之间的任意自然数。

所以最大可能值与最小可能值之和为1113+3173=4286。

15. 答案:39 或 30。

分析:边长为 8 的正方形可以分割为 64 个边长为 1 的小正方形,若把 4 个小正方形合并为 1 个边长为 2 的正方形则减少了 3 个正方形,若把 9 个小正方形合并为 1 个边长为 3 的正方形则减少了 8 个正方形,若把 16 个小正方形合并为 1 个边长为 4 的正方形则减少了 15 个正方形,若把 25 个小正方形合并为 1 个边长为 5 的正方形则减少了 24 个正方形……如图(1),总的需要减少 64−21=43(个)正方形,且需要增加 4−1=3(种)不同的正方形。43=24×1+8×2+3×1 或者 43=15×1+8×2+3×4,构造如图(2)(正方形中的数表示该正方形的面积),可得 4 种不同的数值之和可能值是 25+9+4+1=39 或 16+9+4+1=30。

第 15 题图

模拟试卷八(高年级组) ★★★

1. 答案:1020。

分析:10 人打疫苗将打了疫苗与没打疫苗的人数比 51∶51 变成了 52∶50,故小区总人数为 10×(50+52)=1020(人)。

2. 答案:72。

分析:数列前 9 项依次为 $\frac{3}{2}, \frac{5}{3}, \frac{8}{5}, \frac{13}{8}, \frac{21}{13}, \frac{34}{21}, \frac{55}{34}, \frac{89}{55}, \frac{144}{89}$,它们的乘积为 72。

3. 答案:454。

分析:7,9,11 三个数的最小公倍数为 693,故 A 最小为 693−63−77−99=454。

4. 答案:2201。

分析:设被减数的数字和为 A,减数的数字和为 B,显然 A<B<10 且 A−B+9k=5,其中 k 是整数。容易发现 k=1,即相减过程中只借了一次位,借位只能发生在十位向百位借位。故减法算式为:2201−180=2021。

5. 答案:72。

分析:连接 AQ(图略),显然△APQ 和△AQC 的面积都是 180,故 $\frac{CE}{AE} = \frac{S_{\triangle QEC}}{S_{\triangle AQC} - S_{\triangle QEC}} = \frac{2}{7}$,而△CDQ 与△PDQ 面积相等。根据 $\frac{S_{\triangle CDQ}}{S_{\triangle PDQ} + S_{\triangle APQ}} = \frac{2}{7}$ 可知△DPQ 的面积为 72。

6. 答案:5。

分析:一共只有 4 个人,所以小周老师手上必定有 4。在小周老师第一次问问题的时候,如果甲、乙、丙三人之中有人没有 3,那么没有 3 的人必定会知道小周老师手上有 3,所以甲、乙、丙三人手上都有 3;在小周老师第二次问问题的时候,如果甲、乙二人之中有人没有 2,那么没有 2 的人必定会知道小周老师手上有 2,所以甲、乙手中都有 2。所以小周老师手上的数字卡片是 1 和 4,和是 5。

7. 答案:432。

分析:含有棋子的长方形共有 $(C_8^2 - 4) \times (C_8^2 - 4) = 576$(个),只含一个棋子的长方形有 $4 \times 4 \times 9 = 144$(个),故既包含黑棋也包含白棋的长方形有 576−144=432(个)。

8. 答案:7。

分析:5 个小球的重量关系共有 $A_5^5 = 120$(种)可能性;第 1 次比较将这 120 种可能性分为两部分,较为不利的情况保留了不少于 60 种可能性;第 2 次比较将这不少于 60 种的可能性分为两部分,较为不利的情况保留了不少于 30 种可能性;第 3 次比较将这不少于 30 种的可能性分为两部分,较为不利的情况保留了不少于 15 种可能性;第 4 次比较将这不少于 15 种的可能性分为两部分,较为不利的情况保留了不少于 8 种可能性;第 5 次比较将这不少于 8 种的可能性分为两部分,较为不利的情况保留了不少于 4 种可能性;第 6 次比较将这不少于 4 种的可能性分为两部分,较为不利的情况保留了不少于 2 种可能性。故 6 次称重无法确保将 5 个小球按顺序排成一排,至少要称 7 次。

7 次的构造方式如下:

第一次选择 2 个球比重量,第二次再选 2 个球比重量,第三次选择第一次较重的球与第二次较重的球比重量,第三次较重的球为 A,第三次较轻的球为 B,和 A 作过比较的另一个球称为 C,和 B 作过比较的另一个球称为 D,剩下的球为 E。

第四次比较 E 和 B:

(1)若 E>B,则比较 A 和 E:若 E>A,则只有 EABCD、EACBD、EABDC 3 种情况;若 E<A,则有 AEBCD、AECBD、ACEBD、AEBDC 4 种情况,都可以再称 2 次排好顺序。

(2)若 E<B,则比较 E 和 D:若 E>D,则只有 ABECD、ABCED、ACBED、ABEDC 4 种情况;若 E<D,则有 ABCDE、ACBDE、ABDEC、ABDCE 4 种情况,都可以再称 2 次排好顺序。

9. 答案:40。

分析:不存在由 0 和一种奇数组成的满足条件的十位数,也不存在由两种不同的奇数组成的满足条件的十位数。

由一种奇数、一种非零偶数组成的满足条件的十位数有 5×4=20(个)。

(1)考虑由两种不同的非零偶数组成的满足条件的十位数:

①如果这两种不同的偶数恰好是 2 和 6,那么这个数显然不是 4 的倍数,也就必定不是 1024 的倍数;②如果这两种不同的偶数中恰好有一个是 2 或 6,另一个是 4 或 8,那么这个十位数除以 2 之后必定变成一个恰好由一种奇数(1 或 3)和一种非零偶数(2 或 4)组成的,并且是 512 的倍数的十位数,这样的十位数共有 2×2×2=8(个);③如果这两种不同的偶数恰好是 4 和 8,那么这个十位数除以

4之后必定变成恰好由1和2组成的,并且是256的倍数的十位数,这样的十位数共有2×2=4(个)。

(2)考虑由0和另外一种偶数组成的满足条件的十位数:

①如果另一种偶数是2或6,那么这个十位数除以2之后必定变成一个由一种奇数(1或3)和0组成的,并且是512的倍数的十位数,这样的十位数共有2个;②如果另一种偶数是4,那么这个十位数除以4之后必定变成一个由1和0组成的,并且是256的倍数的十位数,这样的十位数共有2个;③如果另一种偶数是8,那么这个十位数除以8之后必定变成一个由1和0组成的,并且是128的倍数的十位数,这样的十位数共有4个。

总计20+8+4+2+2+4=40(个)。

10. 答案:24。

分析:三次相遇过程中时间相同,对比从A出发的相遇过程与从B出发的相遇过程,车在BD的行驶时间和在AE的行驶时间相同,AE=20+40-45=15,故车在CD上的行驶时间与在CE上的行驶时间之比为2:3;同理可得车通过AF的时间等于通过CD的时间,车通过BF的时间等于通过CE的时间,故AF:BF=2:3,所以AF=24。

11. 答案:301。

分析:A、B、C之中任意两个数的平均数是奇数,故任意两者之差都是4的倍数。

A、B、C三者的和是3的倍数,故三者除以3的余数相同。

所以A、B、C之中任意两个数的差一定是12的倍数,据此分类:

①17、29、41、53、89;②11、23、47、59、71、83;③19、31、43、67、79;④13、37、61、73、97。

A、B、C中任意两个数的和都不是5的倍数,即三者中不能既有个位是1的也有个位是9的,也不能既有个位是3的也有个位是7的。A、B、C三者的和也不能是5的倍数,所以这三个数个位,只有4种可能:

①1、1、7;②3、3、1;③7、7、9;④9、9、3。

分别验算:

29、53、89:(29+53+89)÷3=57 ×;
11、47、71:(11+47+71)÷3=43 √;
11、23、83:(11+23+93)÷3=39 ×;
23、71、83:(71+83)÷2=77 ×;
19、43、79:(19+79)÷2=49 ×;
13、61、73:(13+37)÷2=25 ×;

所以A=11,B=47,C=71,D=29,E=59,F=41,G=43,A+B+C+D+E+F+G=7G=301。

12. 答案:24。

分析:考虑题图(1)中的9个用☆标注的灯泡。

无论操作哪一个开关,都只能改变0个或2个灯的状态,故无法使这9个灯同时亮起,所以无法使25盏灯都亮。

操作题图(2)中△标注的开关,可以使24盏灯亮,故最多可亮24盏。

第12题图(2)

13. 答案:130。

分析:将所有数字和不超过5的两位数按题图方式排列。

10	11	12	13	14
20	21	22	23	
30	31	32		
40	41			
50				

第13题图

右下方的数比左上方的数更强壮,从左下角到右上角的线路将表格分为两部分,左上方的数是X组,右下方的数是Y组,标数可知共有132种分组方式,排除掉X组中没有数和Y组中没有数的情况,共有132-2=130(种)分组方式。

14. 答案:640。

分析:连接DE、DF、AD,显然△DEF是等腰直角三角形,DE//AP,DF//AQ。将直线DE沿EP方向平移10厘米,必定与直线AB重合;将直线DF沿FQ方向平移10厘米,必定与直线AC重合。故点D沿EP方向平移10厘米,必定与点A重合。

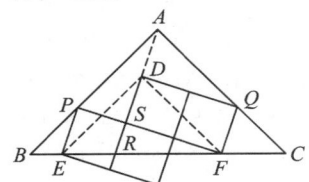

第14题图

又因为$RS=\frac{2}{3}PE$,所以$\frac{DR}{AR}=\frac{5}{8}$,所以$AB=\frac{8}{5}DE$,

$S_{\triangle ABC}=\frac{1}{2}AB^2=\frac{32}{25}DE^2=\frac{32}{25}\times(10^2+20^2)=640$(平方厘米)。

15. 答案:(1)$\frac{27}{37}$。 (2)180。

分析:(1)设$x=\frac{a}{b}$(最简),a和b都是999=27×37的因数,而且都是27或37的倍数,故$x=\frac{27}{37}$。

(2)设$y=\frac{c}{d}$(最简),c和d都是999999=$3^3\times 7\times$

$11×13×37$ 的因数,并且至少满足下列 4 个条件中的一个:①含有因数 7;②含有因数 13;③含有因数 11 和 27;④含有因数 11 和 37。

若 c,d 一个含 7 另一个含 13,共有 $2×7×3×3=126$(种)情况;

若 c 不含 7 或 13,共有 $3×(7+2)=27$(种)情况;

若 d 不含 7 或 13,有 27 种情况。

总计 $126+27+27=180$(种)不同的取值。

模拟试卷九(高年级组)★★★

1. 答案:1440。

分析:平方差裂项。

$1×5+2×8+3×13+4×20+5×29+6×40+7×53+8×68$

$=3^2-2^2+5^2-3^2+8^2-5^2+12^2-8^2+17^2-12^2+23^2-17^2+30^2-23^2+38^2-30^2$

$=38^2-2^2$

$=40×36$

$=1440$。

2. 答案:145。

分析:因为 $7!>999$,所以三位数中最大的数字不能超过 6,而 $6!=720$,当三位数中出现 6 时,百位至少为 7,此时矛盾,所以三位数中最大数字不能超过 5。又因为 $4!×3<100$,所以必有 5 存在。若三个数字为 5,$120×3=360$,不符合题意;若两个数字为 5,$120×2=240$,再加任何一个数的阶乘也不会出现 5。所以只能为一个 5,那么这个三位数的百位只能是 1,$5!+1!=121$,只有当 $121+4!=145$ 时才会出现 5,且 $1!+4!+5!=145$ 满足题意,所以符合要求的三位数是 145。

3. 答案:32。

分析:为方便表述,不妨设各空格对应的字母如下。

$\dfrac{1}{\boxed{A}×\boxed{B}}+\dfrac{\boxed{m}}{\boxed{C}×\boxed{D}}+\dfrac{\boxed{n}}{\boxed{E}×\boxed{F}}=1$。

故可推出 $CDEF+mABEF+nABCD=ABCDEF$。可得 $AB|CDEF,CD|ABEF,EF|ABCD$,所以 $A、B、C、D、E、F$ 均不能取 5 和 7,5 和 7 一定出现在分子的位置。所以本题答案为 $2+3+4+6+8+9=32$。

构造如下:$\dfrac{1}{3×6}+\dfrac{5}{8×9}+\dfrac{7}{2×4}=1$。

4. 答案:6466。

分析:剩余 6 个数字,1,3,4,6,7,9,相当于 6 进制排列,而 $(1000)_{10}=(4344)_6$,与剩余的 6 个数字相对应,答案为 6466。

5. 答案:1983。

分析:$\overline{cdab}-\overline{abcd}=99(\overline{cd}-\overline{ab})=\overline{pqef}$,因 99 与任一两位数的积,数字和仍是 $9+9=18$,所以 $p+q+e+f=18$,且 $p+e$ 与 $q+f$ 的差是 11 的倍数。因 $b>c>d>a$,$p_{max}=6$,$\overline{ef}$ 是一个完全平方数,$\overline{pqef}$ 只能是 1881,3564,5049,6336;$\overline{pq}$ 不能被 5 整除,所以 $\overline{pqef}$ 只能是 1881,6336。$\overline{pqef}=1881$,则 $\overline{cd}-\overline{ab}=19,c=a+2,b=$

$a+2$,矛盾。

$\overline{pqef}=6336$,则 $\overline{cd}-\overline{ab}=64,\overline{abcd}=1983$。

6. 答案:41。

分析:因为 2025 是奇数,所以这些自然数中一定有奇数个奇数。

要想让奇数尽可能多,必须让这些奇数尽可能小,所以我们考虑从 1 开始的连续奇数 $1,3,5,7,9,\cdots$。

我们知道从 1 开始的连续奇数之和等于项数的平方,而 $2025=45^2$,所以奇数的个数不超过 43 个。

若有 43 个奇数,$1+3+5+\cdots+85=43^2=1849$,还剩下 $60-43=17$(个)偶数,17 个不同的偶数之和最小是 $0+2+4+\cdots+32=272$,但是 $1849+272=2121>2025$,所以不合题意。

若有 41 个奇数,$1+3+5+\cdots+81=41^2=1681$,还剩下 $60-41=19$(个)偶数,19 个不同的偶数之和最小是 $0+2+4+\cdots+36=342$,$1681+342=2023<2025$,满足要求。

综上所述,这 60 个自然数中最多有 41 个奇数,构造如下:

$(1+3+5+\cdots+81)+(0+2+4+\cdots+32+34)+38=2025$。

7. 答案:204。

分析:含 AB 且包含 O 的三角形有 1 个;含 AC 且包含 O 的三角形有 2 个;含 AD 且包含 O 的三角形有 3 个;$\cdots$;含 AI 且包含 O 的三角形有 8 个。所以过点 A 且包含 O 的三角形共有 $1+2+3+\cdots+8=36$(个)。正 17 边形共 17 个点,而每个三角形相对于 3 个顶点算了三次,所以共有 $17×36÷3=204$(个)。

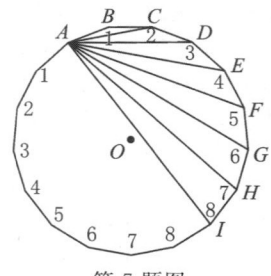

第 7 题图

8. 答案:609。

分析:若 5^k 首位数字是 1,则 5^{k+1} 和 5^k 数位相同;而若有 5^k 首位数字不是 1,则 5^{k+1} 比 5^k 数位多一位。根据 5^{2020} 是一个首位数字是 8 的 1412 位数,可知有 $2020+1-1412=609$(个)满足条件的 k 符合 5^k 的首位数字是 1。

9. 答案:56。

分析:易知,$D、C、E$ 共线。延长 DA,EB 相交于点 H。

$\dfrac{DP}{PB}=\dfrac{S_{\triangle DAE}}{S_{\triangle BAE}}=\dfrac{\dfrac{1}{2}×14×(14+28)}{\dfrac{1}{2}×28×28}=\dfrac{3}{4}$。

$S_{\triangle PAB}=\dfrac{4}{7}×S_{\triangle DAB}=\dfrac{4}{7}×\dfrac{1}{2}×14×14=56$(平方厘米)。

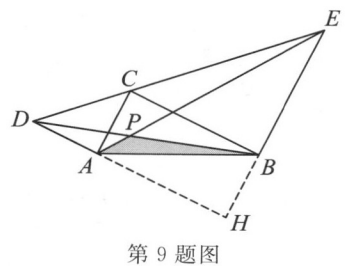

第9题图

10. 答案:99。

分析:除了男主人外的199个人中,握手最多的人,一共握了200-2=198(次)手;握手最少的人,一共握了0次手。本题中说199个人握手次数各不相同,所以0~198各出现了一次。

握了198次手的人,记为A,除了自己的配偶外,其他人都不认识,所以A只和自己的配偶没有握手。而握了0次手的人,记为B,和所有人都没有握手,那么握198次手的人和握0次手的人一定是一对夫妇。握了197次手的人,记为C,除了和B没有握手外,还和一个人没有握手,那个人一定是C的配偶。而握了1次手的人,记为D,他只和A握了手,所以C和D一定没握手,C和D一定是一对夫妇。同理,握了196次手的人和握2次手的人是一对夫妇……握了100次手的人和握98次手的人是一对夫妇。那么此时只剩下一个人,是握了99次手的人,这个人和男主人是一对夫妇。所以女主人握了99次手。

11. 答案:2。

分析:画出柳卡图,因为乙速度没变,所以 $OF \parallel DE$,$OF:DE=12:18=2:3$,所以 $AO:AD=2:3$,所以 $AO=12 \times \frac{2}{3}=8$(千米),$BO=OC=AC=4$ 千米,$v_甲:v_丙=1:4:2$,$v_乙+v_甲=\frac{6}{12 \div 60}=30$(千米/时),$v_甲=30 \div (1+4)=6$(千米/时)。甲走完全程需要2小时。

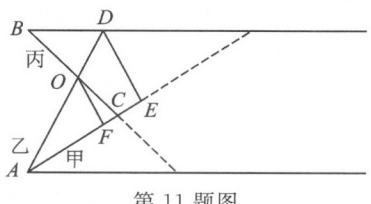

第11题图

12. 答案:$1\frac{3}{4}$。

分析:首先分析形如 $m-\left(\frac{1}{2}\right)^n$ 的数。当 $m=1$ 时,得到的数有 $\frac{1}{2},\frac{3}{4},\frac{7}{8},\frac{15}{16},\cdots$;当 $m=2$ 时,得到的数有 $1\frac{1}{2},1\frac{3}{4},1\frac{7}{8},1\frac{15}{16},\cdots$;当 $m=3$ 时,得到的数有 $2\frac{1}{2},2\frac{3}{4},2\frac{7}{8},\cdots$。可知 m 越小,所得的结果越小。在 m 相同时,n 越小,所得的结果越小。对于 $m、n$ 进行赋值的过程中,可能取到最小值,但一定取不到最大值。

"A:我不知道。"可知A手中的数不是 $\frac{1}{2}$。

"B:我也不知道。"可知B手中的数既不是 $\frac{1}{2}$,也不是 $\frac{3}{4}$。

"A:我还是不知道。"可知A手中的数不是 $\frac{3}{4}$,也不是 $\frac{7}{8}$。

"B:我也还是不知道。"可知B手中的数既不是 $\frac{3}{4}$,也不是 $\frac{7}{8}$。

"C:这样下去是没用的,无论你们说多少轮,都不可能知道谁的数更大。"说明 $m \neq 1$。

"A:哦……不过就算知道这一点,我还是不知道谁的数大。"可知A手中的数不是 $1\frac{1}{2}$。

"B:我也不知道。"可知B手中的数不是 $1\frac{1}{2}$,也不是 $1\frac{3}{4}$。

"A:我知道谁的数比较大了。"可知A手中的数是 $1\frac{3}{4}$ 或 $1\frac{7}{8}$;因为这两种情况A都可以确定自己的数比较小。

"B:那我现在知道A的数是多少了。"只有当B为 $1\frac{7}{8}$ 时,可以确定A是 $1\frac{3}{4}$;其他情况B无法确定A的值。所以A手中的数是 $1\frac{3}{4}$。

13. 答案:101。

分析:设 n 个人从低年级到高年级依次为 $1,2,3,\cdots,n$。设 n 个数排列且"怨言数"为 m 的排列数记为 $P(n,m)$。

(1)$n=1$ 时,有1种排列,有0个"怨言数",$P(1,0)=1$。

(2)$n=2$ 时,有2种排列:1,2排列时,有0个"怨言数";2,1排列时,有1个"怨言数"。$P(2,0)=P(2,1)=1$。

接下来进行增量分析:

(3)$n=3$ 时,以1,2排列为例,当接下来3有三个位置可以进入,①,1,②,2,③。若3在①号位置,则增加2个"怨言数";若3在②号位置,则增加1个"怨言数";若3在③号位置,则增加0个"怨言数"。总之,$n=3$ 时,会增加0,1,2个"怨言数"。所以 $n=3$ 时的"怨言数"可能为0,1,2,3个。

若 $m=0$,则 $P(3,0)=P(2,0)=1$;
若 $m=1$,则 $P(3,1)=P(2,0)+P(2,1)=2$;
若 $m=2$,则 $P(3,2)=P(2,0)+P(2,1)=2$;
若 $m=3$,则 $P(3,3)=P(2,1)=1$。

(4)同理,$n=4$ 时,会增加0,1,2,3个"怨言"。所以 $n=4$ 时的"怨言数"可能为0,1,2,3,4,5,6个。

若 $m=0$,则 $P(4,0)=P(3,0)=1$;
若 $m=1$,则 $P(4,1)=P(3,0)+P(3,1)=3$;
若 $m=2$,则 $P(4,2)=P(3,0)+P(3,1)+P(3,2)=5$;
……

(5)$n=5$ 时,会增加 0,1,2,3,4 个"怨言"。

(6)$n=6$ 时,会增加 0,1,2,3,4,5 个"怨言"。

由于随着人数 n 增多,怨言数 m 会随之变化,而我们所要求的排列数 $P(n,m)$ 也会发生变化。如果用递推式进行逐次计算,不免有些麻烦。接下来我们将上述增量分析的过程用"二维模型"的形式体现出来,将问题简化。

如下构造一个"爬楼梯"模型,向右走一格代表增加一个人,向上走一格代表增加一个"怨言",而根据递推式 $P(n,m)$ 与 $P(n-1,0)$:$P(n-1,m)$ 的关系,不难将 $P(n,m)$ 的数值标在每个点上。画图:

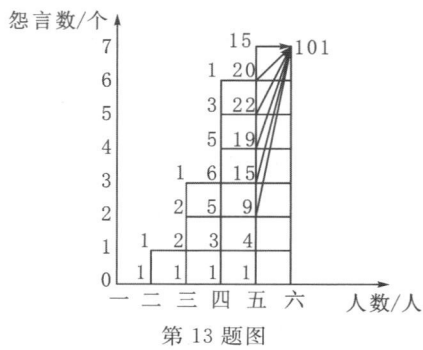

第 13 题图

根据"爬楼梯"的结果,可以得出 $P(6,7)=101$。

14. 答案:17。

分析:(1)当 $k=16$ 时,不成立。构造如下:1、2、3、5、8、13、21、34、55、89、144、233、377、610、987、1597。

(2)下面证明当 $k=17$ 时一定可以,构造 16 个抽屉:
a_1:{1}、a_2:{2}、a_3:{3、4}、a_4:{5、6、7}、
a_5:{8、9、10、11、12}、a_6:{13、14…20}、
a_7:{21、22…33}、a_8:{34、35…54}、a_9:{55、56…88}、
a_{10}:{89、90…143}、a_{11}:{144、145…232}、
a_{12}:{233、234…376}、a_{13}:{377、378…609}、
a_{14}:{610、611…986}、a_{15}:{987、988…1596}、
a_{16}:{1597、1598…2021}。

设抽屉编号为 a_1 到 a_{16},根据抽屉原理,取 17 个数,至少有一个抽屉中取了 2 个数,设这个抽屉的编号为 a_i,$3\leqslant i\leqslant 16$,且 a_i 为取数最多的抽屉。

①当抽屉 a_i 中取了 3 个或 3 个以上的数时(此时 $4\leqslant i$):因为每个抽屉中 2 个最小数的和都大于最大数,这时存在抽屉 a_i 中的 3 个数可构成三角形。

②当抽屉 a_i 中只有 2 个数时:从 a_{16} 号抽屉到 a_1 号抽屉依次看每个抽屉中的数,第一次看到有 2 个数的抽屉 a_i 时,a_{i-1} 号抽屉里的数也就最多 2 个。

如果 a_{i-1} 号抽屉里有 1 个或 2 个数时,由于 a_{i-1} 号和 a_i 号抽屉里最小的两个数的和都比 a_{i-1} 号抽屉里最大的数大 1,所以这两个抽屉里存在 3 个数可构成三角形。

如果 a_{i-1} 号抽屉里只有 0 个数,根据抽屉原理后面必有某个抽屉里还取了 2 个数。假设 a_i 号抽屉取了 2 个数,则 a_{i-1} 号抽屉里始终取的都是 0 个数或 1 个数的情形,共 16 个抽屉,a_1 和 a_2 最多取 1 个数,剩余 14 个抽屉中取了 2 个数的抽屉数量最多 7 个,$2\times 7+1+1<17$,所以当 a_i 号抽屉取 2 个数时至少有一个 a_{i-1} 号抽屉里取了 1 个数或 2 个数,那么 a_i 中取的 2 个数的差一定小于 a_{i-1} 中的任何一个数,那么这两个抽屉里存在 3 个数可构成三角形。

综上所述,$k_{\min}=17$。

15. 答案:899。

分析:设符合题意的五位数为 $\overline{abcde}$,若 $b>a$ 且 $b>c$,$d>c$ 且 $d>e$,这样的五位数我们记为"M"型;若 $b<a$ 且 $b<c$,$d<c$ 且 $d<e$,这样的五位数我们记"W"型。可知弯曲数只能为"M"型或"W"型中的一种。

"M"型中五个数字若都为奇数:

(1)若 1 在中间,$\overline{ab1de}$,当 $b=3$ 时,a 可选(1);$b=5$ 时,a 可选(1、3);$b=7$ 时,a 可选(1、3、5);$b=9$ 时,a 可选(1、3、5、7)。所以 $\overline{ab}$ 共有 $1+2+3+4=10$(种)可能,同理 $\overline{de}$ 共有 $1+2+3+4=10$(种)可能,那么符合条件的数有 $(1+2+3+4)^2=100$(种)。

(2)若 3 在中间,$\overline{ab3de}$,当 $b=5$ 时,a 可选(1、3);$b=7$ 时,a 可选(1、3、5);$b=9$ 时,a 可选(1、3、5、7)。所以 $\overline{ab}$ 共有 $2+3+4=9$(种)可能,同理 $\overline{de}$ 共有 $2+3+4=9$(种)可能,那么符合条件的可能有 $(2+3+4)^2=81$(种)。

(3)若 5 在中间,$\overline{ab5de}$,$b=7$ 时,a 可选(1、3、5);$b=9$ 时,a 可选(1、3、5、7)。所以 $\overline{ab}$ 共有 $3+4=7$(种)可能,同理 $\overline{de}$ 共有 $3+4=7$(种)可能,那么符合条件的可能有 $(3+4)^2=49$(种)。

(4)若 7 在中间,$\overline{ab7de}$,$b=9$,a 可选(1、3、5、7),$\overline{ab}$ 共有 4 种可能。同理 $\overline{de}$ 共有 4 种可能,那么符合条件的可能有 $4^2=16$(种)。

当"M"型各位数字均为奇数时,一共有 $100+81+49+16=246$(种)可能。

根据对称性,"W"型各位数字均为奇数的个数也是 246 个;而"W"型中的 1、3、5、7、9 可以对应为 0、2、4、6、8,所以"W"型各位数字均为偶数的个数也是 246 个。

若把各位数字均为奇数的"M"型中的 1、3、5、7、9 对应为 0、2、4、6、8,会发现有一种情况是不成立的,即 $\overline{0abcd}$ 构成的五位数,这样的五位数需要排除掉,接下来我们分析首位为 0 的弯曲数有多少个。

当 $b=0$ 时,有 $4\times(1+2+3+4)=40$(个);当 $b=2$ 时,有 $3\times(2+3+4)=27$(个);当 $b=4$ 时,有 $2\times(3+4)=14$(个);当 $b=6$ 时,有 $1\times 4=4$(个)。所以共有 $40+27+14+4=85$(个)。

所以符合条件的五位弯曲数共有 $246\times 4-85=899$(个)。

模拟试卷十(高年级组)★★★

1. 答案:4042。

分析:原式 $=\dfrac{2020\times 2021\times 2022}{(1+2+\cdots+2020)\times 1\dfrac{1}{2021}}=\dfrac{2020\times 2021\times 2022}{\dfrac{2020\times 2021}{2}\times\dfrac{2022}{2021}}=2\times 2021=4042$。

2. 答案:70。

分析:狗在所有动物中所占百分比为$60\%\times\left(1-\dfrac{1}{3}\right)+$
$(1-60\%)\times\dfrac{3}{4}=\dfrac{60}{100}\times\dfrac{2}{3}+\dfrac{40}{100}\times\dfrac{3}{4}=\dfrac{70}{100}=70\%$。

3. 答案:11942。

分析:设两个乘数分别是$\overline{AB}$和$\overline{CDE}$,则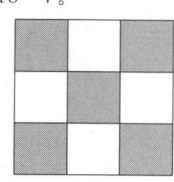

由第二个算式的末位0可知在B和D中有一个是0或5,再根据其他个算式可知只能D是5,B为偶数,那么A只能为1。由于$\overline{AB}\times E=\overline{1B}\times E<200$,再根据积的千位是1可知$\overline{AB}\times E=102$或112。因为$102=17\times 6,112=16\times 7=14\times 8$且$B$为偶数,所以可能是$\overline{AB}=16,E=7$或$\overline{AB}=14,E=8$。

若$\overline{AB}=16,E=7$,根据$\overline{AB}\times C=16\times C=\overline{\square 2}$可知$C=2$,此时$\overline{AB}\times \overline{CDE}=16\times 257=4112$,不符合题意。

若$\overline{AB}=14,E=8$,根据$\overline{AB}\times C=14\times C=\overline{\square 2}$可知$C=3$,此时$\overline{AB}\times \overline{CDE}=14\times 853=11942$,符合题意。

4. 答案:103。

分析:假设一个红色纪念币的价格为4元,一个绿色纪念币的价格为3元,一个蓝色纪念币的价格为5元,那么题目中的两种兑换方式都是等价兑换,也就是说兑换前后小明手中的纪念币总价格不变。

开始时,小明手中的纪念币总价为$4\times 75+3\times 75=525$(元)。所以理论上最终蓝色纪念币最多有$525\div 5=105$(个),但由于每次兑换都会得到一个非蓝色的纪念币,而且还不允许借纪念币,所以105取不到。如果是104个,那么红色和绿色的纪念币总价为5元,凑不出,不行。如果是103个,那么红色和绿色的纪念币总价为10元,1红2绿即可。所以最多可以换回103个蓝色纪念币。

5. 答案:40。

分析:直径为d的半圆的面积$S=\dfrac{\pi\times d^2}{8}$,所以$\dfrac{\pi\times AB^2}{8}=6.28=2\pi$,$\dfrac{\pi\times AC^2}{8}=9.42=3\pi$,于是有$AB^2=16,AC^2=24$,那么正方形面积$S=BC^2=AB^2+AC^2=16+24=40$。

6. 答案:69。

分析:因为

$\dfrac{1\times 2\times\cdots\times n}{1+2+\cdots+n}=\dfrac{1\times 2\times\cdots\times n}{\dfrac{n\times(n+1)}{2}}=\dfrac{1\times 2\times\cdots\times(n-1)\times 2}{n+1}$。

当$n+1$为质数时,由于分子中的每个数都不是质数$n+1$的倍数,所以它们的乘积也不是$n+1$的倍数,此时结果不是整数。

当$n+1$为合数时,由于合数可以拆成两个更小的数的乘积,如果$n+1=a\times b$,其中$a\neq b$,那么a和b均在1至$n-1$中,于是分子是分母的倍数;如果$n+1=a\times a$,由于$n\geq 10$,则$a\geq 4$,于是在1至$n-1$中必有2个数是a的倍数,所以分子是分母的倍数,从而结果是整数。

于是只需看在10~100中,共有多少个数,加1后是合数。由于在11~101中,有22个质数,所以合数有$91-$

$22=69$(个)。

7. 答案:7。

分析:根据题意,相邻的自然数所在的格子也是相邻的,把方格表棋盘染色。

这样相邻的自然数一个在黑格,一个在白格,由于在1~9中有5个奇数,4个偶数,所以奇数在黑格,偶数在白格,那么黑格的5个数之和是$1+3+5+7+9=25$,故中间的黑格的数为$25-18=7$。

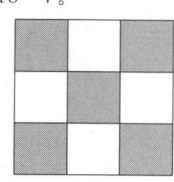

第7题图

8. 答案:43。

分析:下面算一下共有多少种方法可以得到10分。
①$5+5+0$,共3种;②$5+4+1$,共6种;③$5+3+2$,共6种;④$4+4+2$,共3种;⑤$4+3+3$,共3种。

所以要保证有3个人的各科得分一样,至少需要$(3+6+6+3+3)\times 2+1=43$(人)。

9. 答案:2569。

分析:设选出的4个数字为$a>b>c>d$,那么第二大的数为$\overline{abdc}$,由于它是5的倍数,所以$c=5$。最大的数是$\overline{ab5d}$,由于它是4的倍数,所以$\overline{5d}$是4的倍数;由于$d<5$,所以$d=2$。第四大的数是$\overline{a52b}$,由于它是11的倍数,$(a+2)-(5+b)=a-3-b$是11的倍数,因为$a>b>5$,所以只能$a-3-b=0$,此时$a=9,b=6$。那么最小的数是2569。

10. 答案:12。

分析:6个圆盘中有1个要染成黑色,由于旋转或翻转后相同算一种,所以本质上只有两种不同的染法——角上或边的中间。

如果黑色的圆在角上,不妨假设上面的圆染成黑色。在其他5个圆盘中选2个圆盘染成红色,有$C_5^2=10$(种)染法。在这10种染法中,有2种左右对称,有8种左右不对称,由于左右不对称的染法翻转后会多算1次,所以不同的染法共2+8÷2=6(种)。

如果黑色的圆在边的中间,不妨假设下面中间是黑色,在剩下的5个圆中选2个圆盘染成红色,有$C_5^2=10$(种),其中有2种左右对称,有8种左右不对称,和上面的情况相同,不同的染法共有$2+8\div 2=6$(种)。

所以一共有$6+6=12$(种)不同的染色方法。

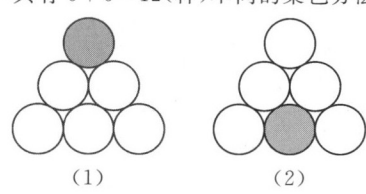

第10题图

11. 答案:100。

分析:假设7次的平均分为n,由于每次的分数都在91~100之间,所以$91\leq n\leq 100$。

由于前六次的平均分为整数,所以前六次的总分 $n\times 7-95=6n+n-95$ 是 6 的倍数,那么 $n-95$ 是 6 的倍数,$n=95$。

假设前 5 次的平均分为 m,那么第六次的分数为 $95\times 7-95-m\times 5=570-5m$,于是第六次的分数是 5 的倍数,在 91~100 中 5 的倍数只有 95 和 100,因为每次的分数互不相同,所以第六次的分数不能是 95,于是考了 100 分。

12. 答案:160。

分析:连接 $CG、AE$,则 $CG=BC=40$。$S_{\triangle GDE}=ED\times GD\div 2=40\times 80\div 2=1600$,$\triangle BGE$ 的底边 BE 长 40,高 $h=ED=40$,所以 $S_{\triangle AGE}=S_{\triangle BEG}\div 2=40\times 40\div 2\div 2=400$。所以 $AO:OD=S_{\triangle AEG}:S_{\triangle GDE}=400:1600=1:4$。因为 $\triangle AGD$ 的底边 GD 长 80,高 $h=AF\div 2=40\div 2=20$,所以 $S_{\triangle ADG}=80\times 20\div 2=800$,所以 $S_{\triangle AOG}=S_{\triangle AGD}\times \dfrac{1}{5}=800\times \dfrac{1}{5}=160$。

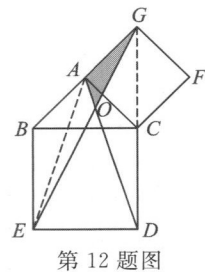

第12题图

13. 答案:924。

分析:每天两场比赛,其中一场是 B、C、D 之一输给 A,另一场比赛是 B、C、D 中的一个人输给另一个人,共有 $5+9+16=30$(场),所以比赛一共进行了 30 天。

B 第一天会输给 A,之后有 5 天会输给 C、D 之一。在剩下的 24 天中,B 要么胜 C 或 D,要么输给 A。如果 B 某天击败 C 或 D,那么下一天一定会输给 A,所以 B 胜 C、D 的盘数和输给 A 的天数相同,各 $24\div 2=12$(天),于是 B 共胜 12 盘。

D 有 16 天输给 B、C,在剩下的 14 天中,D 胜 B 或 C 的天数和 D 输给 A 的天数相同,各 $14\div 2=7$(天),于是 D 共胜 7 盘。于是 C 胜了 $30-12-7=11$(盘)。

乘积为 $12\times 7\times 11=924$。

14. 答案:9:55:12。

分析:乔治共行驶 2 小时,苏西共行驶 1.5 小时。

假设学校和电影院相距 6 份距离,则乔治的速度为 $6\div 2=3$(份/时),苏西的速度为 $6\div 1.5=4$(份/时),于是佩奇出发时的速度为 $4\times 1.25=5$(份/时),后来速度为 $5\times (1+20\%)=6$(份/时)。

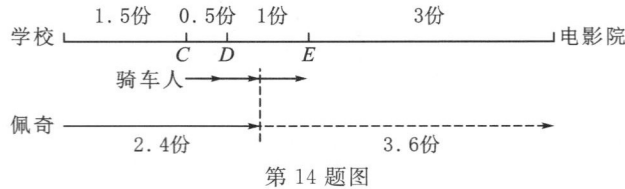

第14题图

乔治 9:30 在 C 追上骑车人时共行驶 $3\times 0.5=1.5$(份),苏西 10:00 在 D 追上骑车人时共行驶 $4\times 0.5=2$(份),于是 $CD=2-1.5=0.5$(份),骑车人 0.5 小时走 0.5 份,速度为 1 份/时。

于是在 11:00 时,骑车人又走了 1 份,到达点 E,由于 11 点时佩奇到达电影院,此时他们相距 3 份,$3\div (6-1)=0.6$(小时)$=36$(分钟),于是佩奇追上骑车人的时间是 $11:00-36$ 分钟 $=10:24$,此时佩奇距电影院 $0.6\times 6=3.6$(份),于是前一段时间 $(6-3.6)\div 5=0.48$(小时)$=28$ 分 48 秒,所以佩奇的出发时间是 10:24$-$28 分 48 秒 $=9:55:12$。

15. 答案:90000。

分析:如果出入证的数量超过 90000 张,那么必然有两张出入证的前五位相同,不符合要求。于是至多可制作 90000 张,下面给出构造:前五位从 10000 到 99999,个位是前五个数字之和的个位,这样得到的 90000 张出入证不可能只有一个数位不同。

所以至多可以制作 90000 张。

模拟试卷十一(高年级组)★★★

1. 答案:$330\dfrac{9}{22}$。

分析:原式 $=(1\times 2+2\times 3+\cdots +9\times 10)+\left(\dfrac{1}{2\times 3}+\dfrac{1}{3\times 4}+\cdots +\dfrac{1}{10\times 11}\right)$

$=\dfrac{1}{3}(1\times 2\times 3-0\times 1\times 2+\cdots +9\times 10\times 11-8\times 9\times 10)+\left(\dfrac{1}{2}-\dfrac{1}{3}+\cdots +\dfrac{1}{10}-\dfrac{1}{11}\right)$

$=\dfrac{1}{3}\times 9\times 10\times 11+\left(\dfrac{1}{2}-\dfrac{1}{11}\right)=330\dfrac{9}{22}$。

2. 答案:50.24。

分析:最大直径为 16 厘米,从而圆周长为 $16\pi =16\times 3.14=50.24$(厘米)。

3. 答案:$b<a<d<c$。

分析:$\because \dfrac{1}{2}<\dfrac{2}{3},\therefore b<a<2021$;$\because \dfrac{3}{4}<\dfrac{4}{5},\therefore c>d>2021$。故 $b<a<d<c$。

4. 答案:乙。

分析:设甲、乙原有 x 千克油,则甲剩下 $\left(1-\dfrac{3}{4}\right)x-\dfrac{3}{4}=\dfrac{x-3}{4}$(千克),乙剩下 $\left(1-\dfrac{3}{4}\right)\left(x-\dfrac{3}{4}\right)=\dfrac{x-\dfrac{3}{4}}{4}$(千克),而 $\dfrac{x-3}{4}<\dfrac{x-\dfrac{3}{4}}{4}$,故乙多。

5. 答案:9。

分析:若 x 为奇质数,则 z 是大于 2 的偶数,不可能为质数,从而 $x=2$。若 y 是奇质数,则 x^y+1 是 3 的倍数且大于 3,从而 $y=2$,故 $z=5$,$x+y+z=9$。

6. 答案:6。

分析:设儿子胜 x 局,则父亲胜 $(24-x)$ 局,有 $2(24-x)-x=8\times (24-x)$,解得 $x=6$,故儿子胜了 6 局。

7. 答案:120。

分析:设全班的总平均为每人 x 下,则其余同学平均数为 $(x+20)$ 下,有 $(30-12)(x+20)+90\times12=30x$,解得 $x=120$,故全班总平均为每人 120 下。

8. 答案:62.8。

分析:底面周长为 $12.56\div2=6.28$(分米),从而底面半径为 $6.28\div2\pi=1$(分米),故原体积为 $\pi\times1^2\times20=62.8$(立方分米)。

9. 答案:2746。

分析:∵ N 为四位七进制数,故 $343\leqslant N\leqslant 2400$,分别从最大和最小可能入手考虑,这里 347 与 2399 均为质数,且 $347=(1004)_7$ 与 $2399=(6665)_7$ 均满足条件,从而它们的和为 2746。

10. 答案:27。

分析:利用俯视图标数法,确定立方体个数的格已在图(1)中标出,剩余格的限制为第二行、第三行最多 3 个(最大标 3,且至少各一个 3)。

第三列最多 3 个,第四列最多 2 个,注意到俯视图中第二行第三列(A)和第三行第二列(B)都可能为 0。故 n 最小可能为 15(已填)$+0\times2+3\times2+2\times1+1\times4=27$。

图(2)为满足条件的一种构造。

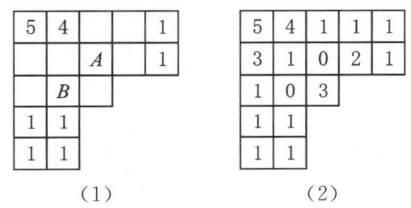

第 10 题图

11. 答案:7。

分析:设 C 种酒精有 x 千克,则 B 种酒精有 $(x+3)$ 千克,从而 A 种酒精有 $11-x-(x+3)=(8-2x)$ 千克。

故 $50\%\times(8-2x)+46\%\times(x+3)+45\%\times x=48.5\%\times 11$,解得 $x=0.5,8-2\times0.5=7$(千克)。

故 A 种酒精有 7 千克。

12. 答案:483840。

分析:由题意,所有数中最大的 10,只能放在第四行,类似的,前三行中最大者恰在第三行,前两行中最大者恰在第二行,从下往上依次考虑每行填法,由乘法原理知共 $4\times A_9^3\times3\times A_5^2\times2\times2=483840$(种)。

13. 答案:11。

分析:由于每个小立方体只与对角小立方体无公共棱,若填入的 8 个数中有 3 个偶数,则必有两个偶数所在的小立方体有公共棱,那么它们不互质,从而填入的数至多 2 个偶数,至少 6 个奇数,故最大数最小可能为 11。

构造如下:选 1,3,5,7,9,11 与 2,4,其中 2 与 4 相对,3 与 9 相对,其余任意填入即可。

14. 答案:145。

分析:$(24+39.8)\div(1-28\%-28\%)=145$(千米)。

15. 答案:736。

分析:设红、绿、黄、蓝球之和分别为 $a、b、c、d$,则 $a+b+c+d=1+\cdots+8=36$,则有 $a\geqslant c\geqslant b$ 且 $a\geqslant d\geqslant b$,而 $a\leqslant 8+7=15$,又 c 为质数,从而 $c\leqslant 13$,而 $b\geqslant 1+2=3$,并且不可能有两个和都为 3,故 $c\geqslant 5$,从而 c 可能为 5、7、11、13;同理可得 d 也只能为 5、7、11、13。

(1)若 $c=5$,则 $b\leqslant c=5$,而 $b+c\geqslant 1+2+3+4=10$,只能 $b=c=5$,而 $5=1+4=2+3$,故 $b、c$ 共有 $2\times2\times2=8$(种)写法。此时 $a+d=26$,而 $26=11+15=13+13$。若 $a=15,d=11$,则 $15=7+8,11=5+6$;若 $a=d=13$,则 $13=5+8,11=6+7$,故 $a、d$ 共有 $2\times2+2\times2\times2=12$(种)写法。故 $c=5$ 时,共有 $8\times12=96$(种)写法。

(2)若 $c=13$,则 $a\geqslant c=13$,而 $a+c\leqslant 5+6+7+8=26$,只能 $a=c=13$,而 $13=5+8=6+7$,故 $a、c$ 共有 $2\times2\times2=8$(种)写法。此时 $b+d=10$,而 $10=3+7=5+5$。若 $b=3,d=7$,则 $3=1+2,7=3+4$;若 $b=d=5$,则 $5=1+4=2+3$,故 $b、d$ 共有 $2\times2\times2=12$(种)写法。故 $c=13$ 时,共有 $8\times12=96$(种)写法。

(3)若 $c=7$,①$d=5$,由(1)知 $b=5$,则 $a=19>15$ 矛盾。

②$d=7$,此时 $a+b=22$,而 $a\leqslant 15$,从而 $b\geqslant 7$,从而只能 $b=7,a=15$,而 $7=1+6=2+5=3+4$;故 $a、b、c、d$ 共有 $A_3^3\times2^3\times2=96$(种)写法。

③$d=11$,此时 $a+b=18$。

若 $a=15,b=3$:$15=7+8,3=1+2$,故 $7=3+4,11=5+6$,共有 $2^4=16$(种)写法。

若 $a=14,b=4$:$14=6+8,4=1+3$,故 $7=2+5,11=4+7$,共有 $2^4=16$(种)写法。

若 $a=13,b=5$:$13=5+8$,则 $11=4+7$,故 $7=1+6,5=2+3$,共有 $2^4=16$(种)写法;

若 $13=6+7$,则 $11=3+8$,故 $7=2+5,5=1+4$,共有 $2^4=16$(种)写法。

若 $a=12,b=6$:$12=4+8,11=5+6$,故 7 无处可写;

若 $12=5+7,11=4+7,6=2+4$,共有 $2^4=16$(种)写法。

若 $a=11,b=7$:$11=3+8\leqslant 4+7$,共有 $2\times2^2\times2\times2=64$(种)写法。

故 $a、b、c、d$ 共有 $16+16+16+16+16+64=144$(种)写法。

④$d=13$,由(2)知 $a=13$,此时 $b=3$,共有 $2\times2^4=32$(种)写法。

故 $c=7$ 时,共有 $96+144+32=272$(种)写法。

(4)若 $c=11$,①$d=5$,由(1)知 $b=5$,则 $a=15$,共有 $2\times2^4=32$(种)写法。

②$d=7$,由(3)的③,知共有 144 种写法。

③$d=11$,此时 $a+b=14$,而 $b\geqslant 3$,故 $a\leqslant 11$,而 $11=3+8=4+7=5+6$,故 $a、b、c、d$ 共有 $A_3^3\times2^3\times2=96$(种)写法。

④$d=13$,由(2)知 $a=13$,则 $a+c+d=37>36$ 矛盾。

若 $c=d=11$,则 $a\geqslant 12$,故 $b\leqslant 2$,与 $b\geqslant 1+2=3$ 矛盾

故 $c=11$ 时,共有 $96+144+32=272$(种)写法。

综上,共有 $96+96+272+272=736$(种)写法。

模拟试卷十二（高年级组）★★★

1. 答案：101。

分析：利用连续立方和公式可以得到

$$\frac{1+2+\cdots+n}{1^3+2^3+\cdots+n^3}=\frac{1+2+\cdots+n}{(1+2+\cdots+n)^2}=\frac{1}{1+2+\cdots+n}=\frac{2}{n(n+1)}=2\times\left(\frac{1}{n}-\frac{1}{n+1}\right)。$$

从而原式 $=\dfrac{200}{2\times\left(1-\dfrac{1}{2}+\dfrac{1}{2}-\dfrac{1}{3}+\cdots+\dfrac{1}{100}-\dfrac{1}{101}\right)}$

$=\dfrac{200}{2\times\left(1-\dfrac{1}{101}\right)}=101。$

2. 答案：22。

分析：注意到 $\overline{DG}\times\overline{1G}=\overline{DOG}>100\times D$，只有 $17\times 7=119>100$，所以 G 只能是 7，进而 $\overline{DO}$ 一定是 7 的倍数，只能是 $D=3, O=5, D\times O+G=22$。

3. 答案：50。

分析：将 5 朵玫瑰变为 3 朵百合称为 A 魔术，7 朵百合变成 4 朵玫瑰称为 B 魔术。每次 A 魔术减少 2 朵花，每次 B 魔术减少 3 朵花。20 次魔术减少了 51 朵花，容易求出 A 魔术进行了 $(20\times 3-51)\div(3-2)=9$（次），$B$ 魔术进行了 11 次。每次 B 魔术减少 7 朵百合，A 魔术增加 3 朵百合，20 次操作后共减少了 $7\times 11-3\times 9=50$（朵）百合，所以原有 50 朵百合。

4. 答案：800。

分析：如图所示，整体面积可以看成四个半圆加上正方形 $ABCD$，阴影部分为整体面积减去中央大圆。在正方形 $ABCD$ 中，$AC=40$（厘米），由勾股定理，$2CD^2=AC^2=1600$（平方厘米），$CD^2=800$（平方厘米）。而每个小半圆的面积 $=\dfrac{1}{8}CD^2\times\pi$（平方厘米），恰为中央大圆面积 $\dfrac{1}{4}AC^2\times\pi$ 平方厘米的四分之一，故阴影部分的面积就等于正方形 $ABCD$ 的面积，即 800 平方厘米。

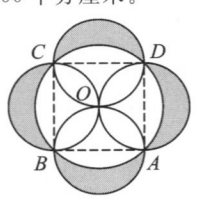

第 4 题图

5. 答案：40。

分析：显然 20% 和 30% 的盐水一共加入了 100 克，这 100 克盐水中的总含盐量为 $200\times 18\%-10\%\times 100\%=26$（克），浓度为 26%，再利用十字交叉法，20% 的盐水重量为 $100\times\dfrac{30-26}{30-20}=40$（克）。

6. 答案：2880。

分析：面对面相遇时，梅梅比柴柴多走了 $12\times 2=24$（米），从而两人的速度差为 $24\div 4=6$（米/分）。

顺时针追及时，梅梅追上柴柴用了 60 分钟，从而路程差 $AC=6\times 60=360$（米）。注意到 AC 同样是相遇时两人合走的路程和，从而两人的速度和为 $360\div 4=90$（米/分）。从而梅梅的速度为 $(90+6)\div 2=48$（米/分），公路全长为 $48\times 60=2880$（米）。

7. 答案：丙。

分析：注意到甲和乙每次取棋子的总数都是 3 枚，总共有 32 枚棋子，所以丙取走的棋子总数除以 3 一定余 2，从而丙只能取 1、4 或 7 次。

若丙取 1 次，可算出乙需要取 14 次才能取完白棋，显然不满足。

若丙取 4 次，可算出乙取 8 次，甲取 0 次，此时乙一定会连续取两次，不满足题意。

若丙取 7 次，可算出乙取 2 次，甲取 4 次。注意到甲、乙一共取 6 次，所以只能是甲、乙的 6 次穿插在丙取的 7 次之间，故第一次和最后一次都是丙取的。

8. 答案：30。

分析：考虑对称性，按照斜线穿过的位置，可以将路线分为以下四类，其中图(1)对应 1 种，图(2)对应 2 种，图(3)对应 2 种，图(4)对应 4 种。

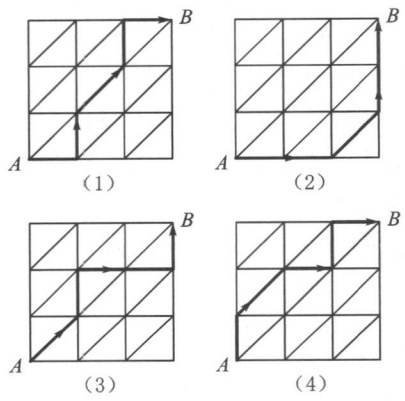

第 8 题图

对每种情况的直线部分进行标数，图(1)有 $2\times 2=4$（种）走法，图(2)有 1 种走法，图(3)有 6 种走法，图(4)有 3 种走法，共 $4\times 1+1\times 2+6\times 2+3\times 4=30$（种）走法。

9. 答案：1259。

分析：先考虑最大的情况。

百位为 9 时，因数个数为 9 的数一定是平方数，900 和 961 均不满足条件。

百位为 8 时，十位可能是 2、3、5、7。

十位为 7 时，只有 875 是 7 的倍数，其最小的质因数为 5，不满足条件。

十位为 5 时，只有 855 和 850 是 5 的倍数，均不满足条件。

十位为 3 时，恰有 $837=3^3\times 31$ 满足条件，故最大数为 837。

再考虑最小的情况。

百位为 2 时，这个数为质数，不可能有一位质因数。

百位为 3 时，需要是平方数，324 和 361 均不满足条件。

百位为 4 时，十位最小为 2，此时 $422=2\times 211$ 恰好满足,故最小的数为422。

最大数和最小数的和为837+422=1259。

10. 答案:282。

分析:将1~9这九个数字中,1、4、7称为A类,2、5、8称为B类,3、6、9称为C类。

显然一个多位数要满足题目的条件,要么所有数位上的数均是C类数(至多3位),要么A类数和B类数交替穿插(至多6位)。

这里按多位数位数分类计数:

两位数中,AB和BA型数共6×3=18(个),CC型数共3×2=6(个),共24个。

三位数中,ABA和BAB型数共6×3×2=36(个),CCC型数共3×2×1=6(个),共42个。

四位数中,ABAB和BABA型数共6×3×2×2=72(个)。

五位数中,ABABA和BABAB型数共6×3×2×2×1=72(个)。

六位数中,ABABAB和BABABA型数共6×3×2×2×1=72(个)。

共24+42+72+72+72=282(个)。

11. 答案:374。

分析:6月3号至6月30号及9月3号至9月30号都是4个完整的星期,所以生产的总量一定相等。只考虑6月1号至2号和9月1号至2号即可。

从6月1号至9月1号过了30+31+31=92(天),除以7余1,即星期相差1天。想要6月1至2号生产的比9月1至2号多,有两种情况:

(1)6月1号和2号是周五、周六,9月1号和2号是周六、周日。

(2)6月1号和2号是周四、周五,9月1号和2号是周五、周六。

不管哪种情况,每个休息日都比工作日少生产6个零件。

在情况(1)中,6月包含了4×5+1=21(个)工作日和4×2+1=9(个)休息日,所以每个工作日生产的零件为(372+9×6)÷30=14.2(个),不为整数,舍去。所以只能是情况(2),此时6月包含22个工作日和8个休息日,每个工作日生产的零件为(372+6×8)÷30=14(个)。6月1号是周四,推出7月1号是周六,7月2号是周日,7月3号是周一,7月4号至31号是4个完整的星期,从而7月包含10个休息日,总共生产的零件为14×31−10×6=374(个)。

12. 答案:247。

分析:乙、丙、丁三个数的和与除这三个数之外的11个质数相加小于100,和另11个质数相加大于等于100。

去掉23之后100以内从小到大第11个质数是37,从大到小第11个质数是47,所以乙、丙、丁三个数的和不小于53且不大于63,又因为乙是23,所以丙和丁也都不超过63−23−2=38,从而乙、丙、丁三个数都不大于37,去掉乙、丙、丁之后,剩下22个质数从小往大数的第11个质数是43,第12个数是47,所以乙+丙+丁的和应该在53到56之间。

由于乙是23,所以丙和丁的和在30和33之间。此时丙和丁的组合有(13,17)、(11,19)、(7,23)、(2,29)、(13,19)、(3,29)、(2,31)这七种可能。丙、丁此时都不知道自己的数,说明丙、丁都不是3、7、11、17、23、31,只能是(2,29)或(13,19)中的两个。且在排除完之后,都能唯一确定自己的数。

由于丙和丁的乘积是三位数,故排除2×29,只能是13×19=247。

13. 答案:65。

分析:注意到两人的速度差始终保持不变,所以每次相遇时的路程差只和相遇时间成正比,而后者和速度和成反比。

如图,不妨设AB的中点为M,MC=x,为方便计算,设全程为720份。

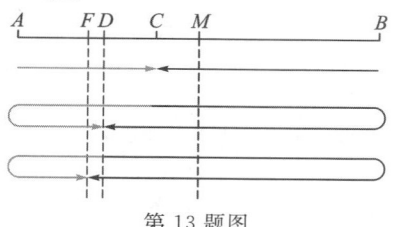

第13题图

第一次相遇时,以速度和20千米/时合走一个全程,时间为36份,路程差为2x。从第一次到第二次相遇,以速度和18千米/时合走两个全程,时间为80份,路程差为4x+520,从而有2x:4x+520=36:80,解得x=1170,从而MC=1170米,MD=1430米。

从第二次到第三次相遇,以速度和16千米/时合走两个全程,时间为90份,路程差为1170×2÷36×90=5850(米),图中体现为4×MD+2×DF,从而DF=65米。

14. 答案:(1)4;1。 (2)4;5。 (3)12。

分析:(1)根据材料,先把每堆化为二进制表示为0001、0010、0100、1000。每一位上都有奇数个1。梅梅想要获胜,需要将每一位上的1都变成偶数。由于最高位的1只能通过做减法去掉,所以只能从1000中取,为了保证每一位都是偶数,只能把1000变成0111,即把8取成7。所以必胜策略是从左起第4堆中取1枚棋子。

(2)取走最后一枚棋子输的游戏,等价为剩下最后一枚棋子赢,那么只要营造成除个位外的位数上都有偶数个1,但个位上有奇数个1,就是先手必败的场面了。3、6、7、8的二进制形式为0011、0110、0111、1000,左起第1、3位上有奇数个1,个位上有偶数个1。操作时需要将第1和3位的1变成偶数个,把个位上的1变成奇数个,只能通过将1000变成0011,即8变成3实现。所以应该从左起第4堆中取走5枚棋子。

(3)28枚棋子摆成先手必败的场面,由于不可能有两堆棋子都超过16枚,故不妨设四堆棋子中表示1、2、4、8的位数上分别有2a、2b、2c、2d个1,且0≤a,b,c,d≤2,从而有2a+4b+8c+16d=28。

若d=0,则a=b=c=2,即四堆数位上均包含1个1、1个2、1个4,四堆均为0111即7枚棋子。

$d=1$ 时,解法有如下三种:

①$(a,b,c,d)=(0,1,1,1)$,此时四堆里均不含 1,两堆数位含 2,两堆数位含 4,两堆数位含 8,由于每堆都不能为空,按下面的情况分类:

一堆数位上有 3 个 1,剩下三堆数位为 1 个 1:三位 1 的数一定是 1110,剩下三堆为 1000、0100、0010。分法唯一。

两堆数位上有 2 个 1,剩下两堆数位为 1 个 1:由于两位 1 的数可以是 1100、0110、1010 三种可能,共有 3+2+1=6(种)不同的分法。

合计共 6+1=7(种)分法。

②$(a,b,c,d)=(2,0,1,1)$,此时四堆里均含 1,均不含 2,两堆含 4,两堆含 8,只考虑 8 和 4 数位的分配,有(1001, 1001,0101,0101)、(1101,1001,0101,0001)、(1101,1101, 0001,0001)3 种方式。

③$(a,b,c,d)=(2,2,0,1)$,此时四堆里均含 1 和 2,均不含 4,两堆含 8,只有唯一一种分配方式(1011,1011, 0011,0011)。

综上,28 枚棋子摆成先手必败局的方法有 $1+7+3+1=12$(种)。

15. 答案:(1)21。 (2)64:25。

分析:(1)如图,过 D 作 AB 的平行线交 CA 和 CB 的延长线于 $P、Q$,则 $\triangle CPQ$ 也为等边三角形。

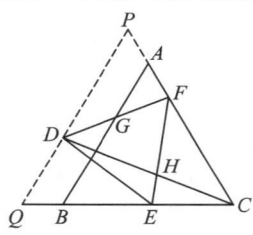

第 15 题图

由于 $DG=GF$,从而 $AP=AF=5$,$PD=2AG=16$。由正三角形对称性,$DQ=CE=FP=10$,$EQ=CF=PD=16$。从而 $AC=16+5=21$。

(2)不妨设 $S_{\triangle CQP}=1$,由等高模型可求得

$S_{\triangle FDC}=S_{\triangle CQP}\times\dfrac{PD}{PQ}\times\dfrac{CF}{CP}=1\times\dfrac{16}{26}\times\dfrac{16}{26}=\dfrac{64}{169}$,$S_{\triangle EDC}$

$=S_{\triangle CQP}\times\dfrac{DQ}{PQ}\times\dfrac{CE}{CQ}=1\times\dfrac{10}{26}\times\dfrac{10}{26}=\dfrac{25}{169}$。从而 $FH:EH=64:25$。

模拟试卷十三(高年级组) ★★★

1. 答案:2022。

分析:按定义,$\Delta(201,202,203,204)=201\times4+202\times3+203\times2+206\times1=2022$。

2. 答案:40。

分析:设甲、乙两校人数分别为 3 份和 5 份,则女生共 $3\times40\%+5\times(1-60\%)=3.2$,占 $3.2\div(3+5)=40\%$。另外,实际上,从甲、乙两校女生都各占各的 40% 即可得出结论。

3. 答案:9099。

分析:$\dfrac{3}{7}=0.\overline{428571}$,周期为 6,每个周期的数字为

$4+2+8+5+7+1=27$,$2022\div6=337$,前 2022 位数字和为 $337\times27=9099$。

4. 答案:10。

分析:设儿童票卖了 x 张,成人票卖了 y 张。则 $11x+6y=75$,两边同时除以 6,考虑余数,得 $5x\equiv3\pmod{6}$。依次枚举 x 的值,当 $x=3$ 时成立,此时 y 的值为 7。因此共卖出了 $3+7=10$(张)门票。

5. 答案:12。

分析:白天可知鸭加兔有 20 只,鸡腿加兔腿有 66 条。晚上可知鸡腿加鸭腿有 34 条,则鸡和鸭有 17 只。那么兔比鸡多 3 只,减去 3 只兔,同时减去 12 条兔腿,则鸡和兔一样多,由分组法知,一只鸡和一只兔分一组,一组有 6 条腿,一共有 $66-12=54$(条)腿,则有 $54\div6=9$(组),那么有 $9+3=12$(只)兔。

6. 答案:16 种。

分析:当如图(1)方向的 3 条线的数字为 1 和 2、3 和 4、5 和 6 时,有 $A_1^1\times A_2^2\times A_3^3=12$(种)可能。

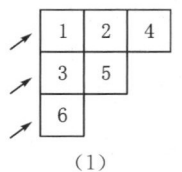

第 6 题图

当这 3 条线的数字为 1 和 2、4 和 3、5 和 6 时,有 $2\times2=4$(种)可能。

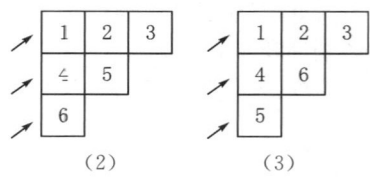

第 6 题图

共 $12+4=16$(种)。

7. 答案:9。

分析:如图(1)所示,连接正方形对角线,半圆弓形面积为 S_1 和 S_2,圆弓形面积 S_3。由图易得半圆半径 r_1 和圆半径 r_2 关系为 $r_2^2=2r_1^2$。根据弓形面积公式 $S=\dfrac{\pi r^2}{4}-\dfrac{r^2}{2}$,易得 $S_3=S_1+S_2$,其中 $S_1=S_2$,因此阴影部分的面积可以转换为图(2)两个三角形面积,大小为正方形面积的一半,即 $\dfrac{1}{2}\times18=9$(平方厘米)。

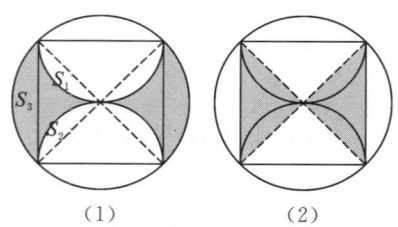

第 7 题图

8. 答案:958。

分析:由个位可知"我"为偶数,再分析最高位即可知

"我"只能为2,故"师"为3或8。(注:还可分析知五个汉字所代表的数字之和必为3的倍数,这个小结论可以辅助之后的分析。)

(1)若"师"=8,则分析万位知"龙"只能为9,故千位"爱"乘以4后向万位进1,可知"爱"为3或4。①若"爱"=4,此时十位:"老×4+3"的末位数字为4,这表示"老×4"的末位数字为1,奇偶性矛盾!②若"爱"=3,此时十位:"老×4+3"的末位数字为3,这表示"老×4"的末位数字为0,"老"为0或5。

若"老"=0,千位要接受进位8,这不可能;若"老"=5,则有答案23958×4=95832。

(2)若"师"=3,分析万位知"龙"为9或8;①若"龙"=9,则千位"爱"乘以4后向万位进1,可知"爱"只能为4。此时十位:"老×4+1"的末位数字为4,这表示"老×4"的末位数字为3,奇偶性矛盾!故知只能"龙"=8;②若"龙"=8,分析十位可知"爱"为奇数,再分析千位可知"爱"=1;此时无论十位的"老"为0还是为5,式子的百位和千位都是错误的(21803×4=80312 错误,21853×4=85412 错误),故知"师"=3时无解。

综上,本数字谜只有唯一解,23958×4=95832,本题答案为958。

9. 答案:72。

分析:甲、乙速度差为40÷4=10(千米/时),4.5小时甲、丙相遇,则乙的速度为40÷0.5×$\frac{1}{2}$=40(千米/时)。AB 全程为4×(40+40+10)=360(千米)。丙到 A 地用了360÷(40+10)=7.2(小时),此时甲、乙相距7.2×10=72(千米)。

10. 答案:98274。

分析:要让五位数最大可以让 A=9,B=8,再试 C,C=6、5、4、3 都无法满足互不相同,当 C=2 时,恰好构造出98274,差依次为1、6、5、3,符合题意,则最大为98274。

11. 答案:120。

分析:如图所示,①②③所组成的直角形与正八边形原有等腰直角三角形共边且位于长方形中,易得该直角形与正八边形原有等腰直角三角形完全相同,可得 $S_①+S_②+S_③=S_{等腰直角形}=\frac{1}{4}S_{中心正方形}$。根据对称性有 $S_①=S_②$,得 $2S_②+S_③=\frac{1}{4}S_{中心正方形}$;$S_④+S_⑤+S_⑥=\frac{1}{4}S_{中心正方形}$。根据对称性有 $S_⑤=S_⑥$,因此可得 $S_④+2S_⑤=\frac{1}{4}S_{中心正方形}$,即 $S_②=S_⑥$;正八边形 ABCDEFGH 的面积为 $40S_②+16S_⑥$,阴影部分的面积为 $10S_②+4S_⑥$,因此所求阴影部分的面积为480÷4=120(平方厘米)。

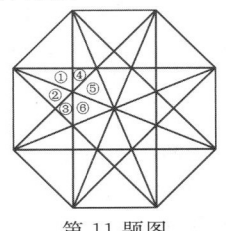

第11题图

12. 答案:328。

分析:图中有两个奇点(A、B),假设从 A 到 B,设与 A 相邻的三个点分别为 C、D、E,再设 n 个三角形所对应的画法数为 $f(n)$。

(1)如果第一步,从 A 画到 C,擦去线段 AC[图(1)],后续有 $f(5)$ 种画法。

(2)如果第一步,从 A 画到 D,擦去线段 AD[图(2)],后续有 $f(5)$ 种画法。

(3)如果第一步,从 A 画到 E,擦去线段 AE[图(3)],对于三角形 ACD 有两种绕法,所以后续有 $2f(4)$ 种画法。

综上所述,$f(6)=2[f(5)+f(4)]$,用同样做法可推出递推公式为 $f(n)=2[f(n-1)+f(n-2)]$。经枚举,$f(1)=2,f(2)=6$,依次递推可得,$f(3)=16,f(4)=44,f(5)=120,f(6)=328$,从 B 到 A 的画法和从 A 到 B 一样,所以共有328种画法。

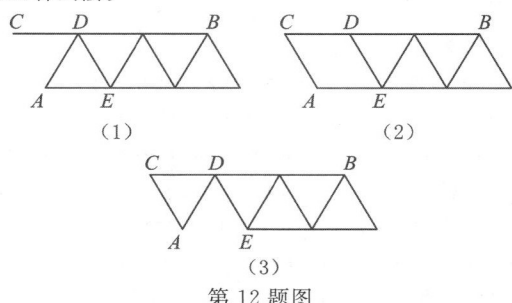

第12题图

13. 答案:29。

分析:如果1是"好数",则 32-1=31 也是"好数",无其他值(1<x<32)为"好数"。所以这样最多找到2个"好数"。

为了找出最多的"好数",设这32个正整数为 $a_1,a_2,\cdots,a_{32}$,构造一个这样的数列:$a_{n+2}=a_{n+1}+a_n(a_1,a_2,\cdots,a_{31})$,并且 $a_{32}+a_{31}=\frac{S}{2}$,则有 $a_{32}+a_{31}=a_{32}+a_{30}+a_{29}=a_{32}+a_{30}+a_{28}+a_{27}=\cdots=a_{32}+a_{30}+a_{28}+a_{26}+\cdots+a_2+a_1=\frac{S}{2}$,即 $2,3,4,\cdots,16$ 均为"好数",所以 $17,18,19,\cdots,30$ 也为"好数"。

所以2到30都为"好数",一共有29个。

14. 答案:60。

分析:如图,连接 DA 并延长交 EF 于点 G。连接 AF、AE。因为对称,DA 和 BC 垂直。又四边形 BCEF 是菱形,所以 DG 和 EF 垂直,并且 $AD=2AG$,所以 $S_{\triangle DEF}=3\times S_{\triangle AEF}=3\times 5\times 12\times \frac{1}{2}=90$,五边形 DCEFB 的面积为 $5\times 5\times 12\times \frac{1}{2}=150$,所以两个阴影的面积相差 150-90=60(平方厘米)。

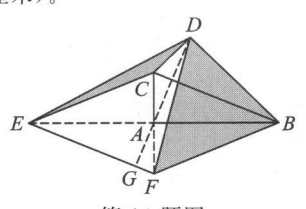

第14题图

15. 答案：如图所示。

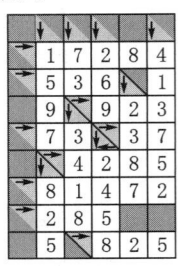

第15题图

模拟试卷十四（高年级组）★★★

1. 答案：2。

分析：原式 $=\left(3+\dfrac{7}{6}+\dfrac{11}{15}+\dfrac{15}{28}+\dfrac{19}{45}\right)\div\left(\dfrac{3}{2}+\dfrac{7}{12}+\dfrac{11}{30}+\dfrac{15}{56}+\dfrac{19}{90}\right)=2$。

2. 答案：1。

分析：由题意，$1@3=(1+2)\times(3+2)-2=3\times 5-2$，$1@3@5=(3\times 5-2)@5=(3\times 5)\times(5+2)-2=3\times 5\times 7-2,\cdots$，故 $1@3@5@\cdots@19=3\times 5\times\cdots\times 19\times 21-2$。

由题意，$2\&3=(2-1)\times(3-1)+1=1\times 2+1$，$2\&3\&4=(1\times 2+1-1)\times(4-1)+1=1\times 2\times 3+1,\cdots$，故 $2\&3\&4\&\cdots\&10=1\times 2\times 3\times\cdots\times 9+1$。

所以算式 $(1\times 2\times 3\times\cdots\times 9+1\times 3\times 5\times\cdots\times 21)-(1@3@5@\cdots@19+2\&3\&4\&\cdots\&10)=2-1=1$。

3. 答案：30。

分析：由于爸爸分完后剩下的和妈妈分的总量是一样的，统一两个比的一份量，3∶2=6∶4，妈妈分完后，桌上只剩下1份糖果，冰箱有9份糖果，故1份糖果为 $24\div(9-1)=3$（粒），故最初共买了 $3\times(6+4)=30$（粒）糖果。

4. 答案：50.24。

分析：根据正方形GCHF的面积为128平方厘米，可得 $AD^2=128\times 2=256$，故其对角线AD的长度为16厘米。过圆心O作AB的垂线OP，可得直角三角形OAP，$OA=AD\div 2=8$（厘米），由于该直角三角形的两个锐角的度数为30°和60°，故 $AP=OA\div 2=4$（厘米），故圆环的面积为 $\pi(OA^2-OP^2)=\pi\times AP^2=16\pi=50.24$（平方厘米）。

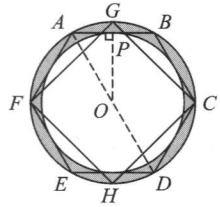

第4题图

5. 答案：3。

分析：将 $\overline{ababab}$ 分解得 $\overline{ababab}=\overline{ab}\times 10101=\overline{ab}\times 3\times 7\times 13\times 37$，由于该数有36个因数，$36=2\times 2\times 3\times 3$，故该数含4种质因数，故 $\overline{ab}$ 为3、7、13中两个质因数的乘积，故 $\overline{ab}$ 可取 $3\times 7=21,3\times 13=39,7\times 13=91$。故有3种情况，分别为212121、393939、919191。

6. 答案：240。

分析：先考虑除星星和金金的另外两人和两个空位（空位互换属于同种情况），将其排列，共 $\dfrac{A_4^4}{A_2^2}=12$（种）排法，然后将星星和金金插入空位之中，有 $A_5^2=20$（种）排法，故满足题意的安排方式有 $\dfrac{A_4^4}{A_2^2}\times A_5^2=240$（种）。

7. 答案：60。

分析：根据小虎的话，可以分析出小虎答对题数大于或等于16；根据齐齐的话，可以分析出齐齐答对题数小于或等于15；根据谢谢的话，可以分析出谢谢答对的题数比齐齐多，且不能比小虎多，故只能为15；根据金金的话可以分析出金金只能答对17题，才能确保自己一定是第一。由此小虎一定答对16题，且齐齐答对 $17-5=12$（题），所以四个人共答对 $17+16+15+12=60$（题）。

8. 答案：12。

分析：如图所示构造弦图，故 $DE^2=(AC+BC)^2-(S_{\triangle ABC}+S_{\triangle ADE})\times 4=18^2-45\times 4=144$，则 $DE=12$。

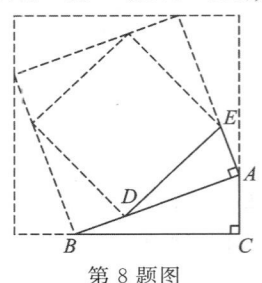

第8题图

9. 答案：338。

分析：首先"和谐数"至少是3位数，而9最多拆成4个不同数字的和，故"和谐数"最多为5位数，接下来分三类分别考虑。

①三位"和谐数"：显然三位"和谐数"不可能含有数字0，否则数字必然会重复，因此只需要从1~9这9个数字中选出2个不相同的数字，大的放在首位上，小的放在十位上，那么个位数字唯一确定，故有 $C_9^2=39$（个），还需要排除个位与十位数字相同的情况，当首位数字为2、4、6、8时，各存在一个数字相同的情况，分别是211、422、633、844，故一共有 $36-4=32$（个）满足题意的"和谐数"。

②四位"和谐数"：含数字0，在上面的三位"和谐数"后面加入一个数字0，有三种情况，故有 $32\times 3=96$（个）。不含数字0，首位数字只能为6~9，后三位和为首位数字，$6=1+2+3,7=1+2+4,8=1+2+5,9=1+2+6=1+3+5=2+3+4$，一共7种拆分方式，后三位可以任意排列，故不含数字0的四位"和谐数"一共有 $7\times 6=42$（个）。

③五位"和谐数"：只能在不含数字0的四位"和谐数"的后面添上一个数字0，故一共有 $42\times 4=168$（个）。

综上，无重复数字的"和谐数"有 $32+96+42+168=338$（个）。

10. 答案：8。

分析：设1根水管1分钟放1份水，则第一次共放了 $10\times 20=200$（份）水，第二次共放了 $12\times 12=144$（份）水，故第一次比第二次多放 $200-144=56$（份），由于原水量相同,故第一次比第二次多注56份水,则可得1根注水管1分钟的注水量为56÷(8×20-4×12)=0.5(份),故原水量为1×10×20-0.5×8×20=120(份),那么只打开15根放水管,需要120÷15=8(分钟)可放空水池中的水。

11. 答案:4012。

分析:根据加法算式,显然"胜"=1,则"加"≥4,若"加"=4,那么"利"=0,则"汉"×"油"的个位数字为0,则"汉"或"油"有数字0或5,数字重复了,故"加"≠4,"加"≥6。通过加法算式,可得2≤"利"≤4,只能取2、3、4,接下来分别讨论。

(1)若"利"=4,则"加"只能取8或9,那么50×80=4000<中国胜利<60×100=6000,故"中"只能取4或5,数字重复,故不满足题意。

(2)若"利"=3,则"加"只能取7或8,而中国胜利为奇数,故"汉"和"油"都为奇数,只能为7或9,那么"加"取8,而此时武汉+加油=胜利了>140,与假设不符,不满足题意。

(3)若"利"=2,则"加"只能取6或7,继续分析。

①若"加"取7,则"汉"×"油"的个位数字为2,且"汉"+"油"不进位,剩下数字有0、3、4、6、8、9,只有3、4满足,但是3+4=7,数字7重复,故不满足题意。

②若"加"取6,则"汉"×"油"的个位数字为2,且"汉"+"油"进位,剩下数字有0、3、4、7、8、9,只有8、9满足,验证58×69=4002 和 59×68=4012,发现只有59×68=4012满足,故中国胜利=4012。

12. 答案:1750。

分析:根据题意画出行程图,分三个时间段。如图所示,实线表示第一时间段,虚线表示第二时间段,点线表示第三时间段。

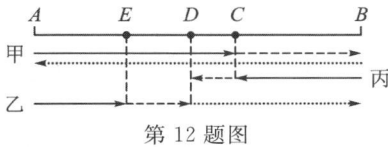

第12题图

根据前两个时间段,甲走了一个AB,乙、丙两人合走一个AB,因此$v_甲=v_乙+v_丙$,由题意$EC=500$(米),而第二个时间段乙、丙合走EC,合走500米,故甲第二时间段走了500米,即$BC=500$(米),再第三个时间段甲提速50%走完一个AB,而乙三个时间段一共走了一个AB,假设甲返回时不提速,根据$v_{甲原}:v_{甲提}=1:1.5=2:3$,故只能走$\frac{2}{3}AB$,故甲三个时间段一共走了$\left(1+\frac{2}{3}\right)AB=\frac{5}{3}AB$,因此$v_甲:v_乙=\frac{5}{3}:1=5:3$,再根据$v_甲=v_乙+v_丙$,故$v_甲:v_丙=5:2$,故甲第一个时间段走了$AC=BC\div 2\times 5=1250$(米),因此$AB=1250+500=1750$(米)。

13. 答案:33124。

分析:由题意$(\overline{AB}+\overline{BC}+\overline{CD})\times\overline{AD}=[\overline{AD}+(B+C)\times 11]\times\overline{AD}=43\times 47k$,故$\overline{AD}$为43或47的倍数,$[\overline{AD}+(B+C)\times 11]$为另一个数的倍数。

若$\overline{AD}$为43的倍数只能为43或86,若$\overline{AD}=43$,[43+

$(B+C)\times 11]$为47的倍数,最多9倍,则$B+C=26>17$,不满足题意。

若$\overline{AD}=86$,$[86+(B+C)\times 11]$为47的倍数,最多4倍,则$B+C=5$,满足题意。

故$\overline{ABCD}$可取 8146、8236、8326、8416。

若$\overline{AD}$为47的倍数,$\overline{AD}$只能为47或94。若$\overline{AD}=47$,$[47+(B+C)\times 11]$为43的倍数,最多9倍,则$B+C=27>17$,不满足题意。

若$\overline{AD}=94$,$[94+(B+C)\times 11]$为43的倍数,最多4倍,无正整数解。

综上,四位数$\overline{ABCD}$所有取值的和为8146+8236+8326+8416=33124。

14. 答案:(1)11点20分。 (2)8.4。

分析:(1)根据题意画出行程图,如图所示。

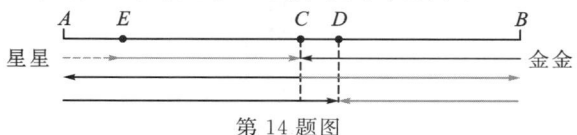

第14题图

在点C相遇后,两人同时到达各自目的地,掉头后,两人速度和不变,因此两个过程所花的时间不变,比较金金两次所走的路程发现,时间相同,速度提高5米/分,金金多走了300米,因此两人合走完全程的时间300÷5=60(分钟)。点C相遇后直到两人在点D相遇,经过60×2=120(分钟)=2(小时),故点D相遇时为11点20分。

(2)根据金金走AC需要60分钟,而星星走AC需要80分钟,故两人的速度比为$v_{星星}:v_{金金}=60:80=3:4$,而星星走BC花了60分钟,故金金走BC的时间为60÷4×3=45(分钟),所以星星走CE也花了45分钟,又因为星星走AC花了80分钟,所以星星走AE花了80-45=35(分钟),则星星的速度为2100÷(80-45)=60(米/分),那么金金的速度为80米/分。故$AB=(60+80)\times 45+2100=8400$(米)=8.4(千米)。

15. 答案:(1)294。 (2)21。

分析:(1)将三角形ADC绕点D逆时针旋转90°,得到三角形EDF,易得 A、B、F 三点成一线,$DF=DC$,故$S_{\triangle ADC}+S_{\triangle BDE}=S_{\triangle BDF}=20\times 15\div 2=150$。

根据勾股定理,$BF^2=BD^2+DF^2=20^2+15^2=25^2$,所以$BF=25$。再根据面积公式,可得$DH=20\times 15\div 25=12$。

故$AE=2DH=24$,$S_{\triangle ADE}=24\times 12\div 2=144$,故$S_{\triangle ABC}=144+150=294$。

(2)根据勾股定理,$HF^2=DF^2-DH^2=15^2-12^2=9^2$,所以$HF=9$,$AF=12-9=3$。

故$AB=BF+AF=25+3=28$,故$AC^2=35^2-28^2=21^2$,所以$AC=21$。

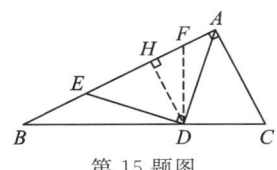

第15题图

模拟试卷十五(高年级组)★★★

1. 答案:2021。

分析:$\frac{a}{b} = \frac{1}{2\times 3} + \frac{1}{4\times 5} + \cdots + \frac{1}{2020\times 2021} + \frac{1}{1012}$

$\qquad + \frac{1}{1013} + \cdots + \frac{1}{2021}$

$= \frac{1}{2} - \frac{1}{3} + \frac{1}{4} - \frac{1}{5} + \cdots + \frac{1}{2020} - \frac{1}{2021} +$

$\qquad \frac{1}{1012} + \frac{1}{1013} + \cdots + \frac{1}{2021}$

$= \left(1 + \frac{1}{2} + \cdots + \frac{1}{1010}\right) - \left(\frac{1}{2} + \frac{1}{3} + \cdots + \right.$

$\qquad \left. \frac{1}{2020} + \frac{1}{2021}\right) + \left(\frac{1}{1012} + \frac{1}{1013} + \cdots + \frac{1}{2021}\right)$

$= 1 - \frac{1}{1011} = \frac{1010}{1011}$。

所以,$a + b = 1010 + 1011 = 2021$。

2. 答案:4710。

分析:大半圆中,两个弓形旋转与中间阴影合并成 60° 扇形,两个小半圆合并成一个小圆,阴影面积=小圆面积+$\frac{1}{6}$大圆面积,所以,$S = \pi \times 30^2 + \frac{1}{6}\pi \times 60^2 = 4710$。

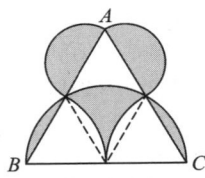

第2题图

3. 答案:41。

分析:2021 年第 1 个星期日是 1 月 3 日,365－3＝362(天),362÷7＝51……5。

所以最后一个星期日是 12 月 26 日。

月份数与日期数的和最大,则月份数与日期数都尽可能大。月份数最大是 12,12 月时,最后一个周日是 12 月 26 日,和是 12＋26＝38;11 月时,最后一个周日是 30＋26－4×7＝28(日),和是 11＋28＝39;10 月时,最后一个周日是 31＋28－4×7＝31(日),和是 10＋31＝41;10 月时日期数是 31,日期已经是最大值。

所以和最大是 41。

4. 答案:43。

分析:第一天售出总量的$\frac{1}{10+1} = \frac{1}{11}$,第二天售出总量的$\left(1 - \frac{1}{11}\right) \times \frac{1}{1+2} = \frac{10}{33}$,第三天售出总量的$\frac{10}{33} \times \frac{2}{1} = \frac{20}{33}$。

因为一共 160 多个西瓜,所以总西瓜数是 33×5＝165(个),第一天售出 15 个,第二天售出 50 个,第三天售出 100 个。

第一天的售价:2021×3÷(15＋50×0.9＋100×0.9×0.9)＝43(元/个)。

5. 答案:12。

分析:如题图所示,12 条棱上出现的质数各不相同,共

可以出现 12 个。

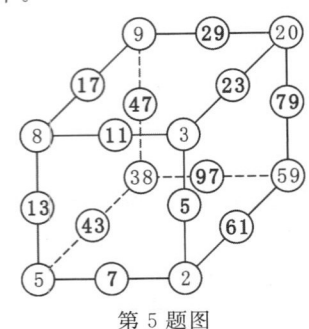

第5题图

6. 答案:736。

分析:如图(1)所示,经旋转后与自身重合,共有 4×3×2×2＝48(种)。

如图(2),$a、b、c、d、e、f$ 这 6 个位置都与 m 相邻,m 选定后,这 6 个位置只有 3 种颜色可选,使用传球法可得,共 3×33＝66(种)。不考虑旋转,共 4×66×2³＝2112(种)。

旋转去重:(2112－48)÷3＝688(种)。

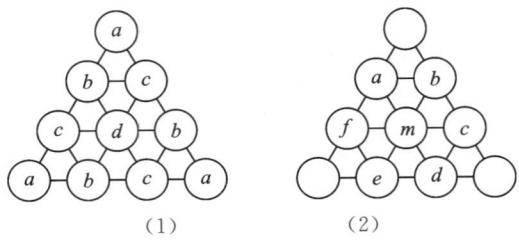

(1)　　　　(2)

第6题图

不存在翻转重合的情况。

所以,共有 688＋48＝736(种)。

7. 答案:88209。

分析:因为$\overline{abcde} = 1000\overline{ab} + \overline{cde} = (\overline{ab} + \overline{cde})^2$,所以

$999\overline{ab} = (\overline{ab} + \overline{cde})(\overline{ab} + \overline{cde} - 1)$。

又因为$(\overline{ab} + \overline{cde})$与$(\overline{ab} + \overline{cde} - 1)$互质,所以,$\overline{ab} + \overline{cde} \equiv 0 \pmod{999}$ 或 $\overline{ab} + \overline{cde} - 1 \equiv 0 \pmod{999}$ 或 $\begin{cases}\overline{ab}+\overline{cde}\equiv 0\pmod{27}\\ \overline{ab}+\overline{cde}-1\equiv 0\pmod{37}\end{cases}$ 或 $\begin{cases}\overline{ab}+\overline{cde}\equiv 0\pmod{37}\\ \overline{ab}+\overline{cde}-1\equiv 0\pmod{27}\end{cases}$。

经检验得,$\overline{ab} + \overline{cde} = 297$ 时成立,所以$\overline{abcde} = 88209$。

8. 答案:25。

分析:乙、丙相遇后,乙走了 5 千米,而丙走了(10＋15)千米再次与乙相遇。

用 $v_乙, v_丙$ 表示乙和丙的初始速度,有 $\dfrac{5}{\frac{1}{4}v_乙} = \dfrac{10}{\frac{3}{2}v_丙} +$

$\dfrac{15}{\frac{9}{4}v_丙}$,所以 $v_乙 : v_丙 = 3 : 2$。

乙从 B 地返回 10 千米与丙相遇,丙走了 $(10\times 2 + 10) \div (3 - 2) \times 2 = 60$(千米),$A、B$ 两地相距 60＋10＝70(千米)。甲、乙初始速度比为

$\dfrac{v_甲}{v_乙} = \dfrac{70 - 15}{70 + 10 \div \frac{1}{2} + (15 - 5) \div \frac{1}{4}} = \dfrac{1}{2}$。

甲追乙：$15\times2\div\left(1-2\times\dfrac{1}{8}\right)\times1=40$（千米），距离 B 地：$40-15=25$（千米）。

9. 答案：24。

分析：$a=0$ 时，$2^a\times3^b$ 结果是奇数，验证 $b=1、3、7、9$，均不满足；

$a\neq0$ 时，$2^a\times3^b$ 结果是偶数，分别验证 $b=2、4、6、8$。

经验证，$a=2,b=4$ 满足题意，具体见表格。

	$b=2$	$b=4$	$b=6$	$b=8$
$a=1$	$2^a\times3^b$ 末两位 18	$2^a\times3^b$ 末两位 62	$2^a\times3^b$ 末两位 58	$2^a\times3^b$ 末两位 22
$a=2$	$2^a\times3^b$ 末两位 36	$2^a\times3^b$ 末两位 24	$2^a\times3^b$ 末两位 16	$2^a\times3^b$ 末两位 44
$a=3$	$2^a\times3^b$ 末两位 72	$2^a\times3^b$ 末两位 48	$2^a\times3^b$ 末两位 32	$2^a\times3^b$ 末两位 88
$a=4$	$2^a\times3^b$ 末两位 44	$2^a\times3^b$ 末两位 96	$2^a\times3^b$ 末两位 64	$2^a\times3^b$ 末两位 76
$a=5$	$2^a\times3^b$ 末两位 88	$2^a\times3^b$ 末两位 92	$2^a\times3^b$ 末两位 28	$2^a\times3^b$ 末两位 52
$a=6$	$2^a\times3^b$ 末两位 76	$2^a\times3^b$ 末两位 84	$2^a\times3^b$ 末两位 56	$2^a\times3^b$ 末两位 04
$a=7$	$2^a\times3^b$ 末两位 52	$2^a\times3^b$ 末两位 68	$2^a\times3^b$ 末两位 12	$2^a\times3^b$ 末两位 08
$a=8$	$2^a\times3^b$ 末两位 04	$2^a\times3^b$ 末两位 36	$2^a\times3^b$ 末两位 24	$2^a\times3^b$ 末两位 16
$a=9$	$2^a\times3^b$ 末两位 08	$2^a\times3^b$ 末两位 72	$2^a\times3^b$ 末两位 48	$2^a\times3^b$ 末两位 32

10. 答案：1 月 12 日。

分析：6 个星期相差 $6\times7=42$（天），差 1 个月多一些，则冰冰生日的月比今日大 1（12 月跨年另算）。

设冰冰的生日为 $(x+1)$ 月 x 日，则今日是 x 月 $(x+1)$ 日，两天之间相差 $(x+1)+30-x=31$（天）或 $(x+1)+31-x=32$（天）（2 月相差更小）。

以上情况均不满足相差 42 天条件，考虑特殊情况：

今日是 12 月 1 日，生日是 1 月 12 日，相差 $12+31-1=42$（天），满足条件。

11. 答案：73。

分析：黑白染色如图(1)所示，共有 37 个黑点，38 个白点。

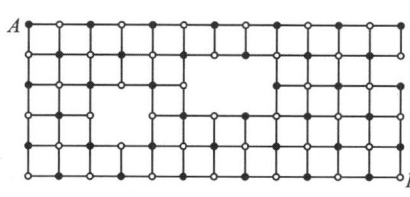

第 11 题图(1)

每个点最多经过 1 次，从黑点开始，白点结束，最多可走 $37\times2-1=73$（千米）。

路线构造如图(2)所示：

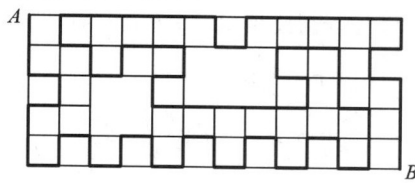

第 11 题图(2)

12. 答案：2022。

分析：原式 $=\left[\dfrac{1^2+1}{1^2}+\dfrac{2^2+1}{2^2}+\dfrac{3^2+1}{3^2}+\cdots+\dfrac{2021^2+1}{2021^2}\right]$

$=\left[1+\dfrac{1}{1^2}+1+\dfrac{1}{2^2}+1+\dfrac{1}{3^2}+\cdots+1+\dfrac{1}{2021^2}\right]$

$=2022+\left[\dfrac{1}{2^2}+\dfrac{1}{3^2}+\dfrac{1}{4^2}+\cdots+\dfrac{1}{2021^2}\right]$。

$S=\dfrac{1}{1\times2}+\dfrac{1}{2\times3}+\dfrac{1}{3\times4}+\cdots+\dfrac{1}{2020\times2021}$

$=\dfrac{1}{1}-\dfrac{1}{2}+\dfrac{1}{2}-\dfrac{1}{3}+\dfrac{1}{3}-\dfrac{1}{4}+\cdots+\dfrac{1}{2020}-\dfrac{1}{2021}$

$=1-\dfrac{1}{2021}$

$=\dfrac{2020}{2021}$。

$\dfrac{1}{2^2}+\dfrac{1}{3^2}+\dfrac{1}{4^2}+\cdots+\dfrac{1}{2021^2}<S<1$，$\left[\dfrac{1}{2^2}+\dfrac{1}{3^2}+\cdots+\dfrac{1}{2021^2}\right]=0$。

所以原式 $=2022$。

13. 答案：992。

分析：512 有 4 个一位因数，3 个二位因数，3 个三位因数。

现在每个数都有 2 个组可以放置，共有 $2^{10}=1024$（种）方法。

又因为每组中至少含一个数，因此减去有一组为空的情况（不可能两组都为空）。

所以，共有 $1024-2^4-2^3-2^3=992$（种）。

14. 答案：81。

分析：如题图所示，连接 EF，E 是 BC 的中点，$S_{\triangle BEF}=S_{\triangle CEF}$，$S_{\triangle ABF}:S_{\triangle BEF}=AG:GE$，$S_{\triangle CDF}:S_{\triangle CEF}=DH:HE$。

因为 $AG:GH=DH:HE$，所以 $S_{\triangle CDF}=S_{\triangle ABF}=36$。

因为 $AF:FD=1:2$，所以 $S_{\triangle ABD}=3S_{\triangle ABF}=108$，$S_{\triangle ACD}=\dfrac{3}{2}S_{\triangle CDF}=54$。

E 是 BC 的中点，所以 $S_{\triangle ADE}=\dfrac{1}{2}(S_{\triangle ABD}+S_{\triangle ACD})=81$。

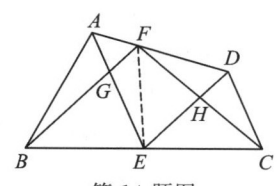

第 14 题图

15. 答案:(1)3。 (2)3。

分析:(1)红色短线共有 2^m+1,白色短线共有 2^n+1,

$\frac{2^m+1}{2^n+1}=k$,k 是大于 1 整数。

当 $m=3$,$n=1$ 时,$k=3$,此时 $\frac{m}{n}=3$。

(2)由已知,$\frac{2^m+1}{2^n+1}=k$,$k=2^{m-n}-2^{m-2n}+2^{m-3n}-2^{m-4n}+\cdots+1$。

因为 m 是 n 的奇数倍,所以,$k_{\min}=2^2-2^1+1=3$。

模拟试卷十六(高年级组)★★★

1. 答案:1547。

分析:$\frac{a}{b}=\frac{1}{2}\times 7+\frac{1}{4}\times 6+\cdots+\frac{1}{128}\times 1-\left(\frac{1}{256}\times 7+\frac{1}{128}\times 6+\cdots+\frac{1}{4}\times 1\right)$

$=\frac{(2^7\times 7+2^6\times 6+\cdots+2^1\times 1)-(2^0\times 7+2^1\times 6+\cdots+2^6\times 1)}{256}$

$=\frac{2^8\times 7-(2^7+\cdots+2^1)-[(2^7+2^6+\cdots+2^1)-7]}{256}$

$=\frac{2^8\times 7-2\times (2^8-2)+7}{256}$

$=\frac{2^8\times 5+11}{256}$

$=\frac{1291}{256}$。

所以,$a+b=1291+256=1547$。

2. 答案:17。

分析:设女生有 x 人,男生有 $(x-a)$ 人,则 $\frac{1}{2}(x-a)-\frac{1}{3}x=a$,解得 $x=9a$。

a 最小是 1,即女生最少有 9 人,男生最少有 8 人,

所以这个班最少有 $8+9=17$(人)。

3. 答案:7。

分析:因为 $2021-109=1912=2^3\times 239$,又由 1912 有 8 个不同的因数,所以数列有 8 种不同的公差,但公差是 1912 时数列仅 2 项,所以共有 7 种不同情况。

4. 答案:4010。

分析:$\overline{abcd}+a+b+c+d=2021$,

$1001a+101b+11c+2d=2021$,

可知 $\begin{cases}a=2,\\b=0,\\c=1,\\d=4,\end{cases}$ 或 $\begin{cases}a=1,\\b=9,\\c=9,\\d=6,\end{cases}$ 所以 $2014+1996=4010$。

5. 答案:25。

分析:过点 B 作 $BN\perp CE$ 交 CE 于点 N,过点 D 作 $DM\perp CE$ 交 CE 的延长线于点 M。

以 CM 作正方形 $ABCD$ 的弦图,$\triangle BEC$ 是等腰三角形,所以 N 是 CE 的中点,$CN=5$,所以 $DM=5$。

所以 $S_{\triangle CED}=\frac{1}{2}CE\times DM=25$。

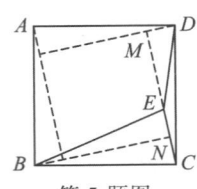

第 5 题图

6. 答案:101 个。

分析:考虑写上每一个数后,对手的胜负情况,可以得到:

2011~2019,必输;2009,必胜;2001~2008,必输;1991~1999,必胜;1981~1988,必输;1971~1979,必胜;1969,必胜;……;9,必胜;1~8,必输。

甲先写,可抢到第一个必胜数字 9,有必胜策略。

每写 20 次,甲需要跨越 1 个个位是 0 的数,所以最多写了 $(2009-9)\div 20+1=101$(个)个位是 0 的自然数。

7. 答案:801。

分析:将 2000 个珠子依次编号为 1,2,3,…,2000,再将其进行分组,即(1,401,801,1201,1601),(2,402,802,1202,1602),…,(400,800,1200,1600,2000),可分为 400 组。

因此,至少有一组有 3 个珠子,才能保证它们之间恰好放有 399 个珠子,

所以红色至少要染 $400\times 2+1=801$(个)珠子。

8. 答案:594。

分析:因为 $\overline{abc}-\overline{cba}=99(a-c)$,

所以 $99|\overline{abc}+\overline{cba}$,$99|\overline{abc}$ 且 $99|\overline{cba}$。

又因为 $a\geqslant c$,所以可能满足条件的三位数 $\overline{abc}$ 分别是 594、693、792、891。

经检验,仅有 594 满足条件。

9. 答案:512。

分析:①填入 4 个 1,共有 $4\times 3\times 2\times 1=24$(种);

②填入 6 个 1,共有 $16\times 3\times 3+4\times 4=160$(种);

③填入 8 个 1,共有 $C_4^2\times C_4^2\times 2\times 2=144$(种);

④填入 10 个 1,共有 $C_4^3\times (C_4^3+A_4^2\times 3)=160$(种);

⑤填入 12 个 1,共有 $4\times 3\times 2\times 1=24$(种)。

共有 $24+160+144+160+24=512$(种)。

10. 答案:77%。

分析:设选择题有 x 题,填空题有 y 题,则

$\begin{cases}4x+6y=100,\\ y\times 58\%\times 6+[(x+y)\times 65\%-y\times 58\%]\times 4=63.32。\end{cases}$

解得 $\begin{cases}x=7,\\y=12。\end{cases}$

所以选择题正确率为 $\frac{(7+12)\times 65\%-12\times 58\%}{7}\times 100\%=77\%$。

11. 答案:7464。

分析:每走 1 天休息 1 次,周期内平均速度是 15 千

米/天；每走2天休息1次，周期内平均速度是19千米/天；每走3天休息1次，周期内平均速度是20.25千米/天；每走4天休息1次，周期内平均速度是20.4千米/天；每走5天休息1次，周期内平均速度是20千米/天；每走6天休息1次，周期内平均速度是$\frac{135}{7}$千米/天；

……

由此可得，每走4天休息1次，平均速度最高。

因此选择每走4天休息1次，最后一个周期连续走5天。

$20.4 \times 360 + 30 + 27 + 24 + 21 + 18 = 7464$（千米）。

12. 答案：48种。

分析：这个十面体的俯视图为如题图所示的正五边形，分为上下两层，因为相同颜色的磁力片不能有公共点，所以每一层的5个磁力片颜色各不相同。

上层5个磁力片，共有$A_5^5 \div 5 = 24$（种）拼接方式（旋转去重）。假设上层1、2、3、4、5号位分别是红、橙、黄、绿、蓝，同色磁力片没有公共点，则另一个红色磁力片只能在下层的3或4号位。假设另一个红色磁力片在下层4号位，则橙色磁力片在下层的5号位，黄色磁力片在下层的1号位，绿色磁力片在下层的2号位，蓝色磁力片在下层的3号位，下层各色磁力片位置唯一。如果红色磁力片在下层3号位，情况相同，也是唯一。

下层红色磁力片在3号位与4号位无法通过翻转重合（立体手性），所以共有$24 \times 2 = 48$（种）拼接方式。

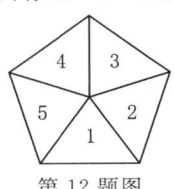

第12题图

13. 答案：12880。

分析：操作前，和是5。

$S_1 = 5 \times 2 = 10 = \frac{20}{2}$，$S_2 = S_1 \times \frac{4}{2} - 5 \times \frac{1}{2} = \frac{35}{2}$，$S_3 = S_2 \times \frac{5}{3} - 5 \times \frac{1}{3} = \frac{55}{2}$，$S_4 = S_3 \times \frac{6}{4} - 5 \times \frac{1}{4} = 40 = \frac{80}{2}$，

$S_5 = S_4 \times \frac{7}{5} - 5 \times \frac{1}{5} = 55 = \frac{110}{2}$，…

所以 $S_n = S_{n-1} \times \frac{n+2}{n} - 5 \times \frac{1}{n} = 5 + \frac{5n(n+3)}{4}$。

所以 $S_{100} = 5 + \frac{5 \times 100 \times (100+3)}{4} = 12880$。

14. 答案：1767。

分析：$1444 = 38^2$，$3249 = 57^2$。

$OH : AB = OE : BE = 3 : 5$，$FG : DG = FH : DE = \left(2 - 2 \times \frac{3}{5}\right) : 3 = 4 : 15$。

$S_{\triangle BCG} = S_{\triangle BCD} + (S_{\triangle BCF} - S_{\triangle BCD}) \times \frac{15}{4+15}$
$= 1624.5 + (1805 - 1624.5) \times \frac{15}{19}$
$= 1767$。

15. 答案：2880。

分析：设长方形长与宽分别是A、B，最大公因数是m，且$A = am$，$B = bm$，$(A, B) = m$，$(a, b) = 1$，$a > b$。

因为$A + B = (a+b)m = 8! \div 2 = 2^6 \times 3^2 \times 5^1 \times 7^1$，所以，$m = 2$，$a + b = 2^5 \times 3^2 \times 5^1 \times 7^1$，$(a, b)$有$2^5 \times 3^2 \times 5^1 \times 7^1 \times \frac{1}{2} \times \frac{2}{3} \times \frac{4}{5} \times \frac{6}{7} \div 2 = 1152$；$m = 3$，$a + b = 2^6 \times 3^1 \times 5^1 \times 7^1$，$(a, b)$有$2^6 \times 3^1 \times 5^1 \times 7^1 \times \frac{1}{2} \times \frac{2}{3} \times \frac{4}{5} \times \frac{6}{7} \div 2 = 768$；$m = 5$，$a + b = 2^6 \times 3^2 \times 7^1$，$(a, b)$有$2^6 \times 3^2 \times 7^1 \times \frac{1}{2} \times \frac{2}{3} \times \frac{6}{7} \div 2 = 576$；$m = 7$，$a + b = 2^6 \times 3^2 \times 5^1$，$(a, b)$有$2^6 \times 3^2 \times 5^1 \times \frac{1}{2} \times \frac{2}{3} \times \frac{4}{5} \div 2 = 384$。

共有$1152 + 768 + 576 + 384 = 2880$（种）。

模拟试卷十七（高年级组）★★★

1. 答案：986。

分析：执子之手+与子偕老=2096+诵诗经，算式用了0~9共10个数字，易得和的最高位为3，执+与=1+2，诵=9，子=0，剩下的数字经尝试可得：

当"之+借+10=诗+9"，仅有"3+4+10=8+9"，此时"手+老=经+6"，即有7+5=6+6。

当"之+借+10=诗+9+1"，此时"手+老+10=经+6"，无解。

所以诵诗经=986。

2. 答案：14。

分析：依题意，四脚兽的数量+二脚兽的数量=六脚兽的数量+八脚兽的数量，可得，两脚兽的数量=2.5×八脚兽的数量。设八脚兽数量=1份，则两脚兽=2.5份，四脚兽=3.5份，可得每份为$108 \div (1 \times 8 + 2.5 \times 2 + 3.5 \times 4) = 4$，那么四脚兽有$3.5 \times 4 = 14$（只）。

3. 答案：28。

分析：因为点数4至10的扑克牌各4张，其余点数各小于4张，所以，最不利的情况是，点数4至10的扑克牌尽可能取，其中最少两种点数不取。不妨设4、6、8、9、10各取4张，3取3张，12取2张，1取1张，13取1张，共取27张，为最不利情况，此时无3张牌的点数连续，再任取一张即可使得点数连续，所以至少取28张。

4. 答案：21。

分析：不考虑重复，这4个数共有$A_4^4 = 24$（种）排法，其中，20和2会连写成202，与202数字本身重复，则会有3种写法重复，因此共有$24 - 3 = 21$（种）不同的10位数。

5. 答案：18456。

分析：数字5必然在A、B、C、D、E中且不在个位。接下来讨论$A = 1$时的情况，因为$F > G > H > I$且1和5在A、B、C、D、E中已使用，则$F \geqslant 6$，所以$\overline{AB}$的可能值为14，16，18。

当$\overline{AB} = 14$时，F、G、H、I对应7、6、3、2，此时C只能等于8，D无法满足题意。

当 $\overline{AB}=16$ 时，F,G,H,I 对应 $8,7,4,2$ 或 $8,4,3,2$，对于情况一，$C=3,D$ 无法满足；对于情况二，$C=3,D$ 无法满足。

当 $\overline{AB}=18$ 时，$F=9$，在 G 有解前提下 C 最小为 4，对应 $G=7,D=5$，对应 $H=3,E=6,I=2$。

综上可知最小值为 18456。

6. 答案：10368。

分析：任取两奇数相邻有 A_4^2 种选法，把两奇数捆绑在一起看成 1 个奇数。

相邻的两偶数同理有 A_4^2 种选法，把两个偶数捆绑在一起看成 1 个偶数。

这时可以把八位数看成六位数 $\overline{ABCDEF}$（相邻的两奇数看成 1 个奇数，相邻的两偶数看成 1 个偶数），在这个六位数中，必须 A,C,E 同奇偶，B,D,F 同奇偶。

所以总个数为 $A_4^2 \times A_4^2 \times 2 \times A_3^3 \times A_3^3 = 10368$。

7. 答案：21。

分析：若个位为 5，可以得到被 5 整除的情况得 9 分，但被 $4,6$ 整除的情况不得分。而若末两位及个位能被 4 整除，最多可以得到被 4 整除的共 9 分，以及只要控制好被 3 整除的情况，被 6 整除也能得分，所以考虑个位不为 5 的情况，所以被 5 整除均不得分。

因为九位数的数字和是 45，必能被 3 整除，每次删掉一个数字后，由除以 3 的余数分析，最多得到 6 个数的数字和能被 3 整除，所以被 $3,6$ 整除共可得 $2 \times 6 = 12$（分）。构造：369157824，所以得分之和最高是 $9+12=21$（分）。

8. 答案：400。

分析：注意到点状阴影区域是个菱形，所以两种阴影区域的面积差即图 (1) 中的两块阴影面积之和，且图 (1) 中的两块阴影面积相等。其中一块通过等积变形可依次转为图 (2) 和图 (3)，面积为正十边形面积的 $\frac{1}{5}$，因此所求面积差为正十边形面积的 $\frac{2}{5}$，即 $1000 \times \frac{2}{5} = 400$。

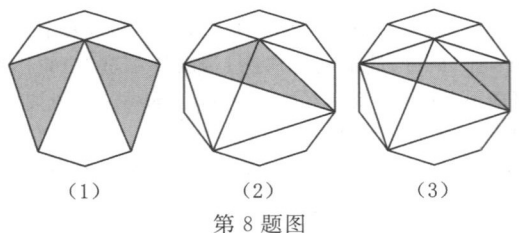

第 8 题图

9. 答案：39。

分析：由甲说的话可知，甲手里的三个数字可能为 $169、256、289$。

由乙可确定甲手里的三个数字。

若乙有 2，则在 $3、4、5、7、8$ 任选 2 个，有 10 种；若乙有 9，则在 $1、3、4、7、8$ 中任选 2 个，有 10 种；若乙有 6，则在 $1、3、4、5、7$ 中选 2 个，有 10 种；若乙无 $2、6、9$，当甲为 169 时，乙必有 $5、8$，有 3 种；当甲为 256 时，乙必有 $1、8$，有 3 种；当甲为 289 时，乙必有 $1、5$，有 3 种。

综上，共有 39 种情况。

10. 答案：28。

分析：如题图所示，$n=28$ 的涂法是存在的。下面证明 $n=29$ 时不满足题意。

因为每行（列）为 9 格，$29 \div 9 = 3 \cdots\cdots 2$，则至少在某两行（列）中，各自 4 种颜色均不相同。不妨假设第 1 行出现 $A、B、C、D$ 4 种颜色，第 2 行出现 $E、F、G、H$ 4 种颜色。从列的角度看，由于每列最多 4 色，所以每列除了第 1 行和第 2 行用了 2 种不同颜色外，至多各新增 2 种不同颜色，所以 $n \leq 8+2 \times 9=26$，故矛盾。

所以 n 最大为 28。

1	2	3	0	0	0	0	0	0
4	5	6	0	0	0	0	0	0
7	8	9	0	0	0	0	0	0
0	0	0	10	11	12	0	0	0
0	0	0	13	14	15	0	0	0
0	0	0	16	17	18	0	0	0
0	0	0	0	0	0	19	20	21
0	0	0	0	0	0	22	23	24
0	0	0	0	0	0	25	26	27

第 10 题图

11. 答案：82。

分析：由题意得，当石子剩下 $0、1$ 或 2 颗时，取者必败。

当 n 为偶数时，两位数 n 必为合数，先手则直接取走这 n 颗，剩余 0 颗，先手胜。

当 n 为奇数时，当 n 为质数时，则先手直接取走这 n 颗，剩余 0 颗，先手胜。当 n 为合数且 $n-2$ 为质数时，先手取 $n-2$ 颗，剩余 2 颗，先手胜。当 n 为合数且 $n-2$ 为合数时，若先手若取奇质数颗，则剩余不为 2 的偶数颗，后手胜，因此先手必取 2 颗，剩余 $n-2$ 颗；若 $n-4$ 为质数，则后手胜；若 $n-4$ 为合数，同上知后手必取 2 颗，剩余 $n-4$ 颗，注意到 100 以内不存在连续 4 个奇合数，因此 $n-6$ 必为质数，因此先手取 $n-6$ 颗，剩余 2 颗，先手胜。

所以仅有 $27、35、51、57、65、77、87、93$ 这 8 个 n 的取值使得后手胜。

综上，共有 $90-8=82$（种）不同的 n 的取值，能使哲哲有必胜策略。

12. 答案：144。

分析：点 A 关于点 O 的对称点 A'，如图所示构造弦图。

因为点 O 到五边形 $ABCDE$ 的五个顶点等距，所以 $S_{\triangle AOC} = S_{\triangle AOD}$；因为点 A 与点 A' 关于点 O 对称，所以 $OA'=OA$，$S_{\triangle AOD} = S_{\triangle A'OD}$，所以阴影面积为 $\triangle ADA'$ 的面积。

如图构造弦图，由题目条件得 E 为大正方形和小正方形的中心，因为 $AE=22,ED=14$，所以阴影部分面积为 $\left(\dfrac{44^2}{2} - \dfrac{28^2}{2}\right) \times \dfrac{1}{4} = 144$。

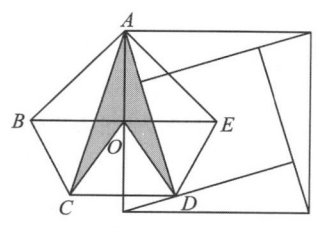

第12题图

13. 答案：(1)下 3；右 23。 (2)1561。

分析：(1)偶数所在的折线从 4 开始在数表中按每条线段的数如下重新排列：

4
6 8
10 12 14
16 18 20 22
……

2020 是 4 开始的第 1009 个偶数，$1+2+3+\cdots+44=990$，所以 2020 在第 45 组第 19 个。

第 1 组在右 1 列，第 3 组在左 1 列，第 5 组在右 3 列，第 7 组在左 3 列，第 9 组在右 5 列，第 11 组在左 5 列……所以第 45 组在右 23 列。

根据每一组最后一个数的位置：第 1、2 组在上 1 行，第 3、4 组在下 2 行，第 5、6 组在上 3 行……第 44 组在下 22 行，所以第 45 组第一个数在下 21 行，第 19 个数在下 3 行，所以 2020 在右 23 列下 3 行。

(2)上 $2k$ 行右 $2k$ 列的数都是奇数。奇数从 3 开始在数表中按每条线段的数如下重新排列：

3
5 7
9 11 13
15 17 19 21
……

上 $2k$ 行右 $2k$ 列的数在 $k=1,2,3,\cdots,10$ 时分别是第 3,7,11,$\cdots$,39 组的最后一个数，则第 39 组的最后一个数是 $1+1+2+3+\cdots+39=781$ 个奇数，即 $781\times 2-1=1561$，所以上 20 行右 20 列的数是 1561。

14. 答案：1800。

分析：如题图所示构造正六边形 $ABCDEF$，连接 BQ、PD。设 $\dfrac{AP}{AB}=\dfrac{CQ}{CD}=\dfrac{ER}{EF}=k$。

因为 $\dfrac{2}{3}=\dfrac{BK}{KD}=\dfrac{S_{\triangle BPQ}}{S_{\triangle PQD}}=\dfrac{(1-k)(1+k)}{(1-k)(2-k)}$，所以 $k=\dfrac{1}{5}$。

所以 $\dfrac{S_{\text{四边形}BCQK}}{S_{\text{六边形}ABCDEF}}=\dfrac{S_{\triangle BCQ}+S_{\triangle BKQ}}{S_{\text{六边形}ABCDEF}}=\dfrac{1}{6}\times\dfrac{1}{5}+\dfrac{1}{6}\times\dfrac{4}{5}\times\dfrac{2}{5}=\dfrac{13}{150}$，所以 $S_{\text{四边形}APMF}=S_{\text{四边形}DERN}=S_{\text{四边形}BCQK}=\dfrac{13}{150}S_{\text{六边形}ABCDEF}$。

因为 $BK:KD=DN:NF=FM:MB=2:3$，所以 $S_{\triangle MNK}=\left(1-\dfrac{3\times 2}{5\times 5}\times 3\right)S_{\triangle BDF}=\dfrac{7}{25}S_{\triangle BDF}=\dfrac{7}{50}S_{\text{六边形}ABCDEF}$。

因为 $S_{\triangle MNK}=420$，所以 $S_{\text{六边形}ABCDEF}=3000$。

所以 $S_{\text{阴影}}=\left(1-\dfrac{13}{150}\times 3\right)\times 3000-420=1800$。

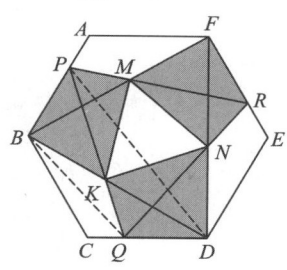

第14题图

15. 答案：322。

分析：按最后取的三块是哪三块分类。

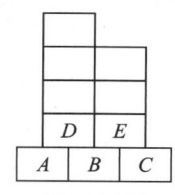

第15题图

如果最后取 A、B、C，则 A、B、C 有 $A_3^3=6$（种）排法，剩余前面左列 4 块右列 3 块，可对应成 3×4 的标数问题，共有 $C_7^4\times A_3^3=210$（种）。

如果最后取 D、A、B，则 D、A、B 有 $1\times A_2^2=2$（种）排法，剩余左列 3 块右列 4 块，可对应成 4×3 的标数问题，共有 $C_7^3\times 1\times A_2^2=70$（种）。

如果最后取 E、C、B，则 E、C、B 有 $1\times A_2^2=2$（种）排法，剩余左列 5 块右列 2 块，可对应成 5×2 的标数问题，共有 $C_7^5\times 1\times A_2^2=42$（种）。

综上，共有 $210+70+42=322$（种）不同的取法。

模拟试卷十八(高年级组) ★★★

1. 答案：6000。

分析：因为 $(101)_n=1\times n^2+1\times n^0=n^2+1$，所以所求和为 $(2^2+1)+(4^2+1)+(6^2+1)+\cdots+(32^2+1)=(2^2+4^2+6^2+\cdots+32^2)+1\times 16=4\times(1^2+2^2+\cdots+16^2)+16=4\times\dfrac{16\times 17\times 33}{6}+16=6000$。

2. 答案：100。

分析：运用十字相乘法可得

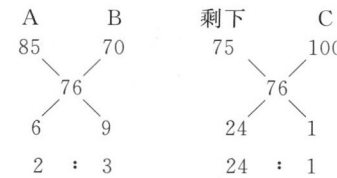

A 班人数：B 班人数 $=2:3$，抽出 10 名同学后的 A 班与 B 班总人数：C 班人数 $=24:1$。又 C 班有 10 人，则原来 A 班、B 班共有 $10\times(1+24)=250$（人）。

∴原来 A 班有 $250\times\dfrac{2}{5}=100$（人）。

3. 答案:743。

分析:设 $\frac{13}{109}$ 为 n 位纯循环小数,循环节为 M,则 $\frac{13}{109}=\frac{M}{\underbrace{99\cdots9}_{n\uparrow 9}}$。

可得 $M=13k$,$\underbrace{99\cdots9}_{n\uparrow 9}=109k$($k$ 为正整数),其中 $109k$ 的末三位是 999,所以 k 的末三位只能是 211(可用数字谜确定),进而知 $13k$ 的末三位是 743。即循环节 M 的末三位是 743。

4. 答案:37。

分析:不妨设 $a \geqslant b$,则原式为 $\left[\frac{a^2}{b^2}\right]=\left[\frac{a}{b}\right]+21$。又 $\left[\frac{a}{b}\right]^2 \leqslant \left[\frac{a^2}{b^2}\right]=\left[\frac{a}{b}\right]+21$,即 $\left[\frac{a}{b}\right]^2-\left[\frac{a}{b}\right] \leqslant 21$,所以 $\left[\frac{a}{b}\right] \leqslant 5$。经检验,只有 $\left[\frac{a}{b}\right]=5$ 符合题意。此时 $\left[\frac{a^2}{b^2}\right]=26$。当 $b=1、2、3、4、5$ 时,均不符合题意。当 $b=6$ 时,a 最小为 31。当 $b \geqslant 7$ 时,有 $a+b>7+35=42$,所以 $a+b$ 最小为 $6+31=37$。

5. 答案:7579。

分析:用 $S(n)$ 表示 n 的各位数字之和,则有 $A(1000)+A(1001)=S(1001)$,$A(1002)+A(1003)=S(1003)$,…,$A(2018)+A(2019)=S(2019)$。

因此原式 $= S(1001)+S(1003)+\cdots+S(2019)+A(2020)$
$= [S(1001)+S(1999)]+\cdots+[S(1499)+S(1501)]+[S(2001)+S(2019)]+\cdots+[S(2009)+S(2011)]+A(2020)$
$= 30\times 250+15\times 5+4=7579$。

6. 答案:2880。

分析:由题意得,除了十位外,其他六个数位的不同情况有 $1\times 3\times 4\times 5\times 6\times 8=2880$(种),而十位有 0、1、2、3、4、5、6 七种选择,对于这 2880 种情况中的任意一种情况,十位都有且仅有一种选择让这个七位数为 7 的倍数,所以这样的七位数共有 $2880\times 1=2880$(个)。

7. 答案:11。

分析:由题得,$\overline{1b}\times\overline{c8e}\equiv\overline{e8c}\times\overline{b1}\pmod{11}$,$\overline{c8e}\equiv\overline{e8c}\pmod{11}$。

若 $\overline{1b}$ 与 $\overline{b1}$ 模 11 同余,则 $\overline{b1}-\overline{1b}$ 能被 11 整除,即 $b=1$,与题意不符。$\therefore \overline{c8e}\equiv\overline{e8c}\equiv0\pmod{11}$。$\therefore c+e=8$。

$\because b>1, \therefore c>e$。

$\therefore \begin{cases} c=7,6,5, \\ e=1,2,3, \end{cases}$ 检验可得 $c=6,e=2$。

$\therefore 13\times 682=286\times 31, \therefore b+c+e=3+6+2=11$。

8. 答案:12∶23。

分析:由题意可得,A 和 B 转动的圈数比为 4∶7,且 A 和 B 转动的齿数相同,所以 A、B 上的齿数比为 7∶4。当 B 转过 14 圈时,A 转过 $\frac{14}{7}\times 4=8$(圈),E 转过 $31-8=23$(圈)。因为 C 和 B 转动的圈数相同,所以 C 和 E 转动的圈数比为 14∶23,又 C、D、E 转动的齿数相同,则 C 和 E 上的齿数比为 23∶14。根据 A、E 上的总齿数与 B、C 上的总齿数相等,经调整比得,A、B、C、E 上的齿数之比为 21∶12∶23∶14,所以 B、C 上的齿数之比是 12∶23。

9. 答案:53。

分析:$100!=2^{97}\times 3^{48}\times 7^{16}\times 11^9\times\cdots=(2\times 3)^a\times(3\times 7)^b\times(2\times 11)^c\times(2^2\times 7)^d\times M$,当 M 取最小值时,考虑 $(2\times 3)^a\times(3\times 7)^b\times(2\times 11)^c\times(2^2\times 7)^d$ 中 2、3、7、11 的因子,可得 $a+b=48,b+d=16,c=9$,且 $a+c+2d$ 取到最大值,所以 $a=48,b=0,d=16$。此时 $a+b+c+d=53$。

10. 答案:8∶1。

分析:连接 AE 与 EF,如题图所示。

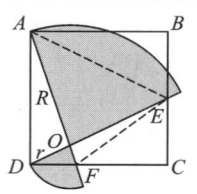

第 10 题图

设大圆半径为 R,小圆半径为 r,正方形边长为 1。因为 △ADE 面积为 $\frac{1}{2}$,△DEF 面积为 $\frac{1}{2}\times\frac{1}{2}\times\frac{1}{3}=\frac{1}{12}$,所以 $AO:OF=S_{\triangle ADE}:S_{\triangle DEF}=\frac{1}{2}:\frac{1}{12}=6:1$,所以 $R=\frac{6}{7}AF$。由勾股定理得 $R^2=\frac{36}{49}AF^2=\frac{36}{49}\times\left(1^2+\frac{1^2}{3^2}\right)=\frac{40}{49}$。因为 △$ADF$ 面积为 $\frac{1}{2}\times\frac{1}{3}=\frac{1}{6}$,△$AEF$ 面积为 $1-\frac{1}{2}-\frac{1}{2}\times\frac{1}{2}-\frac{1}{2}\times\frac{2}{3}=\frac{5}{12}$,所以 $DO:OE=\frac{1}{6}:\frac{5}{12}=2:5$,所以 $r=\frac{2}{7}DE$。由勾股定理得 $r^2=\frac{4}{49}\times\left(1^2+\frac{1^2}{2^2}\right)=\frac{5}{49}$。注意到两个阴影扇形的圆心角相同,所以大小扇形的面积比为 $\frac{R^2}{r^2}=40:5=8:1$。

11. 答案:720。

分析:因为 $48=2^4\times 3$,$60=2^2\times 3\times 5$。所以 $2^4\times 3\times 5 | A$,即 $A=2^4\times 3\times 5\times k$($k$ 是自然数)。

A 的因数中包含 240 的因数,将其从小到大排列:1,2,3,4,5,6,8,10,12,15,16,20,24,30,40,48,60。

此时 60 处于从小到大排列的第 17 个因数,48 是第 16 个。

又因 60 是 A 的因数从小到大的排列后的第 21 个因数,因此要多加 4 个小于 60 的因数。

这增加的 4 个因数,如果都在 48 和 60 之间,A 的因数个数是 $21+11-6=26$(个);

如果有 3 个在 48 和 60 之间,A 的因数个数是 $21+$

$11-5=27$(个)；

如果有 2 个在 48 和 60 之间，A 的因数个数是 $21+11-4=28$(个)；

如果有 1 个在 48 和 60 之间，A 的因数个数是 $21+11-3=29$(个)；

如果都不在 48 和 60 之间，A 的因数个数是 $21+11-2=30$(个)。

$A=2^4\times3\times5\times k=240k$，而 $240=2^4\times3\times5$，有 20 个因数。

若 k 含除 2,3,5 外的其他质因数，A 至少有 $20\times2=40$(个)因数，不符合题意；

若 k 含质因数 3 或 5，A 至少有 $20\times\dfrac{3}{2}=30$(个)因数。此时，A 的因数个数只能是 30 个，且 $A=2^4\times3^2\times5$ 或 $A=2^4\times3\times5^2$。经验证，只有 $A=2^4\times3^2\times5=720$ 符合题意。

k 只含质因数 2，$A=2^4\times3\times5\times k=2^4\times3\times5\times2^a=2^{4+a}\times3\times5$。

因数个数只能是 28，得 $a=2$，$A=2^6\times3\times5=960$。经验证，960 不符合题意。

综上，$A=720$。

12. 答案：15。

分析：甲、乙、丙各取 1 次剩余整瓶溶液的 $\left(1-\dfrac{1}{3}\right)\times\left(1-\dfrac{1}{4}\right)\times\left(1-\dfrac{1}{a}\right)=\dfrac{a-1}{2a}$，三次后剩余整瓶溶液的 $\dfrac{(a-1)^3}{(2a)^3}$，则整瓶溶液为 $4116\times\dfrac{8a^3}{(a-1)^3}$ 毫升。又 $4116\times\dfrac{8a^3}{(a-1)^3}$ 为正整数，$\therefore(a-1)^3\mid 4116\times8a^3$，$(a-1)^3\mid 2^5\times3\times7^3$，$\therefore a-1$ 最大为 $2\times7=14$，a 最大为 15。

13. 答案：30。

分析：数字 6（数字 9）每次操作会变成数字 9（数字 6）且到达原位置的相邻位，所以原千位的数字 6 在千位、十位上会显现数字 6，在个位、百位、万位会显现数字 9。同理，原百位的数字 9 在千位、十位上会显现数字 6，在个位、百位、万位会显现数字 9。

原数字 1 和数字 8，可以在任意数位上且还是数字 1 和 8。

先考虑原数字 6、9 的情况：有 $1+C_3^2+2\times3=10$(种)。

再考虑 1 的位置：在剩下的 3 个位置中选择 1 个位置，有 3 种选择。

最后考虑两个 8 的位置：剩下 2 个位置，只有 1 种选择。

根据乘法原理，共有 $10\times3\times1=30$(种)不同的五位数。

显然这 30 个五位数都能通过操作得到。

14. 答案：出发点间设有加油站时，最近的加油站是 56 米；出发点没有加油站时，最近的加油站是 65 米。

分析：设甲走过 x 米后第一次达到加油站。如图(1)、(2)，分下面两种情况讨论(图中竖线表示加油站所在地)。

(1) 出发点之间设有加油站，有

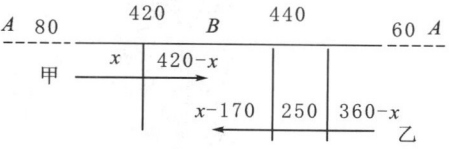

第 14 题图(1)

则 $\dfrac{x}{1}+\dfrac{420-x}{1.5}=\dfrac{360-x}{1}+\dfrac{250}{1.5}+\dfrac{x-170}{2}$，解得 $x=194$；$250-194=56$(米)。

(2) 出发点之间未设有加油站，有

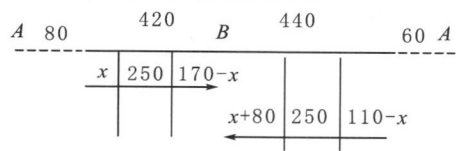

第 14 题图(2)

则 $\dfrac{x}{1}+\dfrac{250}{1.5}+\dfrac{170-x}{2}=\dfrac{110-x}{1}+\dfrac{250}{1.5}+\dfrac{80+x}{2}$，解得 $x=65$。

所以离甲最近的加油站是 56 米或 65 米。

15. 答案：13。

分析：设 5 种颜色分别为 $a、b、c、d、e$，每种颜色的球都要出现在 C_4^2 种不同的三色球组合中，则每种颜色的球至少有 $C_4^2\div3=2$(个)。

若某种颜色球仅有 2 个，不妨假设为 a 色球仅有 2 个，则必存在形如图(1)的摆放情况：

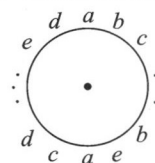

第 15 题图(1)

可知 a 色两球间至少有 4 个其他颜色的球。

10 个球显然不满足条件。

11 个球，即增加一个球。b,d 色球必有一种颜色仅有 2 个球且这 2 个球间的球数少于 4 个，不满足条件。

12 个球，即增加 2 个球。显然只能增加 b,d 色各一个且位置固定，经检验，不满足条件。

13 个球，构造如下：

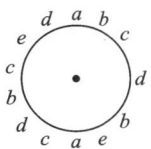

第 15 题图(2)

综上，n 最少为 13。

附录：中国数学资优教育协作体 2020赛季最佳命题欣赏

一、图形题

【题·张旭（沈阳）】如图，将一个边长为6厘米正方形各边的三等分点按图中方式连接，则图中飞镖形阴影部分面积为_____平方厘米。

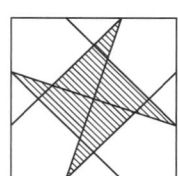

【答案】10。

【索引】详解见《小学数学竞赛年鉴：MO2020》P417。

【题·胡球（北京）】如图，在梯形 $ABCD$ 中，下底 BC 长60厘米，E、F 是 BC 上的两点，将三角形 ABE 和三角形 DCF 分别沿 AE、DF 对折后，B、C 两点重合于点 O。已知三角形 OEF、三角形 OEA、三角形 ODF 和三角形 OAD 的面积比为 $5:6:8:9$。那么，梯形 $ABCD$ 的面积为_____。

【答案】1260。

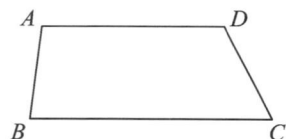 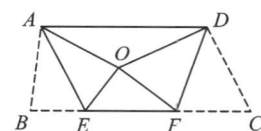

【索引】详解见《小学数学竞赛年鉴：MO2020》P425。

二、数论题

【题·成俊锋（北京）】如果 $[1,2,3,\cdots,n]$ 表示 $1,2,3,\cdots,n$ 的最小公倍数，那么算式 $\frac{[1,2]}{2!}$，$\frac{[1,2,3]}{3!}$，$\frac{[1,2,3,4]}{4!}$，$\cdots$，$\frac{[1,2,\cdots,100]}{100!}$ 的计算结果中共有_____个不同的值。

【答案】75。

【索引】详解见《小学数学竞赛年鉴：MO2020》P420

三、计数题

【题·史子贤（北京）】下左图为一个 3×2 的长方形，小亚想用下右图中2个(1)号三角形和8个(2)号三角形无重叠的覆盖下左图，一共有_____种覆盖方法。

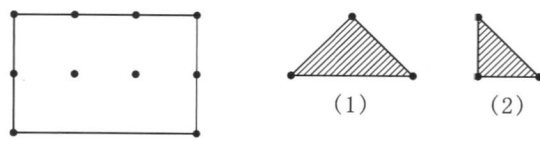

【答案】272。

【索引】详解见《小学数学竞赛年鉴：MO2020》P415。

四、逻辑题

【题·程良伟(长沙)】如图,有编号为 1~10 的 10 名小朋友按逆时针面向内围成一圈玩游戏。游戏规则如下:每人初始积分为 1 分。从 1 号小朋友开始,按逆时针方向依次给小朋友一次选择机会(可以循环多圈):他可以选择将其右手边相邻的小朋友推出圈并获得被推出人所有的积分,也可以选择什么都不做(即放弃操作)。被推出圈的人积分清零,且退出游戏。如果所有人都放弃操作,则游戏终止。现在假设所有小朋友都是足够聪明且理智,每个人都希望自己的积分尽可能多。那么被推出去的小朋友编号和为_____。

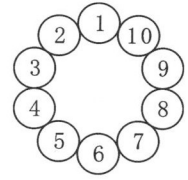

【答案】12。

【索引】详解见《小学数学竞赛年鉴:MO2020》P423。

五、亲子操作题

【题·杨轩(北京)】下图中有 12 个相连的方格,其中 8 格内放有小球,蓝色、黄色各 4 个。

现在请你进行如下移动操作:

① 每次操作时选择相邻两格中的小球;

② 必须移动到两个相邻的空格中;

③ 移动的两个小球之间的顺序不改变。

使得最后 8 个小球所在方格仍然相连(不一定需要在初始方格内),但小球的颜色顺序恰好颠倒(即变成黄、蓝、黄、蓝、黄、蓝、黄、蓝)。动画是两色小球各 2 个时移动的示例。

请问,最少需要_____步操作才能达到要求。

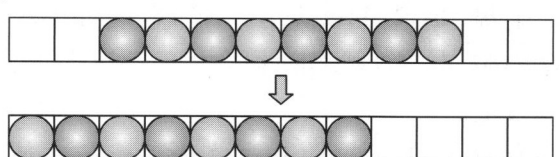

【小球移动的示例】:

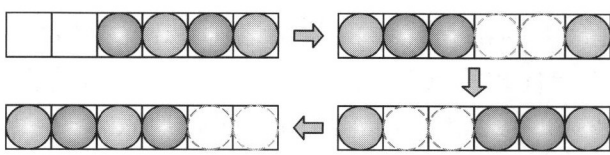

【答案】5。

【索引】详解见《小学数学竞赛年鉴:MO2020》P411。

跋·"无边落木萧萧下,不尽长江滚滚来"
——致身处"双减"政策中的家长与同行

《小学数学资优教育年鉴·MO2021》正式出版了!

新书出版之际,又值"双减"政策推行之时,越来越多的教育机构被曝裁员、公司"失踪"、停工待岗的情况,用"穷途末路"和"日薄西山"或许能形容教培行业的现状,一夜之间的行业巨变使大家都很关心明心、担心明心的发展!我借此机会说几句:

作为这个行业的见证者,30多年前,因为对数学的兴趣和热爱,固执地选择了不受当时世人待见和认可的职业——奥数老师。30多年来,从辍学后走入社会的第一天,我就用"穷不丧志,富不癫狂"来砥砺自己:我穷得靠借钱度日的时候也没有"为三斗米折腰"而放弃数学学习、离开三尺讲台。我靠自己的学识辛苦挣到钱时也没有放弃对数学的热爱和对教育的执着。有一种说法"穷得只剩下钱",从辍学至今,经济上我有穷富的变化,但思想上从我喜欢上数学那一刻,身处讲台之上面对天真无邪的学生的时候,我就没有觉得我的人生贫穷过!

从教30多年,从来没有把明心书院当成补习班来办,始终是把它打造成"静居陋室观天下,闲坐书斋阅古今""隐逸林中无荣辱,道义路上无炎凉"的书院模式,以此为传承数学思想的平台,把我们对数学的思考和感悟在这个平台上传递给学生,让学生好读书——格物致知,通过读书打开认知眼界、提升认知能力;让学生读好书——求真致远,在读有价值之书、启智之书的过程中育心智,培养理性辨伪能力而不迷失方向。通过这个平台让学生找到自己的教育支点,翻转人生。

20世纪80年代末我开始从事课外数学教育这项工作的时候,资本还没有侵蚀到校内外教育!

那时,站在培优班讲台上的都是优秀的数学老师,出现在培优班讲义中的都是最佳的数学题。老师们以兴趣为导向培育呵护着学生的求知欲,根据学生的思维成长合理安排课程,没有拔苗助长大跃进式的奥数培训,老师因材施教地教,学生循序渐进地学,学生也从课外学习中受益。

教育本来应当是教心智与育心性的历事练心的修行过程,是慢功出细活,是润物细无声的潜移默化的过程,急不得,只有安心守望才能等到放飞的时刻!但近十年来,在资本的绑架下,K12教培行业却由一群不懂教育的人拼命从事教育,错误的教育思想和手段已经深刻影响到当前的教育体系和教育生态环境。

"双减"政策是对K12教培行业近十年来的错误教育方向和手段的一次历史性清算和拨乱反正,如今的教培困境正应了古人的那句话:"德不配位,必有灾殃。德薄而位尊,智小而谋大,力小而任重,鲜不及矣。"

身处行业变革的历史关口,我在明心书院的全员大会上说过:

首先,旧政也好,新政也好,不符合真理的就是垃圾,不利于个人成长的就是枷锁,不促进社会发展的就是藩篱。真理经得住历史的考验,真理不惧怕历史的谬误,真理终将嘲笑历史的荒唐!任何政策,只有继承和发扬有的放矢、实事求是的精神才能培养出促进国家和民族发展的有用人才。

"双减"政策的推行,必将导致教培行业的"三减":

减掉商人型校长对教育的残害;

减掉不合格老师对孩子的伤害;

减掉功利型家长对子女的损害。

其次,大家不要有行业危机感,要有职业危机感!教培行业不会消失,从业人员能否胜任新时代新时期的教育工作,才是每个教师要担心的。

真做教育是替天传道,天不会塌,教育不会绝;做真教育是为往圣续绝学,文化不会断,教师不能缺。胸怀这样的教育信念,你就会洒脱地"不管风吹浪打,胜似闲庭信步"携手教育漫步人生路,迎来"沉舟侧畔千帆过,病树前头万木春"的新生。

教育行业越是危机时刻越要秉持教育初心不动摇,更应有"疾风知劲草,板荡识诚臣"的风骨笑看风云变幻,体验"无边落木萧萧下,不尽长江滚滚来"的壮阔人生。

"德不孤,必有邻。"

把学校当传道授业的庙宇办,虽艰辛,但如潺潺流水,虽遇顽石也断不会停息;如叠叠峰峦,虽遇骤雨更生云雾奇观。

把学校当资本化的企业办,虽艳丽,但如楚馆秦楼,追欢卖笑,杂沓其中,难觅真情。定躲不过熬不过历史的淬炼。

在明心书院30多年的发展历程中,有求知若饥的学生、求贤若渴的老师、虚心若愚的家长。明心书院不会因行业危机而改变对数学教育的初心,不会辜负家长与学生对我们的期望,不会影响我们对数学教育这份职业的坚持与事业的追求。

正因为我们有这份执着,15年来我们每年邀请国内数学资优教育专家们坚持编撰了《小学数学竞赛年鉴·MO 2007—2020》,为小学数学课外教育能够健康发展下去提供土壤和素材,而且能将这份工作继续传承下去!

正因为我们有这种信念,所以我们以数学为目、以哲学为纲、以历史为背景编写出《明心数学资优教程》四、五、六年级与分数计算卷,给喜欢数学的学生营造一个数学精神花园,为学生展现出数学的价值,从小培养他们的理性精神、独立思考与判断力!

正因为我们有这份追求,即使疫情肆虐之时,我们仍然克服困境把在讲台上点点滴滴的感悟聚沙成塔汇聚成《明心数学·问道小升初》,为喜欢数学的学生提供一份数学地图。

教配教的学生,教配交的家长!

明心书院将一如既往地和志同道合的家长共同担负起学生人生摆渡人的角色,静待花开,守望着学生人生放飞的那一刻!

刘 嘉
2021年9月1日

图书在版编目（CIP）数据

小学数学资优教育年鉴. MO2021 / 刘嘉主编. -- 武汉：湖北科学技术出版社，2022.3
ISBN 978-7-5706-1754-8

Ⅰ. ①小… Ⅱ. ①刘… Ⅲ. ①小学数学课－竞赛－2021－年鉴 Ⅳ. ①G624.5-54

中国版本图书馆 CIP 数据核字(2021)第 258511 号

小学数学资优教育年鉴. MO2021

XIAOXUE SHUXUE ZIYOU JIAOYU NIANJIAN MO 2021

策　　划：	彭永东		
责任编辑：	万冰怡　胡　静　梅嘉容　李　彤	封面设计：	胡　博
出版发行：	湖北科学技术出版社	电话：	027-87679468
地　　址：	武汉市雄楚大街 268 号	邮编：	430070
	（湖北出版文化城 B 座 13-14 层）		
网　　址：	http://www.hbstp.com.cn		
印　　刷：	湖北新华印务有限公司	邮编：	430035

880×1230　　1/16　　　34.5 印张　　　　　1 插页　　　　　　　880 千字
2022 年 3 月第 1 版　　　　　　　　　　　　　　　　　　2022 年 3 月第 1 次印刷
　　　　　　　　　　　　　　　　　　　　　　　　　　　　　定价：108.00 元

本书如有印装质量问题　可找本社市场部更换

数字便民新生活

2022 年中国便民缴费产业报告

《中国便民缴费产业报告》编委会 ◎ 编著

责任编辑：贾　真
责任校对：孙　蕊
责任印制：丁淮宾

图书在版编目(CIP)数据

数字便民新生活：2022年中国便民缴费产业报告／《中国便民缴费产业报告》编委会编著．— 北京：中国金融出版社，2022.12

ISBN 978-7-5220-1860-7

Ⅰ.①数… Ⅱ.①中… Ⅲ.①电子政务 — 社会服务 — 研究报告 — 中国 — 2022 Ⅳ.① D63-39

中国版本图书馆CIP数据核字 (2022) 第242820号

数字便民新生活：2022年中国便民缴费产业报告
SHUZI BIANMIN XIN SHENGHUO: 2022 NIAN ZHONGGUO BIANMIN JIAOFEI CHANYE BAOGAO

出版发行	中国金融出版社
社址	北京市丰台区益泽路2号
市场开发部	(010) 66024766，63805472，63439533 (传真)
网上书店	www.cfph.cn
	(010) 66024766，63372837 (传真)
读者服务部	(010) 66070833，62568380
邮编	100071
经销	新华书店
印刷	保利达印务有限公司
尺寸	169毫米×239毫米
印张	12
字数	200千
版次	2022年12月第1版
印次	2022年12月第1次印刷
定价	58.00元
ISBN	978-7-5220-1860-7

如出现印装错误本社负责调换　联系电话 (010) 63263947

前 言

当今世界，互联网、大数据、云计算、人工智能、区块链等信息技术创新日新月异，日益融入经济社会发展各领域全过程。数字化、网络化、智能化深入发展，在推动经济社会发展、促进国家治理体系和治理能力现代化、满足人民日益增长的美好生活需要方面发挥着越来越重要的作用。发展数字经济，已成为把握新一轮科技革命和产业变革新机遇的战略选择。

党的二十大报告指出，高质量发展是全面建设社会主义现代化国家的首要任务。建设现代化产业体系，坚持把发展经济的着力点放在实体经济上，推进新型工业化，加快建设制造强国、质量强国、航天强国、交通强国、网络强国、数字中国。立足当下，把握数字经济机遇，挖掘数字经济创新潜能，进一步保障民生福祉，助力推动实体经济高质量发展，是金融央企的使命所在和工作重心。

中国光大集团始终与国家发展同频共振，与时代浪潮同向而行，坚持践行以人民为中心的发展理念，不断提升金融工作的政治性、人民性，发挥综合金融和特色产业优势，不断探索中国特色金控集团发展道路。中国光大银行秉持金融报国初志，聚焦"国之所需"、响应"民之所盼"、竭尽"光大所能"，成立30年，微光成炬，在全力服务国家战略与百姓民生的发展历程中留下了国有银行新时代的奋斗足迹。

特别是，近年来着力推进"数字光大"建设，推出了"光大云缴费"等一批聚焦便民服务的平台服务，心怀国之大者，尽力而为、全力以赴，助力解决数亿名群众的身边事、烦心事，绘就数字便民与美好生活的温暖底色。

起于三寸之坎，以就万仞之深。要干成一件事情、成就一番作为，务必从基础做起，扎实推进，只有点滴积累并持之以恒，才能基于一篑之土，成千丈之峭。光大云缴费就是这样一个起源于生活点滴的小业务，从水、电、燃气等居民基础生活缴费服务做起，扩展到社保、非税、交罚、医疗、教育、社区、微金融等关键场景和领域。通过打造开放化、数字化、智能化的便民金融服务生态体系，将我国的个人、企业、政务等各类缴费服务、渠道、支付结算功能整合，横向不断拓展各类数字便民服务覆盖半径，纵向持续推进从省、市、县到村镇的服务深度，有效提升了金融服务的普惠性、包容性，通过专业性彰显金融工作的政治性、人民性。

谋度于义者必得，事因于民者必成。作为金融央企，我们的战略逻辑基础在于服务人民美好生活，在于坚持"以客户为中心"的价值观和出发点，推进战略执行的有效路径和方法论是提高数字化能力建设。光大云缴费以办好民生实事为初心使命，通过数字化实践丰富健全社会便利性金融服务体系，在促进城乡和区域均衡发展、助力乡村振兴、弥合数字鸿沟等方面发挥着积极作用。随着数字技术的创新活跃，智慧城市、智慧乡村建设加速及数据要素潜力的进一步释放，光大云缴费在建设数字便民生活的新征程中将展现更大作为，发挥更大价值，为我国数字便民与普惠金融创新发展贡献更多光大力量。

铢积寸累，精进不止。自2015年起，中国光大银行已连续8年发布中国便民缴费产业报告。每年一度的报告都体现了我们对整个产业专业、全面、前瞻的洞察分析，更彰显了我们久久为功、驰而不息服务民生的坚守和决心。

2022年，《数字便民新生活——2022年中国便民缴费产业报告》携手国家顶尖智库北京大学国家发展研究院联合打造，呈现出关注数字缴费绿色价值、深入分析区域均衡发展、密切关注前沿技术趋势等新亮点；提出了数字缴费发展环境利好、便民缴费指数持续提升、服务线上化比例不断提高、数字技术赋能产业创新等研究结论。同时，还聚焦前沿话题提出了产业新动态、新趋势。缴费"事小"，但不是一件"小事"。希望本报告能为读者生动描绘出便民缴费产业的全貌与格局，也希望本项研究能为我国便民缴费产业高质量发展提供有价值的参考与借鉴。

未来，我们将以更高站位、更大主动、更强担当、更新思维全力投身经济社会发展大局，不断实现人民对美好生活的向往，踔厉奋发、勇毅前行，坚定不移走好中国特色金融发展之路，为全面建成社会主义现代化强国、全面推进中华民族伟大复兴而努力奋斗。

目录 Contents

2022年中国便民缴费产业报告

引言 / 1

行业篇
缴费产业发展迎新趋势，数字缴费发挥社会价值

第一章　便民缴费产业发展
1.1 外部环境分析 7
1.2 中国便民缴费产业发展概况 16
1.3 中国便民缴费产业发展新趋势 22

第二章　数字便民缴费与绿色发展
2.1 数字便民缴费促进用户行为绿色化 30
2.2 数字便民缴费促进社会发展绿色化 32

第三章　数字便民缴费推进城乡服务均等化
3.1 数字便民缴费在均等化中的作用 37
3.2 数字便民缴费按下区域均衡发展的"快进键" 38
3.3 数字便民缴费成为城乡服务均等化"突破口" 42

业务篇
各类缴费市场蓬勃发展，线上缴费助力数字创新

第四章　基础生活缴费
　　4.1　个人基础生活缴费类别分析 55
　　4.2　个人生活缴费用户行为分析 57
　　4.3　基础生活缴费用户体验痛点 60

第五章　医疗缴费
　　5.1　政策背景：数字化医疗融合发展，提升医疗服务能力 65
　　5.2　医疗缴费服务发展 66
　　5.3　医疗缴费痛点及未来发展 69

第六章　出行缴费
　　6.1　政策背景：数字交通稳增长，精心服务润民生 75
　　6.2　出行缴费市场规模 76
　　6.3　出行缴费痛点及未来发展 84

第七章　教育缴费
　　7.1　政策背景：深入推进智慧教育，持续规范教培机构 91
　　7.2　教育缴费市场规模 94
　　7.3　教育缴费痛点及未来发展 100

第八章　数字产品缴费
　　8.1　数字产品缴费简介 107
　　8.2　数字产品缴费市场规模 109

8.3 数字产品缴费痛点 110

8.4 数字产品缴费市场展望 111

第九章 企业缴费

9.1 企业数字化转型 119

9.2 企业缴费的市场规模 122

9.3 企业缴费典型案例 129

9.4 企业缴费市场的总结 134

用户篇

用户缴费体验持续优化，创新衍生服务接受度高

第十章 用户需求挖掘

10.1 用户满意度 139

10.2 用户缴费行为及习惯 142

10.3 用户选择与偏好 144

10.4 缴费衍生服务：市场空间和潜力大 149

第十一章 中国便民缴费产业发展指数

11.1 中国便民缴费产业发展指数的构建 155

11.2 便民指数总体分析 158

11.3 便民指数区域分析 161

11.4 群体分析 164

总结与展望

行业篇：数字技术持续创新，促进社会转型发展..................................171
业务篇：各类缴费不断创新，数字技术创造新增长点..............................173
需求篇：衍生需求值得关注，便民指数继续提升..................................175
便民缴费产业发展方向..177

引 言

2022年是中国进入全面建设社会主义现代化国家、向第二个百年奋斗目标进军新征程的重要一年。党的二十大报告提出，要加快构建新发展格局，着力推动高质量发展。从构建新发展格局来看，数字技术、数字经济可以推动各类资源要素加速流动和各类市场主体的开放融合，畅通国内外经济发展循环。从推动高质量发展来看，加快数字化发展、建设数字中国是把握新一轮科技革命和产业变革新机遇的战略选择。

数字经济推动金融服务向更普惠、更便捷、更智能、更具社会价值的方向发展。以数字缴费为代表的便利性金融服务，全力解决人民群众急难愁盼的生活缴费难题，满足人民日益增长的美好生活需要，正在成为乡村振兴的"落脚点"、民生服务的"着力点"、普惠金融的"纵深点"、绿色发展的"支撑点"，全面提升金融服务的质效与水平。

报告研究显示，数字便民缴费产业立足构建新发展格局，基于民生服务新需求，发展重心正由速度提升和规模扩张转向以民为本、均衡协调、普惠共享、惠民利企，全方位渗透于医疗、教育、出行等各类场景，产业转型和市场创新的成果由人民共享，努力在推动产业高质量发展的过程中办好民生实事，让人民群众获得感、幸福感更加充实、更有保障、更可持续。

行业篇

缴费产业发展迎新趋势
数字缴费发挥社会价值

第一章
便民缴费产业发展

数字便民新生活 | 2022年中国便民缴费产业报告

党的二十大报告提出，我们要采取更多惠民生、暖民心举措，着力解决好人民群众急难愁盼问题，健全基本公共服务体系，提高公共服务水平，增强均衡性和可及性，扎实推进共同富裕。中国便民缴费产业正在向更加优质便捷、普惠均等、精准智能的方向不断推进。通过数字化创新实践，不断推动便民服务与普惠金融深度融合，覆盖医疗、教育、出行等民生的各个维度，让便民服务惠及更广泛的人群。

数字经济、信息技术的发展和应用，为便民缴费产业的发展带来新的机遇和增长点。建设智慧城市与数字政府，推进便民缴费进一步向数字化、线上化发展；数字人民币的落地，为缴费支付方式增添了新成员，带来了新的创新方向；在数字乡村的建设过程中，便民缴费也在城乡融合发展、城乡服务均等化方面发挥了重要作用。

1.1 外部环境分析

1.1.1 政策环境

全球新冠肺炎疫情仍在蔓延，世界经济复苏态势低迷，我国经济社会发展各项任务仍然繁重艰巨。在这样的背景下，从容应对百年未有之大变局和新冠肺炎疫情、推动经济社会平稳健康发展，就必须着眼国家重大战略需要，全面推动社会经济高质量发展。

——乡村振兴战略进入第二阶段

2017年12月29日，中央农村工作会议明确实施乡村振兴战略的"三步走"时间表。随着我国新时代脱贫攻坚目标任务如期完成，当前，乡村振兴战略已经进入第二阶段。随着脱贫攻坚成果巩固拓展，城乡居民收入差距持续缩小，乡村居民的生活水平和消费能力持续提升，对美好生活的需求日益增长。

《中共中央 国务院关于全面推进乡村振兴加快农业农村现代化的意见》中提出，到2025年，农业农村现代化取得重要进展，城乡基本公共服务均等化水平明显提高。《乡村建设行动实施方案》提出，要实施数字乡村建设发展工程，推动"互联网+"服务向农村延伸覆盖。通过推广技术创新在乡村基础设施建设中的应用，加强数字技术在农村教育、医疗卫生等领域的现实应用，强化乡村便民服务的技术支撑。便民缴费作为重要的公共基础设施之一，在乡村的深入推进有助于让更多乡村居民享受数字技术发展的成果，进一步推动城乡一体化建设，缩小城乡差距。

——政务数字化高速发展

《中华人民共和国国民经济和社会发展第十四个五年规划和2035年远景目标纲要》（以下简称"十四五"规划）中提出，要加快数字化发展，建设数字中国，其中就包括加快建设数字政府，将数字技术广泛应用于政府管理服务，推动政府治理流程再造和模式优化，不断提高决策科学性和服务效率。

近年来，我国不断加强数字政府建设，深入推进"放管服"改革，推行"一网通办""最多跑一次""跨省通办"等便民化举措，不断创新行政管理和服务方式。新冠肺炎疫情极大地考验了我国数字政府和城市治理能力，同时加速推进了数字政府建设进程。结合数字防疫工作，数字政府展现出巨大潜能，通过"让数据多跑路，让群众少跑腿"的服务模式，不断提升企业和群众的获得感和满意度。政务数字化的高速发展为便民缴费数字化发展提出了更高的要求。

"十四五"规划中要求建立健全国家公共数据资源体系，在确保公共数据安全的前提下，推进数据跨部门、跨层级、跨地区汇聚融合和深度利用。具体来说，要扩大基础公共信息数据安全有序开放，探索将公共数据服务纳入公共服务体系，构建统一的国家公共数据开放平台和开发利用端口，优先推动企业登记监管、卫生、交通、气象等高价值数据集向社会开放。数据的开放、共享、融合是实现数据价值的关键。随着公共数据的开放共享，数字便民缴费可以整合不同维度的数据资源，进一步挖掘数据价值，为用户提供更为个性化的服务。

同时，"十四五"规划中提出，要深化"互联网+政务服务"，提升全流程一体化在线服务平台功能。《国务院关于加快推进政务服务标准化规范化便利化的指导意见》中指出：到2022年末前，全国一体化政务服务平台全面建成，"一网通办"服务能力显著增强，企业和群众经常办理的政务服务事项实现"跨省通办"；到2025年末前，高频政务服务事项实现全国无差别受理、同标准办理，政务服务体系全面建成。全国一体化政务服务平台的建设要求推动政务信息化共建共用，为数字便民缴费产业打通更多场景。

——产业利好政策出台

随着互联网、大数据、云计算、人工智能、区块链等技术加速创新，数字时代已经来临，数字技术已经成为推动经济社会发展、提升治理现代化水平的重要手段和工具。自党的十八大以来，党中央高度重视发展数字经济，并将其上升为国家战略。党的十八届五中全会提出，实施网络强国战略和国家大数据战略。党的十九大提出，要建设数字中国、智慧社会。党的十九届五中全会提出，要发展数字经济，推进数字产业化和产业数字化，推动数字经济和实体经济深度融合。"十四五"规划中，将"加快数字化发展，建设数字中国"单独成篇，要求推进网络强国建设，加快建设数字经济、数字社会、数字政府。围绕数字中国、数字经济，出台了《网络强国战略实施纲要》《数字经济发展战略纲要》《"十四五"数字经济发展规划》等具体战略政策。各地纷纷响应中央号召，加大数字经济布局力度。中国信息通信研究院发布的《中国数字经济发展报告（2022年）》统计，2021年我国各省市共出台216项数字经济相关政策。

得益于诸多产业利好政策，我国数字经济发展迅速，成果显著。2021年全球数字经济大会数据显示，我国数字经济规模已经连续多年位居世界第二。《中国数字经济发展报告（2022年）》数据显示，2021年我国数字经济规模达到45.50万亿元，较2016年增长了一倍多，同比名义增长16.20%（见图1-1）。自新冠肺炎疫情暴发以来，数字技术和数字经济在缓解新冠肺炎疫情冲击、助力生产生活恢复等方面发挥了重要作用，成为经济发展的"稳定器"和"加速器"。

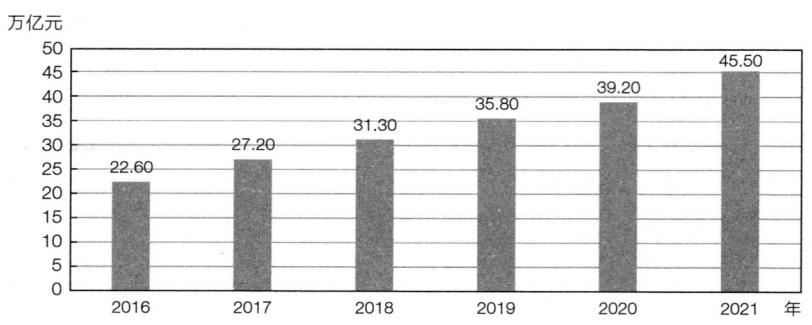

图1-1 我国2016—2021年数字经济规模

（资料来源：中国信息通信研究院）

数字便民缴费也因产业政策利好受益良多。《"十四五"数字经济发展规划》中要求大力推进产业数字化转型，加快企业数字化转型升级，全面深化重点产业数字化转型。企业的数字化转型将推动企业转化为线上缴费的收费单位和缴费单位。此外，政策利好也为数字便民缴费提供更为多样的生态场景。《"十四五"数字经济发展规划》中提及的智慧教育、数字健康、数字化文化和旅游、智慧社区、智慧服务生活圈、数字化社会保障服务等公共服务场景的发展，为数字便民缴费创造了更多应用场景。以智慧停车场景为例，数字缴费通过5G、物联网、生物识别等技术，将车辆、停车运营机构、银行三方智慧联合。车主只需在首次签约时通过App、微信公众号等线上渠道将车牌号码等信息与个人账户绑定，即可享受"入场无须领卡、离场无须扫码、无感自动扣款"的便捷体验，从而快速缴费离场，大大提升出行效率，节约能源消耗。

1.1.2 经济环境

——国民经济持续恢复

2021年，是党和国家历史上具有里程碑意义的一年。自2021年以来，国际环境更趋复杂严峻，国内疫情多发散发。面对异常复杂困难的局面，我国政府高效统筹疫情防控和经济社会发展，加大宏观政策调节力度，有效实施稳经济一揽子政策措施，疫情得到有效控制，国民经济企稳回升，高质量发展态势持续。

2021年，我国经济总量和人均水平实现新突破。我国国内生产总值（GDP）达1143670亿元，比上年增长8.10%，在全球主要经济体中名列前茅，稳居全球第二。2021年我国人均GDP达到80976元，按年平均汇率折算达12551美元，超过世界人均GDP水平。

2022年上半年，受到国际环境复杂演变、国内疫情冲击等超预期因素影响，第二季度经济下行压力明显加大。我国经济运行顶住压力，自5月以来经济逐步回升。第一季度国内生产总值达270178亿元，按不变价格计算，同比增长4.8%；第二季度国内生产总值达292464亿元，按不变价格计算，同比增长0.4%。2022年上半年，我国国内生产总值为562642亿元，按不变价格计算，同比增长2.5%，经济总体呈现稳定恢复态势。我国国民经济持续恢复，民生保障有力有效，为便民缴费行业的发展提供了稳定的环境。

—— 经济结构优化调整

自2021年以来，我国新产业、新业态、新模式加速成长。2021年全年规模以上工业中，高技术制造业、装备制造业增加值分别增长18.2%、12.9%，增速分别比规模以上工业高8.6个、3.3个百分点；2022年上半年，高技术制造业增加值同比增长9.6%，高于全部规模以上工业6.2个百分点。新兴产业发展开启"大周期"，驶入"快车道"。国家统计局数据显示，2021年新能源汽车、集成电路产量分别比上年增长152.5%、37.5%。

我国创新投入不断增长，为高质量发展提供强劲动力。2021年研究与试验发展（R&D）经费支出27864亿元，比上年增长14.2%，与国内生产总值之比为2.44%，其中基础研究经费1696亿元。全年授予专利权460.1万件，比上年增长26.4%。截至2021年末，有效专利达1542.1万件，每万人口高价值发明专利拥有量达7.5件。

经济结构优化调整，为我国数字经济的发展提供强劲助推力。创新投入的不断增加将持续夯实底层技术基础，为数字便民缴费突破性发展创造可能。同时，新产业、新业态、新模式的涌现将对便民缴费提出新的需求，创造新的空间。便民缴费产业的数字化发展，将为推动高质量发展作出应有的贡献。

——*绿色低碳转型*

绿水青山就是金山银山，绿色是新发展理念的重要组成部分，是永续发展的必要条件，也是人民对美好生活追求的重要体现。我国大力推动经济社会全面绿色转型，建成全球规模最大的碳市场和清洁发电体系；提出碳达峰、碳中和目标，并制定相关行动方案。近年来，我国生态环境保护取得新成效。2021年全国万元国内生产总值能耗比上年下降2.7%，全国万元国内生产总值二氧化碳排放下降3.8%。在监测的339个地级及以上城市中，全年空气质量达标的城市占64.3%；细颗粒物（PM2.5）年平均浓度30微克/立方米，比上年下降9.1%。

数字便民缴费行为的线上化、无纸化，降低了出行成本和纸质材料消耗，助力绿色低碳转型。此外，平台化的缴费方式既可以简化流程，提高企业和个人的生产效率，也可以将算力集中起来，提高缴费结算的效率，降低能源消耗。

1.1.3 社会环境

——*城镇化水平不断提升*

我国新型城镇化发展取得重大进展，城镇化水平和质量大幅提升。近十年来，我国新型城镇化建设取得一系列重大历史性成就。1.3亿农业转移人口和其他常住人口在城镇落户，农业转移人口市民化成效显著，城镇化空间布局持续优化，"两横三纵"城镇化战略格局基本形成。

2021年末，全国常住人口城镇化率为64.72%，比上年末提高0.83个百分点；户籍人口城镇化率提高到46.70%。2021年已有8个省市城镇化率超过70%，其中上海、北京、天津三个直辖市超过80%。此外，广东、江苏、辽宁、浙江、重庆五个省市城镇化率已经超过70%。

"十四五"时期,我国仍处在城镇化快速发展期,城镇化动力依然较强。为了进一步推进新型城镇化建设,提高城镇化质量,我国相继出台了《国家新型城镇化规划(2021—2035年)》和《"十四五"新型城镇化实施方案》,明确不同时期新型城镇化战略的目标任务和政策举措。数字便民缴费的普及,将进一步提高社会公共服务供给,助力"新市民"更好地融入城市,享受到普惠均等的便利性金融服务。

—— 线上化消费使用比例不断提升

截至2021年12月,我国网民规模达到10.32亿人,较上年同期新增网民4296万人。其中,农村网民规模为2.84亿人,占网民整体的27.60%。互联网普及率达到73.00%,较上年同期增加了2.60个百分点(见图1-2)。其中,农村地区互联网普及率达57.60%,较2020年12月提高了1.70个百分点。城乡地区互联网普及率差异较上年同期缩小0.20个百分点。

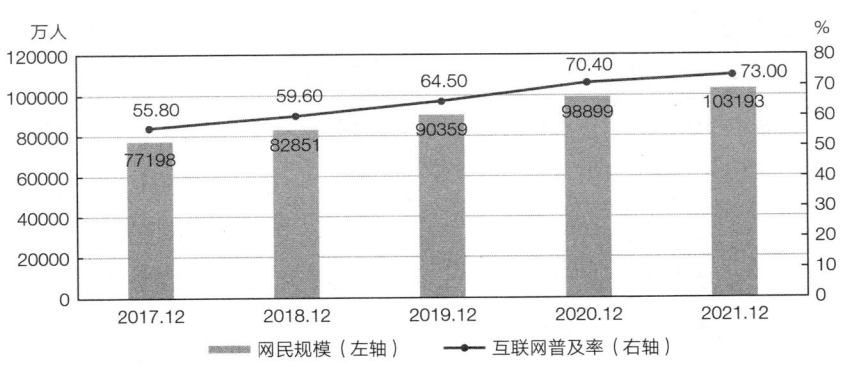

图1-2 网民规模和互联网普及率

(资料来源:中国互联网发展状况统计调查)

我国数字经济蓬勃发展,进一步推动网民规模持续增长。同时互联网持续释放普惠效应,远程办公、在线医疗、在线教育、智慧医疗、社区团购等新业态持续发展,有效缓解了城乡区域发展不平衡、不充分问题,在让更多群体从互联网发展中获益的同时,也在潜移默化中改变了人们的生活和工作习惯。

网络支付用户规模达到9.04亿人，比上年同期增长4929万人，占网民整体的87.6%。支付服务壁垒逐渐打破，互联互通进入新发展阶段。据第49次《中国互联网络发展状况统计报告》估计，到2022年末，第三方支付平台将覆盖所有城市。依靠北京冬奥场景试点，我国数字人民币推广提速，未来将进一步深化在零售交易、生活缴费、政务服务等场景的试点使用。

在不同应用场景中，人们的线上化服务使用比例不断提升。截至2021年12月，我国在线办公用户规模达到4.69亿人，比上年同期增长1.23亿人，占网民整体的45.4%。我国网络购物用户规模达8.42亿人，较2020年12月增长5986万人，占网民整体的81.6%；在线旅行预订用户规模达到3.97亿人，同期增加5466万人，占网民整体的38.5%；网络视频用户规模达到9.75亿人，同期增加4794万人，占网民整体的94.5%；在线医疗用户规模达到2.98亿人，同期增加8308万人，占网民整体的28.9%。

线上化服务的丰富以及支付手段的普及与创新，为数字便民缴费服务提供了更加开放融通的发展环境。随着人们线上化使用比例的不断提升，如何深挖用户需求、优化用户体验，将成为便民缴费未来发展的关键之道。

—— 人口结构改变

国家统计局数据显示，2021年，我国60岁及以上人口超2.67亿人，占全国人口的18.9%。当前我国人口老龄化不断加速，积极应对人口老龄化是国家人口发展战略的重要内容。2021年12月，我国非网民规模为3.82亿人，其中60岁及以上老年群体是非网民的主要群体，占比达39.4%，较全国60岁及以上人口比例高出20个百分点。便民缴费在发展过程中，需要考虑老年人需求，针对老年人开发适老化的功能和服务，推出老年模式。这不仅可以使更多老年人转化为缴费用户，也可以帮助更多老年人拥抱数字时代，享受数字时代的巨大红利。

在我国网民结构中，"Z世代"的重要性日益凸显。《中国互联网络发展状况统计报告》的数据显示，截至2021年12月，我国未成年网民已经达到1.83亿人，未成年群体互联网普及率为94.9%，远高于成年群体互联网普及率。同时，城乡未成年人互联网普及率相当。"Z世代"作为数字便民缴费现在和未来发展的重要力量，也将在教育等诸多场景中成为主力用户群体。

1.1.4 技术环境

——6G时代加速来临

我国移动通信不断加强自主创新能力，突破关键核心技术，已建成全球规模最大、性能最先进的5G网络。工业和信息化部数据显示，截至2022年5月底，全国建成开通5G基站170万个，5G网络已覆盖全国所有地级市、县城城区和92%的乡镇镇区，每万人5G基站数超过12个。5G移动电话用户数达到4.28亿户，5G流量占移动流量比重达到27.2%，较上年同期增长19.1个百分点。5G应用覆盖国民经济40个大类，涵盖交通、医疗、教育、文旅等诸多生活领域。目前，我国已全面启动6G研发并成为6G通信技术专利申请的主要来源国，申请专利数量占全球的40.3%，排名世界第一位。2022年6月，中国移动发布了《中国移动6G网络架构技术白皮书》。这是全球范围内首次发布的6G白皮书。6G时代加速来临，为数字便民缴费产业提供了广阔的想象空间。数据传输速度的飞升，将进一步优化缴费体验，让用户享受更为快捷流畅的缴费服务。智慧交通、元宇宙、沉浸式拓展增强/虚拟现实（XR）、高精工业互联网等新兴的智能应用将不断演进发展，万物互联将加速实现，这将为数字便民缴费产业创新升级创造巨大的发展空间。

——加快推动数字产业化

"十四五"规划指出，要加快推动数字产业化和推进产业数字化转型。数字产业化和产业数字化是数字经济的两大核心"引擎"，是数字时代贯彻落实新发展理念、推动高质量发展、打造数字经济新优势的主动选择。

数字产业化要求培育壮大人工智能、大数据、区块链、云计算、网络安全等新兴数字产业，提升通信设备、核心电子元器件、关键软件等产业水平。关键技术的创新突破，有利于进一步构建应用场景和产业生态，拉动产业数字化转型，为各行各业数字化转型赋能。底层技术的创新，也将为数字便民缴费产业发展提供强劲的助推动力。

1.2 中国便民缴费产业发展概况

1.2.1 产业生态格局

缴费生态系统由缴费供应商、缴费运营商、缴费渠道商和缴费需求方有机组成（见图1-3）。随着经济的高速发展和人民生活水平的不断提升，缴费类型、缴费模式等都有了新的变化，而人工智能、大数据、云计算等新兴技术浪潮则为缴费生态系统注入新的活力，各类参与者信息共享，互利共生，从而形成彼此相互促进而又动态平衡的整体。

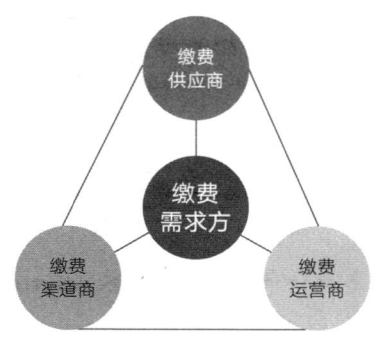

图1-3 缴费生态系统的构成

缴费供应商是提供各类生活服务的机构聚合体。依据缴费供应商所提供服务的类型和场景，可以将个人缴费业务分为生活缴费、场景缴费和新兴缴费等。具体地，生活缴费包括水费、电费、燃气费、供暖费、通信费等基础缴费。场景缴费包括政务、医疗、出行、教育等领域的缴费业务。新兴缴费则指以数字产品缴费为代表的创新业务。除了个人缴费，还有企业各类缴费业务，包括生产用水缴费、用电缴费等。

缴费运营商是具备独立系统开发、平台聚合、拓展业务场景功能的平台型企业和机构。根据各缴费运营商的不同特点可大致分为垂直缴费运营商、综合缴费运营商、区域缴费运营商。

垂直缴费运营商深耕某一类缴费情景或细分市场。依据垂直缴费运营商的角色，又可将其细分为两类。有的垂直缴费运营商由缴费供应商直接参与组建，例如，中国移动建立了集合账单查询、话费充值、业务办理、流量购买等功能的中国移动App。也有一些垂直缴费运营商是第三方企业和机构。例如，好大夫在线平台和小程序融合了医院/医生信息查询、图文问诊、电话问诊、视频问诊、门诊预约、诊后疾病管理、家庭医生等多项功能。

综合缴费运营商一般由第三方运营，通过整合丰富多样的缴费项目，为缴费供应商和用户搭建一个综合性缴费平台。例如，中国光大银行打造的"光大云缴费"平台，一端联结收费单位，将各项缴费服务进行标准化整合，另一端联结缴费渠道，通过互联网渠道服务全网客户。截至2021年末，光大云缴费接入缴费项目超过12000项，涵盖水、电、燃气、供暖、通信、教育、交通、医疗、社保、非税等数十个领域，全年缴费金额突破5500亿元，缴费笔数突破20亿笔，服务活跃用户突破5.6亿户，接入微信、美团、中国银联、金融同业等660多家大型机构。

区域缴费运营商扎根某一特定地区，整合区域内各种缴费供应商资源，通常由当地政府主导成立。例如，浙江省政府相继推出了浙江政务服务网、"浙里办"App、"浙里办"支付宝小程序，形成了全省事项清单统一发布、网上服务一站汇聚、数据资源集中共享的"互联网+政务服务"体系。该平台整合了交通违法缴款、教育收费、水电气缴费、社保、医保、公积金等多项缴费项目，为民众提供便捷的缴费体验。

缴费渠道商是为便民缴费提供入口端的平台机构，通过与缴费运营商和缴费供应商的合作，为用户提供便民缴费入口。缴费渠道商往往拥有巨大的流量优势，能够有效地与不同类型和需求的缴费用户进行对接。按照缴费渠道商所在的行业，可以将渠道商分为社交平台、支付平台、电商和银行。

社交平台以微信为代表，拥有超过10亿名用户的微信链接着庞大的用户群体，串联起工作、生活、娱乐等不同场景，通过与缴费运营商合作，为用户提供综合性缴费服务。支付平台是指与多家银行签约，并由具备一定实力和信誉保障的第三方独立机构提供的交易支持平台，以支付宝、云闪付等为代表。电商以淘宝、京东为典型，将便民缴费作为非主营业务，为用户提供增值服务，以提高用户黏性和满意度。银行作为收缴费资金流动的终端，可以结合线上代收服务和线下网点优势，降低成本，也让缴费服务更加方便快捷，改善缴费体验，提高用户黏性。

缴费需求方由具有缴费需求的企业和个人组成。随着数字技术和数字经济的不断发展，企业和个人的缴费偏好也在发生变化，不断对缴费体验提出更高的要求。这就要求缴费供应商、缴费运营商和缴费渠道商通力合作，以用户为中心，借助数字技术，不断完善缴费服务设计，为用户提供更好的缴费体验。

在缴费生态系统中，缴费用户是核心，而缴费运营商则发挥了集中、整合的作用，对各方效率的提升具有突出贡献。以光大云缴费为典型代表的缴费运营商一改以往缴费项目零散的状况，将原来分散的缴费供应商、缴费用户和缴费渠道一一整合。缴费运营商一端整合了各类收费单位，将不同的缴费项目进行标准化整合；另一端连接缴费渠道，将丰富的缴费项目通过一个入口开放给广大用户。这一创新极大地节省了人力、物力和财力，并且对生态系统中的各方都大有裨益。缴费供应商可以借此拓展缴费渠道和支付渠道，使用运营商提供的相关管理软件解决方案，降低收缴费中的管理成本。缴费渠道商可以借力缴费运营商直接对接大批量供应商，降低渠道商与供应商对接的成本。缴费用户只需要少数入口就可以完成多项缴费，并且不受时空和金融账户限制，大大提升了缴费体验。缴费运营商可以通过与渠道商合作获得大量用户。

1.2.2 缴费产业市场规模

——数字创新带来缴费新需求

2021年，伴随着数字技术、新能源技术的蓬勃发展，以及数字新兴业态、数字场景的不断创新，我国便民缴费市场不断涌现出新缴费场景，满足新的市场需求。本报告将个人缴费业务分为基础生活缴费、场景缴费和新兴缴费三种。具体来说，基础生活缴费包括水费、电费、燃气费、供暖费、通信费等。场景缴费包括医疗、出行、教育等领域的缴费业务。新兴缴费则指以数字产品缴费为代表的创新业务。从市场规模上看，伴随着新缴费场景的出现以及2021年疫情防控常态化和社会生产生活的恢复，2021年内地个人缴费市场规模为9.86万亿元，较2020年增长2.76%，若不考虑新纳入分析的缴费类型，同口径下市场规模较2020年下降4.17%。[①]其中：基础生活缴费规模为4.71万亿元，比2020年下降7.24%；场景缴费规模为4.77万亿元，较2020年增长5.79%，但比2020年同口径相比下降1.55%；[②]以数

---

① 为保证市场规模计算的合理性，2020年计入个人缴费市场规模的类型调整为水费、电费、燃气/天然气费、供暖/电暖费、物业费、房租、有线电视费、网络宽带费、固定电话费、手机话费及流量费、ETC缴费、加油卡、停车费、公交充值卡、学费、考试费、培训费、医院挂号费、医院检查费、线上问诊费、医院住院费。2021年在此基础上增加了校园卡充值费、新能源电动车充电缴费、电动自行车充电缴费、线上视频音乐会员充值费、网络电视费、虚拟产品缴费（游戏道具等）。若不考虑新增的缴费类型，2020年规模为9.59万亿元，2021年规模为9.19万亿元，同比下降4.17%。

② 不考虑新增加的场景缴费类型：校园卡充值费、新能源电动车充电缴费、电动自行车充电缴费。

字产品缴费为代表的新兴缴费规模为0.37万亿元，随着数字新兴业态的发展，未来有较大的成长空间（见图1-4）。

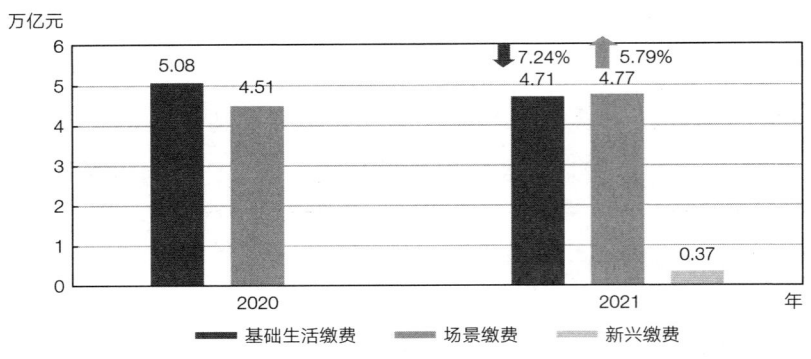

图1-4　内地个人缴费市场规模

企业缴费主要包含企业水电费、燃气费，以及房租、物业费等其他费用，本报告对于企业缴费的市场规模分析主要从这几个方面展开。2021年，全国中小企业生产经营保持稳定恢复态势，国有企业、规模以上工业企业营收增长。随着疫情防控常态化下经济复苏，企业恢复生产，以及产业数字化等新技术带动，企业缴费总量也有所回升。2021年企业缴费总体规模约为11.82万亿元，较2020年增长26.11%（见图1-5）。

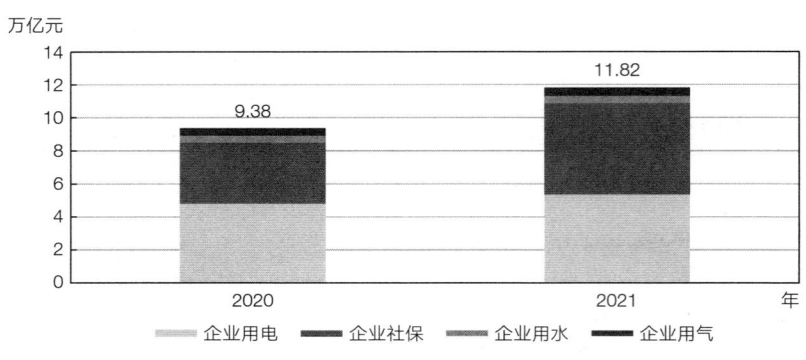

图1-5　内地企业缴费市场规模

——线上缴费占比进一步提升

从个人缴费来看，2021年，线上缴费市场规模达7.49万亿元，线上缴费占比达到76%，比2020年的69%提升了7个百分点（见图1-6）。便民缴费产业的线上化、数字化转型正在加速推进。

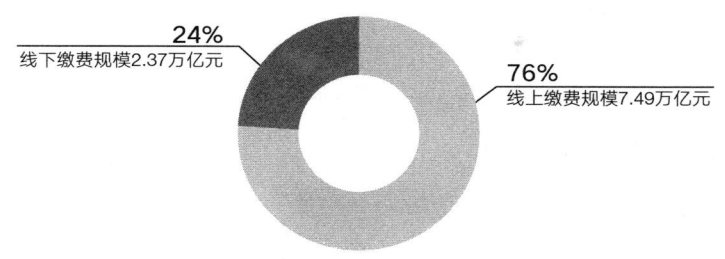

图1-6　线上线下缴费规模

2021年，各场景线上缴费比例如图1-7所示。其中，数字产品类缴费线上缴费比例最高，教育类缴费、生活类缴费、出行类缴费线上化比例超过70%，医疗类线上缴费比例仍有提升空间。

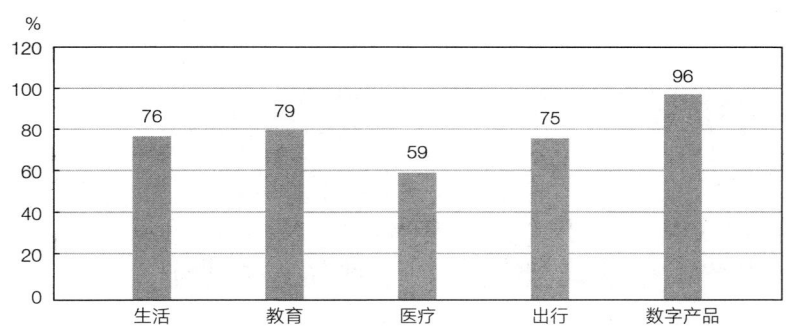

图1-7　内地各场景线上缴费比例

——港澳台地区规模稳步上升

2021年港澳台地区的缴费市场规模呈稳步上升态势，这与港澳台地区的智慧城市建设及数字化发展密切相关。2021年港澳台地区缴费总体规模为5067.48亿元，相比2020年增加了3.97%，若不考虑新纳入分析的缴费类型，同口径下市场规模较2020年下降4.28%。

其中，生活类缴费的市场规模最大，达到3289.52亿元，其次是出行类、教育类缴费，其缴费规模分别为840.12亿元和449.76亿元。医疗类、数字产品类的缴费规模较小，分别为246.72亿元和241.35亿元（见图

1-8）。整体来看，港澳台地区的缴费线上化比例达到71.77%，相比2020年有了较大幅度的提升。

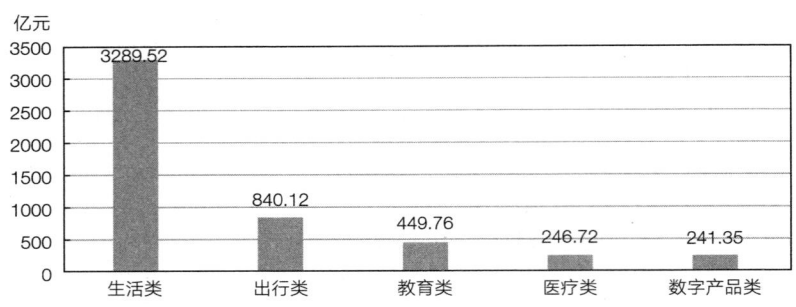

图1-8 港澳台地区不同类型缴费市场规模

1.3 中国便民缴费产业发展新趋势

1.3.1 智慧城市建设加快，数字缴费普及加速

数字经济时代，智慧城市的高质量发展越来越受到广泛关注，成为国家新型城镇化的重要抓手。党的二十大报告提出，要加强城市基础设施建设，打造宜居、韧性、智慧城市。"十四五"规划中提出，要加快数字社会建设步伐，分级分类推进新型智慧城市建设，完善城市信息模型平台和运行管理服务平台，构建城市数据资源体系，推进城市数据大脑建设，探索建设数字孪生城市。通过大数据、云计算、人工智能等科技手段持续推进城市治理现代化，依托"城市大脑"合理配置公共资源，提高治理效能，能够让市民更好地触摸城市脉搏、感受城市温度、享受城市服务。

我国智慧城市建设的城市数量快速增加，发展规模持续扩大。据国家工业信息安全发展研究中心等共同编制的《依托智慧服务　共创新型智慧城市——2022智慧城市白皮书》统计，我国开展智慧城市、信息惠民、信息消费等相关试点城市已超过500个，超过89%的地级及以上城市、47%的县级及以上城市提出建设智慧城市。据中国智慧城市委员会的数据，到2022年末我国智慧城市市场规模预计将达到25万亿元。

便民缴费作为城市公共服务的一环，积极融入智慧城市建设。基础设施智能化建设的快速推进助力便民缴费线上化的优化升级。智慧城市的核心是数据。以数据为中心，整合大连接、大计算、大数据、大应用和大安全五大技术，分别对数据进行采集、计算、分析、应用，最大化挖掘数据价值。数字便民缴费可以依托"城市大脑"，深挖海量数据，与智慧城市中的各个要素相连接，形成互动新生态，进而为用户提供更为精准化、个性化的服务，大力推动城市治理和公共服务数字化。

1.3.2 数字乡村建设加快，推动城乡融合发展

2019年5月，中共中央、国务院印发《数字乡村发展战略纲要》，明确将数字乡村作为乡村振兴的战略方向。2020年1月，农业农村部、中央网信办印发《数字农业农村发展规划（2019—2025年）》，要求到2025年农业农村互联网普及率达70%。"十四五"规划明确提出"加快推进数字乡村建设"。工业和信息化部下发的《"十四五"信息通信行业发展规划》提出，到2025年实现行政村5G通达率达到80%。2022年，《中共中央 国务院关于做好2022年全面推进乡村振兴重点工作的意见》（中央一号文件）继续强调"大力推进数字乡村建设"。数字乡村建设是实施乡村振兴战略的具体行动，也将成为推动数字经济发展的强劲引擎。

在数字时代，由新型基础设施建成的信息化、数字化"高速公路"是数字乡村的基石，也是实现乡村振兴的"必修之路"。在数字新基建方面，农村和城市已经实现"同网同速"。截至2021年12月，农村网民规模已达2.84亿人，占网民整体的27.6%。互联网在乡村的普及催生了一大批新业态和新的商业模式。首届中国网络文明大会的统计数据显示，2021年

1月至10月，快手有超过4.2亿个农产品订单经由直播电商从农村发往全国各地。同时，我国"快递进村"比例超过80%，江浙沪地区基本实现"村村通快递"。

数字乡村的建设为便民缴费线上化提出了更高的要求，也创造了更多的应用场景和服务需求。数字便民缴费在深入广大农村地区时，需要结合乡村特点，考虑村民需求，提供有针对性、精准化的服务。与此同时，数字便民缴费在乡村地区的深入推进，也有助于提升乡村数字化水平，推动城乡融合发展，推进共同富裕，让更多农村用户共同享受数字化发展的红利。

1.3.3 数字人民币渐落地，缴费方式添新成员

"十四五"规划提出，稳妥推进数字货币研发。自2019年以来，中央银行在广东深圳、江苏苏州、河北雄安、四川成都及2022年北京冬奥会场景开展数字人民币试点测试。从2020年11月开始，又增加了上海、海南、长沙、西安、青岛、大连6个新的试点地区，形成了"10+1"个试点地区。2022年7月，我国数字人民币试点已经拓展到15个省市的23个地区，深圳、苏州、雄安新区、成都4个地方取消了白名单限制。

中国人民银行公布的数据显示，截至2021年末，数字人民币试点场景已超过808.51万个，累计开立个人钱包2.61亿个，交易金额为875.65亿元。截至2022年8月底，15个省市的试点地区通过数字人民币累计交易约为3.6亿笔，金额约为1000.4亿元，支持数字人民币支付的商户门店数量达560万个。中央银行主导、多方参与的数字人民币生态正在形成，数字便民缴费增添了新的缴费方式，同时为数字人民币场景扩容作出了贡献。

1.3.4 数字产品创新活跃，成为新兴缴费场景

数字产品是指信息内容基于数字格式的交换物或通过互联网以比特流方式运送的产品，还包括基于数字技术的电子产品或将其转化为数字形式通过网络来传播和收发，或者依托一定的物理载体而存在的产品。

作为数字产品的一大种类，数字藏品的热潮正在国内外各个领域快速蔓延。数字藏品是经过数字化唯一标识的特定作品、艺术品等，具有收藏价值和现实资产属性。每个数字藏品映射着特定区块链上的唯一序列号。河南博物院、故宫博物院等纷纷发布文创数字藏品。2022年"国际博物馆日"，国内外十家博物馆、图书馆在天猫推出20款数字藏品，总量达2.5万件。阿里、腾讯、京东、百度、网易、B站、快手等超过20家上市企业通过直接或者间接方式布局数字藏品。根据相关新闻报道，截至2022年6月中旬，国内数字藏品平台已超过500家，预计2026年中国数字藏品市场规模或将超过300亿元。

数字藏品是数字经济与元宇宙发展的产物，是元宇宙中赋能万物的"价值机器"。在元宇宙中每个人既可以是数字艺术的创作者，也可以是收藏家。数字藏品的应用场景正在不断拓展，为数字便民缴费提供新的应用场景。

1.3.5 数据要素潜力释放，扩大缴费创新空间

数据资源作为重要的生产要素，蕴含巨大的价值。2020年3月，中共中央、国务院印发《关于构建更加完善的要素市场化配置体制机制的意见》，正式将数据纳入主要生产要素范畴。这就意味着，数据已经成为除劳动、资本、土地、知识、技术、管理之外的第七种生产要素。

随着数字经济的快速发展，数据爆发增长，海量集聚，蕴藏巨大的价值。数据要素已经融入了生产、分配、流通、消费和社会服务管理等各个

环节，深刻改变生产方式、生活方式和社会治理方式，为数字经济发展注入强大动能。

2020年5月，中共中央、国务院发布《关于新时代加快完善社会主义市场经济体制的意见》，提出要加快培育发展数据要素市场，发挥社会数据资源价值。2022年6月，中央全面深化改革委员会第二十六次会议审议通过了《关于构建数据基础制度更好发挥数据要素作用的意见》，再次强调了数据要素的价值，要积极探索推进数据要素市场化，加快构建以数据为关键要素的数字经济。

数据资源将为便民缴费产业带来新的发展动能。通过强化高质量数据要素供给，推动基础公共数据安全有序开放，提升数据资源处理能力，可以为便民缴费提供更多数据资源。通过系统建设、流程打通、吸引人才、引入合作等强化支撑机制，进一步依托海量缴费行为动态数据优势，推动数据赋能驱动、推动数据标准化工程与数据能力建设，从精准营销、数据建模、开放分析应用、缴费信用评分等多方面进行挖掘，从而实现更大的商业价值与社会价值。数据是数字时代的关键生产要素，数字便民缴费可以依托更为丰富的数据，进行更为精准的用户画像，进而更好地预测和判断用户需求，满足用户需要。

第二章
数字便民缴费与绿色发展

数字便民新生活 2022年中国便民缴费产业报告

- 数字缴费减少能源、纸张消耗，促进绿色消费
- 数字缴费每年可节约84万吨汽油消耗，节约用纸1.9万吨，相当于少砍伐32万棵大树
- 数字缴费提升缴费整合度，减少网点、数据中心等基础设施的重复建设，助力绿色税收政策的宣传和实施，促进社会绿色发展

数字便民缴费作为深入社会生活和企业运行方方面面的基础环节，能够在用户行为、社会发展等多个方面赋能绿色经济深化转型：一是非接触式缴费普及，减少缴费途中出行能耗；二是推进业务办理无纸化，减少纸张资源浪费；三是打通新能源消费"最后一公里"，促进出行绿色升级；四是提升缴费项目整合度，减少整体经营运算能耗；五是支撑产业绿色发展，助力碳足迹追踪记录。

总体来看，便民缴费作为社会运行中必不可少的环节，其数字化发展不仅能够带来直接的资源节约，还能够间接地推动产业、社会的绿色发展和转型，具有较高的社会价值。

党的二十大报告提出，推动经济社会发展绿色化、低碳化是实现高质量发展的关键环节。绿色发展是实现经济可持续发展的必然道路。过去40多年，我国经济发展取得了举世瞩目的成就，实现了GDP的快速增长，城镇化进程不断加速，全面脱贫攻坚取得历史性成就。当前，我国经济正处于高速发展向高质量发展的转换期，为了真正实现有活力、可持续的经济发展，必须开拓出一条绿色发展道路，实现更加绿色的产业升级，并在日常消费中推广绿色、节约、环保的生活及消费习惯。同时，绿色转型发展将有利于我国更加有效地利用资源，发展依托新能源的新兴产业，扩大市场需求，培育新的经济增长点，进一步提高增长的可持续性。

2021年是加快绿色转型发展的重要时间节点。从2021年2月的《国务院关于加快建立健全绿色低碳循环发展经济体系的指导意见》，到2021年11月的《中共中央　国务院关于深入打好污染防治攻坚战的意见》，中共中央、国务院已连续出台多项政策文件，将碳达峰、碳中和目标纳入我国未来发展全局，并为经济社会发展全面绿色转型指明了方向。我国实现绿色转型发展既有推动经济社会可持续运行、为人民营造良好生态环境的现实诉求，也有塑造良好国际形象，以进一步提高国际地位的长远考量。绿色转型道路是我国塑造负责任大国的国际形象、提高国际地位的要求。实现2030碳达峰和2060碳中和的远景目标，既是我国积极应对气候变化、构建人类命运共同体的责任担当，也是立足新发展阶段、贯彻新发展理念、推动高质量发展的必然要求。

数字便民缴费作为深入社会生活和企业运行方方面面的基础环节，在推动绿色消费、促进绿色发展方面发挥了积极作用。

2.1 数字便民缴费促进用户行为绿色化

2.1.1 非接触式缴费普及，减少途中出行能耗

便民缴费产业作为人民群众日常生活运转的关键节点和公共服务的重要组成部分，承担着保障和改善民生的社会责任。数字便民缴费通过将原来需要前往特定网点办理的业务线上化，为用户的业务办理带来便利。另外，通过赋能数字经济新模式、新业态，以"生活+微金融"双轮驱动的数字便民服务有效满足人民美好生活需要，提升广大群众的获得感、幸福感和安全感。

据本研究估算，如果按每个家庭每月去平均2公里外的网点办理水费、电费、燃气费、通信费等各类生活缴费各一次计算，每月办理缴费业务将消耗时间成本约1小时，如果乘车出行，私家车出行约消耗0.25升汽油，商务车出行每月消耗约0.3升汽油，公交车出行约消耗0.7升汽油。而使用非接触式的数字缴费，通过线上进行办理业务，每个消费者每月仅需5~10分钟即可完成各类缴费项目。按照我国4.9亿户家庭进行估算，全部由线下缴费转为数字缴费，每月将减少超过7万吨的汽油消耗，每年将减少84万多吨汽油消耗。这一规模相当于2021年全国汽油消费量的0.6%。因此，数字便民缴费不仅会极大地减少居民的时间成本和出行油耗成本，也会对绿色出行、节约能源消耗作出一定的贡献。

2.1.2 推进业务办理无纸化，降低纸张资源浪费

除了前往缴费网点的出行能耗，在通知提醒缴费、打印缴费凭证等环

节产生的纸张消耗,也是缴费业务办理过程中所产生的一项资源浪费。

数字缴费通过实现计费、通知、缴费、生成凭证等全流程线上化,正在推进缴费业务办理全程的"无纸化"。办理"无纸化"业务,可以有效减少纸张浪费,促进缴费行业的绿色低碳发展。对缴费用户而言,只要是手机和互联网能够覆盖触及的地方,轻松上网动动手指即可完成各种缴费业务,做到"不费纸张单据办理业务",避免缴费业务办理过程中的纸张浪费,促进用户实现"绿色缴费、低碳生活"。

据本研究估算,按照我国4.9亿户家庭,每月产生水电燃气费账单14.7亿份进行估算,一个月约消耗纸张1602吨。如果将纸质账单改为电子账单,每年将节约纸张1.9万吨,相当于少砍伐32万棵大树。因此,数字便民缴费将极大地减少纸张浪费,让消费者获得更优质、更高效的绿色消费体验。

2.1.3 智慧充电提升新能源汽车充电体验,促进出行绿色升级

全球汽车产业正在加速绿色转型。而在新能源汽车推广的过程中,充电问题被认为是推广的"最后一公里"。充电基础设施以及公共充电设施的计量、计费、结算等多个环节的建设,共同影响着消费者新能源汽车的出行体验。"互联网+充电基础设施"的数字化模式,能够实现新能源汽车与智能电网间的能量和信息的实时互动,提升充电服务的智能化水平和用户的使用体验。此外,数字便民缴费,通过信息共享和数据传递,实现"充电+停车"一体化的模式创新,实现充电和停车的互联互通,能够实现跨平台、多渠道的支付结算,提升新能源汽车充电的便利性、协同性和用户体验。因此,数字便民缴费在新能源汽车充电领域为消费者带来更便捷的出行体验,解决新能源汽车"最后一公里"难题,从而推动消费者在出行领域的绿色升级。

2.2 数字便民缴费促进社会发展绿色化

2.2.1 提升缴费项目整合度，减少整体经营运算能耗

过去各家收费单位各自在各地建立收费网点，需要大量物力、人力和资金投入，而城乡居民在缴纳不同费用，例如水费、电费、燃气费时，往往要跑多家单位。在第三方缴费运营商出现之前，缴费项目总体呈现各自独立的状态。即便在同一场景内，缴费供应商也主体繁多。国家统计局数据显示，2021年中国水的生产和供应企业数量为2823家，其中，亏损企业有581家。因此，在各个缴费项目没有整合之前，各缴费企业、各缴费网点均需投入建设线上线下渠道，以及数据中心等保障业务平稳运行的必要设施。部分缴费企业、网点由于资金有限，对数据中心的技术升级并不及时，可能带来大量运算能耗的浪费。

如今，数字化的线上缴费平台能够实现缴费项目的整合以及数据的集中结算，减少分散建设线上线下渠道以及数据中心所产生的巨额成本，从而降低整体运算能耗。以线上缴费平台光大云缴费为例，光大云缴费一改以往缴费项目零散的状况，将原来分散的缴费供应商、缴费用户和缴费渠道一一整合。缴费运营商一端连接了各种类别的收费部分，整合了不同的缴费项目；另一端连接了各类缴费通道，将丰富的缴费项目通过统一入口开放给广大用户。这一创新极大地节省了人力、物力和财力，并且对于生态系统中的各方都大有裨益，减少了各方建设、维护数据中心的成本，节约了运算过程中的能源消耗。

2.2.2 支撑产业绿色发展，助力碳足迹追踪记录

绿色产业指提供有利于资源节约、对环境友好且有益于生态良好的企业集合体，例如，高效节能节水装备制造业、清洁能源开发利用产业、生态修复产业都属于绿色产业的范畴。推进绿色产业发展，建设绿色、环保、智能城市，是绿色发展理念在产业发展和产业转型升级中的具体体现，也是促进经济高质量增长、推进生态文明建设、满足人民群众美好生活需要的重要支撑。

基于省级层面的数字便民缴费数据，以国家统计局的省级统计年鉴数据中的第三产业增加值和第三产业法人单位数作为对地区绿色发展的产业结构评价指标，本报告对数字便民缴费与绿色产业进行了回归分析。结果显示，一个地区的数字缴费发展越好，当地第三产业增加值、第三产业法人单位数也越高。这说明数字便民缴费对绿色产业的发展和产业结构的绿色化转型具有显著的支撑作用。

此外，数字缴费可发挥数据记载功能，追溯碳足迹，助力完善对企业和消费者碳排放的监督及奖励机制，任意交易节点都可被记录，相关政府部门和机构可通过数字缴费交易形成的数据汇集追溯资金流转，对个人及企业机构的消费、生产等各类行为进行捕捉和记录，从而追踪经济体中企业和消费者的碳足迹。以此为基础，相关部门可以针对个人、企业等不同主体建立碳账户，并建立完善的碳排放的监督及奖励机制。例如，将碳排放水平与个人、企业信用联动，切实推进绿色生产与生活；根据碳足迹和节约排放积累积分，兑换一定的奖励，并以此进一步培养全社会的低碳环保意识，深化绿色转型。

以上分析说明，便民缴费作为社会运行中必不可少的环节，其数字化发展不仅能够带来直接的资源节约，还能够间接地推动产业、社会的绿色发展和转型，具有较高的社会价值。

第三章
数字便民缴费推进城乡服务均等化

数字便民新生活 2022年中国便民缴费产业报告

- 数字缴费对网点等线下基础设施依赖度低，有针对性地解决欠发达地区人口分散、服务成本高的难题
- 数字便民缴费按下区域均衡发展的"快进键"，成为城乡服务均等化的"突破口"

近年来，随着公共基础设施均等化建设的推进，便民缴费数字化正不断提升服务的普惠性和可及性。本报告分别从区域发展差异、城乡发展差异两个角度切入，对数字便民缴费在推进服务均等化中发挥的作用进行了分析。研究发现，借助近年来数字技术的发展、移动支付的普及、数字缴费服务的推广，以及远程代缴等功能的开放，我国缴费服务的均等化取得了长足的发展。

在区域差异方面，数字缴费有针对性地解决了下沉市场人口分散、服务成本高的难题，在下沉市场、乡村地区以及低收入人群中的接受度和使用度逐渐提升。作为新型基础设施，数字便民缴费为下沉市场缴费体验提升、城乡差距缩小提供了可能，按下了区域均衡发展的"快进键"，成为城乡公共服务均等化的"突破口"。

3.1 数字便民缴费在均等化中的作用

2017年,党的十九大报告首次提出了乡村振兴战略。当前,现行标准下9899万名农村贫困人口已全部脱贫,832个贫困县全部摘帽,易地扶贫搬迁建设任务全面完成,消除了绝对贫困和区域性整体贫困,成功实现全面建成小康社会的目标。虽然我国脱贫攻坚战取得了全面胜利,但发展不平衡不充分问题仍然突出。[①]当前,社会主要矛盾已经转化为"人民日益增长的美好生活需要和不平衡不充分的发展之间的矛盾"。具体来看,我国的发展不平衡主要体现在区域发展不平衡、城乡发展不平衡两个方面,已经成为制约经济社会均衡发展的重要因素。

"十四五"规划中,将基本公共服务均等化、城乡区域发展差距和居民生活水平差距显著缩小作为实现共同富裕的重要内容,要推动城乡区域基本公共服务制度统一、质量水平有效衔接,建立健全基本公共服务标准体系,明确国家标准,建立动态调整机制,促进基本公共服务资源向基层延伸、向农村覆盖、向边远地区和生活困难群众倾斜。2021年,《中共中央 国务院关于全面推进乡村振兴加快农业农村现代化的意见》(中央一号文件)指出,要加强乡村公共服务、社会治理等数字化智能化建设,提升农村基本公共服务水平,建立城乡公共资源均衡配置机制,强化农村基本公共服务供给县乡村统筹,逐步实现标准统一、制度并轨,到2025年,城乡基本公共服务均等化水平明显提高。2022年,《中共中央 国务院关于做好2022年全面推进乡村振兴重点工作的意见》(中央一号文件)进一步指

---

① 2021年2月25日,习近平在全国脱贫攻坚总结表彰大会上的讲话。

出，要以数字技术赋能乡村公共服务，推动"互联网+政务服务"向乡村延伸覆盖。党的二十大报告提出，要全面推进乡村振兴，坚持农村农业优先发展，坚持城乡融合发展，畅通城乡要素流动。

由此可见，促进地区间、城乡间、不同群体间公共服务的均等化，是我国社会经济协调发展的重要内容。便民缴费作为社会公共服务的重要组成部分和居民生活必不可少的基础环节，如何推动服务的均等化是值得关注和研究的重要问题。

地区之间在缴费基础设施、网点的分布上存在不均衡，推进实体网点的建设存在投入重、周期长、服务半径小的问题，在推进均等化中发挥的作用相对有限。近年来，随着数字技术的发展成熟，以及各地数字基础设施的加速建设，基于线上渠道、对实体网点分布和服务人员依赖较少的数字便民缴费服务，为促进区域间、城乡间公共服务的均等化发展提供了新路径。

3.2 数字便民缴费按下区域均衡发展的"快进键"

区域发展不平衡是我国发展不平衡不充分的重要体现。改革开放后，东部地区依靠地理区位优势、政策先发优势等率先发展，珠三角、长三角、京津冀等地区进入了经济高速增长的轨道，带动中国经济走向腾飞。与此同时，地区发展差距问题也开始凸显，特别是20世纪90年代我国东部、中部、西部地区差距大幅拉大。为此，从2000年起，我国先后实行了西部大开发、中部崛起、振兴东北等区域发展战略，促进落后地区经济增长，实现区域协调发展。随着一系列重大区域发展政策的落实和推进，我国的区域发展协调程度明显增强。在缴费领域，由于数字缴费对网点建设和布局的依赖性相对较低，对于中西部缴费网点分布较少的地区，数字缴费可以很好地触达，满足居民缴费需求，促进区域公共服务的均衡发展。

3.2.1 东部、中部、西部地区缴费服务对比

为了探究东部、中部、西部地区居民在便民缴费方面的差异和特点，本报告依据第七次全国人口普查的东部、中部、西部地区人口分布进行抽样，在全国31个省（自治区、直辖市，不含港澳台）范围内发放了8000份问卷，对居民的缴费行为进行了分析。在问卷中，通过询问受访者当前居住的城市，来划分受访者处于东部地区、中部地区还是西部地区。

通过分析缴费过程中选择的缴费渠道，可以看到，在移动端缴费的占比上，东部地区居民使用移动端的比例略高于中部地区和西部地区，东部地区为63.30%，中部地区和西部地区约为61%（见图3-1）。从渠道的选择上可以看出，当前移动端的数字缴费已成为各地区居民的主要缴费方式，虽然东部、中部、西部地区仍存在一定差距，但中西部地区对数字缴费的接受程度已经有较大的提升。因此，通过数字缴费推进东部、中部、西部地区缴费公共服务的均等化，是一条可行路径。

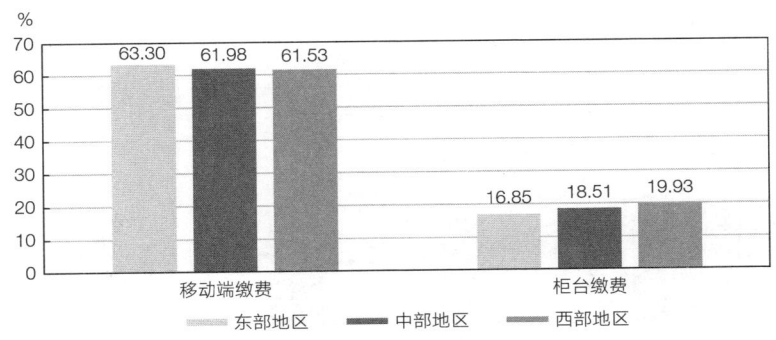

图3-1　2021年东中西部地区缴费渠道选择占比

同时，本报告利用光大云缴费各地区的水费、电费数字缴费数据，进行区域间数字缴费均衡发展的分析。首先，在水费方面，如图3-2所示，

东部地区、中部地区和西部地区水费缴纳金额呈现逐年增长的趋势，且西部地区水费缴纳金额增长率明显高于东部地区和中部地区，在2021年依旧保持着40.31%的高速增长，与2020年相比，2021年缴费金额增长率略有下降，但增速仍领先于东部地区和中部地区。

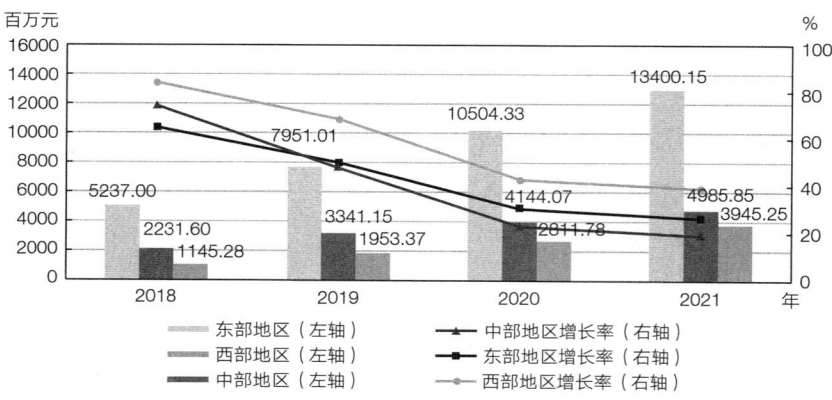

图3-2　2018—2021年东中西部地区水费数字缴费金额和增长率

在电费方面，如图3-3所示，东部地区、中部地区和西部地区电费缴纳金额，在2018年实现2倍甚至3倍的增长，之后整体依旧保持较高的增长率，西部地区电费缴纳金额增长率依旧遥遥领先，中部地区增长略慢于东部地区，与2020年相比，2021年西部地区缴费金额增长率高于东部地区和中部地区，地区差异继续缩小。

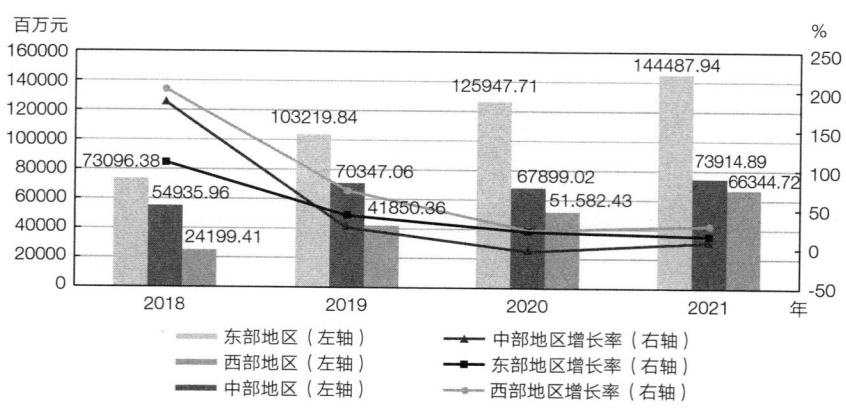

图3-3　2018—2021年东中西部地区电费数字缴费金额和增长率

从各地区水电费缴纳金额的变化可以看出,东部、中部和西部地区的缴费差异逐渐缩小,与2020年相比依旧保持较高的增长率,便民缴费服务在欠发达地区增长更快,区域均衡发展取得长足进步。

3.2.2 省份之间缴费服务对比

进一步地,本报告使用各省的云缴费电费数缴费数据,观察年份上的变化。从电费缴费金额来看,2018年,东部地区的缴费金额还远远高于中部地区和西部地区,呈现明显的"胡焕庸线",[①]但从2019年开始,"胡焕庸线"以西的省份线上缴费金额呈现出显著增长的趋势。与2020年相比,2021年有更多的省份电费缴纳金额突破300亿元,"胡焕庸线"以西缴纳金额超过200亿元的省份也明显增加。这一发现说明,由于数字缴费对线下缴费网点依赖度较低,中西部地区线下基础设施的不足可以被克服,使东部、中部和西部之间能够享受同等缴费服务。而且可以看到,2021年便民缴费的区域均衡发展得以稳步推进,中西部省份取得了进一步发展。本报告对缴费笔数的分析也得到了一致的结论。

总体来看,对于我国东部、中部、西部地区之间的区域发展不平衡问题,数字缴费能够突破地理上的"胡焕庸线",为克服区域均衡难题提供了解决方案。

---

① "胡焕庸线"从某种角度来看可称为城镇化水平的分割线。这条线的东南各省(自治区、直辖市),绝大多数城镇化水平高于全国平均水平;而这条线的西北各省(自治区、直辖市),绝大多数低于全国平均水平。

3.3 数字便民缴费成为城乡服务均等化"突破口"

下沉市场,指的是三线以下城市、县镇与农村地区的市场。范围大而分散,且服务成本高是这个市场的基本特征。为了分析下沉市场便民缴费服务的发展特征,本报告从两个维度进行分析:一是针对一二线城市和三四线城市[①]的缴费服务差异进行分析;二是针对城市和县镇农村的缴费服务差异进行分析。

3.3.1 一二线城市与三四线城市缴费服务对比

首先,针对一二线城市与三四线城市的差异,本报告利用光大云缴费地级市层面的水费数字缴费数据,进一步分析数字便民缴费在下沉市场的发展情况。如图3-4所示,2018—2021年,一二线城市居民与三四线城市居民数字缴费金额均呈现明显上升趋势,但三四线城市增速明显高于一二线城市。2018年,一二线城市数字缴费规模是三四线城市规模的4.29倍,而2021年这一差距已经缩小至2.37倍。这说明,近年来数字便民缴费在三四线城市发展迅速,数字便民缴费在满足下沉市场居民缴费需求方面发挥了较大的作用,地区之间在公共服务供给方面的不均衡已得到一定程度的弥合。

[①] 依据国家统计局《2022年5月商品住宅销售价格变动情况统计数据》中一二三线城市列表定义,参见http://www.stats.gov.cn/tjsj/sjjd/202206/t20220616_1858357.html。

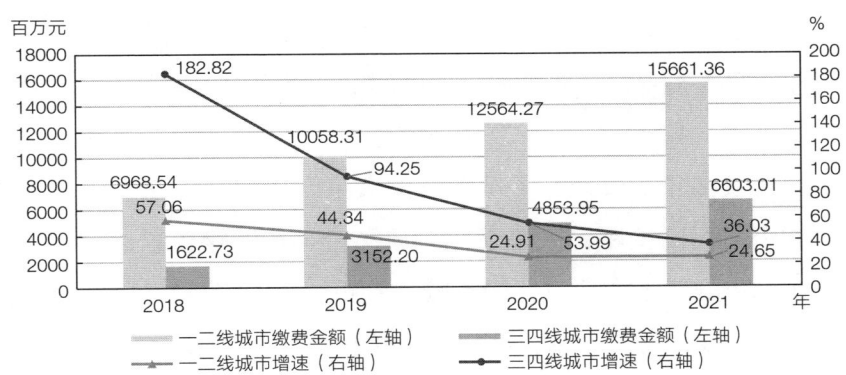

图3-4 2018—2021年不同类型城市水费数字缴费金额及增速

为了进一步探究一二线城市、三四线城市居民在便民缴费方面的特点，本报告在全国31个省（自治区、直辖市，不含港澳台）范围内发放了8000份问卷，对居民的缴费行为进行了分析。在问卷中，通过询问受访者当前居住的城市，来判断受访者居住于一二线城市还是三四线城市。进行数据清理后，共回收有效问卷7012份，其中居住在一二线城市的有3329人，占比47.48%，居住在三四线城市的有3683人，占比52.52%。

从使用的缴费渠道来看，在办理缴费业务的过程中，一二线城市居民选择移动端进行缴费的比例略高于三四线城市，分别为63.91%和61.30%（见图3-5）。从渠道的选择上可以看出，当前移动端的数字缴费已成为各地区居民的主要缴费方式，虽然一二线城市与三四线城市仍存在一定差距，但三四线城市下沉市场居民对数字缴费的接受程度已经有较大提升。

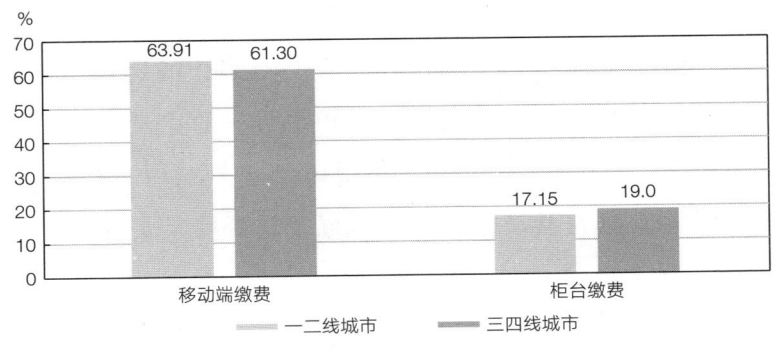

图3-5 2021年一二线城市与三四线城市缴费渠道选择占比

针对具体的缴费场景，本报告对各地区受访者选择线上缴费的比例进行了统计。整体来看，三四线城市居民的线上渠道使用比例在各缴费场景下均略低于一二线城市，但在教育、出行等场景下差距已经不大。这一现象说明，经过多年的发展，下沉市场的数字缴费发展迅速，用户接受度高，与城镇居民的差距已大幅缩小。但同时，在医疗场景，一二线城市与三四线城市的线上缴费占比仍有较大差距，差距接近5个百分点（见图3-6）。不同场景下的一二线城市与三四线城市的差距存在不同，这说明虽然当前一二线城市、三四线城市在缴费均等化方面已经取得了一定成绩，但在部分类型缴费场景，仍需进一步深耕，缩小差距，推进缴费服务的均等化。

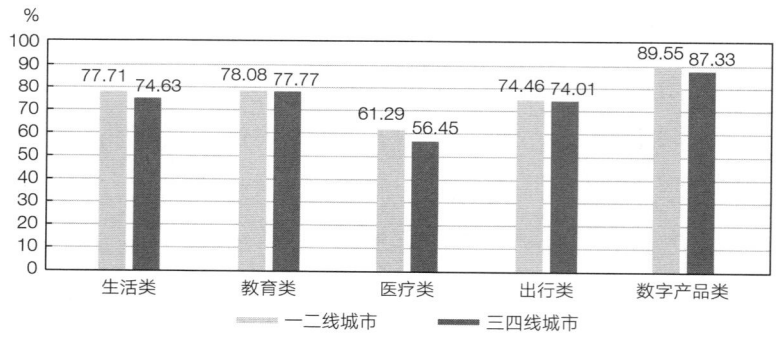

图3-6　2021年一二线城市与三四线城市在各场景下线上缴费占比

3.3.2 城市和县镇农村缴费服务对比

除了在地级市层面进行一二线城市、三四线城市的划分，在各个地级市内区分主城区和县镇/农村，也是下沉市场分析的重要维度。针对城乡居民的缴费差异，在问卷中，通过询问受访者当前居住的城市，以及目前在该城市的主城区还是县镇/农村，来判断受访者属于城市居民还是乡村居民。

从选择移动端缴费的比例来看，城市略高于乡村地区。但这一差异在东部地区已经较小，中部地区和西部地区城乡人口在使用移动端缴费的比例上的差异相对较大（见图3-7）。

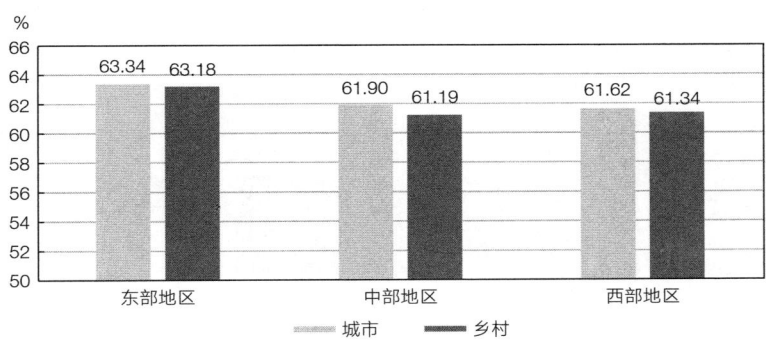

图3-7　东部、中部、西部地区城乡居民使用移动端进行缴费的比例

从选择柜台缴费的比例来看，仍呈现乡村高于城市的现象，但差异有限（见图3-8），说明柜台缴费的需求在乡村地区相对较高，数字缴费在城乡间的普及已取得显著效果，未来还需持续发力。从地区对比来看，西部地区的柜台缴费需求最高，东部地区最低，中部地区居中。这一现象说明数字缴费服务在东西部地区间仍然存在一定差异，如何推动数字缴费在欠发达地区的普及，在未来依旧值得关注。

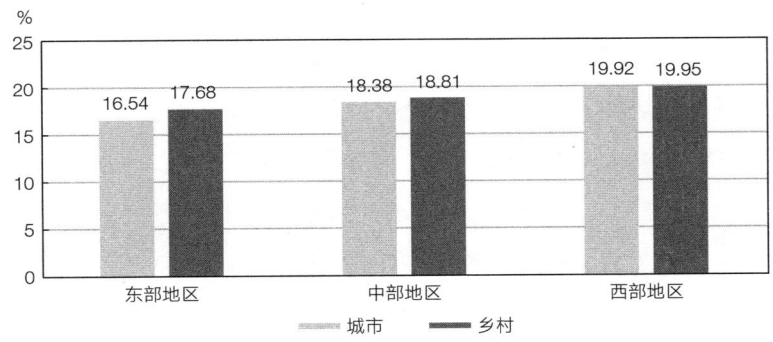

图3-8　东部、中部、西部地区城乡居民使用柜台进行缴费的比例

从代缴行为来看，城市居民中代父母和爱人缴费的比例高于乡村居民，而代亲戚和朋友缴费的比例低于乡村居民（见图3-9），这或许

和城市居民更注重小家庭观念，而乡村居民更注重传统的大家庭观念有关。

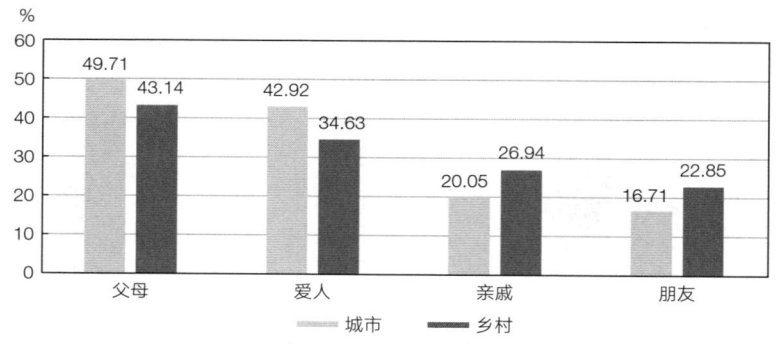

图3-9 城乡居民代他人缴费比例

对于乡村地区不熟悉数字缴费业务的群体而言，由他人代缴的功能能够极大地满足这类群体的缴费需求，有助于推进城乡缴费基础设施的均等化。这不仅是缴费产业未来发展的重大课题，也是关系民生的重要方面。在社保缴费领域，光大银行重点打造"社保云缴费"流程简便的优势，向全国灵活就业、城乡居民两类人群提供线上社保查询、缴纳等基础服务，为广大基层医疗干事、村居委会工作人员等基层工作人员提供了便利工具，为农村地区、偏远地区的人群提供实时、安全的缴费服务，重点解决了三四线城市居民及农村群众缴费"急难愁盼"的问题。例如，在甘肃省甘南藏族自治州玛曲县曼日玛镇的基层村干部通过光大云缴费，帮助镇上3000多人代缴了社保费用。在山西、陕西、广西、河北、甘肃等省份通过社保云缴费为100人以上代缴社保费用的村干部已超过万人。光大银行"社保云缴费"已成为服务民生的重要窗口，累计服务全国27个省级行政区，服务超过3亿人次。

在缴费衍生的金融服务需求方面，城市居民的接受度整体更高。以在缴费余额不足或者欠费时缴费平台提供的小额贷款自动充值服务为例，城市居民中表示有可能接受该服务的受访者比例为40.70%，而在乡村居民中这一比例为33.94%（见图3-10）。这说明城市居民对缴费衍生的金融服务接受度更高，而乡村居民在这方面相对保守，且这种现象在低门槛理财、基金产品和小额保险等衍生金融服务中类似。

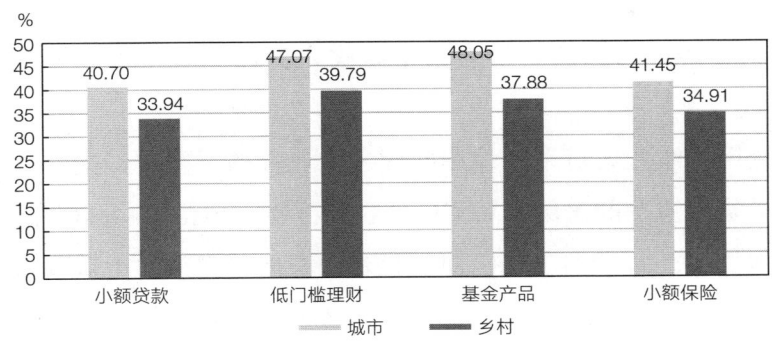

图3-10　城乡居民缴费衍生金融服务需求

因此，从以上分析可以看出，整体而言，借助近年来数字技术的发展以及移动支付的迅速推广，新兴的数字缴费服务以及远程代缴等功能的开通，城乡缴费服务均等化取得一定的进展，下沉市场的数字缴费需求发展迅速，城乡居民在缴费公共服务方面的鸿沟已经得到一定程度的弥合。数字缴费针对性地解决了下沉市场用户居住分散、交通不便、交易额小、交易频率高、交易成本高的痛点，作为新型基础设施，正在成为城乡公共服务均等化的"突破口"。

3.3.3　不同收入区间人群缴费服务对比

在推进共同富裕征程中要促进不同收入水平人群基本公共服务的均等化。作为扎实推进共同富裕的重要举措之一，"促进基本公共服务均等化"既可以夯实共同富裕的公共事业基础，又有利于激发共同富裕的公共分配效能，为未来缩小城乡居民收入差距奠定基础。需要指出的是，低收入群体实现公共服务均等化是一个多维度多层次系统性的统一体，包括社会保障、教育、卫生医疗、就业、基础设施等方面一系列的制度安排。而缴费作为基础的公共服务之一，不同收入群体在缴费行为上还存在哪些差异值得关注，也是缴费产业继续发展的重要抓手。

因此，为了探究不同收入区间居民的缴费差异，本报告在问卷中，通过询问受访者月收入所处的范围，并取所有样本25%和75%分位数为分界线，来判断受访者属于高收入群体、中收入群体，还是低收入群体。

从使用的缴费渠道来看，在办理缴费业务的过程中，高收入群体选择移动端进行缴费的比例略高于中低收入群体，相差约4个百分点，分别为64.54%、61.00%和59.10%。而在柜台缴费的占比上，中低收入群体选择柜台缴费的比例仍较高，约为20%，高于高收入群体的15.92%（见图3-11）。从渠道的选择上可以看出，虽然不同收入水平群体在缴费渠道选择上仍存在差距，但是当前移动端的数字缴费已成为各收入区间居民的主要缴费方式。

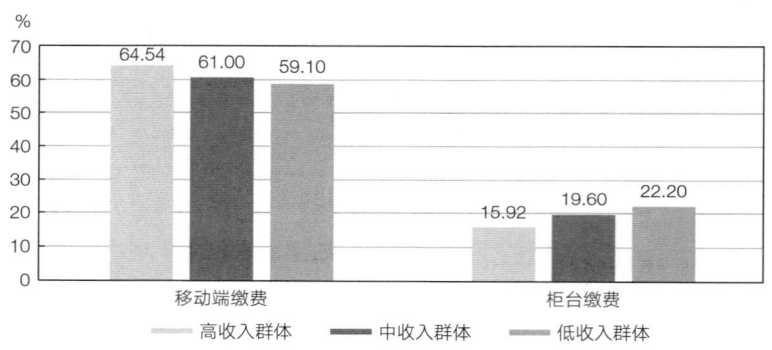

图3-11 2021年高中低收入群体缴费渠道选择占比

在智能代扣这一创新缴费渠道的选择上，低收入群体与中高收入群体仍存在一定差距，特别是在东部地区（见图3-12）。智能代扣作为新兴的数字化、智能化缴费服务，能够提升用户缴费体验，进一步提升缴费便捷程度。因此，智能代扣等服务的成熟和推广，将成为提升低收入群体缴费体验的重要抓手。

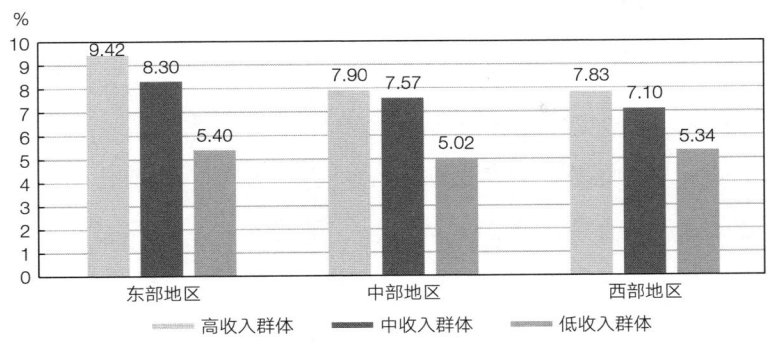

图3-12 2021年高中低收入群体智能代扣服务选择占比

从具体的缴费场景来看,本报告对各收入水平受访者选择线上缴费的比例进行了统计。整体来看,中低收入水平居民的线上渠道使用比例在各缴费场景下均略低于高收入水平居民,但不同场景下的差距不同。例如,在医疗场景以及出行场景,高收入群体与低收入群体的线上缴费占比差距超过10%,而在教育场景和数字产品缴费场景,线上缴费占比差距非常小(见图3-13)。这一现象说明,不同收入水平群体在缴费均等化方面已经取得了一定成绩,但不同场景之间的进展仍存在一定差异。经过多年的发展,数字缴费正在满足各收入阶层人群的缴费需求,但同时,在部分缴费场景,仍需进一步深耕。缩小中低收入人群在医疗类、出行类缴费领域的差距,服务好他们的缴费需求和解决数字缴费痛点,对于进一步推进缴费服务的均等化至关重要。

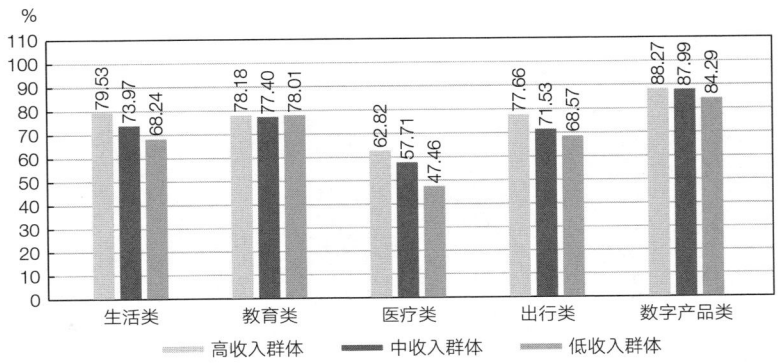

图3-13 2021年高中低收入群体在各场景下线上缴费占比

从本章分析中可以看到，数字缴费在欠发达地区增长迅速，突破了地理上的"胡焕庸线"，为区域发展不平衡问题提供了解决方案，按下了区域均衡发展的"快进键"。在减少城乡差异方面，数字缴费有针对性地解决了下沉市场人口分散、服务成本高的难题。此外，社保代缴在欠发达地区的广泛使用，也有助于巩固脱贫成果，解决居民社保缴费实际难题。便民缴费线上化水平的不断提升，为下沉市场缴费体验提升、城乡差距缩小提供了可能，正在成为城乡公共服务均等化的"突破口"。未来随着智能代扣服务的成熟，以及更多场景中缴费服务的完善，数字缴费将会带来更好的服务体验，为推动基本公共服务均等化谱写"新篇章"。

业务篇

各类缴费市场蓬勃发展
线上缴费助力数字创新

第四章
基础生活缴费

数字便民新生活　　2022年中国便民缴费产业报告

- 基础生活缴费市场规模稳步增长，房租的缴费市场规模最大，为9722.56亿元，其次分别是电费和物业费；物业费增长速度最快，较上年增长28.2%
- 基础生活缴费行为数字化、线上化趋势明显，生活类缴费整体的线上化比例为76.55%；其中，电费和房租的线上化缴纳比例超过85%，水费线上化缴纳比例超过80%
- 数据联网等基础设施、缴费平台的智能化设计影响缴费线上化的发展；缴费通知的便捷性、缴费流程信息的明确度是影响用户体验的重要因素本章主要分析个人基础生活缴费的缴费规模和缴费方式。报告显示，2021年水费、电费、燃气费的缴费规模都有不同程度的增长，其中增速最快的是电费。随着缴费智能化的普及，水电燃传统缴费项目开始普及智能化的缴费管理方式，水费和电费线上化缴纳的比例均超过80%。通信缴费发生结构性变化，有线电视缴费为1227.52亿元，较上年下降了20%，网络宽带费的市场规模为3367.61亿元，较上年增加了16%。

4.1 个人基础生活缴费类别分析

本章着重介绍基础生活缴费的情况,基础生活缴费包括生活类缴费和消费类缴费。其中,生活类缴费包括水费、电费、燃气/天然气费、供暖/电暖费、物业费和房租。消费类缴费包括有线电视费、网络宽带费、手机话费流量费和固定电话费。

——消费能源结构继续优化,电费缴纳规模快速上升

报告数据显示,2021年电费缴纳规模达到8308.22亿元,较上年增长8.50%,相比2020年1.60%的电费增长率,提高了6.90%。随着中国消费能源结构逐步优化、新能源汽车的广泛应用等,电费的缴纳规模保持增长趋势。

——阶梯水价进一步落实,水费缴纳规模继续增长

报告数据显示,2021年的水费缴纳规模为1990.96亿元,较上年增加了7.60%。虽然相比2020年12.10%的增长率增速有所下降,但总体还是保持增长的趋势。

——能源结构调整,燃气/天然气费缴纳稳定增长

随着清洁能源的不断推广,燃气/天然气的缴纳规模继续增加。2021年的燃气/天然气费缴纳规模为3832.17亿元,较上年增加了6.00%。

——物业缴费大幅增长,供暖和房租费用稳定增长

随着城镇化的进一步加快,一线及新一线城市经济的快速发展,物业费缴纳规模也大幅增长。2021年,物业费的缴纳规模为6314.01亿元,较上年增加了28.20%。另外,房租和供暖费用也均有一定程度的增长。2021

年，供暖费/电暖费缴纳规模是1410.71亿元，较上年增加了1.80%；房租费缴纳规模是9722.56亿元，较上年增加了1.30%（见图4-1）。

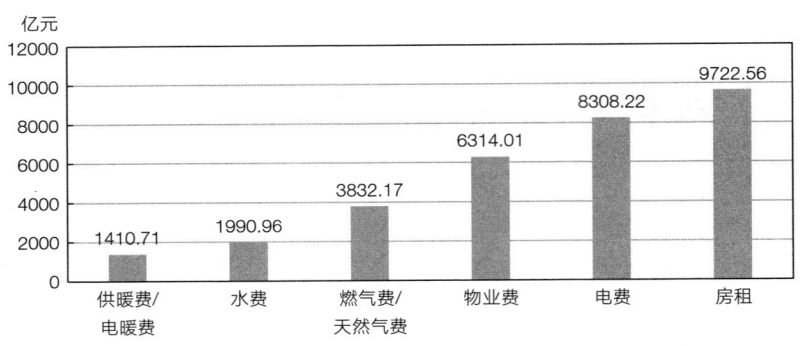

图4-1　生活缴费项目市场规模

——消费类缴费结构性调整：有线电视费规模降低，网络宽带费规模上升

调研结果显示，2021年有线电视费的市场规模为1227.52亿元，较上年下降了20.00%；网络宽带费的市场规模为3367.61亿元，较上年增加了16.00%。这一数据表明，用户的消费习惯已经逐步从有线电视转向网络宽带。另外，2021年，手机话费/流量的市场规模为1.04万亿元；固定电话费的市场规模为563.36亿元（见图4-2）。

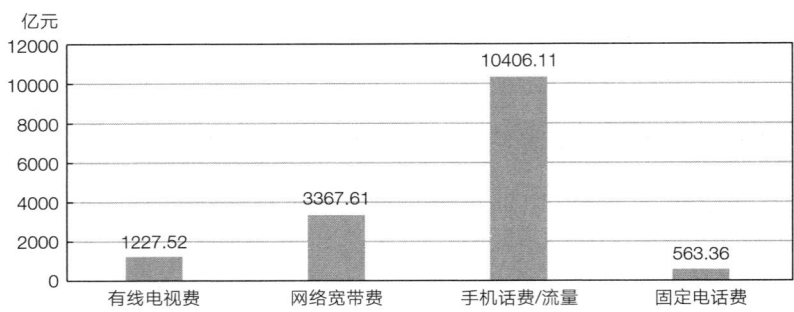

图4-2　消费类缴费项目市场规模

4.2 个人生活缴费用户行为分析

4.2.1 缴费方式：线上化趋势稳健

报告数据显示，2021年生活缴费中，线上缴费人群占比76.55%，线上缴费人群占比继续增加（见图4-3）。

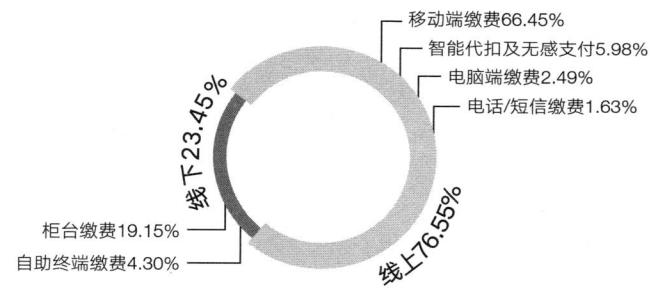

图4-3　个人生活缴费中各缴费方式人群占比

另外，从东部、中部、西部不同的地区来看，移动端缴费仍然是各个地区占比最高的缴费方式，占比均超过60%。智能代扣及无感支付的普及率在东部地区最高；而线下的柜台缴费在西部地区的使用率仍然较高，达22.07%，相比之下，东部地区的柜台缴费占比仅有15.46%（见图4-4）。总体而言，东部地区的线上化缴费的程度更高，而西部地区的线上化缴费程度提升空间大。

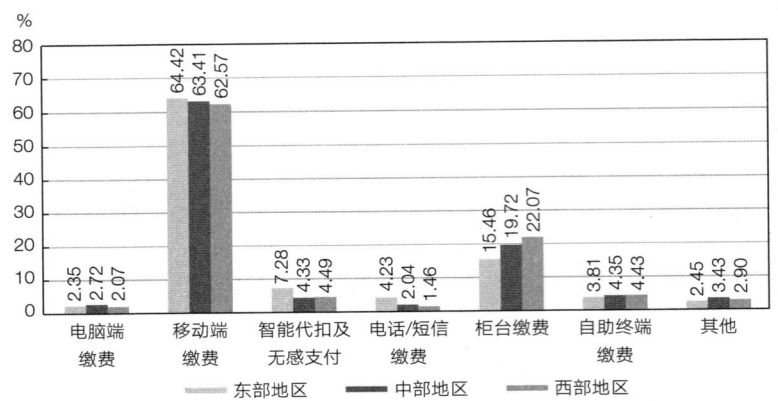

图4-4 个人生活缴费中各缴费方式人群占比（分地区）

4.2.2 水电燃缴费：电费缴纳线上化程度仍然最高

随着基础设施的逐渐完善，水电燃缴费的线上化已经达到了较高的水平，且保持增长的态势。数据显示，电费仍然是线上化程度最高的缴费类型，线上化比例是87.38%，比2020年提升了5.68%。水费的线上化程度也较高，为83.53%，比2020年提升了5.43%。燃气费的线上化比例为75.47%，比上年增加了3.57%（见图4-5）。由此可见，电费和水费的线上化水平已经较高，且线上化趋势并没有停止；相比之下，燃气费线上化增长空间较大。

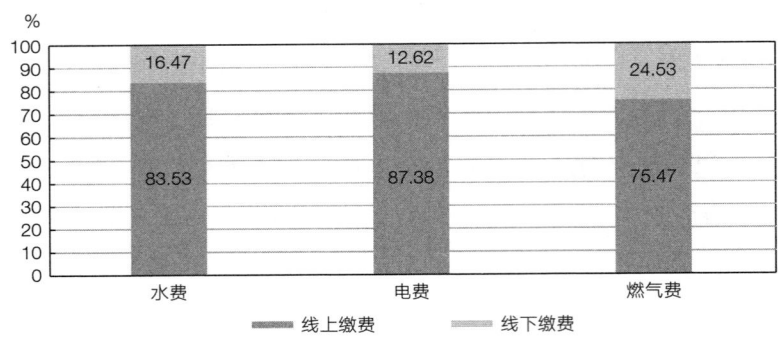

图4-5 水电燃缴费的线上化程度

4.2.3 其他生活类缴费：房租缴费线上化程度增速快

近年来，随着线上租房应用（如自如、贝壳等）迅速发展，房租费用缴纳的线上化水平不断提高，且保持较高的增长速度。2021年的问卷数据统计结果显示，房租缴纳的线上化程度为85.23%，比2020年提高了10.93%。另外，物业费和供暖费的缴费线上化程度均有提升，其中物业费缴纳目前的线上化比例是56.22%，比2020年提升了3.32%；供暖费/电暖费缴纳的线上化比例为63.45%，比上年提高了3.35%（见图4-6）。

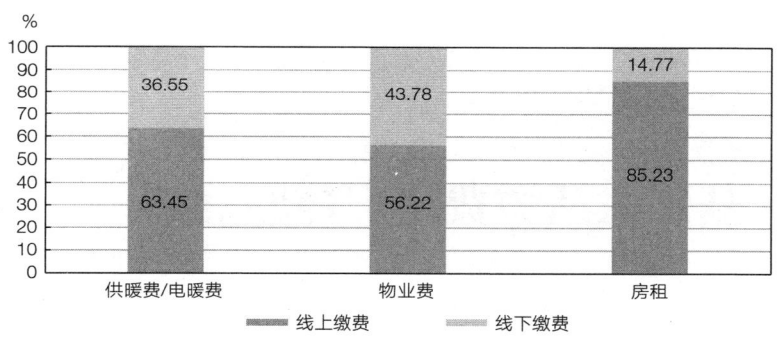

图4-6 供暖费/电暖费、物业费、房租缴费的线上化程度

4.2.4 消费类缴费：手机话费/流量缴费线上化程度超过90%

随着互联网手机应用的进一步普及，消费类缴费的线上化程度进一步提高。其中，有线电视缴费的线上化比例为71.16%，较上年增加了2.46%；网络宽带缴费的线上化比例为77.07%，较上年增加了3.47%。值得一提的是，手机话费/流量缴费的线上化比例已经达到了一个很高的水平，线上化程度达91.74%。另外，固定电话缴费的线上化比例为80.94%（见图4-7）。

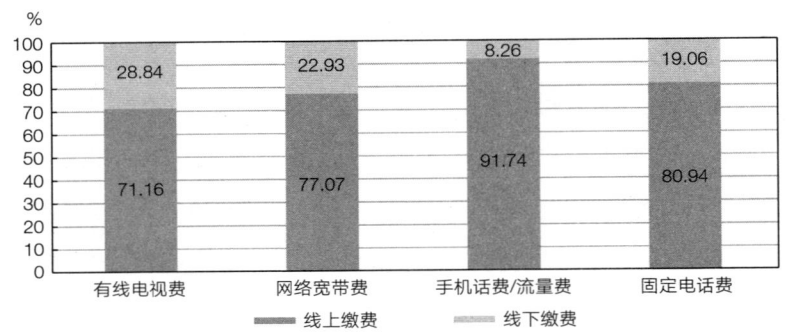

图4-7　消费类缴费的线上化程度

4.3 基础生活缴费用户体验痛点

通过访谈调研，本部分深入分析用户在缴纳水费、电费、燃气费等基础生活费时体验的服务的痛点，以下是具体描述。

4.3.1 痛点1：数据联网等基础设施不完善，线上化缴费困难

水电燃费用源于用户个人家庭消费，如果要实现相关费用的统计和线上化缴纳，必须要实现家庭计费器的联网。但是，目前生活缴费的数据联网等基础设施还不够完善，尤其体现在燃气费方面。例如，有受访者表示，燃气费的统计需要有人上门抄表，增加了燃气费缴纳过程的费力度。

4.3.2 痛点2：缴费通知不够便捷

在现代快节奏的生活过程中，人们会接触到各方面的大量信息，有时

可能会忽略和错过缴费通知的信息。例如，有受访者表示，水费的缴费通知采用在门上贴水费单的形式，如果水费单遗失或者进门后把水费单放在一边，就可能会忘记缴费。线下通知缴费的形式会给用户造成一定的困扰，不够便捷。

4.3.3 痛点3：缴费流程信息不明确

缴费流程信息不明确，往往使用户重复操作，增加用户的时间成本。例如，有受访者表示，在缴纳燃气费的时候，需要去银行网点缴纳，而燃气卡上只写明所去的特定银行网点，却没有说明需要携带其他材料。当用户到达缴费网点后才知需要银行实体卡，用户必须再去一次网点才能完成缴费，给用户带来不必要的麻烦。

4.3.4 痛点4：缴费平台的设计不够智能化

虽然生活缴费的线上化程度已经相对较高，但是有些线上化缴费平台的设计还不够智能化。例如，有受访者表示，在缴纳电费的时候，平台不会自动记录个人信息和电卡的卡号，每次都要输入电卡的卡号，而电卡是实体卡，每次都需要把电卡找出来，比较麻烦。因此，缴费平台不自动记录用户相关信息，会降低用户的体验感。

总体来看，基础生活类缴费项目缴费规模均有不同程度的增长，各类生活缴费项目的线上化程度均在逐步提高。其中，水费和电费的线上化程度均已经超过了80%，预计基础生活类缴费的线上化程度都会达到一个更高的水平。另外，用户对于移动端、智能代扣等线上缴费方式偏好更加明显；而柜台缴费、自助终端缴费等线下缴费形式的规模可能会进一步缩小。

尽管生活类缴费的用户满意度相对较高，但是在生活类缴费过程中还存在一些痛点，例如数据联网等基础设施不完善、缴费通知不够便捷等。在缴费业务的后续发展和完善过程中，仍要注重提升用户的使用体验，解决缴费全流程中用户体验的痛点和问题。例如，要结合用户需求，采用多样化的缴费通知提醒方式，防止用户遗漏重要的缴费信息。又如，可以先短信提醒，如果用户没有完成缴费，则进一步进行电话提醒等。

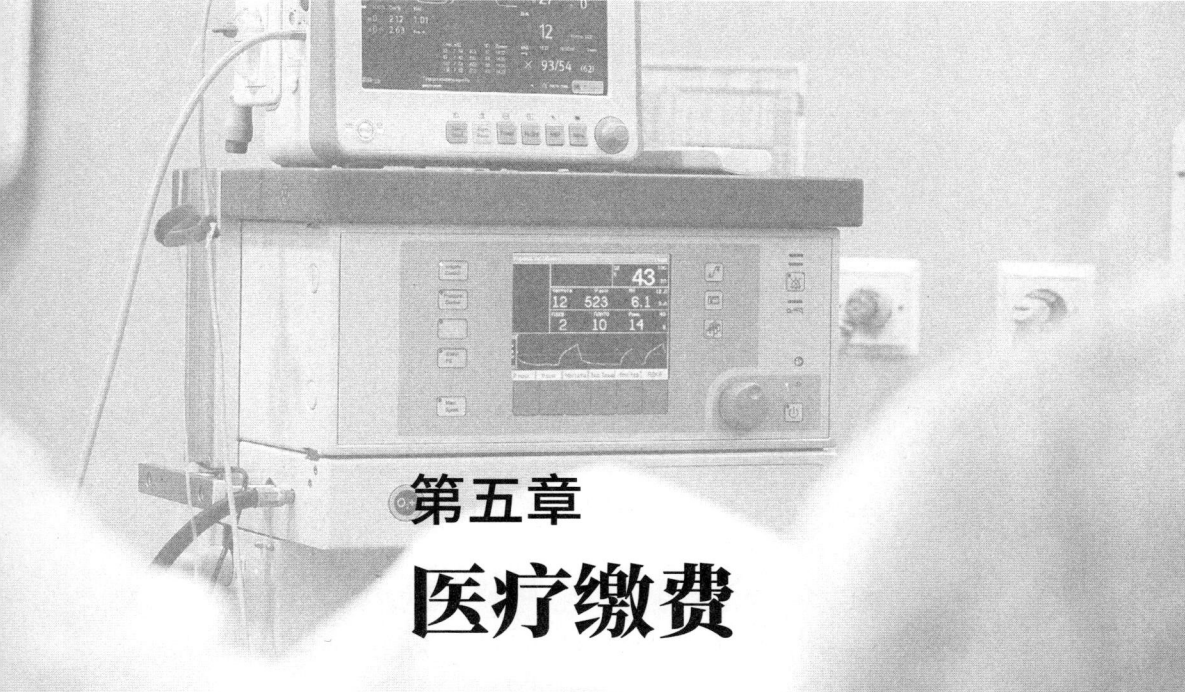

第五章
医疗缴费

数字便民新生活   2022年中国便民缴费产业报告

- 2021年，医疗逐渐由线下实体医院向"线下+线上"转型，极大地缓解医疗供需矛盾，为患者带来更好的就医体验
- 随着"互联网+医疗服务"内涵不断扩大，线上问诊数字化便民度持续增长
- 医疗缴费整体数字化程度高。其中，问诊缴费线上化比例最高，达到72.5%

2021年,在国家建设"智慧医院"的政策推动下,医疗服务的数字化转型也加速推进,医疗逐渐由线下实体医院向"线下+线上"转型,互联网医疗和"云医疗"兴起,极大地缓解了医疗供需矛盾,为患者带来更便捷的就医体验。

在医疗缴费中,本报告分析了医院挂号费、医院检查费、线上问诊费和医院住院费这四类有代表性的医疗缴费项目。医疗缴费数字化、线上化趋势显著。随着信息技术的发展,必将吸引越来越多的缴费主体、越来越多的居民使用线上缴费平台,为患者带来更好的就医体验,真正推动了医疗领域的流程数字化和服务个性化。

5.1 政策背景：数字化医疗融合发展，提升医疗服务能力

近年来，我国正在大力推进"互联网+医疗"医事服务升级，通过提升医疗服务能力及服务效率全力保障百姓就医。

一方面，政策积极促进互联网医疗融合发展，推动远程医疗。2020年4月，国家发展改革委、中央网信办印发《关于推进"上云用数赋智"行动 培育经济发展实施方案》，提出要以国家数字经济创新发展试验区为载体，在卫生健康领域探索推进互联网医疗、医保首诊制和预约分诊制，开展"互联网+"医疗的医保结算、支付标准、药品网售、分级诊疗、远程会诊、多点执业、家庭医生、线上生态圈接诊等改革试点、实践探索和应用推广。2021年12月，国务院发布《"十四五"数字经济发展规划》，在数字经济新业态培育工程章节中提到，要持续壮大新型在线服务：加快互联网医院发展，推广健康咨询、在线问诊、远程会诊等互联网医疗服务，规范推广基于智能康养设备的家庭健康监护、慢性病管理、养老护理等新模式。

另一方面，政策正在积极推动优质医疗资源的均衡布局。2021年6月，国务院办公厅发布《关于推动公立医院高质量发展的意见》。一是提出加强公立医院主体地位，坚持政府主导、公益性主导、公立医院主导，坚持医防融合、平急结合、中西医并重，以建立健全现代医院管理制度为目标；二是强化体系创新，加快医疗资源扩容和区域均衡布局，为更好地防范化解重大疫情和突发公共卫生风险，为建设健康中国提供有力支撑。

2021年10月,国家卫生健康委联合国家中医药管理局发布了《公立医院高质量发展促进行动(2023—2028年)》,提出建设"三位一体"智慧医院,到2025年建成一批发挥示范引领作用的智慧医院,线上线下一体化医疗服务模式形成,医疗服务区域均衡性进一步增强。

5.2 医疗缴费服务发展

5.2.1 医疗缴费线上化程度继续提升

医疗行业市场规模持续扩大,本报告主要针对医院挂号费、医院检查费、线上问诊费和医院住院费进行调研。从缴费渠道来看,医疗缴费中使用线上缴费的比例整体较高。分项目来看,线上问诊费的线上缴费比例最高,达到72.5%(见图5-1)。在所有的线上渠道中,包括手机App、公众号在内的移动端缴费占据主导地位。而在线下渠道中,柜台缴费是四类医疗缴费的主要渠道。

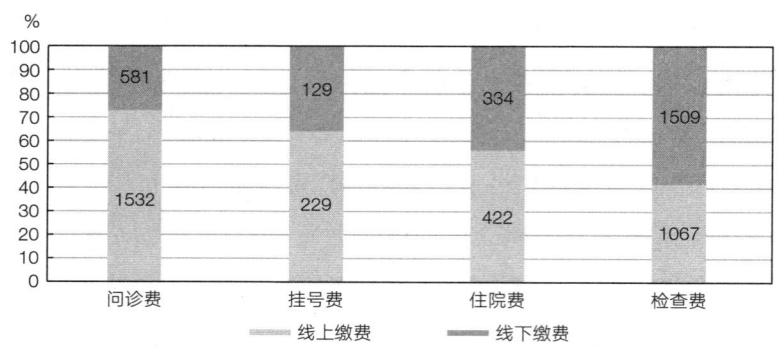

图5-1 医疗线上、线下缴费占比

5.2.2 医院挂号费、住院费：线上缴费成为大势所趋

医院挂号服务是医院医疗服务的重要环节，其服务质量的优劣对患者满意度和医院医疗服务秩序、效率等有较大影响。2021年，挂号费缴费规模约为955.02亿元，相较于2020年增长了6.6%。从缴费方式来看，医院挂号费的线上缴纳比例达到41.40%（见图5-2）。

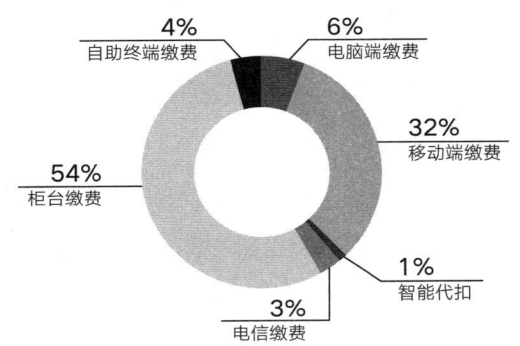

图5-2 医院挂号费缴费渠道分布

2021年，住院费缴费规模达到10184.46亿元，相比2020年增加了20.7%。在缴纳方式上，过去住院费的缴费主要依靠线下缴费渠道。新冠肺炎疫情推动了"非接触式"服务，各医院积极推动住院等各项费用的线上缴纳。这不仅减少了窗口等待的时间，也避免了线下聚集的风险。调研结果显示，2021年，线上移动端是住院费最常用的缴费方式，约占45%，此外，有约38%的用户使用线下柜台缴费。

5.2.3 线上问诊费：疫情加速医疗问诊线上化

线上问诊的发展历程大致可以分为信息化医疗、网络化医疗、互联网化医疗和智慧医疗四个阶段（见图5-3）。

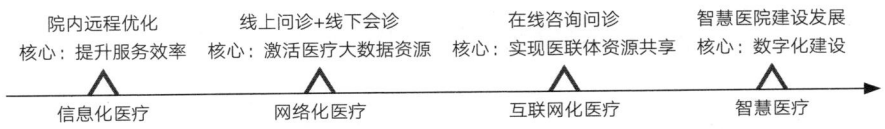

图5-3 线上问诊的发展历程

据国家卫生健康委规划信息司统计，在疫情防控期间，国家卫生健康委属管医院"互联网诊疗"增长迅速。据统计，2020年中国互联网医疗市场规模为408.9亿元，同比上涨50.5%，年均复合增长速度为45.83%，在线医疗用户规模达2.76亿人，占网民整体的29.4%。

伴随国家医疗体制的市场化、居民就医习惯的转变以及软硬件技术的突破，"互联网+医疗"的市场规模将持续增长。截至2021年12月，我国在线医疗用户规模达2.98亿人，较2020年12月增长8308万人，占网民整体的28.9%。[①]中国互联网协会发布的《中国互联网发展报告（2021）》统计，我国互联网医疗健康市场规模2021年达到2831亿元，同比增长45%。随着"互联网+医疗"服务内涵不断扩大，各企业的业务在线上线下结合也更加紧密，业务模式逐渐深化，企业数量不断增加。

为了观察用户的地区分布，本报告基于问卷数据，对东中西部使用线上问诊的用户的比例进行了分析。如图5-4所示，东部地区对线上问诊的使用度更高，有41.6%的受访者进行过线上问诊缴费。中部和西部地区则相对较低，通过线上问诊缴费的受访者比例分别为28.10%和30.30%。实际上，线上问诊是弥合地区之间医疗资源供给不平衡问题的重要解决方案。这一结果说明，中西部地区的线上问诊业务仍具有发展空间，随着数字技术的发展和远程医疗的普及，这一缴费场景将满足更多欠发达地区人群的实际需求。

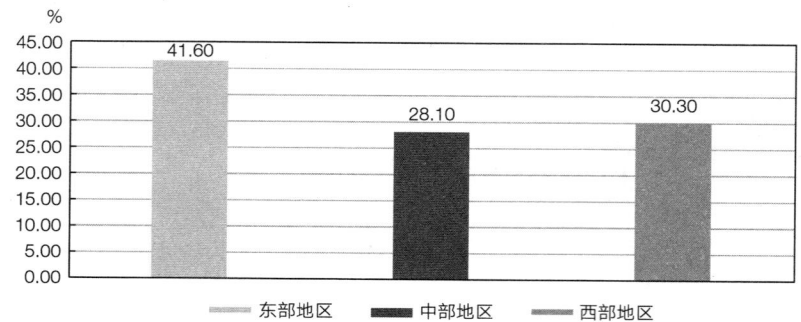

图5-4　东中西部地区线上问诊缴费受访者比例

---

① 智研咨询《2021年中国在线医疗行业发展现状及未来发展趋势分析》。

5.3 医疗缴费痛点及未来发展

为了更加深入地了解目前医疗行业的缴费现状以及存在的问题，调研团队对多个有着丰富医疗缴费经验的、跨越多个年龄段的用户进行了深度访谈。针对医院住院、医院挂号、医院检查、医疗保险的缴费过程进行了研究分析，识别了多个医疗缴费痛点。

5.3.1 痛点1：服务细致度不足

线上缴费项目大部分仅覆盖基础项目，如预约挂号、支付非处方药、缴纳非医保覆盖医药费等，但是个性化项目如专家就诊、VIP特护病房预约服务仅设置线下缴费窗口，服务的覆盖度仍有待提高。

5.3.2 痛点2：线上系统不互通

医疗服务数字化是医疗产业发展的大趋势，但由于医院均开发了自己的医疗服务系统，系统间数据不互通，构成当前患者体验提升的瓶颈。用户反映，一些资金实力雄厚的大医院医疗服务线上化水平比较高，智能医疗系统设计得更加人性化，患者体验好。但是一些规模较小的医院基本没有线上医疗服务平台，主要还是采用人工柜台的方式进行医疗线下收费。

5.3.3 痛点3：缴费系统技术支持不足

用户反映，在使用线上医疗缴费系统时容易出现系统崩溃的情况，导致缴费失败或缴费记录延后显示，用户使用体验感较差。目前，部分线上医疗缴费平台存在页面跳转流畅度欠佳、界面复杂、指示不清等技术问题，需要升级。此外，用户反映，在线上问诊缴费时常出现操作失误、选错时间等问题，难以找到客服联系方式或智能意见反馈渠道，无法及时反馈线上缴费遇到的问题，使缴费体验大打折扣。

5.3.4 未来发展

——实现医疗资源共享

在线就医服务并未改变医疗本身，其实际上是一种为医院导流的方式。目前，包括预约挂号、在线诊疗、医患在线沟通的在线就医服务是在线医疗行业的热点。然而，医疗便民服务范畴限于在线上问诊等基础医疗服务和线上缴费，与实现医疗信息系统的开放与互通仍有较大距离。

目前，医疗数据质量的提升、深度的开发利用等都有待探索。医疗机构之间难以实现信息和资源的互联互通，病历信息难以跨平台实现共享，患者检验检查结果共享困难，医院孤岛现象仍然严重，这成为制约"互联网+医疗"发展的硬件软肋。对医疗产业而言，其研发和验证都需要大量标准化的数据，只有依靠互联网和远程通信技术，实现资源共享，解决医疗资源不均衡的问题，才能使老百姓真正享受到便利可及的健康服务。目前政府、医疗机构等都在积极探索并大力推动病历信息的标准化，努力消除信息孤岛，这将是一项充满挑战的工作。

——基于线下实体发展远程医疗

在线医疗的建设发展必须紧紧依靠线下实体医院、医生。当前，介入医疗领域的互联网企业往往与线下实体医院合作，有实体医院作支撑。《关于促进"互联网+医疗健康"发展的指导意见》，明确了支持"互联网+医疗健康"发展的鲜明态度，明确了允许依托医疗机构发展互联网医院，即可以依托实体医院建设互联网医院，拓展业务范围和服务半径。同时支持符合条件的第三方机构搭建互联网信息平台，开展远程医疗。

在这一方面,光大云缴费走在行业前列。光大云缴费医疗云旨在服务患者"门诊、诊间、出院"三大典型就医缴费场景,通过云缴费平台与线下医院系统对接,将医院挂号、诊间缴费、住院费缴存、患者管理、电子凭证等全部功能在云缴费平台上一站式实现,利用技术手段支持实体医疗机构开展远程医疗。该服务显著提升了患者的就诊体验,特别是在新冠肺炎疫情防控阶段,对减少接触、减少聚集起到积极作用。

—— 就医服务个性化

针对看病就诊中服务个性化不足的用户痛点,医疗机构一方面应不断优化现有的就医诊疗程序,利用数字医疗的新平台,拓展更多的线上医疗项目,为患者提供更加便捷和人性化的就医体验。如果医疗缴费平台能够提供数据分析服务,以帮助患者了解本月医疗费用的相对水平,这种跟踪对比数据分析服务可以帮助患者更好地监测自身的健康状况。

此外,在线上服务过程中,医疗机构也要与患者加强沟通,通过聘请更加专业化的协调人员,就患者关切的问题进行及时沟通以缓解患者的焦虑,进一步提升患者的就诊体验,确保线上诊治效果。例如,如果能将检查结果直接通过在线的方式递交给医生,并通过线上问诊的方式进行首诊,会大大提升患者的就诊体验。

总而言之,医疗缴费数字化、线上化趋势显著。随着信息技术的发展,以及越来越多的医疗收费主体被平台吸纳,缴费平台发挥巨大的网络效应和集成效应,必将吸引越来越多的缴费主体、越来越多的居民使用线上缴费平台,为患者带来更好的就医体验,真正推动就医流程数字化、服务个性化在医疗领域的发展。

第六章
出行缴费

数字便民新生活 　2022年中国便民缴费产业报告

- 2021年我国出行缴费规模受疫情影响而收缩，ETC卡缴费和加油卡充值缴纳规模分别降低41.70%、33.90%
- 出行缴费线上化程度不断提升，线上化缴纳比例高达73.90%
- 针对基础设施可靠性低、缴费平台体验较差等问题，进一步完善数字出行基础设施建设、构建一体化出行平台是改进缴费服务的重要方向便捷出行路，民生幸福图。近年来，全国各地交通运输部门聚焦群众诉求和期盼，以为民、便民、利民、惠民为出发点，数字转型、智能升级同步加速、稳中向好。随着《数字交通"十四五"发展规划》的印发，出行生态初现雏形，通过精细管理、精心服务，打造一体化服务平台，开启智能交通新未来。

报告基于公共交通出行和私人交通出行两大出行场景，分析了公交卡与轨道交通卡充值、停车费缴纳、高速公路通行费与ETC充值、加油卡充值、两轮电动车充电缴费、新能源汽车充电缴费六个缴费项目。在缴费方式方面，调研显示，数字技术的发展和各种缴费App、小程序的普及促进了出行产业在数字化方面的长足进展。

6.1 政策背景：数字交通稳增长，精心服务润民生

为科学推动数字交通发展，2021年12月22日，交通运输部印发《数字交通"十四五"发展规划》，以数字化、网络化、智能化为主线，以先进信息技术赋能交通运输发展，推动运输服务智能化，培育产业创新发展生态，加强网络安全保障体系和能力建设，有效提升精准感知、精确分析、精细管理、精心服务能力，促进综合交通高质量发展，为加快建设交通强国提供有力支撑。

国家积极倡导"出行即服务"理念，鼓励企业整合多方式出行信息资源，并将各种出行方式——公共汽车出行、地铁出行、网约车（如快车、出租车、拼车）出行等聚合到平台上，在单一界面上呈现给用户。为旅客提供全链条、多方式、一站式出行服务，从而推动旅客联程运输发展和全程服务数字化。

为响应国家号召，光大云缴费积极构建出行生态，通过加大"线上+线下""生活+金融""支付+订单"等一体化整合力度，推动出行生态收付费模式升级，2021年实现缴费金额1.26亿元，缴费笔数938万笔，服务客户908万人。为进一步服务消费者，光大云缴费赋能上汽通用五菱汽车股份有限公司，进一步升级优化"LING Club"App：上汽通用五菱运营的互联网智能客户服务平台，主要服务五菱车主及互联网用户，用户数量超过1000万人，平均月活用户150万人。光大云缴费将1400余项生活缴费类项目输出至"LING Club"App及小程序，同步打通与上汽通用五菱生态的

权益平台。车主用户在"LING Club"App及小程序进行自助看车、在线购车、用车养车、互动交流的同时，可享受云缴费提供的水电燃便捷缴费服务。小程序还支持用积分兑换生活缴费红包福利，实现了缴费服务与智慧出行互联互通，进一步便利广大居民。

6.2 出行缴费市场规模

调研结果显示，2021年，我国出行缴费的市场规模总额为19325.39亿元。分项目来看，加油卡充值的市场规模为7358.42亿元，降幅为33.90%；公交和轨道交通费的市场规模为5259.77亿元，增幅为22.40%；停车费缴纳的市场规模为4573.15亿元，增幅为1.50%；高速公路通行费/ETC充值缴费的市场规模为1802.51亿元，降幅为41.70%；新能源汽车充电缴费的市场规模为251.66亿元；电动自行车充电缴费的市场规模为79.87亿元（见图6-1）。

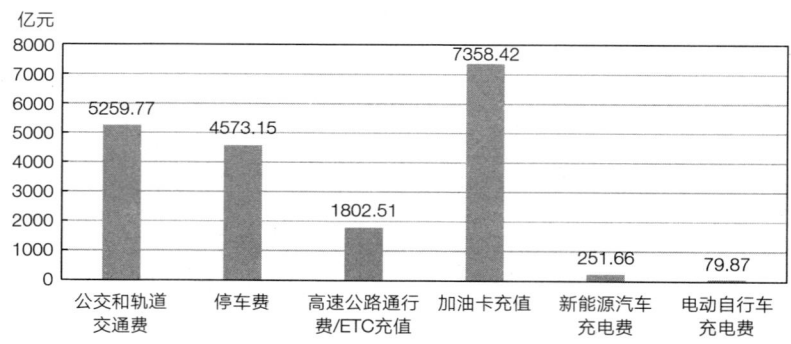

图6-1 我国2021年出行缴费各个项目市场规模

6.2.1 公交和轨道交通缴费：城市公共交通稳定发展

交通运输部数据显示，截至2021年末，全国拥有城市公共汽电车70.94万辆，比上年末增长0.70%。2016—2021年，公共汽电车运营车辆数同比增速呈现逐年下降趋势。[①] 对此，2022年4月11日，交通运输部公开印发的《国家公交都市建设示范工程管理办法》的通知指出：公交都市建设要建立公共交通线网优化调整机制，科学调配运力，降低早晚高峰时段城市公共交通拥挤度。要提高万人城市公共汽电车保有量、空调车辆比例，加强城市公共交通场站和车辆日常维护、清洁，为乘客提供舒适的候车、乘车环境。

问卷数据显示，在公交和轨道交通缴费方式上，51.97%的受访者表示习惯使用移动端进行缴费，其次受欢迎的缴费方式是人工柜台缴费：25.36%的用户出于便利因素的考虑，倾向于在出站口等地的柜台直接进行缴费（见图6-2）。

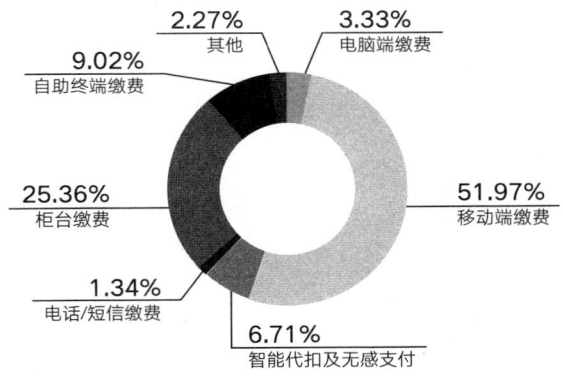

图6-2 公交和轨道交通缴费渠道分布

6.2.2 停车费缴纳：智慧停车推广加速

近年来，随着中国城市化水平的快速提高，中国机动车保有量逐年增加。2014—2021年，我国汽车保有量从1.54亿辆增长至3.02亿辆，8年内实现了近1倍的可观增长（见图6-3）。从城市层面分析，全国79个城市汽车

[①] 前瞻产业研究院《2021年中国城市公交行业市场现状及发展趋势分析》。

保有量超过100万辆，其中35个城市超过200万辆，20个城市超过300万辆。

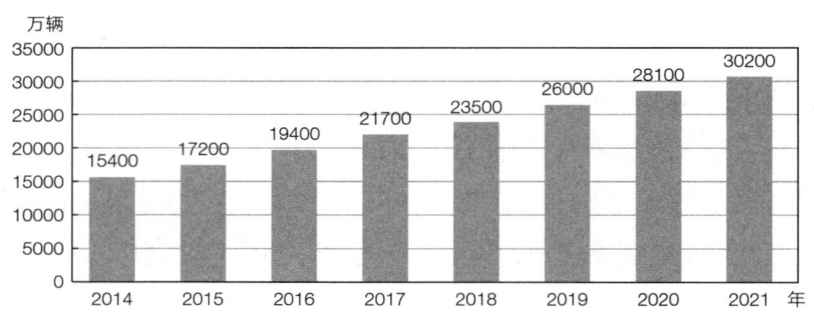

图6-3　2014—2021年我国汽车保有量变化情况

（资料来源：公安部网站）

机动车保有量的不断增长带动了停车需求的不断膨胀和集中释放。停车市场作为真正的高频刚需市场，近几年实现了飞速增长。本报告数据显示，2021年我国停车缴费规模达到4573.15亿元。

飞速发展的数字技术不仅提升了停车行业的经营效率，还为居民的日常生活带来了更便利快捷的服务。超半数（57.40%）的受访者表示，使用移动端缴费极大地提升了出行效率。另外，相当一部分（15.71%）用户则使用智能代扣及无感支付的方式缴纳停车费。未来随着科技的进一步发展，相信这一占比会进一步提升（见图6-4）。相应地，传统柜台缴费的人力资源等可以得到释放，分配至效率更高的其他岗位，从而进一步提升停车业整体运营效率。

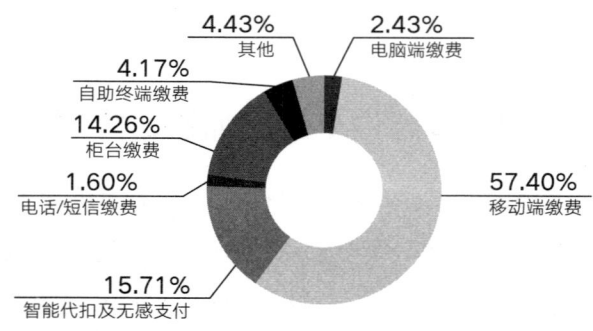

图6-4　停车费缴费渠道分布

6.2.3 高速公路通行费/ETC充值：ETC覆盖率稳步提升

截至2021年末，ETC用户数量为2.57亿人[①]。问卷数据显示，在高速公路通行费缴纳中，有43.38%的用户使用移动端缴费；高达30.18%的受访者表示使用ETC无感支付（见图6-5）。从省份分布来看，移动端缴费占比由高到低分别是东部、中部、西部地区。

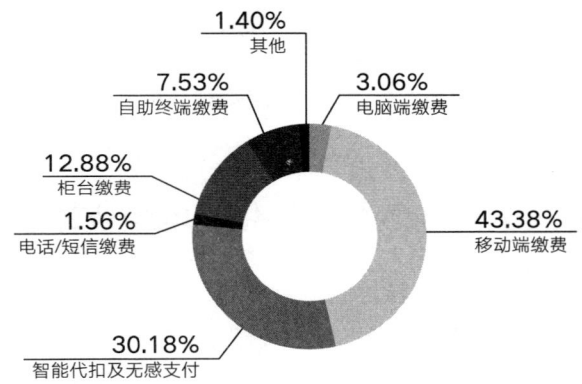

图6-5 高速公路通行费缴费渠道分布

6.2.4 加油卡充值：数字技术推动无接触加油

近年来，在疫情反复不断的影响下，消费者移动支付的发展需求快速上升，推动燃油企业积极建设移动支付平台。以中石油为例，2019年该公司推出加油卡移动支付平台，不但支持加油站室内扫码支付功能，而且实现了车内通过选择交易方式完成支付，以及在线开票等服务，让客户轻松享受不下车加油、支付、开票等体验，实现真正的无接触加油。现阶段，56.28%的用户表示，移动端缴费是他们的主流缴费方式，仍有23.57%的受访者选择在加油站柜台进行缴费（见图6-6），随着数字化技术与无接触加油的推广和普及，这一占比将会进一步降低。

---

① 前瞻产业研究院《2022年中国ETC行业市场现状及发展趋势分析》。

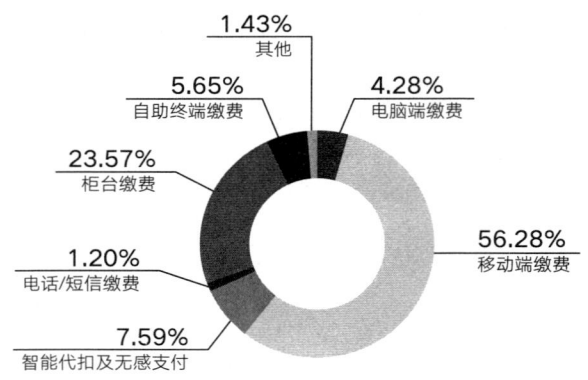

图6-6　加油卡缴费渠道分布

6.2.5 新能源汽车充电缴费：优化充电缴费体验，为绿色出行"加油"

2022年7月6日，公安部发布的数据显示，截至2022年6月底，全国机动车保有量达4.06亿辆，其中新能源汽车数量已突破千万辆。具体来看，截至6月底，全国新能源汽车保有量达1001万辆，占汽车总量的3.23%。[1]从渗透率分析，2021年国内汽车保有量达3.02亿辆，其中新能源汽车的保有量仅784万辆，新能源汽车的保有量渗透率不足3%，远低于2021年新车销量渗透率（13.3%）。2014年到2021年，新能源汽车销量与渗透率逐年增长，近年来更是呈指数级上升趋势（见图6-7和图6-8）。新能源汽车在存量市场的替代空间极大：存量汽车市场车龄老化加快，油车即将进入大批量置换时间段。

---

[1] 公安部《全国新能源汽车保有量已突破1000万辆》。

图6-7 我国新能源汽车历年销量和渗透率变化

(资料来源：东方证券《新能源汽车行业2022年中期策略报告》)

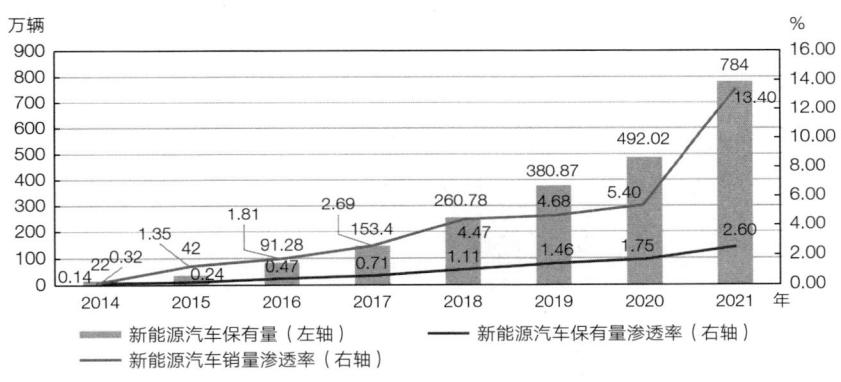

图6-8 我国新能源汽车保有量渗透率与销量渗透率

(资料来源：东方证券《新能源汽车行业2022年中期策略报告》)

完善充电基础设施建设有助于缓解消费者对新能源汽车的里程焦虑，支持扩大新能源汽车消费。中国充电联盟数据显示，截至2022年6月，全国充电基础设施累计数量为391.8万台，同比增加101.2%。[①]这一稳步增长离不开政策扶持。回顾过去两年政府工作报告，2020年充电桩作为新能源汽车推广配套设施，首次被写进政府工作报告并纳入"新基建"，成为七大产业之一。2021年政府工作报告继续提出，增加充电桩、换电站等设施，加快提升充换电等新能源汽车配套基础设施服务保障能力，更好地支

---

① 中国充电联盟《2022年6月全国电动汽车充换电基础设施运行情况》。

撑新能源汽车产业发展。2022年7月7日，商务部等17部门发布《关于搞活汽车流通　扩大汽车消费若干措施的通知》[1]，明确提出应积极支持充电设施建设，加快推进居住社区、停车场、加油站、高速公路服务区、客货运枢纽等充电设施建设，引导充电桩运营企业适当下调充电服务费，助力新能源汽车产业进一步扩张。

　　本报告调研结果显示，新能源汽车充电缴费市场需求空间大，2021年缴费服务规模约为251.66亿元。调研结果显示，新能源汽车充电缴费方式呈现出更高的数字化趋势：54.84%的受访者表示更倾向于选择移动端进行充电缴费，14.81%的用户则偏好使用智能代扣及无感支付方式（见图6-9）。

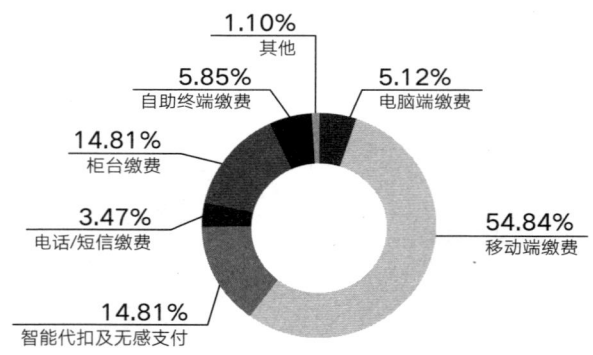

图6-9　新能源汽车充电缴费渠道分布

6.2.6　两轮电动车充电缴费：借力智能化管理，助力安全性提升

　　根据全国电动两轮车行业数据，2012—2021年，中国两轮电动车年销量从3450万辆攀升至最高4100万辆。除了2021年因疫情等因素影响销量下滑，过去十年中两轮电动车行业总体保持稳定增长态势。蓬勃发展的两轮电动车产业同样带动了公共充电行业的有序扩张。发展初期，由于市场失

---

[1] 商务部《商务部等17部门关于搞活汽车流通　扩大汽车消费若干措施的通知》。

序，电池的非法改装、过度使用和电池老化、充电器混杂、私桩飞线拉电等问题常常使两轮电动车的充电安全问题频发，两轮电动车充电安全问题进一步受到重视。2021年6月，应急管理部发布《高层民用建筑消防安全管理规定》，明令禁止两轮电动车上楼充电，鼓励高层住宅小区设立集中停放与充电区域，极大地促进了两轮电动车集中停放充电公共设施的建设与发展。

在监管政策的推动下，未来电动车充电产业将借助数字化技术与智能化管理，打通用户充电数据、电池健康数据等，建立安全便捷的智慧化公共充电服务网络。智能充电管理，支持用户随时查看充电进度，并提供充电提醒、自动断电等服务，将进一步助力79.87亿元体量充电市场的增长。数字化技术还在缴费方式上进一步便利居民生活，61.91%的用户选择移动端缴费（见图6-10）。其中，在线上平台的选择上，两轮电动车充电缴费呈现出与其他五类出行缴费方式不同的特征，50.10%的用户选择用微信第三方小程序进行充电缴费，层出不穷的各类小程序占据了市场主流。其余16.76%和25.71%的用户则分别使用银行系缴费平台与支付宝实现缴费。这也反映了两轮电动车充电行业现缺乏一个权威的整合平台。

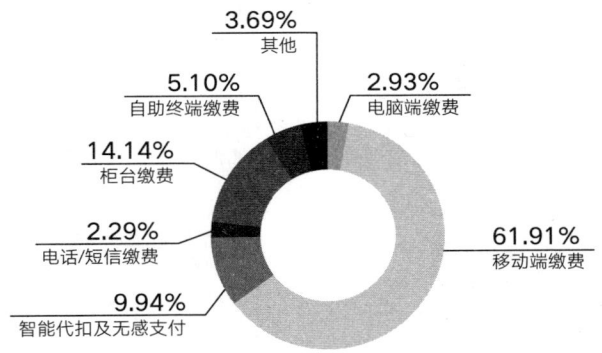

图6-10　两轮电动车充电缴费渠道分布

6.3 出行缴费痛点及未来发展

为了更加深入地了解目前出行产业的缴费现状以及存在的问题，除了大规模的问卷调研，调研团队还招募并深度访谈了具有丰富出行缴费经验的、跨越多个年龄段的用户，针对公交地铁卡充值、加油卡充值、停车费缴纳、高速公路通行费与ETC充值、两轮电动车充电缴费、新能源汽车充电缴费六种费用类型的缴费过程进行了研究分析，如表6-1所示。借助访谈调研，本研究深入分析用户在出行缴费中遇到的痛点，主要从能否成功、准确缴费以及缴费过程中的用户体验两方面入手，对出行缴费的痛点进行剖析并对未来发展提出建议。

表6-1　出行访谈结果整理

缴费类型	访谈对象	关键结论
公交地铁卡充值	60岁女性，公职人员（现已退休），常年公交车上下班	公交地铁卡充值很便捷，但是有时手环或App依托的NFC技术不够灵敏
加油卡充值	53岁，男性，个体户，日常驾驶汽车通勤，已使用加油卡小程序充值2~3年	加油卡充值的优惠券使用比较烦琐
停车费缴纳	27岁，女性，公职人员，日常驾驶汽车通勤	使用小程序缴费很方便，但很多人忘记提前在小程序上付费；如果改成车牌号识别会方便很多
高速公路通行费缴纳与ETC充值	53岁，男性，个体户，节假日会进行跨省探亲，使用ETC的频次较高	ETC缴费很方便，但有时出入口认定有误，需人工介入修正
两轮电动车充电缴费	45岁，男性，个体户，日常驾驶汽车通勤	电动车充电很便利，自家安装了充电桩，直接走电费扣除

续表

缴费类型	访谈对象	关键结论
新能源汽车充电缴费	27岁，女性，公职人员，日常驾驶汽车通勤； 45岁，男性，个体户，日常驾驶汽车通勤	新能源汽车充电缴费很便利；但充电时长过长，不如燃油车便捷

6.3.1 提升基础设施可靠程度

数字出行缴费的可靠与安全离不开普惠的、适应时代要求的新型支付基础设施。然而，作为实现支付的关键一环，ETC、NFC设备与电动充电桩等在准确度上仍有待提高。一方面，在ETC缴纳高速公路通行费时，部分用户反映高速ETC感应不灵敏。与传统的人工收费系统不同，ETC技术以IC卡为数据载体，通过无线数据交换，方能实现收费计算机与IC卡之间的远程数据访问功能。而诸如插卡不正确、ETC位置移动等偶发因素均会导致ETC识别有误，甚至失效，最终导致收费出错。另一方面，电动车用户反馈，市面上部分充电桩接触不好，常常出现线上小程序下单后未充上电的情况，效率低下，耽误出行安排。此外，缴费认定出错时人工介入不及时，也使部分用户感到困扰。尤其是对于多主体供给的充电桩市场，往往缺乏标准化、统一化的管理，最终使用户权益受损。

特别地，本次研究拓宽访谈对象选取范围，并着重访问了老年用户，同样得到缴费设备响应慢、灵敏度低的反馈。老年用户的困扰主要聚焦于公交地铁出行。由于老年用户大多对智能手机使用并不熟练，子女往往选择给老人配备智能手环，并借由NFC技术实现缴费，方便、快捷。但部分用户反馈，NFC手环常常出现无法识别的情况，导致地铁、公交读取失败等问题，耽误出行。

随着数字出行普及程度越来越高，如何借助技术升级进一步提升用户体验，提供极致便捷的、真正顺畅的无感支付，是出行缴费平台未来的转型方向。从平台的角度来说，无感支付将在更短的时间内为更多的客户提供服务,从而提高生产力并降低成本。无感支付将结账时的人工交互需求降至最低,并通过构建隐形支付流程等实现更高的客户满意度。缴费平台应进一步实现科技赋能,持续优化出行服务内容,为用户带来革新式体验,进而真正实现"数智化"转型。

6.3.2 优化缴费平台使用体验

近年来,数字缴费的普及程度越来越高,线上缴费规模不断扩张,用户人群不断增长,各类缴费平台层出不穷,各显神通。然而,用户使用过程中出现网络连接不稳定、无法登录、卡顿等现象,影响使用体验和出行效率。此外,随着基本缴费需求得到满足,用户对平台体验提出进一步的要求。例如,有用户表示,希望电动车充电小程序可以对信息呈现进一步优化,如充电进程可视化,实现电车充电实时监控等。

数字化为出行缴费带来了多重便利与机遇。让"银发"一族同样享受到数字时代的便利,无疑是当下重要的课题。推进交通一卡通全国互通与便捷应用,支持具备条件的社保卡增加交通出行功能,鼓励有条件的地区推行老年人凭身份证、社保卡、老年卡等证件乘坐城市公共交通。因此,为更好地服务客户、维护客户权益,交通服务市场应积极整合各方资源,打造一站式出行服务平台,涵盖从公共交通到私人出行的多种出行方式,提供标准化服务,便利居民。

一方面,一站式平台由于覆盖服务类型多,用户群体广,具有一定的权威性和可信度,将从源头阻断老年用户对数字缴费的不信任问题。另一方面,一站式平台有利于标准化服务质量的持续输出,通过精细化页面设计、实时人工介入等改进措施,将进一步提升用户体验。在缴费信息整合方面,一站式服务平台应利用大数据技术等,实现缴费价格透明化,并对用户关注的附加信息如汽油品质、充电桩质量等信息进行收录整合,供用户决策时参考。针对银发一族,平台应相应推出对老年人更加友好的显示界面,如放大字体、附带智能助手语音提示等,帮助老年人更好地体验数字出行带来的便利。

  此外，综合囊括公共私人出行的一站式服务平台有助于推广绿色出行。通过积分、抵扣等方式鼓励居民多乘公交地铁，多驾驶新能源汽车，倡导节能环保出行方式。例如，某城市推出的城市智能门户App便具备绿色出行积分奖励功能，通过积极扩展积分激励与使用，如设置新积分商城、积分互动、社交圈分享等功能，扩展积分应用场景，鼓励市民选择绿色出行。然而，目前该App并未引入线上出行缴费服务，需要用户自行上传第三方App截图进行积分申报，这在一定程度上限制了这一功能的推广使用。

第七章
教育缴费

数字便民新生活 2022年中国便民缴费产业报告

- 2021年"双减"政策之后,学科类教育培训机构数量锐减,缴费规模出现萎缩,现存学科类培训机构向素质教育培训和职业培训转型,两者市场规模均逐步增长
- 教育缴费整体线上化程度高,各个项目的线上化程度均达70%
- 针对学费、培训费提供分期付款、助学贷款服务,解决培训费、考试报名费退费难等问题成为提升缴费体验的重要任务

随着经济的发展和生活水平的提高，家庭对教育问题越发重视，家庭教育支出在家庭总支出中占很大比例。此外，随着数字技术的发展和《"十四五"数字经济发展规划》的推动，智慧教育方兴未艾。随着"双减"政策的推动，义务教育阶段学科类线上线下校外培训市场降温，市场规模萎缩，课外培训时长缩短，学科教育开始向素质教育培训和职业培训转型。

本报告分析了学费、培训费、考试报名费和校园卡充值费这四类典型的教育缴费项目。研究发现，随着数字技术的发展和各种缴费App、小程序的普及，教育缴费线上化方面取得长足进展。

7.1 政策背景：深入推进智慧教育，持续规范教培机构

7.1.1 政策驱动，教育缴费数字化转型

《"十四五"数字经济发展规划》深入推进智慧教育。推进教育新型基础设施建设，构建高质量教育支撑体系。深入推进智慧教育示范区建设，进一步完善国家数字教育资源公共服务体系，提升在线教育支撑服务能力，推动"互联网+教育"持续健康发展，充分依托互联网、广播电视网络等渠道推进优质教育资源覆盖农村及偏远地区学校。

2021年2月，教育部等五部门出台《关于加强中小学线上教育教学资源建设与应用的意见》，提出加强线上教育五项举措：一是加强国家、省、市、县、校级平台体系建设。统筹利用网络和电视渠道，促进资源共享，渠道互补，覆盖全体学生，国家层面完善国家中小学网络云平台和中国教育电视台空中课堂。二是高质量开发资源，坚持把德智体美劳全面发展育人理念贯穿到资源建设中，重点开发两大类资源，广泛汇聚丰富的专题教育资源，以"四高"（参与地区教育质量高，所在学校办学水平高，参与教师教学水平高，技术团队专业水平高）标准系统建设课程教学资源。三是充分发挥平台资源作用，服务学生自主学习，服务教师改进教学，服务农村提高质量，服务应对重大公共事件，增强师生互动交流。四是提高师生应用能力，加大教师培养培训，提升学生信息素养，将信息素养培育有机融入各门学科教育教学。五是完善政策保障体系。设立重点建设项目，用

五年时间建立健全国级和省级中小学线上教育教学平台资源体系和运行机制；加强基础条件保障，明确教育等各部门的职责，加强协作；推进资源开发应用，完善资源开发遴选、优质资源奖励、应用动力机制。

7.1.2 推进"双减"，持续规范校外培训机构

2021年7月24日，中共中央办公厅、国务院办公厅印发《关于进一步减轻义务教育阶段学生作业负担和校外培训负担的意见》（又称"双减"政策），明确了降低学生课业负担、严格监管校外培训、提高学校教学质量的基调。"双减"政策指出：要持续规范校外培训（包括线上培训和线下培训），坚持从严审批机构，各地不再审批新的面向义务教育阶段学生的学科类校外培训机构，现有学科类培训机构统一登记为非营利性机构。对非学科类培训机构，各地要区分体育、文化艺术、科技等类别，明确相应主管部门，分类制定标准，严格审批。对原备案的线上学科类培训机构，改为审批制。有效减轻义务教育阶段学生过重作业负担和校外培训负担，全面压减作业总量和时长，提升学校课后服务水平，满足学生多样化需求。学科类培训机构一律不得上市融资，严禁资本化运作。强化常态运营监管，严格控制资本过度涌入培训机构，培训机构融资及收费应主要用于培训业务经营，坚决禁止为推销业务以虚构原价、虚假折扣、虚假宣传等方式进行不正当竞争，依法依规坚决查处行业垄断行为。培训机构不得高薪挖抢学校教师，从事学科类培训的人员必须具备相应教师资格，根据市场需求、培训成本等因素确定培训机构收费项目和标准，严禁聘请在境外的外籍人员开展培训活动。"双减"政策进一步要求统筹做好校外学前教育治理工作，不得开展面向学龄前儿童的线上培训，并严禁以学前班、幼小衔接班、思维训练班等名义面向学龄前儿童开展线下学科类（含外语）培训。

2022年2月8日，教育部印发《教育部2022年工作要点》，其中明确将继续深入推进"双减"。巩固学科类培训机构压减成果，在法定节假日、休息日、寒暑假指导各地开展常态巡查，坚决关停；加大对隐形变异培训

查处力度，开展专项治理，实现常态化监管，防止出现新的野蛮生长。利用"双减"工作监测平台，持续跟踪监测相关指标数据。其中，防止义务教育阶段学科类培训转向地下、遏制非学科类培训野蛮生长、严格规范高中学科类培训将是2022年"双减"的三大重点。

7.1.3 政策层面利好职业教育

2019年5月18日，国务院办公厅印发《职业技能提升行动方案（2019—2021年）》，指出鼓励支持社会培训和评价机构开展职业技能培训和评价工作。不断培育发展壮大社会培训和评价机构，支持培训和评价机构建立同业交流平台，促进行业发展，加强行业自律。民办职业培训和评价机构在政府购买服务、校企合作、实训基地建设等方面与公办同类机构享受同等待遇。2022年4月，《中华人民共和国职业教育法（2022年修订）》发布，明确职业教育与普通教育同等重要，号召社会参与建立职业教育学校和培训机构。

2021年10月12日，中共中央办公厅、国务院办公厅印发了《关于推动现代职业教育高质量发展的意见》。该意见指出，到2025年，职业教育类型特色更加鲜明，现代职业教育体系基本建成，技能型社会建设全面推进。办学格局更加优化，办学条件大幅改善，职业本科教育招生规模不低于高等职业教育招生规模的10%，职业教育吸引力和培养质量显著提高。到2035年，职业教育整体水平进入世界前列，技能型社会基本建成。技术技能人才社会地位大幅提升，职业教育供给与经济社会发展需求高度匹配，在全面建设社会主义现代化国家中的作用显著增强。健全多元办学格局，创新校企合作办学机制。构建政府统筹管理、行业企业积极举办、社会力量深度参与的多元办学格局。鼓励上市公司、行业龙头企业举办职业教育，鼓励各类企业依法参与举办职业教育。鼓励职业学校与社会资本合作共建职业教育基础设施、实训基地，共建共享公共实训基地。[①]

---

① 中华人民共和国教育部官网。

7.2 教育缴费市场规模

本部分将重点讨论包括学费、培训费、考试报名费和校园卡充值费在内的四种类型的教育缴费的市场情况、主要缴费方式、主要缴费平台、线上化程度等。调研发现，培训费市场规模受"双减"政策影响明显萎缩；此外，尽管教育缴费整体线上化程度较高，但仍存在缴费平台分散，部分缴费项目如校园卡充值费、考试报名费提醒不足的问题。图7-1显示的是2021年四种类型的教育缴费市场规模。

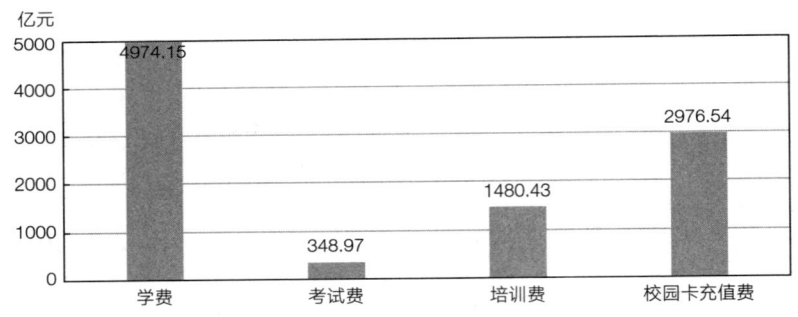

图7-1　2021年教育缴费各个项目市场规模

7.2.1 学费：缴费平台分散，存在贷款需求

调研结果显示，学费缴费方式以移动端缴费（占比为60.18%）、柜台缴费（占比为14.49%）、银行/营业厅的自助终端缴费（占比为8.62%）为主，少量选择电脑端缴费（占比为6.88%）、智能代扣及无感支付（占比为4.38%）和电话/短信缴费（占比为1.93%）（见图7-2）。

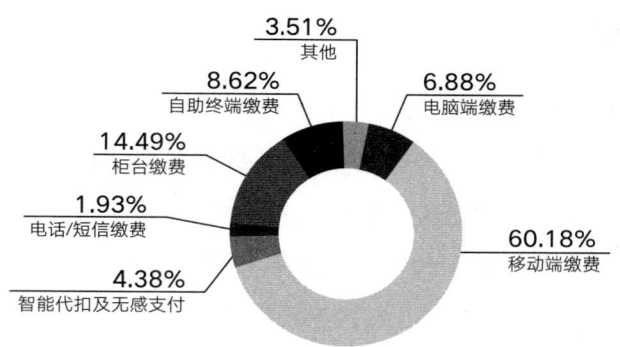

图7-2 学费缴费渠道分布

学费缴费的线上化程度较高,达到73.38%。光大云缴费在助力学校防疫复学、提供便捷的线上缴费渠道方面有出色的表现。2021年8月,湖南省教育厅下发紧急通知,鉴于严峻的疫情防控形势,要求暂停校内校外线下教育教学活动。对于学校来说,除了如期正常开课,收缴学费也是一项重要工作。光大云缴费在筑牢校园疫情防控防线、助力学校学费收缴工作上发挥着积极作用。助力湘乡市民实验学校、长沙华瑞教育、株洲第一职业技术学校、衡阳中创商贸职业学校、岳阳师大附属南湖高级中学、衡阳青华职业技术学校成功落地教育考试费项目。教育考试费项目成功批量上线运行,一方面,极大地方便了家长缴费,避免现场排队,减少人员聚集,降低疫情感染风险;另一方面,优化了学校财务流程,提高了财务工作效率,有效提升了学生和家长的满意度。

总体而言,学费缴费的市场规模较大,但却缺乏一个统一的集成平台,目前各个缴费平台占比较为分散:支付宝占比为24.55%,微信占比为34.75%,各大银行平台占比为36.47%,也有少量用户通过云缴费、云闪付、美团和京东等平台进行缴费。随着"三孩"政策的放开,如果没有统一的集成平台,家长在给不同孩子缴纳学费时需要使用不同平台,较为烦琐,而统一的集成平台将给家长提供极大的便利。此外,目前的缴费平台普遍缺乏针对学费的助学贷款,如果能提供助学贷款或者学费分期付款功能,也能在一定程度上缓解学生家长资金流动性的压力。

7.2.2 培训费：学科培训受限，机构转型升级

教育培训是指除全日制教育（幼儿园教育、中小学教育、高等教育）之外的培训。在中国，按照不同的阶段，教育培训主要可以划分为以下三个类型：学前教育、K12阶段、职业教育。其中K12阶段又可以分为学科类教育培训（英语、数理化、作文、阅读等）和素质教育培训（舞蹈、画画、声乐、器乐、游泳、体育、乐高、编程、棋类、全脑培训等）。学科类教育培训以提高学生的学科成绩为目的；素质教育培训注重培养学生的创造力和个性，包含艺术类、体育类、STEAM教育（代表科学Science、技术Technology、工程Engineering、艺术Arts、数学Mathematics）、社会化素养等。职业教育可以分为学历职业教育和非学历职业教育。学历教育可以分为中等和高等职业教育；非学历职业教育培训以就业和技能提升为导向，主要分为职业资格考试培训、职业技能类培训和企业培训。

2020年，受新冠肺炎疫情影响，我国教育培训行业市场规模受到一定影响，部分企业将授课模式逐步转为以线上为主。2021年因为"双减"政策的进一步冲击，义务教育阶段学科类线上线下校外培训市场遭受重创，其市场规模急剧萎缩，课外培训时长锐减，一些教培公司股价大幅下跌。"双减"政策在一定程度上有效遏制了培训机构的扩张乱象，一些规模大、体系成熟的培训机构已顺应国家政策，整改培训班时间、价格，并获得学科类培训班开设资质。目前，很多家长已有"双减"意识，学校也有了课后服务、延时班等供孩子继续学习、培养兴趣的服务，潜在客户转化率已不同于以往。在市场规模断崖式下降的背景下，相关学科类培训机构面临经营上的长期压力以及亏损、破产的风险。天眼查数据显示，"双减"政策颁布的两个月内，我国已有超过1250家教育培训机构被法院强制执行。截至2021年末，全国原12.4万家义务教育阶段线下学科类校外培训机构压减到9728家，压减率为92.15%，原263家线上校外培训机构压减到34家，压减率为87.07%。[①]市场

[①] 澎湃《2022年"双减"仍是重中之重，教培行业现状如何》。

内剩余的学科类培训机构亟待战略转型，素质教育和职业教育成为机构转型的主要方向。因此本部分将主要就职业教育培训和素质类教育培训进行分析。

—— 素质教育

素质教育与K12学科培训一直是培训机构的主营业务，并且二者客户人群重合较高。相比成人教育，学科类培训机构转型为素质教育培训机构的难度低。"双减"后因周末不能开设学科类培训班，学生时间充足，非学科类培训成为大部分家长的选择。体育类、艺术类等非学科类培训班在2021年寒假成为中小学生中的"香饽饽"。2021年素质教育市场规模约为3980亿元，相较于2020年的3093亿元，增长了28.68%。

—— 职业教育

随着考公人数逐年上升，职业教育因其需求强、壁垒高，成为教育培训行业热门赛道。另外，职场学习在当今新职场人士的工作生活中也发挥着越来越重要的作用。近年来，政府推出多个促进职业培训的有利政策及规则，职业培训在中国的教育制度和经济发展方面的重要程度与日俱增。

高等教育机构就学人数增长，以及中国就业市场对具备必要认证和资格的专业人员需求不断上升，促使越来越多即将毕业的大学生和年轻的专业人士通过职业考试培训服务提高竞争力和就业机会，因此职业考试培训行业较整个非学历职业教育培训行业增长更快。[1]由于科技不断进步及移动设备普及，中国的职业考试培训服务已从单一的线下课堂模式转为线上与线下相结合的模式。此外，在新冠肺炎疫情暴发期间，越来越多的职业考试培训服务供应商探索将线上课程作为传统线下教学模式的替代方案，进一步促进线上及线下渠道的整合（见图7-3）。

---

[1] 中商产业研究院《2022年中国职业教育市场数据汇总预测分析》。

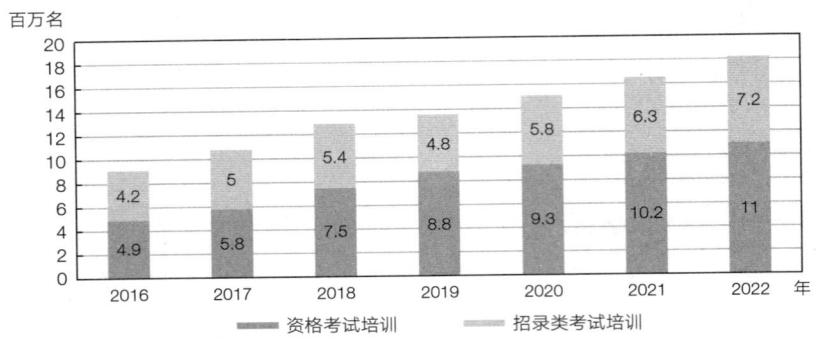

图7-3 2016—2022年中国职业考试培训学员数量预测趋势

（资料来源：根据弗若斯特沙利文、中商产业研究院整理）

—— 缴费方式和缴费平台分析

培训费缴费方式以移动端缴费（占比为53.72%）、柜台缴费（占比为20.53%）、电脑端缴费（占比为9.73%）为主，少量选择银行/营业厅的自助终端缴费（占比为5.84%）、智能代扣及无感支付（占比为4.34%）和电话/短信缴费（占比为2.65%）。整体线上化水平较高，线上化率约为70.44%，受疫情影响较小（见图7-4）。

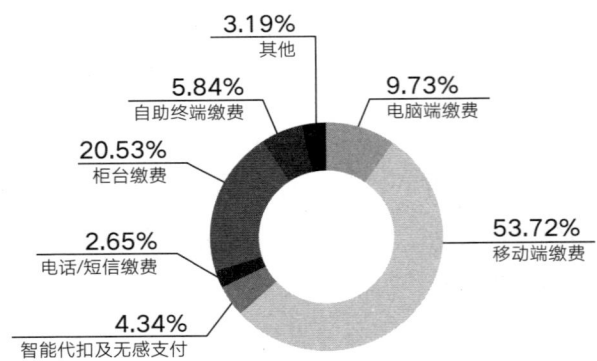

图7-4 培训费缴费渠道分布

7.2.3 考试报名费：线上化程度高，稳步普及普惠

考试费涵盖内容广泛。访谈和主流研究报告显示，大众常接触到的考试费用类型包括英语四六级考试、计算机等级考试、驾照考试、公务员考试以及相关的职业教育资格证类考试，如教师资格证、CPA、CFA等。

根据调研，考试报名费缴费方式以移动端缴费（占比为47.63%）、电脑端缴费（占比为31.57%）为主，少量选择柜台缴费（占比为8.17%）、银行/营业厅的自助终端缴费（占比为4.67%）、智能代扣及无感支付（占比为3.29%）和电话/短信缴费（占比为2.06%）（见图7-5）。整体线上化水平较高，线上化率约为84.56%，受疫情影响不大。

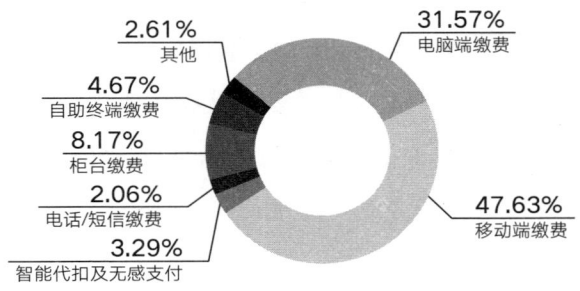

图7-5 考试报名费缴费渠道分布

7.2.4 校园卡充值费：智慧掌上校园，让生活更便捷

学生用餐及在超市购物、洗浴、打电话等生活类消费基本都需要使用校园卡支付。对于寄宿制小学、初高中的学生来说，一般由家长在平台帮学生缴费，而大学生通常自己通过校园内的充值终端或者移动端对校园卡进行充值。根据调研，校园卡充值费缴费方式以移动端缴费（占比为63.84%）、柜台缴费（占比为14.04%）为主，少量选择银行/营业厅的自助终端缴费（占比为6.23%）、智能代扣及无感支付（占比为5.83%）、电脑端缴费（占比为4.37%）和电话/短信缴费（占比为2.78%）（见图7-6）。

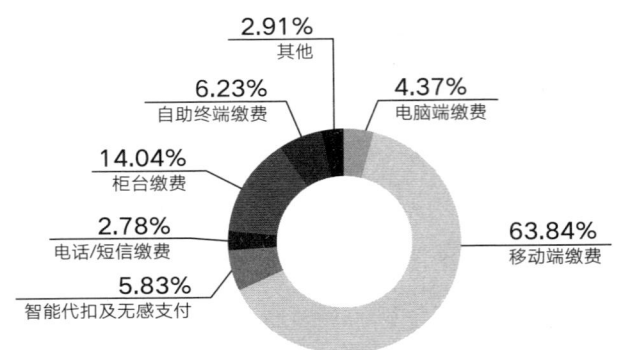

图7-6 校园卡充值费缴费渠道分布

校园卡充值费的主要支付平台为支付宝（占比为26.60%）、微信（占比为46.99%）和各大银行平台（总占比为22.14%），也有少量通过云缴费（占比为0.78%）、云闪付（占比为2.52%）等平台进行缴费。整体线上化水平较高，约有76.82%。一位家长谈到，从孩子入学以后，家长一直使用"校付通"为孩子的校园卡充值，充值方式为关注学校微信公众号，绑定孩子的校园卡后即可进行充值，便捷高效。

7.3 教育缴费痛点及未来发展

为了更加深入地了解目前教育行业的缴费现状及存在的问题，调研团队招募成员，深度访谈了有着丰富教育缴费经验且跨越多个年龄段的用户，针对学费、培训费、考试报名费和校园卡充值费四种费用类型的缴费过程进行了研究分析。对访谈情况的整理如表7-1所示。在访谈过程中，团队成员与用户有了更深入、更专注和更直接的交流，梳理出了一些典型的缴费需求及痛点，以展现当下社会中教育缴费的行为特征。

表7-1　教育访谈结果整理

缴费类型	访谈对象	关键结论
学费	家中有多位子女，分别上小学、高中和研究生，有丰富的学费缴费经验的46岁经商个体户（女）	学费方面存在贷款需求
培训费	有线上线下培训经验的名校女大学生	存在培训机构资金监管需求，希望存在第三方平台，进行学费的存放和管理，方便退课的时候解决退费难题；希望缴费平台能够提供分期付款功能
考试报名费	有教师资格证、CPA、英语翻译资格考试等考试缴费经验的女大学生	希望平台能在缴费截止日期前反复提醒，防止遗忘；希望如果计划有变不准备参加考试能申请退费
校园卡充值费	中国人民大学刚毕业的研究生（男），有7年校园卡充值缴费经验	希望当余额低于一定值时就收到通知，提前完成缴费；希望将线下圈存这一步省去，可以由线上App将钱直充校园卡

7.3.1　培训费缴纳，风控管理有待增强

退费难的问题在培训费和考试报名费上均有一定体现。部分机构在缴费合约中限制消费者退费，或在消费者要求退费时，扣除违约金，使消费者蒙受损失。在这种情况下，如果有一个集成的资金监管平台对课外培训机构的定价进行监督，同时消费者可以提前将培训款项交到第三方平台，平台按照课程的进度将课程款项转给机构，用户没有享受的课程和服务可以直接在平台上申请退款，则可以在一定程度上解决这个问题。

在这方面，光大云缴费有非常出色的举措，为有力解决教育培训行业市场监督难度大、机构办学不规范、机构圈钱"跑路"多、培训费用不透明等痛点，光大云缴费着力打造了安心教育资金管理平台。

安心平台根据不同管理角色推出了不同服务界面，其中客户端App服务于学生家长，PC端服务于教培机构、监管机构。依托成熟的缴费系统，安心平台在提供安全接入、清算模块的基础上，同时具备资金管理能力及

核心金融能力，可灵活为教培机构提供多种资金管理服务，以满足全方位、智能化、多层级的教培资金管理需求。

除了教育培训资金管理服务，安心平台还可提供教培机构端的课程管理、订单管理、消息通知等教学管理服务，使教培机构收费、退费、消课由原来的线下操作全面升级为电子化实施，人工对账从原来的每天数小时缩减至几分钟。同时，监管机构可通过安心平台监管端查看辖内所有入驻安心平台的教培机构的课程详情、订单详情等，真正做到教育培训机构全运营流程监管。

安心平台上线后得到了包括天津、银川、厦门、重庆等多地教育监管部门及各类大、中、小型培训机构的认可和使用。以天津少年宫为代表的大型培训机构一直以来存在人数多、抢报压力大的难题，安心平台全流程线上化的方式有效解决了在疫情防控形势下大量学员集中报名的问题。截至2022年9月，安心平台单日最多访问人次超20万人次，管理资金突破6000万元。

7.3.2 缴费提醒不足，缴费渠道单一

缴费提醒不足，缴费渠道单一这个问题在考试费缴纳上表现得尤为突出。很多考试的费用缴纳，例如注册会计师考试、教师资格证考试、英语翻译等级考试等，考生主要是通过自己重点浏览和关注相应网站、朋友提醒等方式，知晓报名时间和缴费时间，且缴费提醒的方式单一，通常仅通过报名电话短信提醒。例如，注册会计师考试一般是每年的4月报名，6月缴费，之前成功报名的考生在后期的缴费阶段会收到1~2次短信缴费提醒；而且缴费渠道也很单一，只能通过网页端进行缴费，如果收到短信的时刻不方便缴费，之后就很容易忘记缴费，进而错过考试机会。如果能有一个统一的集成平台将这些居民关注的常见考试的报名和缴费通道集成在一个App上，并在报名和缴费截止前反复发送短信提醒，可以在一定程度上便利居民的考试报名和后期缴费。

此外，对于校园卡充值缴费来说，目前校园卡充值提醒的方式主要有以下三种途径：学生通过电话等方式在校园卡余额不足的时候通知家长缴费，老师定期在微信群告知家长每位同学的校园卡余额提醒家长缴费，家长或者学生自己定期关注校园卡账户的余额，这三种方式都存在一定的时滞。如果学生校园卡余额不足，而家长或者学生没有及时缴费，就会影响正常生活消费，给学生带来一定的不便。如果缴费平台能在卡内余额不足的时候及时提醒学生和家长，并且对于大学生来说，如果可以通过移动端平台实现直充校园卡，将极大地便利学生的日常消费。对于由家长代充校园卡的小学、初高中学生来说，如果能提供线下现金缴费的方式，也能帮助学生缓解校园卡余额不足的"燃眉之急"。

总而言之，近年来大量的移动支付应用呈井喷式发展，对促进无现金社会起到了重要作用，但教育领域部分场景缴费方式却仍然烦琐低效，且存在退费难、缴费渠道单一、缴费提醒不足等问题。缴费产业可以考虑建设统一的教育缴费平台，解决各种教育收费项目的收费、退费、统计、查询、催缴、提醒等问题。使用统一的收费平台，集成原来分散的收费平台，取代部分线下收费渠道，可以减少教师及相关工作人员工作量，提高工作效率，减少收费过程中可能出现的差错，方便统一管理。同时，用户通过教育缴费平台即可查询完整的缴费数据及记录，并且进行各项教育费用支出分析和自行申请退费，必要时可以直接向教育部门"一键投诉"，真正做到动态监管和过程透明。

第八章
数字产品缴费

数字便民新生活 | 2022年中国便民缴费产业报告

- 数字技术催生新兴缴费类目，数字产品缴费的市场规模超过3700亿元
- 数字藏品和元宇宙等数字技术创新创造了新的缴费场景，将带来全新的服务体验，为数字便民产业带来广阔的发展空间

随着数字技术的蓬勃发展，数字产品应运而生。数字产品是被数字化的信息产品，是信息内容基于数字格式的交换物。目前，国家出台了多项政策鼓励建设数字化消费新场景。网络支付手段的普及，App种类和数量的不断丰富，也为数字产品的发展创造了良好的环境。

调研发现，大陆地区2021年数字产品总体的市场规模达3714亿元。此外，就缴费方式来看，数字产品缴费总体线上化程度高，消费者主要偏向于使用支付宝、微信和各大银行平台进行缴费。用户忘记取消自动扣费造成费用损失和数字产品难以退款等相关问题的解决成为数字化产品之后优化用户体验的重点努力方向。

从未来发展来看，数字藏品和元宇宙带来了全新的缴费场景和新的业务机会，缴费产业可以尝试进军数字藏品市场，满足消费者对数字产品的支付需求，并且基于支付平台，辅助监管机构对数字藏品流通进行规范化管理。此外，缴费产业应把握新一轮发展机遇，积极布局元宇宙，基于元宇宙的消费场景，搭建元宇宙支付平台，通过全真互联技术，搭建空中营业厅，开发数字人等，为广大用户提供全新的缴费体验。

8.1 数字产品缴费简介

8.1.1 数字产品的定义

在网络出现之前,具备传递信息功能的产品都可以归纳为信息产品,如报纸、书刊、电影、电报等。但这些信息都必须依靠物理实体才能存在与传播。在网络出现之后,这些信息不再通过实体传播,而是通过一串数字,或一串代码来表示,这使信息产品的形式发生了巨大的改变,而这种改变的结果正是数字产品的产生。

数字产品是被数字化的信息产品,是信息内容基于数字格式的交换物。数字产品包含三个基本的属性,即传递信息、数字化及交换。其中,交换虽然并不是成为数字产品的必要条件,但在商业社会,只有通过交换才能体现其价值。

数字产品可以分为三大类:第一类是内容性产品,包括可视化的报纸、期刊、音乐唱片等;第二类是代表契约的交换工具,包括电子化的门票、数字化的预订等;第三类是数字过程和服务,包括政府向民众提供的公共服务、电子消费、商业价值的创造过程及远程线上教育、远程医疗等服务。

本部分将选取以下三种典型数字产品进行缴费规模、缴费方式、痛点及未来展望的分析,分别是网络电视费、线上视频及音乐等会员缴费和线上虚拟产品缴费。

8.1.2 政策背景:鼓励建设数字化消费新场景

《"十四五"数字经济发展规划》提出,要加强超高清电视普及应用,发展互动视频、沉浸式视频、云游戏等新业态。创新发展"云生活"服务，深化人工智能、虚拟现实、8K高清视频等技术的融合，拓展社交、购物、娱乐、展览等领域的应用，促进生活消费品质升级。鼓励建设智慧社区和智慧服务生活圈，推动公共服务资源整合，提升专业化、市场化服务水平。支持实体消费场所建设数字化消费新场景，推广智慧导览、智能导流、虚实交互体验、非接触式服务等应用，提升场景消费体验，打造智慧共享的新型数字生活。培育一批新型消费示范城市和领先企业，打造数字产品服务展示交流和技能培训中心，培养全民数字消费意识和习惯。

8.1.3 社会背景：App种类和数量丰富，网络支付手段普及

根据第49次《中国互联网络发展状况统计报告》[①]，截至2021年12月，我国网民规模达10.32亿人，较2020年12月增长4296万人，互联网普及率达73.0%。具体而言，有以下亮点：一是城乡上网差距继续缩小。我国现有行政村已全面实现"村村通宽带"，贫困地区通信难等问题得到历史性解决。我国农村网民规模已达2.84亿人，农村地区互联网普及率为57.6%，较2020年12月提升1.7个百分点，城乡地区互联网普及率差异较2020年12月缩小0.2个百分点。二是老年群体加速融入网络社会。得益于互联网应用适老化改造行动持续推进，老年群体联网、上网、用网的需求活力被进一步激发。截至2021年12月，我国60岁及以上老年网民规模达1.19亿人，互联网普及率达43.2%。

截至2021年12月，我国国内市场监测到的App数量有252万款。其中游戏类App达到70.9万款，占比28.1%。日常工具类、电子商务类和社交通信类App数量分别为37.0万款、24.8万款和21.1万款。

此外，《中国互联网络发展状况统计报告》显示，即时通信等应用广泛普及，在线医疗、办公用户增长最快。2021年我国互联网应用用户规模保持平稳增长。一是即时通信等应用基本实现普及。截至2021年12月，在

---

① 中国互联网络信息中心（CNNIC）发布第49次《中国互联网络发展状况统计报告》。

网民中，即时通信、网络视频、短视频用户使用率分别为97.5%、94.5%和90.5%，用户规模分别达10.07亿人、9.75亿人和9.34亿人。二是在线办公、在线医疗等应用保持较快增长。截至2021年12月，在线办公、在线医疗用户规模分别达4.69亿人和2.98亿人，同比分别增长35.7%和38.7%，成为用户规模增长最快的两类应用。网上外卖、网约车的用户规模增长率紧随其后，同比分别增长29.9%和23.9%，用户规模分别达5.44亿人和4.53亿人。网络视频用户规模达到9.75亿人，占网民整体的94.5%。网络直播用户达到7.03亿人，较2020年12月增长8652万人。网络游戏用户规模达到5.54亿人，较2020年12月增加3561万人。网络音乐用户规模达7.29亿人，较上年同期增加7121万人。

8.2 数字产品缴费市场规模

本部分在讨论数字产品的时候，主要分以下三个类别进行讨论：网络电视缴费、线上视频及音乐等会员缴费和线上虚拟产品缴费。根据本报告调研结果，我国2021年数字产品总体的市场规模为3714亿元，其中占比最大的是线上虚拟产品缴费（见图8-1）。

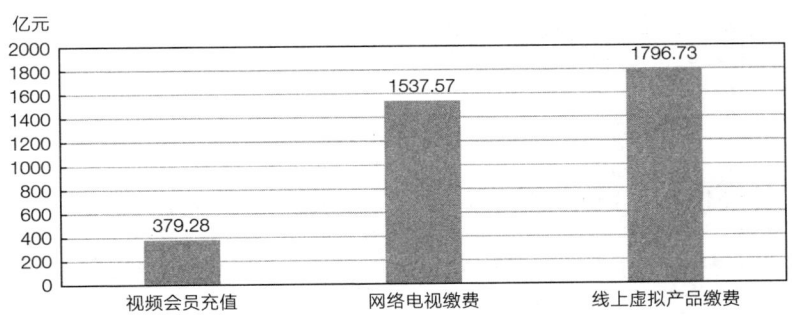

图8-1 2021年数字产品缴费市场规模

从缴费方式来看，在这三大数字产品缴费项目中，使用最多的缴费方式都是移动端缴费。其中：视频会员缴费移动端缴费占比最高，为79.53%；其次为线上虚拟产品缴费，其移动端缴费占比为76.34%。平均来看，三类数字化产品采用电话和短信缴费方式的消费者都最少。综合来看，视频会员缴费的线上化程度最高，线上化程度为93.48%，如图8-2所示。

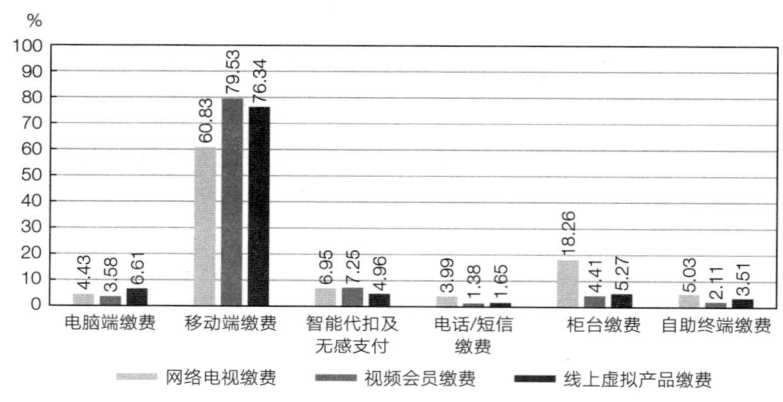

图8-2　数字产品缴费渠道分布

从缴费平台来看，消费者使用最多的平台是支付宝和微信，在各个缴费项目中，两者合计均能占70%~85%，其次是各大银行平台，占比在10%~20%，有少量缴费者会选择云缴费、云闪付和其他缴费平台。

8.3 数字产品缴费痛点

8.3.1 没有取消自动扣费，产生一定的额外费用

一些网站为会员提供连续包月的优惠，也就是消费者选择连续包月服务后，会比只购买单月的会员价格更加便宜。一些消费者可能实际只想充

值一个月的会员，但为了享受较低的优惠价格选择连续包月，在到期自动续费前，再取消该服务。但是有时消费者会忘记取消或者不知如何取消会员服务，导致到期自动扣费，产生一定的额外费用。

8.3.2 虚假宣传夸大事实，买后不满意难以退费

一些商家在进行虚拟电子产品的宣传时，会采取一定的夸大事实甚至虚假宣传的手段，消费者购买后发现体验不好，效果不达预期想要退费，却常常被告知虚拟产品不支持退款，这会在一定程度上损害消费者的利益。如果能有一个第三方支付平台，对提供虚拟电子产品的一方进行约束，并且允许消费者在合理期限内申请退款，这将保护消费者的合法权益，同时对商家形成一定的约束。

8.4 数字产品缴费市场展望

8.4.1 数字藏品：Z世代渐成消费主力，市场井喷式爆发增长

中共中央办公厅、国务院办公厅印发了《关于推进实施国家文化数字化战略的意见》，该意见明确指出，到"十四五"时期末，基本建成文化数字化基础设施和服务平台，形成线上线下融合互动、立体覆盖的文化服务供给体系。到2035年，建成物理分布、逻辑关联、快速链接、高效搜索、全面共享、重点集成的国家文化大数据体系，中华文化全景呈现，中华文化数字化成果全民共享。该政策将利好数字藏品行业。

国内数字藏品平台主要可以分为三类：传统互联网大厂、实力砥柱平台和用户基于共同爱好组建的平台。其发行的数字藏品涉及非遗文化、体

育、影视、航天航空、知名艺术家等多个领域。在当前的商业化营销中，数字藏品能为品牌IP赋能，帮助提升品牌价值，开拓创新的商业营销模式。在Z世代（通常是指1995年至2009年出生的一代人）已经逐渐成为消费主力的当下，数字藏品作为一种新型数字商品，如果能与品牌进行良好互动，将可能吸引更多年轻人的注意力，在互联网上帮助品牌实现更快速更广泛的传播，从而增加品牌价值。

2021年，随着阿里、腾讯等互联网大厂相继推出自己的"厂牌"数字藏品平台，数字藏品开始走入大众的视野。2021年末，国内数字藏品市场呈现井喷式爆发增长。当下，国内数字藏品平台已从数十家增加到500多家。2021年11月23日，央视动漫联合第三方支付平台发行了小龙女和哪吒的3D数字藏品，在开售后立刻就被抢购一空。12月21日中午，河北博物院的镇院之宝长信宫灯化身1万件3D数字藏品限量发售，12点上线即告售罄。

2021年第三季度，全球数字藏品行业交易总额超过106.7亿美元，比第二季度增长704%。公开报告显示，2021年全球的数字藏品总销售额为249亿美元，同比涨幅约260倍。2022年，全球数字藏品企业融资与市场活跃度大幅增加。《2022Q1加密行业报告》统计，全球数字藏品2022年第一季度交易额高达113.97亿美元，创历史新高。平台的数量与发行热情的双增，推动国内数字藏品总发行额的增长。预计到2026年，中国数字藏品市场规模或将超过300亿元人民币。

目前数字藏品已经形成一个完整的产业链和生态闭环，随着数字藏品市场的不断增长，合规的重要性也愈加突出。合规化是数字藏品避不开的难关，去币化和去金融化将成为数字藏品行业持续发展的基本要求。目前，许多平台面临合规压力，例如，2022年3月以来，微信封禁了十余家数字藏品平台，对炒作、二次售卖数字藏品的公众号及小程序进行规范化整治。

数字藏品市场规模增长和合规性要求突出，将为缴费创造新的业务机会。缴费产业可以尝试进军数字藏品市场，满足消费者对于数字产品的支付需求，并且基于支付平台，辅助监管机构对数字藏品流通进行规范化管理。

8.4.2 元宇宙：产业政策重点支持，市场规模持续增长

元宇宙（Metaverse）是利用科技手段进行链接与创造的，与现实世界映射和交互的虚拟世界，具备新型社会体系的数字生活空间。它基于扩展现实技术提供沉浸式体验，基于数字孪生技术生成现实世界的镜像，基于区块链技术搭建经济体系，将虚拟世界与现实世界在经济系统、社交系统、身份系统上密切融合，并且允许每个用户进行内容生产和数据编辑。元宇宙本质上是对现实世界的虚拟化、数字化过程，需要对经济系统、内容生产、用户体验以及实体世界内容等进行改造。元宇宙主要有三项核心技术：扩展现实技术、数字孪生技术[①]和区块链技术。[②]

近年来，元宇宙行业受到各级政府的高度重视和国家产业政策的重点支持。国家陆续出台了多项政策，鼓励元宇宙行业的发展与创新。《"十四五"数字经济发展规划》《金融科技发展规划（2022—2025年）》《关于开展出版业科技与标准创新示范项目试点工作的通知》等产业政策提出，要发展战略新兴产业，如人工智能、虚拟现实、移动互联网、物联网、区块链等。2022年1月24日，工业和信息化部举行支持中小企业发展工作情况新闻发布会。工业和信息化部中小企业局局长梁志峰表示，要培育一批进军元宇宙、区块链、人工智能等新兴领域的创新型中小企业。[③]

2021年12月30日，上海市经济和信息化委员会印发《上海市电子信息产业发展"十四五"规划》，提出要加强元宇宙底层核心技术基础能力的前瞻研发，推进深化感知交互的新型终端研制和系统化的虚拟内容建设，探索行业应用。新一代信息技术融合应用，围绕"人工智能+大数据""云计算+边缘计算""5G+扩展现实""区块链+量子技术"、云边端协同、"数字孪生+数据中台"等方面，推进技术协同攻关、标准规范制定和平台建

---

① 在虚拟世界提供现实世界的虚拟镜像。
② 中商产业研究院《2022年中国元宇宙行业市场前景及投资机会研究报告》。
③ 工业和信息化部举行支持中小企业发展工作情况新闻发布会。

设、应用创新等。①2022年1月19日，在"北京城市副中心产业高质量发展推进大会"上，北京市通州区出台了《关于加快北京城市副中心元宇宙创新引领发展的八条措施》，将依托通州产业引导基金，采用"母基金+直投"方式联合其他社会资本，打造一支覆盖元宇宙产业的基金，支持元宇宙初创项目和重大项目，完善服务体系，支撑产业生态建设，支持设立专注于早期和长期投资的元宇宙子基金。在北京市十五届人大五次会议"推动新时代首都发展"新闻发布会上，北京市经济和信息化局党组成员、副局长王磊介绍，北京将启动城市超级算力中心建设，推动组建元宇宙新型创新联合体，探索建设元宇宙产业聚集区。②

各地政府也出台了相应的配套政策，为元宇宙行业的发展提供了明确、广阔的市场前景，为企业提供了良好的生产经营环境，促进了元宇宙相关产业的发展。预计2022—2027年中国元宇宙市场规模将保持持续增长趋势，2027年市场规模将达1263.5亿元（见图8-3），年均复合增长率达32.98%。未来，元宇宙发展主要集中在三个方向：第一，元宇宙社交和游戏方向；第二，元宇宙零售和电商方向，用户可以在元宇宙中实现虚拟逛街和虚拟试衣服；第三，元宇宙基建和工业方向。

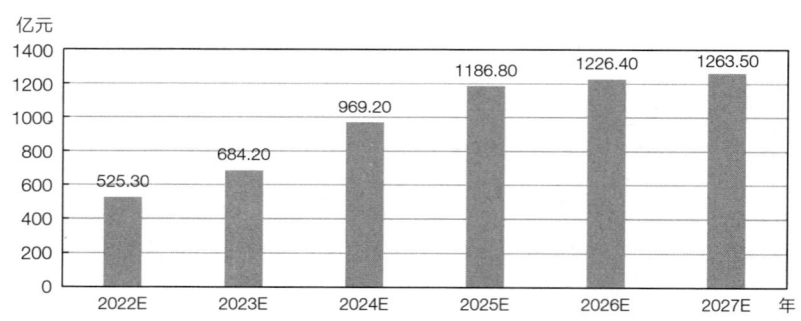

图8-3　2022—2027年中国元宇宙市场规模预测

（资料来源：中商产业研究院《2022年中国元宇宙行业市场前景及投资研究预测报告》）

---

① 《上海市经济和信息化委员会关于印发〈上海市电子信息产业发展"十四五"规划〉的通知》。
② 新浪VR《中央部委首提元宇宙，多地政府超前布局》。

当下，元宇宙炙手可热，消费品牌正不断地见机而行，很多品牌纷纷在元宇宙注册了商标。数据显示，截至2021年12月7日，全国已经有7900多件"元宇宙"相关商标注册申请，未来消费元宇宙将会围绕个人娱乐、工作办公，以及本地生活三大核心消费场景实现全景应用布局。未来垂直行业的界限会被打破，互通发展，最终形成一体化的消费元宇宙，这将是打破我们当前生活范围的限制，实现跨地域、跨时间、跨"次元"的全景生态。[1]随着各个行业布局元宇宙，会产生丰富的缴费场景和支付需求。此外，元宇宙本身具有极强的交互性，可以带来具有沉浸感和真实感的缴费体验。缴费产业可以考虑抓住元宇宙的机遇，积极布局元宇宙，基于元宇宙的消费场景，搭建元宇宙支付平台，采用全真互联技术，搭建空中营业厅，开发数字人等，提供全新的缴费体验，通过虚拟现实设备与移动终端的信息交互，使用户在虚拟现实环境中购买商品或者进行应用内支付时，无须将移动终端从虚拟现实设备中取出，即可便捷快速地完成支付。

---

[1] 资料来源：德勤发布的《消费元宇宙开启下一个消费时代：重塑消费生活体验、激活数字经济系统》。

第九章
企业缴费

数字便民新生活 2022年中国便民缴费产业报告

- 2021年，随着疫情管控常态化，在企业复工复产以及数字化转型的推动下，企业缴费总量提高，较上年增长26.11%
- 在产业数字化的大背景下，企业线上缴费可促进企业降本增效，助力传统企业信息化、智能化管理水平提升
- 当前，企业线上缴费仍需要进一步提高收缴费便利度，企业缴费线上化发展空间大

在数字经济发展的大潮下,中国企业数字化转型的势头强劲,越来越多的企业选择进行线上化缴费。在这一过程中,数字化的运营管理促进企业提质增效,助力传统企业信息化、智能化管理水平提升。

本报告分析了企业电费、水费、燃气费和员工社保费四类典型的企业缴费项目。总体来看,企业缴费市场发展和进步空间大,需要进一步提高收费方收费过程和缴费方缴费过程的便利性。

9.1 企业数字化转型

在全球经济曲折复苏的大环境下,数字经济以数据带动高水平融合,以创新驱动数字化转型,以智能引领高质量发展,成为撬动经济增长的新杠杆,成为各国抢占未来发展主动权的关键选择。

党的二十大报告指出,要加快发展数字经济,促进数字经济和实体经济深度融合,打造具有国际竞争力的数字产业集群。在数字经济发展的背景下,企业作为宏观经济运行的最小单元,实现数字化转型是保证经济高质量发展的基础。由此可见,推动企业数字化转型是驱动数字经济发展进入快车道的关键。中国政府各部门也不断推动数字技术和实体经济的深度融合,实现企业的数字化转型。在数字经济与疫情双重驱动下,企业缴费也向着数字化方向高速发展。

9.1.1 企业数字化转型的内涵

数字化转型本质上是一种企业战略,并非仅限于大数据、人工智能、物联网等新型基础设施建设,而是根据企业自身实际情况,以业务为导向、数据为基础,与传统生产要素相结合,利用新一代数字技术反向赋能业务、驱动业务与服务创新。

在国家政策的大力支持和赋能技术的快速发展下,中国企业的数字化水平已显著提升。一方面,数字化转型已成为中国企业转型升级的重要战略举措。在数字经济的大潮下,企业数字化被提到国家战略高度。另一方面,中国市场在人工智能、大数据等前沿数字科技方面已处于国际领先地位，市场对各项前沿技术的积极探索为企业的数字化转型积累了大量案例和宝贵经验。

在数字化时代，企业所有的商业活动都需要依托数字化的平台模式，也就是所有业务活动都是平台对平台的关系。企业需要借助自身的数字化平台，打通企业各个环节、各个要素之间的连接，实现与所有2B、2C资源平台的对接，提升企业的运行效率，有效降低企业的运行成本。

9.1.2 企业数字化政策，助推企业数字赋能

《中国企业数字化转型研究报告（2020）》显示，60%的企业制定了清晰的数字化转型战略规划。这说明，在数字经济的大浪潮下，为适应自身经营需要，中国企业数字化转型的势头强劲。

而根据埃森哲发布的《2020中国企业数字转型指数研究》，2020年，仅有11%的中国企业转型成效显著，说明尽管已有大量企业将数字化转型作为企业战略核心，但很少有企业能实现盈利能力和竞争力的双增。

为此，围绕企业数字化，国务院和国务院各部门发布了一系列数字化相关规划、意见、方案等文件。

2020年9月国务院国有资产监督管理委员会发布《关于加快推进国有企业数字化转型工作的通知》，提出国有企业需充分发挥国有经济主导作用，引领和带动我国经济在转型变革中占据国际竞争制高点，为国企提供产品创新数字化、生产运营智能化、用户服务敏捷化、产业体系生态化四大转型方向，重点打造制造类、能源类、建筑类、服务类四类企业数字化转型示范样板。

2021年12月，国务院发布的《2022年国资央企生产经营改革发展和党建工作》明确指出，要系统推进数字化转型，加快推动现代产业体系建设，切实增强产业链供应链韧性和竞争力。中央全面深化改革委员会出台的《国企改革三年行动方案（2020—2022年）》指出，推动中央企业更多地投资像5G、工业互联网、人工智能、数据中心等新型基础设施建设。

针对中小微企业数字化发展，2020年4月国家发展改革委、中央网信办

发布《关于推进"上云用数赋智"行动 培育新经济发展实施方案》，提出打造数字化企业、构建数字化产业链、培育数字化生态，形成产业链上下游和跨行业融合的数字化生态体系。

企业数字化相关政策也不断细化，如对于企业的财务系统，2022年2月，国务院国有资产监督管理委员会发布《关于中央企业加快建设世界一流财务管理体系的指导意见》，提出完善智能前瞻的财务数智体系，统筹制定全集团财务数字化转型规划，完善制度体系、组织体系和管控体系，建立智慧、敏捷、系统、深入、前瞻的数字化、智能化财务。这一意见为企业提出具体的数字化规划，将有利于提高财务系统运营效率和降低企业成本。因此，企业缴费线上化将发挥重要作用。

在企业数字化转型过程中，实现企业缴费线上化是首要内容，更是企业数字化转型的关键一环。

9.1.3 企业缴费线上化促进企业降本增效

—— 缴费线上化助力传统企业管理数字化

随着全球化放缓和我国劳动力成本优势逐渐消退，我国传统产业面临的需求乏力、品牌效应不显著、竞争过度、产能过剩等问题日益突出，传统企业迫切需要探寻新的增长机会和模式。与此同时，数字科技日新月异，数字化服务愈加广泛，从数字缴费、资管科技、数字农牧、数字乡村、数字营销到智能城市，数字科技实现了技术上的进阶及实体产业的快速融合，数字化为传统企业转型升级带来了希望。

企业数字化转型可以帮助企业在收缴费方面提供数字化服务，包括线上收缴费、微信催缴、收费和缴费通知单、修改订单、账单管理等功能。数字化转型过程中，缴费服务由人工发展到智能，从线下进展到线上。线上缴费能通过自动结算、在线分账、批量收付款等新的方式简化支付流程，提高支付效率；可以帮助企业构建包括上游和下游在内的客户账户体系，帮助企业实现客户管理的数字化，还可以通过会员管理、客户互动、客户维护等多元化手段运营客户关系。线上缴费便捷性等特征使传统企业能够在传统产业领域开拓新的场景，并以线上化缴费为起点，实现企业数字化转型的关键一跃，从而蝶变重生，迈入信息化、智能化时代。

——缴费线上化促进企业提质增效

数字化有助于实现企业在生产、物流、仓储、销售等各个环节的降本增效。首先，数字科技可以提升产品生产制造过程的自动化和智能化水平，降低产品研发和制造成本，提高生产效率。其次，企业依托互联网平台可以实现产用结合、供需灵活、弹性对接，从而降低仓储、营销成本。再次，大数据分析可以帮助企业实现精准化营销和个性化服务，实现商业模式的创新和变革，从而降低销售、服务环节的成本。最后，数字化还可以重塑产业流程和决策机制，实现产业效率提升和成本结构的改变，通过降低边际成本实现规模覆盖，并形成规模效应和范围经济。

数字化中的缴费线上化既能提高收费企业收费账单的准确性，让收费企业实现智慧移动收银、轻松对账，避免人为工作差错，又能第一时间准确掌握缴费企业情况，有效提高企业管理水平和效率。缴费企业通过线上远程快捷缴费，即时收取账单，各项费用清晰明了，减少跑线下网点所花费的时间和人力成本，各类账单的集合也极大地节约了企业缴费花费的时间。

9.2 企业缴费的市场规模

2021年，企业缴费的市场规模总额约为11.82万亿元，较上年增长26.11%。[①]分项目来看，2021年，企业电费的市场规模为5.35万亿元，增

---

① 企业社保缴费计算口径有变化，调整后2020年企业社保规模为3.68万亿元，企业缴费市场规模总额为9.38万亿元。

幅为11.26%；企业水费的市场规模为0.43万亿元，增幅为1.86%；企业燃气费的市场规模为0.52万亿元，增幅为13.59%；企业员工社保费的市场规模为5.52万亿元，增幅为49.86%（见图9-1）。

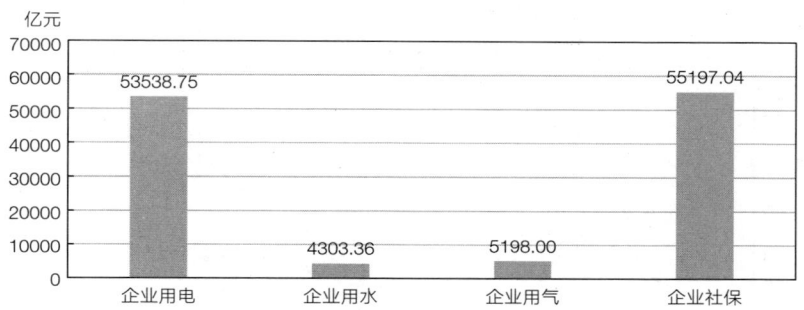

图9-1　2021年企业缴费市场规模

9.2.1　企业用电

根据国家能源局发布的全国电力工业统计数据，2021年各行业用电总量为7.14万亿千瓦时，同比增长11.26%，按照平均电费0.75元/千瓦时计算，企业用电费用缴纳总额达到5.35万亿元。对比2018—2020年的数据，2021年企业用电量和电费总额呈上升态势（见图9-2）。

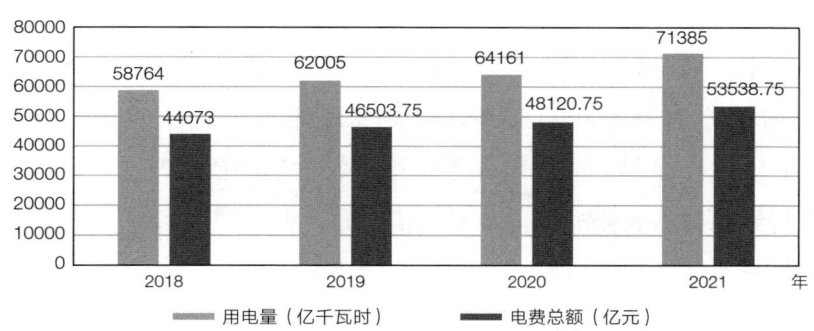

图9-2　2018—2021年企业用电量和电费总额

分产业看，2021年，第一、第三产业用电增幅较大。第一产业用电量1023亿千瓦时，占比为1.4%，同比增长16.4%。第二产业用电量56131亿千瓦时，占比为78.6%，同比增长9.1%，其中高技术及装备制造业用电量增速仍然较快，同比增长15.7%。第三产业用电量14231亿千瓦时，占比为20.0%，同比增长17.8%（见图9-3）。第三产业用电量在2021年三大产业中增幅最大，第一产业次之，说明我国第一、第三产业在2021年度快速发展。

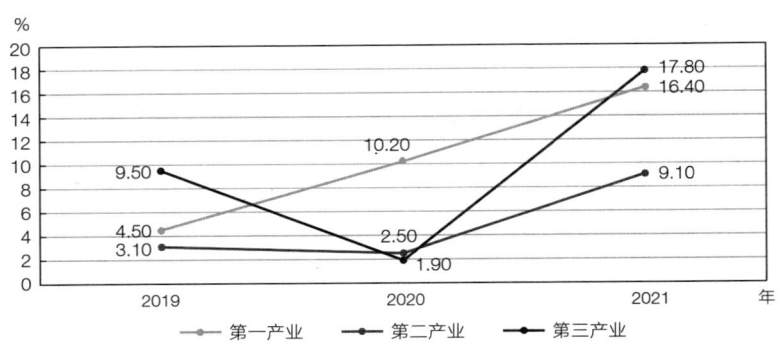

图9-3　2019—2021年分产业用电量增速情况

从电力消费结构看，产业结构与上年相比呈现新态势。随着疫情防控措施的逐步常态化，企业的生产经营秩序逐步恢复，三大产业的用电量增速均有提升，其中第二、第三产业用电量增速加快，较2020年分别上升6.6个、15.9个百分点。分时间段看，中国电力企业联合会发布的《2021—2022年度全国电力供需形势分析预测报告》显示，三大产业各个季度用电量均实现正增长。

2021年，第一产业用电增速提升，较2020年提升6.2个百分点，各季度用电量增速分别为26.4%、15.9%、16.4%和12.4%（见图9-4），均实现两位数增长。由于乡村振兴战略深入推进，农村电网持续改造升级，乡村用电条件持续改善，农业电气化水平逐步提升，第一产业用电量加快增长。

第二产业各季度用电量增速分别为24.1%、10.6%、5.1%和1.1%（见图9-4），由于上年同期基数逐步提高，用电量增速逐季回落。第三、第四季度的增速回落主要受四大高载能行业增速放缓影响。工业用电仍然是拉动用电量增长的主要动力。2021年上半年工业用电对全社会用电量增长的贡献达到近70%。高技术及装备制造业用电量的增速加快也进一步提升了第二产业用电量，其中部分新兴制造业行业用电量快速增长，尤其是新能源车整车制造业和光伏设备及元器件制造业的用电量增长幅度更大，反映出制造业持续转型升级态势。

第三产业用电量在2020年和2021年两年的平均增速已基本恢复至疫情前的水平，但存在结构性差异。2021年各季度用电量增速分别为28.2%、23.6%、13.1%和9.0%（见图9-4），受多地疫情反弹等因素影响，第三、第四季度的用电量增速有所回落，其中部分接触型聚集型服务业受到的影响相对较大，例如交通运输、仓储和邮政业，住宿和餐饮业等用电量增速持续回落。此外，第三产业用电量的快速增长缘于信息传输、软件和信息技术服务业的进一步发展，物联网、大数据、云计算、人工智能、区块链等新型数字技术快速推广应用，促进线上办公、在线教育、线上购物、掌上办事、文化娱乐等线上产业的快速发展。同时，在电动汽车持续迅猛发展的影响下，充换电服务业用电量增速的提高也成为本年度第三产业用电量提升的促进因素。

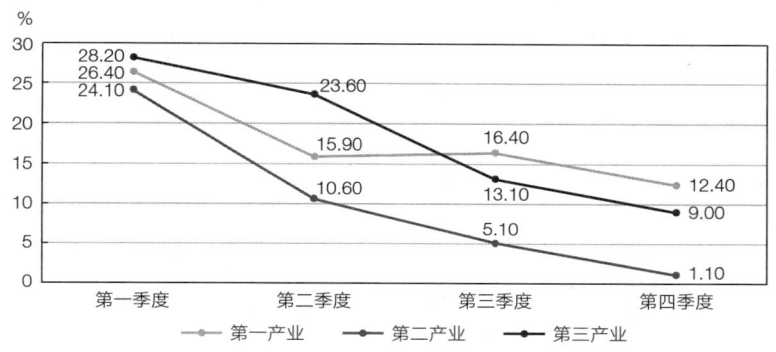

图9-4　2021年第一、第二、第三产业用电量季度增速

在全社会用电量持续稳步增长的同时，电力消费结构正进一步优化。虽然第一产业用电比重有极小幅度上升，但第二产业用电比重进一步收缩，第三产业用电比重进一步增大。随着数字经济和新兴服务业的持续发展，用电结构将进一步向第三产业倾斜，说明未来第三产业的企业缴费规模也将逐步扩大（见表9-1）。

表9-1　2019—2021年全社会用电结构

单位：%

产业类别	2019年	2020年	2021年
第一产业	1.1	1.1	1.2
第二产业	69.3	68.6	67.5
第三产业	15.6	16.3	17.1

9.2.2 企业用水

中华人民共和国水利部统计数据显示，2021年企业（工业）用水量为1049.6亿立方米，占用水总量的17.7%。与2020年相比，由于疫情防控渐趋稳定，企业经营逐步恢复正常，2021年工业用水量有所增长，增长量为19.2亿立方米。按照工商业用水水价4.10元/立方米计算，2021年工业用水缴费额度达到4303.36亿元。不同于2018—2020年企业（工业）用水总量、用水缴费额度的持续下降态势，2021年企业用水总量和水费有小幅度增长，增幅为1.86%（见图9-5）。

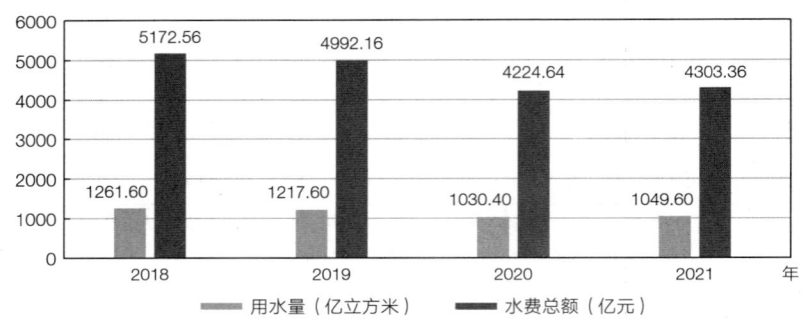

图9-5　2018—2021年企业用水量和水费总额

按居民生活用水、生产用水、人工生态环境补水划分，2021年全国生产用水占用水总量的83.8%，其中第一产业用水占61.5%，第二产业用水占18.5%，第三产业用水占3.8%（见表9-2）。对比2020年，2021年第一、第三产业用水量占比有所下降，第二产业用水量占比有所上升。

表9-2　2020—2021年全社会用水结构

单位：%

产业类别	2020年	2021年
第一产业	62.2	61.5
第二产业	17.7	18.5
第三产业	4.1	3.8

分地区看，根据2018—2021年各省级行政区的供水量和用水量的统计数据可知，江苏省是第一企业（工业）用水大省，近四年平均工业用水量达到247.7亿立方米，其次是广东省、湖北省、安徽省、湖南省和上海市，近四年平均工业用水量分别为88.2亿立方米、85.5亿立方米、84.7亿立方米、76亿立方米和60.9亿立方米。

9.2.3　企业用气

国家发展改革委和国家能源局的统计数据显示，企业用气（工业领域）总量、燃气费近几年逐年递增，2019年、2020年增速呈下降趋势，2021年增速回升。2020年，在我国天然气消费量中，工业燃料领域需求占比约37.5%，化工领域需求占比9.0%。2021年全社会的天然气消费量为3726亿立方米，按照每立方米3元的气价和工业、化工领域用气需求比例粗略测算，2021年工业企业用气量为1733亿立方米，企业燃气缴费总额为5198亿元，同比增长13.59%（见图9-6）。

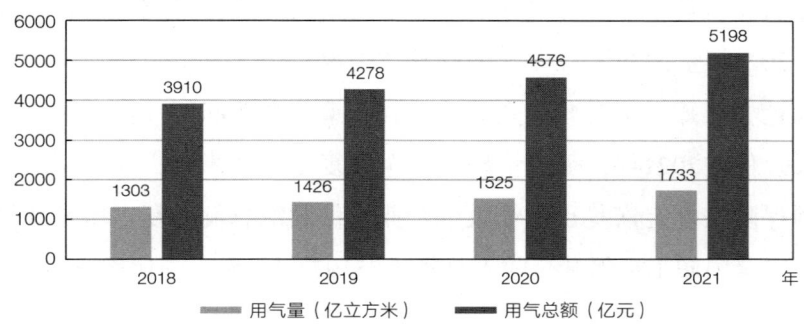

图9-6　2018—2021年工业企业用气量和用气费总额

2021年，城市燃气和工业燃料用气依旧是拉动天然气消费增长的重要力量。随着疫情形势好转，国民经济复苏，商业和服务业有序恢复经营秩序，国内生产订单也明显增加，城镇燃气和工业用气均超过往年水平，规模超过1300亿立方米。上半年工业用气保持较快增长态势，同比增长26.6%，对整体天然气消费增量的贡献率达44.7%。

总体来看，2021年，随着疫情好转，国内消费持续复苏，带动天然气市场稳定增长，企业用气量得以提升，企业用气缴费规模也得到扩大。但全球新冠肺炎疫情风险尚存，加之高温、极寒等极端气候频发，天然气价格波动明显加剧，国内天然气市场发展机遇与挑战并存。预计未来受供暖领域"煤改气"政策的推动、供给侧结构性改革、社会用电需求增长等政策导向和经济驱动的多重因素影响，我国城镇燃气和工业用气的需求有望维持增长态势，未来企业用气缴费市场也将持续向高质量发展。

9.2.4 企业其他缴费

除了水电燃的费用缴纳，企业缴费项目还通常包括房租、物业费、员工社保公积金及相关的政务类缴费。对于房租、物业费，企业一般通过与物业公司等直接对接，或通过对公转账的方式缴纳物业费。

员工社保公积金（"五险一金"）是指用人单位给予劳动者的保障性待遇，包括养老保险、医疗保险、失业保险、工伤保险、生育保险以及住房公积金。企业、员工各需要承担一部分，一般分别从单位银行账户、员工工资中直接扣除。根据中华人民共和国财政部的数据分析，图9-7展示了2018—2021年全国职工社保缴纳的整体情况。由于疫情影响，2020年人力资源和社会保障部出台减免企业社保费政策，企业职工社保缴纳总额出现负增长。但在2021年，受疫情好转、企业复工复产影响，养老、医疗、生育三项保险按规定恢复正常征收，企业社保缴纳总额恢复正增长并超越往年水平，全国职工社保基金收入总额为55197.04亿元，同比增长49.86%。

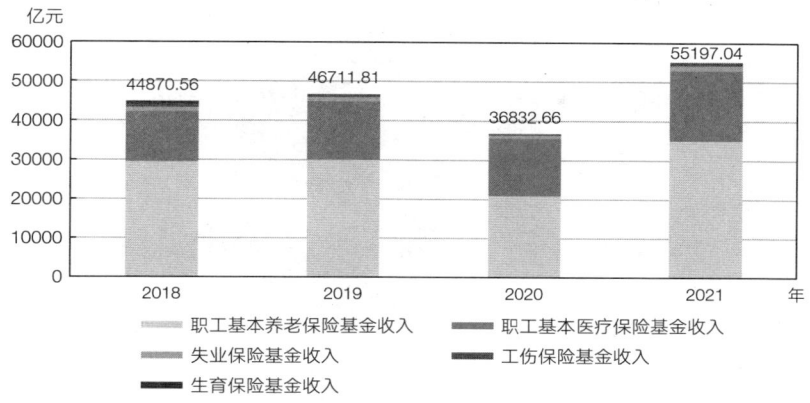

图9-7 2018—2021年企业员工社保缴纳情况

9.3 企业缴费典型案例

9.3.1 企业访谈

在访谈企业对象选择方面，本报告遵循代表性、均衡性的原则，选取的缴费企业既涉及所关心的某些重要类型的缴费，又能够较好地代表企业缴费市场的整体状况。首先关注企业的基本费用，即企业社保公积金、水电燃、房租等费用的缴纳。其次是希望对企业缴费市场整体有一个比较全面的把握。因此，本报告选取了制造业行业企业、服务业行业企业和医药公司，还访谈了一家物业管理收费企业和银行分行负责收缴费用业务的员工，具体见图9-8。

图9-8 企业访谈：缴费对象类型

9.3.2 企业缴费现状

2021年企业缴费的类型和上年的缴费类型基本保持一致，主要包括以下几个类别：水电燃等企业基本费用缴费、员工社保等政务类的缴费以及企业的房租和物业费等费用的缴纳。

具体来看，目前的企业缴费仅少量保留了传统的线下缴费，快捷方便的线上缴费已经成为主导的缴费模式。对于大型企业来说，生产用水和用电的缴纳基本已经实现了线上化，可以比较方便地进行费用缴纳。对于小企业来说，生产用电和用水的缴纳方式还取决于工厂所在产业园的规定，部分可以直接线上缴费，也有一些小企业需要到产业园规定的缴费处进行线下人工缴费。另外，目前对于员工社保的缴纳大部分地区已线上化，企业缴费人员可以直接在社保局网站进行缴费。在周期性比较强的缴费中，例如水费、电费，企业与缴费平台的合作十分频繁，而缴费平台与银行的合作范围越广，企业缴费的线上化推广率也越高。

9.3.3 企业缴费痛点

通过深度访谈，本报告了解到企业缴费的现状，并深入了解收费单位、缴费平台在帮助解决企业缴费痛点时所作出的努力和尝试。对于线上缴费，企业客户的痛点主要包括服务个性化不足、平台支持的银行不足、技术支持不足、财务过程复杂、缴费结果通知不及时等问题。以下是对企业缴费痛点和问题的具体阐述。

——服务个性化不足

缴费企业在线上进行缴费时，大部分的缴费链接不带用户信息。因此，客户在平台进行缴费时，首先需要自行输入对应的账单编号，查询到账单后才能进行缴费。一个缴费企业可能在收费单位有多个户号，例如一家公司有十块水表，也即十个户号，需要缴纳十笔费用，查询和缴费时就需要逐个输入户号。在此过程中，需要耗费较多时间输入与核对用户信息和账单信息，存在较大不便。

另外，企业缴费的发票开具模式不具备个性化。企业用户即使在线上缴费，还是需要通过线下渠道开具增值税发票，而不能像个人用户一样要求开具电子发票。这样的情况给收费单位和缴费企业都造成了不便。

——平台支持的银行不足

线上支付渠道所支持的对公转账的银行相对较少，目前银联渠道支持的银行不到20家，只支持主流的国有银行和股份制银行。有些边远地区的企业使用当地的农村商业银行或者村镇银行的账户较多，收费单位也通过这些银行进行收费，但是由于银联支付通道不支持这类银行，缴费企业便无法通过这种方式进行线上缴费。与之形成对比的是，线下支付渠道不存在银行数量限制，在柜台办理转账时可通过任何银行实现缴费。

——技术支持不足

有企业用户反映，目前在进行线上缴费时，缴费平台可能还存在一些技术支持上的问题。部分平台线上缴费的流畅性较差，不能给用户带来良好的体验感。个别缴费平台还存在操作页面不够友好、比较难懂、不够清晰等问题，进而降低了企业用户的线上缴费效率。另外，部分缴费平台的稳定性较低，操作中存在网络卡顿、页面崩溃等问题。一位来自写字楼物业公司的收费单位受访对象反映，在收费过程中需要频繁地与大量商户对接，因此对公账户和缴费平台的稳定性、操作的流畅性需要得到保障。

同时，缴费平台以及收款单位所提供的界面的安全性也是缴费企业担心的一大问题：付款链接是否会被篡改、付款是否会丢失、用户个人信息是否会被泄露等问题值得考虑。

—— 财务过程复杂

对缴费企业来说，云缴费平台的缴费方式极大地提高了缴费的便利性，但是线上缴费需要缴费企业的经办和复核两位工作人员登录网银进行操作和复核，需要业务人员、财务人员的逐级核对，整个财务过程手续比较复杂。

对收费单位来说，线上缴费存在来账不清和对账难度大的问题。企业客户付款的现有方式大部分是通过网银转账，到账后需要收款单位的财务和业务人员通过企业网银进行逐笔处理与核对，再进行销账，增加了对账流程的难度和复杂程度，造成时间成本上升。然而收费单位的财务工作人员对来账的清晰程度和记账的便利性有很大需求，以便进行数据统计、制作财务报表等，在此情况下，财务过程的复杂性成为线上缴费的一大痛点。

—— 缴费结果通知不及时

部分企业反映，在个别账目方面需要平台与收费单位对接以明确交易结果，其中有可能因为网络或者平台与收费单位系统服务存在异常情况，缴费企业无法得到及时的缴费处理结果通知，会对缴费企业的管理效率造成一定的影响。在缴费前，不及时的缴费通知也可能会导致用户的缴费行为延迟，增加了缴费企业和收费单位相应的成本。

9.3.4 企业缴费的需求与改进

通过对企业线上缴费痛点的探究和分析，本报告认为，目前企业缴费还存在较大的发展空间。针对上文提到的痛点，缴费平台应积极采取相应措施，致力于进一步提高收费方收费过程和缴费方缴费过程的便利性。考虑到缴费企业需要根据收费单位所提供的和推广的缴费方式与缴费流程进行缴费，而并非能够自主选择是否进行线上缴费，平台应提高对收费单位需求的了解与满意度，以便进一步推广线上缴费，提高缴费线上化的程度。对于未来企业缴费的发展，本报告提出以下建议。

——提升服务个性化

上文提到，在缴费平台进行缴费时需要企业自行输入和核对缴费项目，这个过程会比较复杂。在后续的缴费过程中，可以使缴费服务更加个性化。例如，将带有用户个人信息参数的链接直接发给用户，用户点击链接后不需要再输入任何订单编号或者订单的其他信息，即可直接显示出属于该用户的相关账单信息；可以设置或完善批量缴费功能，为用户生成缴费户号列表，批量查询所有户号并一次性支付，达到简化和整合工作量的效果，同时为用户提供更多便利。

——保障缴费平台的稳定性和缴费过程的流畅性与效率

缴费平台的稳定性、缴费过程的流畅性以及缴费的效率是收费单位与缴费企业共同的需求。根据这种需求，缴费平台需要提升技术支持与保障，定期做好平台测试，保证缴费平台的稳定性、流畅性，提高缴费效率。尤其是在用户集中缴费的时段，大量用户登录和操作缴费时，应确保平台能够稳定且流畅地运行。同时，缴费平台应完善网络信息安全技术，定期进行系统安全检查和安全等级的升级，防范网络病毒、黑客入侵等安全隐患，提高抗风险系数，致力于提高付款链接的安全性以及企业客户的个人信息安全性。

——优化线上缴费财务过程

线上缴费的方式为用户带来了极大的便利，但是在与财务管理进行配合方面还存在一些提升空间。线上缴费需要进一步优化，更好地与公司财务系统相结合，使公司的财务管理更加便利。例如，缴费可以为收费单位提供账单查询和管理功能。目前大部分缴费平台只为缴费企业提供注册和登录平台的服务，但没有向收费单位开放此服务功能。收费单位反馈，它们也希望能够登录云缴费平台，自主查询和管理缴费数据，为对账和销账工作提供便利，同时缓解来账不清、对账难度大的问题。缴费平台可以尝试为企业提供一些可视化的、便利的、高效率展示账单数据与信息的查询和管理功能，以优化线上财务过程，帮助企业提升财务管理效率。

—— 及时通知用户缴费结果

用户需要进行缴费时，平台或收费单位应对其进行及时通知，以免用户错过缴费时间；缴费完成后，应给予用户及时的反馈，告知用户是否缴费成功。可以采用信息和电话同时通知的方式，更好地保证用户能够及时有效地获取缴费相关信息。另外，通过对线上财务过程的优化，缴费平台应与收费单位及时对接，尽可能地缩短缴费结果的处理时间，以进一步提高缴费结果的传达效率。

9.4 企业缴费市场的总结

相较于缴费频率较高、缴费种类众多、市场拓展较早、配套设施较为完善的个人线上缴费业务而言，企业在经营过程中同样会产生各种各样的费用。毋庸置疑，企业用户也是线上缴费需求端的重要一员。根据数据和本年的访谈结果，本报告发现，中国企业缴费的线上化程度的提升对企业的发展起到一定的作用，能够助力传统企业管理运营提质增效。2021年企业已经逐渐有序恢复正常生产经营秩序，企业缴费规模相较于上年有所提高。

当前国内一半以上企业已经将数字化转型视为下一步发展重点，并制定了清晰的数字化转型战略规划。企业缴费线上化是企业数字化转型的首要部分，为企业其他数字化转型措施奠定基础。当前，企业的缴费线上化存在服务个性化不足、技术支持不足、财务过程复杂、缴费结果通知不及时等问题。总体来看，企业缴费市场发展空间大，需要进一步提高收费方收费过程和缴费方缴费过程的便利性。

用户篇

用户缴费体验持续优化
创新衍生服务接受度高

第十章
用户需求挖掘

数字便民新生活 　　2022年中国便民缴费产业报告

- 用户缴费的整体满意度较高,其中,线上缴费满意度要高于线下;用户喜欢以短信、微信方式获取通知缴费信息
- 用户缴费时间不固定,上午10点用户最活跃;代缴需求普遍,有超40%的缴费人群曾有替父母缴费的经历
- 学生族考试费用缴费PC端使用较多;职场打工人消费类缴费比例高,偏好移动端方式;家庭大管家生活类缴费比例高;夕阳族医疗缴费比例高,多采用柜台缴费方式
- 有超过1/3的用户表示愿意尝试小额缴费贷款等微金融衍生服务,曾经接触过金融产品、金融知识较为丰富的用户群体的尝试意愿更高

本章旨在对现有以及潜在缴费客户的主要特征进行描述和分析，从而进一步挖掘其需求。通过对缴费用户群体的分析，本报告发现，缴费的整体满意度较高，缴费人群代缴需求占比高。不同的群体缴费选择和偏好不同。另外，有超过1/3的用户愿意尝试各种类型的微金融衍生服务。

10.1 用户满意度

10.1.1 线上缴费满意度高,线下缴费满意度一般

从缴费的整体满意度来看,线上缴费的满意度要高于线下缴费的满意度。报告数据显示,消费者对移动端缴费偏好程度最高,有79.77%的消费者最喜欢移动端缴费,与上年的比例持平,远高于其他缴费方式的消费者数量。在最不喜欢的缴费方式中,物理柜台缴费方式人群占比最高,为55.26%(见图10-1)。在移动互联网时代,移动端缴费打破了时空限制,使用户可以更加便捷高效地实现缴费,用户体验度更佳,具有更高的隐私保密度和综合服务度,优势日益凸显,缴费满意度较高。传统柜台缴费需要用户与商户之间面对面支付,难以满足日益增长的缴费需求。

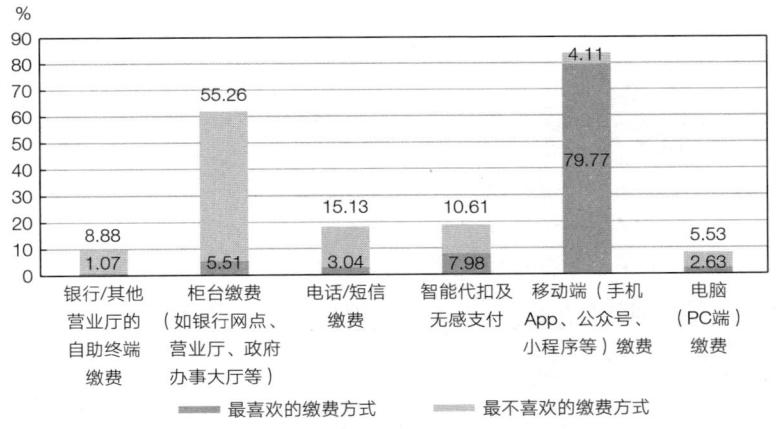

图10-1 缴费方式偏好统计

另外，在移动端缴费中，微信、支付宝等综合类手机App的满意度最高。在移动端缴费时，用户一般会选择手机App、小程序、公众号等不同的缴费渠道。调查数据显示，手机App是最常用的移动端缴费方式，使用频率占比为76.60%；其次是小程序，占比为18.45%；公众号使用度最低，仅占4.95%。原因在于，小程序和公众号的缴费方式常常不为用户所知。

在具体的手机App中，用户也有不同的偏好和使用体验。数据表明，偏好使用综合性App中的缴费模块（如微信、支付宝等）进行缴费的人最多，占所有用户的80.06%（见图10-2）。使用这类App的优势在于手机上无须另行安装其他App，可以利用此类综合性平台轻松实现缴费功能。另外，使用专门缴费App（如云缴费、缴费通等）进行缴费和使用垂直平台App（如美团、本地宝类App等）中的缴费模块进行缴费用户数量则都相对较少，两类App分别占10%左右，与上年情况保持一致。

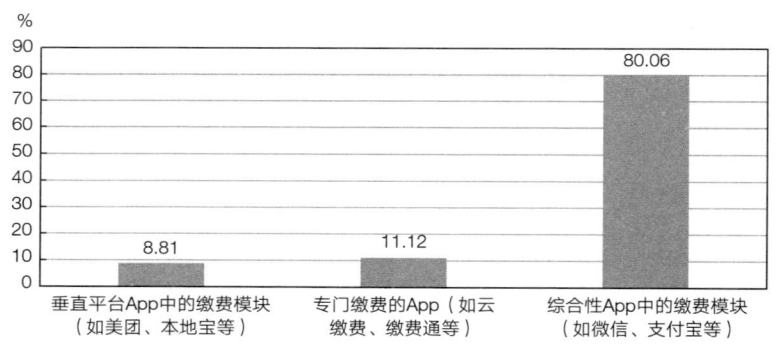

图10-2　手机App偏好分布

10.1.2　短信、微信缴费通知满意度高，缴费日期不固定影响用户体验

短信和微信缴费通知是目前最常用的缴费信息通知的方式，半数以上

的用户接触过短信通知、微信公众号或微信小程序定时推送缴费通知，而微信群里的通知和电话通知占比相对较低，不足20%（见图10-3）。

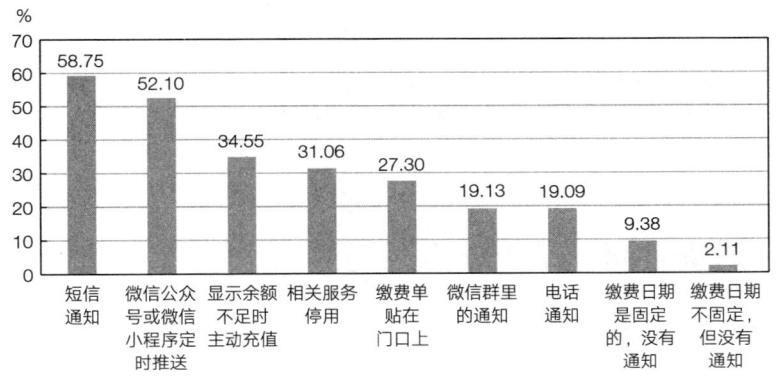

图10-3　缴费通知获取途径

针对不同的缴费通知方式，用户对其及时性的满意程度进行了评价。报告数据显示，微信公众号或微信小程序定时推送以及短信通知的及时性方面的用户满意程度最高（见图10-4）。另外，缴费日期不固定、相关服务停用等成为影响用户体验和使用满意度的重要因素。

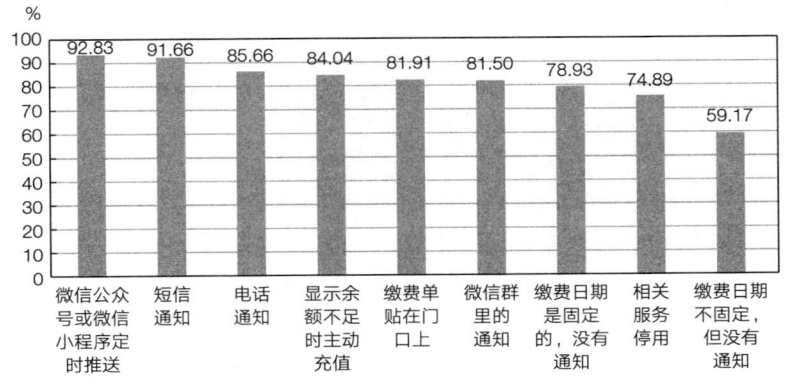

图10-4　缴费通知的及时性

10.2 用户缴费行为及习惯

10.2.1 缴费时间：早上10点最为活跃

从用户的缴费时间来看，用户群体没有固定的缴费时段，一天当中的每个时间段都有一定数量的用户进行缴费。其中，上午10点是用户缴费行为最为活跃的时点；凌晨3点和4点的活跃用户较少（见图10-5）。

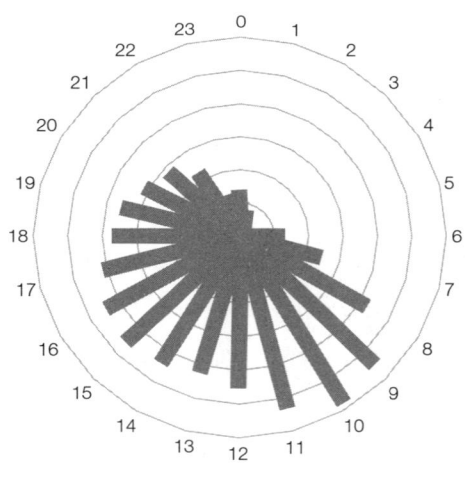

图10-5 用户缴费时间分布

10.2.2 代缴功能：广泛使用受到欢迎

在问卷样本中，有超过90%的受访者有负责家庭缴费的事项，其中有47.34%的人曾有在2021年替父母缴费的经历，39.92%的人曾替爱人缴费，有41.47%的人曾替亲戚朋友缴费（见图10-6）。由此可见，用户的缴费行为并不仅仅出于个人的缴费需求，还存在许多"代缴费"的现象。代缴服务不仅帮助家庭整体协调缴费工作，方便不同地区、不同年龄的消费者，同时对增强居民流动性、促进经济发展具有助力作用。

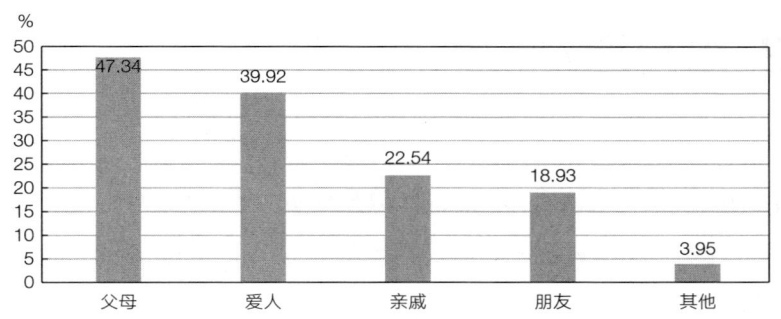

图10-6　替他人缴费的情况

10.2.3　缴费线上化障碍：电子发票提供不及时，操作复杂

目前，缴费线上化是大的整体趋势，但是也有一些原因阻碍缴费线上化进一步发展。尽管大部分人喜欢移动端的缴费方式，但仍有4%的人最不喜欢移动端缴费，其可能是因不能熟练使用智能手机而陷入"数字鸿沟"的一类群体。究其原因，不喜欢电脑（PC端）/移动端缴费的最主要原因在于习惯了现金缴费/电话缴费/短信缴费/银行代办等其他的缴费形式，同时，线上缴费不能及时提供发票也是一个重要的原因（见图10-7）。

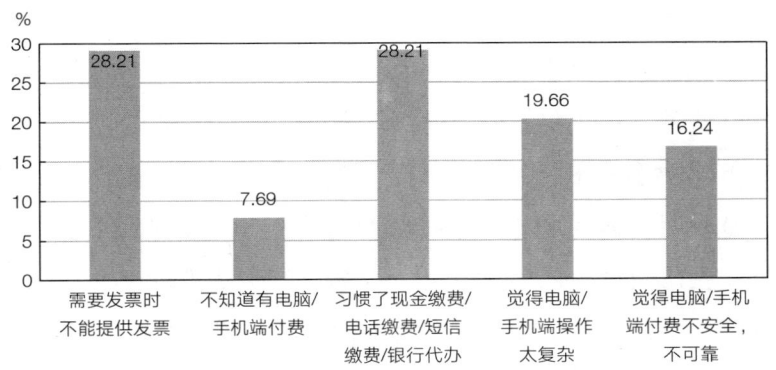

图10-7　不喜欢电脑（PC）端/移动端缴费的原因

10.3 用户选择与偏好

根据用户的不同特征,本报告区分出了四类缴费行为比较有特点的用户,包括鏖战考场的学生族、初入职场的打工人、家庭支柱大管家、退休安逸的夕阳族。

10.3.1 鏖战考场的学生族:考试费用缴纳多,PC端深度用户

鏖战考场的学生族指的是年龄在18~27岁,还在上学的用户群体。报告数据显示,这部分群体的考试报名费用的缴纳比例为32.4%,高于其他年龄群体24.7%的缴纳比例(见图10-8)。对于学生用户群体来说,考试费的缴纳是必不可少的。报告数据显示(见图10-9),使用PC端缴费最多的业务是考试费缴费,比第二位的社保费的缴费次数多一倍以上。对于英语六级、雅思、托福等考试,缴纳考试费一般需要在考试官网进行操作,需要填写个人信息、进行身份认证等,PC端连接较为稳定且页面显示清晰,不会因误触而丢失所填的信息,操作会更加便捷。对于鏖战考场的学生族来说,PC端缴费的使用频率要高于其他各类消费者群体。

除考试费外,学生族的公交地铁卡充值的使用比例高于其他群体,这说明学生族会更多采用公共交通出行。学生族的线上虚拟产品缴费的比例也较高,这说明,学生族追求新鲜和时尚,数字产品消费多。

另外,在18~27岁的学生群体中,学费、培训费等教育相关的缴费比例较高;校园卡充值费、电动自行车充电缴费、房租等费用的缴纳比例也较高,这些都与学生族还处于学校环境中、经济能力一般的特征相关。

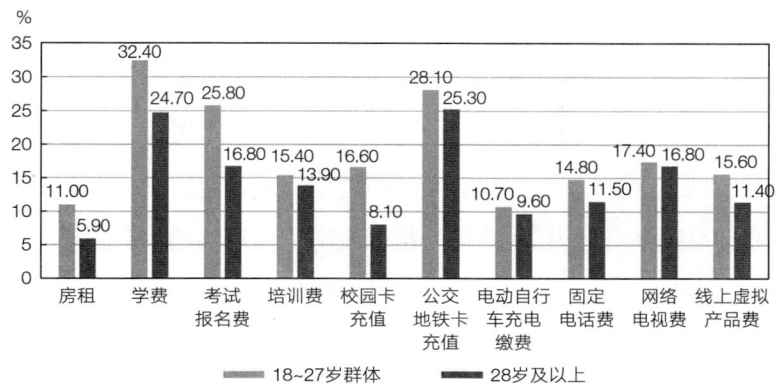

图10-8　学生族与其他用户群体的缴费类型对比

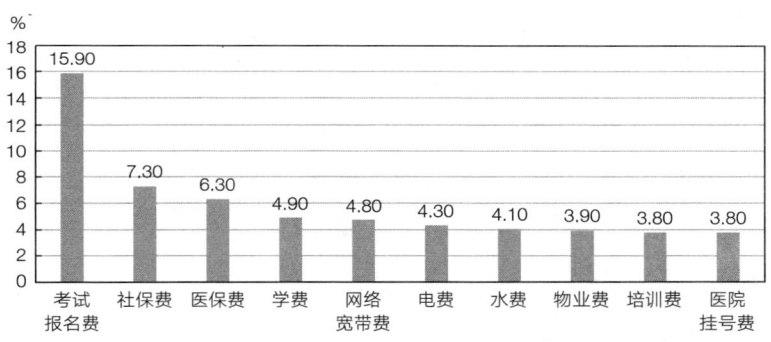

图10-9　电脑（PC）端缴费业务类型统计

对于学生族来说，PC端缴纳考试费缴纳受到笔记本电脑、WiFi网络等客观因素的限制，还是不够便捷。因此，后续如果能在考试费缴纳中加入移动端的缴费方式这一选项，则能够让学生族的缴费过程更加便利。

10.3.2　初入职场的打工人：追求时尚消费、移动端便利生活

初入职场的打工人多指年龄在28~35岁，从学校步入社会职场的年轻人。这些用户群体倾向于追求时尚、新鲜和刺激，除了基本的生活缴费，有较多的消费类缴费，例如手机费、网络宽带费、视频会员费等（见图10-10）。在这些缴费类型中，移动端缴费的方式已经较为普遍。根据报告数据（见图10-11），在移动端（手机App、Pad、手机公众号等）缴费最多的业务

是基础生活类和消费类的缴费，具体包括手机费（话费、流量费）、电费、水费、燃气费和网络宽带费缴纳等。基础生活类和消费类缴费是线上化程度较高的两种缴费业务，也是居民日常生活接触最多的缴费业务。目前，相关的缴费渠道建设已相对完备，用户对于这两类缴费业务使用移动端缴费的频率也就相对更高。因此，对于初入职场的打工人来说，移动端缴费是最常用的缴费方式。对于职场打工人来说，"手机24小时不断线"成为生活的基本需求。

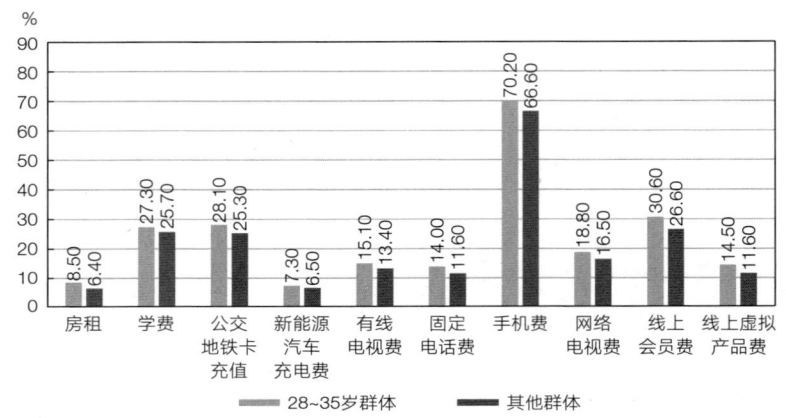

图10-10 初入职场的打工人与其他用户群体的缴费类型对比

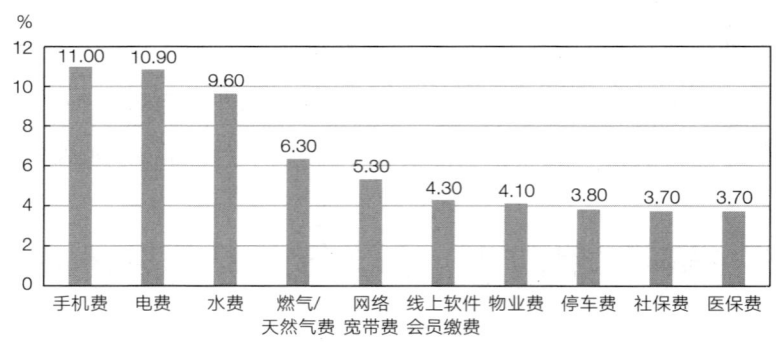

图10-11 移动端缴费业务类型统计

另外，初入职场的年轻群体更容易接受新鲜事物，对于网络电视、线上会员、线上虚拟产品等都比较偏好，在这几个项目上的缴费比例都高于其他群体，是"数字世界的新居民"。

10.3.3 家庭支柱大管家：生活缴费一把抓，自助终端少不了

家庭支柱大管家多指年龄位于36~45岁、要操持家庭事务的用户群体。家庭支柱大管家往往要操持家庭的各种缴费项目，包括水费、电费、燃气费、公交卡充值费、学费等。报告数据显示（见图10-12），在家庭大管家群体中，水费、电费、燃气费等生活缴费的比例均高于其他用户群体。虽然线上缴费的普及程度已经较高，但某些地区某些类型的缴费项目还是必须通过线下的缴费方式进行。报告数据显示（见图10-13），仍有不少缴费业务会通过银行/营业厅的自助终端进行。这说明，对于家庭支柱大管家来说，自助终端的缴费方式还是必不可少的。

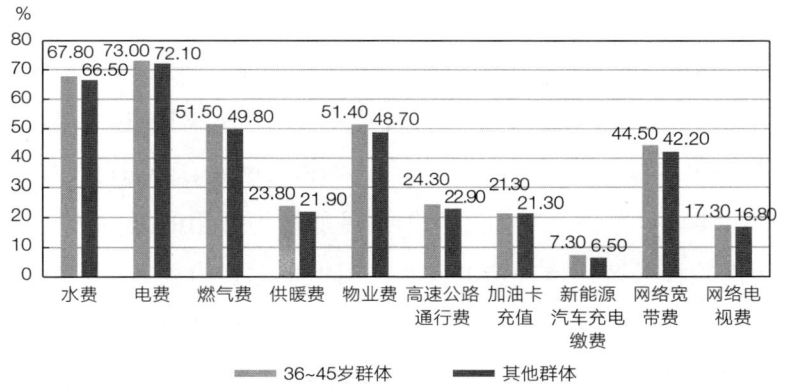

图10-12 家庭大管家与其他用户群体的缴费类型对比

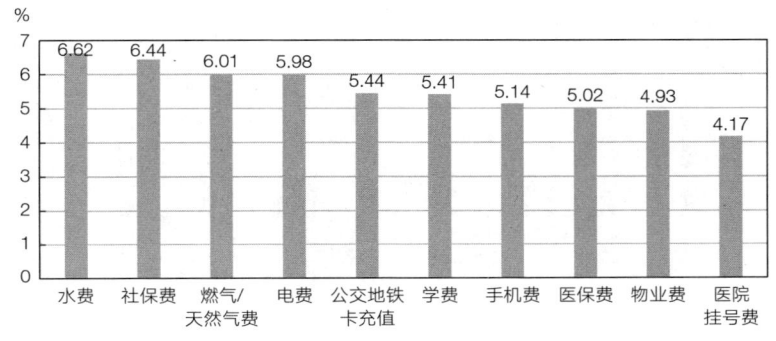

图10-13 银行/营业厅的自助终端缴费

家庭大管家一般还会负责高速公路通行费、加油卡充值等交通费用，驾车出行成为这个群体的主要选择。另外，家庭大管家的网络宽带费、网络电视费等家庭消费类缴费的比例也高于其他群体，成为网络电视的新观众。

对于家庭大管家这个群体来说，他们要负责门类多样、高频率的缴费事务，缴费的便利性对于他们来说十分重要。但是燃气费等生活缴费项目的线上化程度还不够高，这对家庭大管家的缴费过程带来不便。因此，生活类等缴费项目的线上化程度仍需进一步提高，而多种家庭缴费项目的整合将为这类群体带来更加一体化的缴费体验，解决家庭缴费中的真正痛点。

10.3.4 退休安逸的夕阳族：医疗缴费时发生，柜台缴费很常用

退休安逸的夕阳族指的是已经退休的用户群体。他们对医疗服务的需求偏多，因此会产生更多的检查费、住院费等费用（见图10-14）。此外，检查费、住院费通常在医院现场缴纳，柜台（如银行网点、公司营业厅、交警大队、政府办事大厅收费台等）缴费仍是目前较为常用的缴费形式。其中，医疗费（医院挂号费、检查费）缴费采用柜台方式的较多（见图10-15）。基于此特点，退休安逸的夕阳族在柜台缴纳费用的情况比较多。另外，对于退休安逸的夕阳族来说，线上问诊费等新兴缴费类型的比例较低。

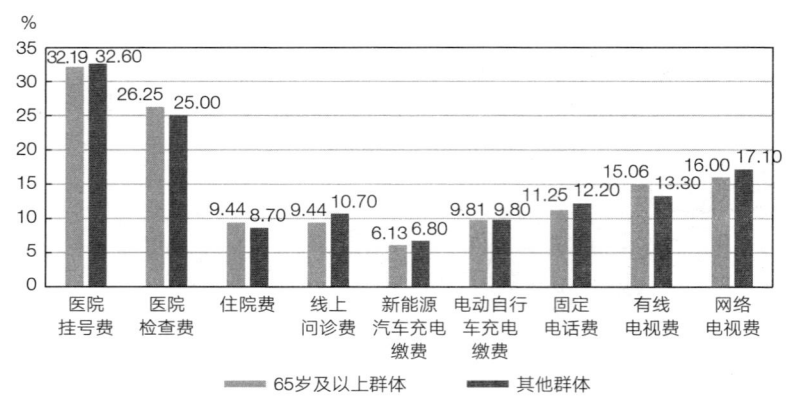

图10-14 退休族与其他用户群体的缴费类型对比

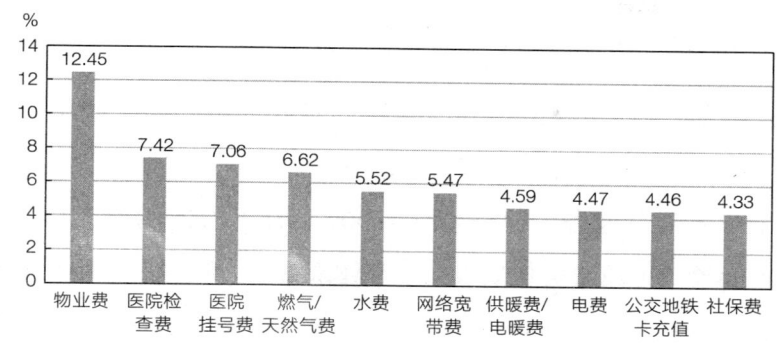

图10-15　柜台缴费业务类型统计

数据报告显示，退休安逸的夕阳族有线电视费用的缴纳比例要高于其他用户群体；而网络电视费用的缴纳比例要低于其他用户群体。这说明，夕阳族对于新兴事物的接受程度较低，仍是有线电视的"忠实粉丝"。

对于夕阳族来说，数字化在带来生活便利的同时，也会给他们的日常生活造成一定的障碍。例如有些数字化缴费的过程过于复杂，老年人很难理解和操作。因此，在数字化的进程中，要充分考虑老年群体的需求和体验，尽量使线上化缴费流程简化、易懂，平台界面也要进行适老化改造，让老年群体也享受到数字缴费的便利性。

10.4 缴费衍生服务：市场空间和潜力大

本部分主要探讨了用户在缴费过程中，对一些微金融等衍生服务的态度和意愿，具体包括小额缴费贷款、低门槛的小额理财服务、申购费优惠的基金产品和低门槛的生活类小额保险产品。

10.4.1 微金融等衍生服务存在市场需求

当被问及有多大可能会尝试小额缴费贷款，分别有8.14%和30.65%的用户表示，极有可能和有可能尝试该类服务；有25.6%的用户表示或许会尝试小额缴费贷款业务；而分别有19.00%和16.61%的用户表示不太可能和极不可能尝试小额缴费贷款服务。整体来说，用户对于小额缴费贷款的接受度相对较高，总计有38.79%的用户表示可能会尝试小额缴费贷款（见图10-16）。

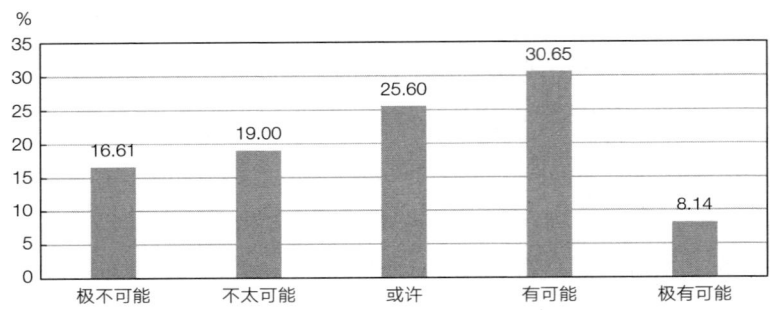

图10-16 小额缴费贷款尝试意愿

当被问及有多大可能会尝试申购费优惠的基金产品，分别有9.83%和35.34%的用户表示，极有可能和有可能尝试该类服务。整体来说，用户对基金产品的接受度相对较高，总计有45.17%的用户表示可能会尝试申购费优惠的基金产品（见图10-17）。

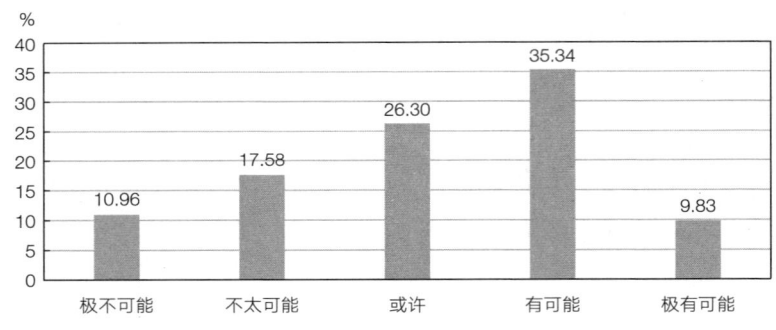

图10-17 申购费优惠的基金产品尝试意愿

因此，总体而言，随着金融服务进一步升级和发展，大众对金融服务的信任度增加，公众对在缴费过程中尝试金融衍生服务的意愿较高。

10.4.2 具备金融知识或经验的人群尝试意愿更高

在对金融衍生品尝试意愿的总体水平分析基础上，本报告进一步分析不同类别人群对金融衍生服务的不同尝试意愿。有些用户可能出于对相关产品不了解，不想尝试金融衍生服务。本报告认为，具有相关金融知识或经验的人群尝试意愿更高。

首先，区分用户的家庭是否有债券、股票、基金等金融产品进行分析。结果显示，相比家庭中没有债券、股票、基金等金融产品的用户，家庭中有债券、股票、基金等金融产品的用户小额理财服务尝试意愿更高。如图10-18所示，在家庭中有债券、股票、基金等金融产品的用户群体中，分别有37.63%和13.52%的用户表示有可能和极有可能尝试小额理财服务；而在家庭中没有债券、股票、基金等金融产品的用户群体中，分别仅有19.57%和4.84%的用户表示有可能和极有可能尝试小额理财服务。因此，家庭中有债券、股票、基金等金融产品表明用户有更强的理财意识，这会增加用户尝试小额理财服务的意愿。

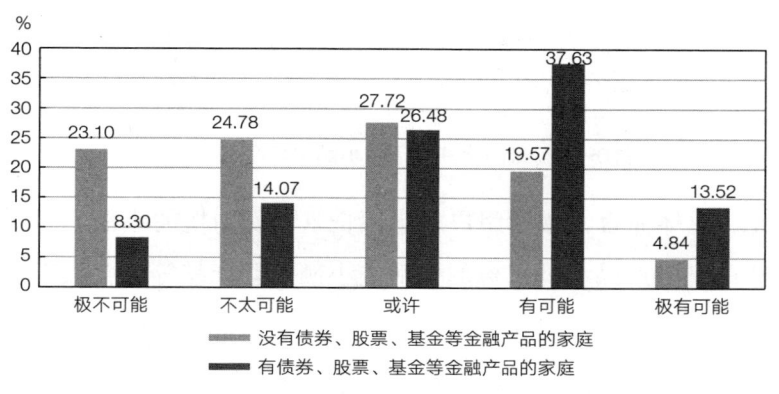

图10-18 低门槛的小额理财服务尝试意愿

其次，区分对经济、金融方面的信息关注程度和对股票、债券、基金的整体了解程度不同的用户群体的尝试意愿进行分析。结果显示，对经济、金融方面的信息关注程度和对股票、债券、基金的整体了解程度更高的用户群体，更有可能去尝试低门槛的生活类小额保险产品。如图10-19所示，对股票、债券、基金的整体了解程度高于中位数的用户群体中，有12.00%极有可能尝试低门槛的生活类小额保险产品，而对股票、债券、基金的整体了解程度低于中位数的用户群体中，仅有2.13%极有可能尝试低门槛的生活类小额保险产品；对经济、金融方面的信息关注程度高于中位数的用户群体中，有17.46%极有可能尝试低门槛的生活类小额保险产品，而对经济、金融方面的信息关注程度低于中位数的用户群体中，仅有2.82%极有可能尝试低门槛的生活类小额保险产品。

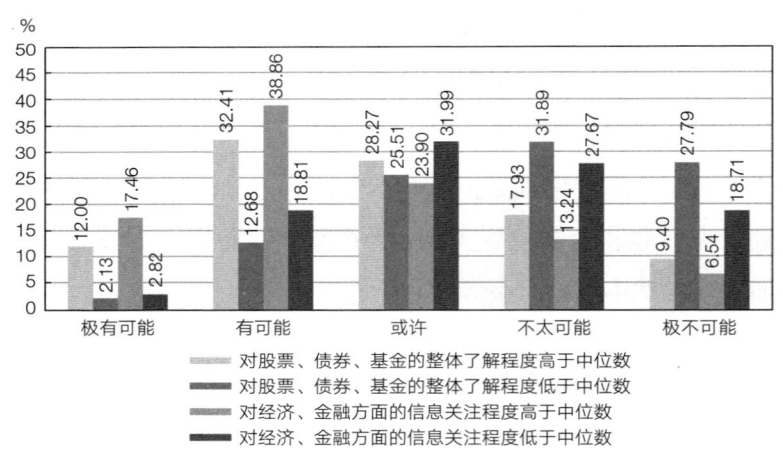

图10-19　低门槛的生活类小额保险产品尝试意愿

因此，总体而言，缴费用户对小额贷款、低门槛的小额理财服务、申购费优惠的基金产品和低门槛的生活类小额保险产品等微金融衍生服务持比较开放和接纳的态度。尤其是对于金融知识更加丰富以及使用过相关金融服务的用户群体来说，尝试微金融衍生服务的意愿更强。

第十一章
中国便民缴费产业发展指数

数字便民新生活 2022年中国便民缴费产业报告

- 2021年,便民缴费产业发展指数达到83.96,较2020年提升1.53,缴费体验持续优化
- 生活类缴费、出行类缴费发展指数最高,教育类缴费指数增幅最大
- Z世代"互联网原住民"对缴费体验有更高的要求,低收入人群、金融经验少人群的缴费体验值得关注

为了更好地刻画便民缴费产业的发展，本报告从缴费渠道便利性、过程体验感、信息透明度、平台集成性和过程安全性五个维度，对生活类、出行类、教育类、数字产品类、社会类五类缴费的体验情况进行了调查。这一指数的构建能够通过精准定位消费者缴费流程中的痛点，洞察普通百姓对缴费服务的全新期待。

基于对指数结果的分析，本报告发现：从整体来看，便民指数持续攀升，缴费满意度稳步提升，而过程安全性成为当前缴费体验的主要短板；从类型来看，2021年，生活、出行缴费的满意度相对较高，教育缴费增幅最大；从地区差异来看，东部地区缴费体验最好，中部、西部地区次之。进一步地，本报告根据缴费者的特征进行分析并发现：18~27岁人群缴费体验相对较低，如何更好地满足"互联网原住民"的服务需求成为缴费产业的关键；收入高、居住于主城区、对金融产品更为熟悉的人群平均缴费体验更高，说明缴费产业的普惠性仍需提升。

11.1 中国便民缴费产业发展指数的构建

11.1.1 指标体系：五个维度刻画缴费业态发展

如图11-1所示，为了更好地对便民缴费产业的发展进行刻画，本报告从缴费渠道便利性、过程体验感、信息透明度、平台集成性和过程安全性五个维度，针对消费者生活类、出行类、教育类、数字产品类、社会类五类缴费业务，深入探究消费者在不同消费场景需求下的缴费痛点与认知。其中社会类包含政务和医疗场景下的缴费。

图11-1 便民缴费产业发展指标体系

缴费渠道的便利性，关注缴费渠道网络性、缴费方式多样性，其中缴费渠道的网络性重点关注缴费的线上化程度，是否可以在手机端、PC端缴费等；缴费方式的多样性是指缴费的渠道是否多样化，是否线上线下的结合，是否支持银行和第三方支付等支付手段。

缴费信息透明度，关注缴费费用明晰度、缴费信息可得性，其中缴费信息明晰度是指缴纳的费用是否明晰标注缴费的相关内容，缴费信息可得性是指缴纳费用是否有明晰的标注及公示。

缴费过程体验感，关注缴费服务满意度、缴费流程简易性、缴费网络稳定性，刻画用户对于缴费服务是否满意，缴费的流程是否简单易操作，以及在操作过程中应用软件是否稳定、没有卡顿和闪退的情况。

缴费平台集成性，关注缴费平台集中性、支付方式全面性，缴费平台是否可以将缴费的内容进行整合以及是否支持多种方式支付，如银行卡或者第三方支付。

本次便民缴费指标新增了缴费过程安全性，伴随着指纹支付、人脸支付等多种支付方式的普及，人们愈发地关注数据安全性、退费保障性，焦点集中在缴费过程的数据是否安全，以及在缴费过后相关退费是否可以及时到账的问题。

在权重的确定上，本报告主要参考过往指标体系权重，并根据新增、减少评价指标的情况，对权重进行了调整。本次指数的评价指标及具体权重如表11-1所示。

表11-1 中国便民缴费产业发展指数指标体系

单位：%

评价维度		评价指标	权重
便民缴费产业发展指数	缴费渠道便利性	1.缴费渠道网络性	15
		2.缴费方式多样性	10
	缴费信息透明度	1.缴费费用明晰度	7.5
		2.缴费信息可得性	7.5

续表

评价维度	评价指标	权重
便民缴费产业发展指数		
缴费过程体验感	1. 缴费服务满意度	5
	2. 缴费流程简易性	10
	3. 缴费网络稳定性	10
缴费平台集成性	1. 缴费平台集中性	10
	2. 支付方式全面性	10
缴费过程安全性	1. 数据安全性	10
	2. 退费保障性	5

11.1.2 数据来源：各年龄段，各个区域全覆盖

此次调研采用配额抽样加随机抽样的方法，依据各省市的常住人口、年龄结构进行分类分析，采用配额抽样的方法均匀抽取各省份的城市，结合各区域人口分布、年龄结构状况发布调研问卷。历时1个多月，回收有效样本量8391个。样本共涵盖了我国31个省（自治区、直辖市）及港澳台地区。样本的年龄、地区分布情况如表11-2所示。

表11-2 问卷样本分布情况

单位：个

变量	分组	东部地区	中部地区	西部地区	港澳台地区	总计
年龄	18~26岁	552	443	285	42	1322
	27~36岁	553	437	290	167	1447
	37~46岁	556	455	269	118	1398
	47~56岁	560	432	288	56	1336
	57~65岁	570	436	274	8	1288
	65岁及以上	701	553	346	0	1600
总计		3492	2756	391	1752	8391

11.2 便民指数总体分析

11.2.1 整体分析：便民指数持续攀升，缴费满意度稳步增长

整体来看，2021年我国整体便民指数达到83.96，较2020年提升1.53，便民指数的持续攀升体现了国民对便民缴费满意度的稳步增长。这与近年来数字基础设施建设的持续推进，以及各行业、各业态的数字化转型升级密不可分。

此外，随着全社会生产服务的线上化、数字化，居民对线上便民缴费服务的接受度也迅速提高。伴随着数字技术的不断成熟，形成了大数据、人工智能和实体经济深度融合的新载体，数字化、网络化、智能化服务体系应运而生，进而使人们的生活服务内容愈加精细，服务形式日益多样，便民消费满意度稳步提升。

11.2.2 五个维度对比分析：多元渠道赋能缴费体验，过程安全性指数提升最快

随着数字技术的发展，城市智能化发展越来越深入，缴费线上化程度与安全程度不断提升。指数结果显示，消费者对缴费服务的过程体验感和渠道便利性满意度最高，得分分别为85.71分和85.68分，均较上年有所提升。这说明渠道多元化赋能缴费过程体验的改善，无接触、智能化、便捷化的服务设计优化了客户体验。其次是信息透明度、平台集成性，用户在上述方面的体验得分非常相近。缴费体验得分最低的方面是过程安全

性，说明缴费过程中存在的信息泄露、退费保障等问题仍是缴费体验的短板。

此外，与2020年相比，人们对各个维度的满意度均呈现上升趋势。其中，2020年至2021年，过程安全性指数攀升最快，较上年增长1.93，平台集成性指数攀升最慢，较上年增长0.77。

11.2.3 缴费类型分析

——生活、出行类便民指数领先，教育缴费指数增幅最大

随着数字经济的发展，智慧城市概念在被提出后也在不断深化发展，进而催生一系列无纸化、数字化、线上化的公共服务新模式，便民生活、出行服务平台迅速崛起。移动支付为城市出行"无纸化"提供了可能，智能公交系统使出行越来越便捷，因此，生活、出行需求的便民指数均保持领先。指数结果显示，教育缴费的便民指数增幅最大，从2020年的77.50增长至2021年的80.47。生活缴费仍是各类中满意度最高的缴费类型，在2021年继续保持增长趋势，持续提升1.69至87.85（见图11-2）。

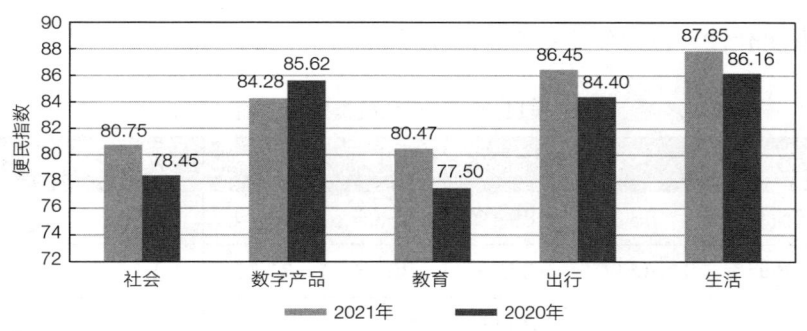

图11-2 各类型缴费便民指数

——各缴费类型指数短板存在差异，改善还需对症下药

生活、出行、数字产品类缴费在五个维度之间的分布情况比较一致。三类缴费均在渠道便利性指数维度得分最高。这一结果说明，生活、出行

和数字产品类缴费作为与居民生活联系最紧密、使用最频繁的缴费服务，在便民渠道的建设方面已较为成熟。随着数字技术的成熟和产品的不断迭代，缴费服务已经实现较高的便捷化、智能化程度，因此居民缴费便利性体验较好。

而从指数最低的维度来看，过程安全性是生活、出行、教育和数字产品类缴费服务体验的洼地，便民指数均在80左右。这说明在缴费过程中，个人信息泄露成为用户缴费过程中最为担心的问题，说明各渠道对信息安全的防控手段还需改进。

社会类缴费指数得分最高的维度是过程安全性，说明政务缴费及医疗缴费对用户个人信息保护的重视度较高。而社会类缴费的主要短板在于渠道便利性，说明政务缴费等公共事业类单位的缴费需要进一步发力于线上渠道建设和流程优化。从指数结果来看，社会类缴费的平台集成性相对较差。平台难以统一、App重复建设等问题增加了用户在缴费过程中的负担，也使社会类缴费整体体验较差。

总体来看，对不同缴费需求而言，便民指数的改善也需各有侧重。指数结果显示：生活、出行、数字产品类缴费在渠道便利性上比较领先，但应重点提升过程安全性，解决用户信息泄露问题；社会类缴费则应重点提升渠道便利性，注重线上渠道的设计和建设（见表11-3）。

表11-3　不同缴费类型指数值

全国	整体	生活	出行	教育	数字产品	社会
渠道便利性	85.68	89.10	88.05	79.74	85.85	78.76
信息透明度	84.90	87.63	86.66	81.57	83.72	81.20
过程体验感	85.71	88.59	87.22	81.95	85.09	80.97
平台集成性	84.67	88.41	86.69	79.57	83.99	81.08
过程安全性	81.63	84.03	81.97	79.31	81.23	82.83

11.3 便民指数区域分析

11.3.1 总指数分析：东部地区、西部地区便民指数较高，中部地区紧随其后

从地域来看，2021年东部地区平均便民指数较高，为86.41；中部地区和西部地区紧随其后，分别为82.88和82.13；港澳台地区排名最低，得分为79.31分（见图11-3）。

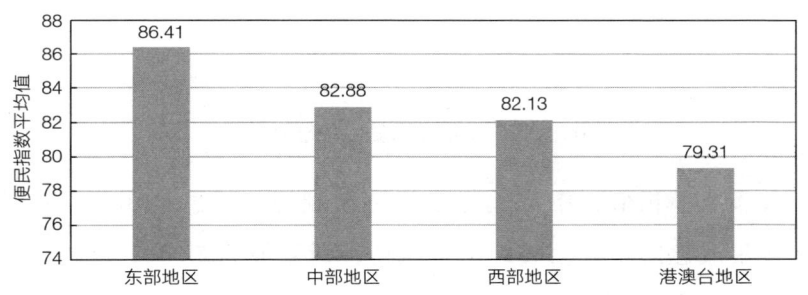

图11-3　2021年中国各区域缴费便民指数

首先，东部地区作为中国智慧城市服务转型的引领，以移动互联网为载体，构建了线上线下互动的政务、医疗、健康、养老、教育、社会保障等完善的城市服务，使消费者的缴费便民指数显著提升；其次，新一代信息技术发展迅速，为西部智慧城市建设提供了强劲有力的技术支持，西部地区结合城市的基础条件和功能定位，形成了自身数字化特色发展之路，城市服务不断向"智慧化"深化升级，给人们带来极大便利；最后，中部地区作为长江经济带的重要组成部分，已被纳入我国全方位深化改革开放和推进新型城镇化的重点区域，在国家相关政策如中部崛起战略的推动

下，中部城市服务的便利水平也不断提高。

11.3.2 子维度区域分析

东部地区渠道便利性、信息透明度、过程体验感和平台集成性四个方面发展比较均衡，其指数值分别为86.70、86.45、87.47和86.06。东部地区在过程安全性上发展程度偏低，其指数值为84.54，未来东部地区需要在安全性方面进一步加大建设力度（见图11-4）。

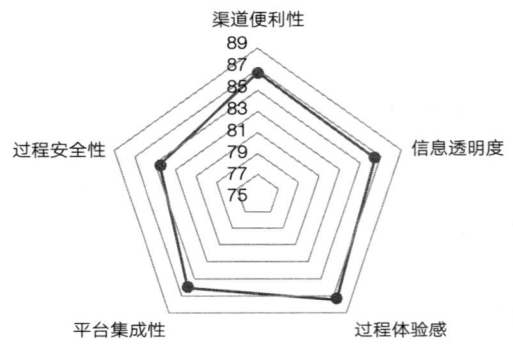

图11-4　东部地区便民子维度雷达

与东部地区相似，中部地区在渠道便利性、信息透明度、过程体验感和平台集成性四个方面表现比较均衡，指数值为80~84；相比前四个指数，过程安全性指数值最低，仅为80.48（见图11-5）。

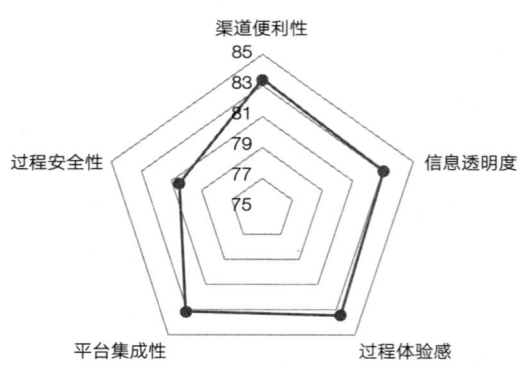

图11-5　中部地区便民子维度雷达

西部地区的信息透明度、过程体验感和平台集成性指数值相近，为82~83。与东部、中部地区一致，西部地区的过程安全性得分最低，指数值为79.78（见图11-6）。

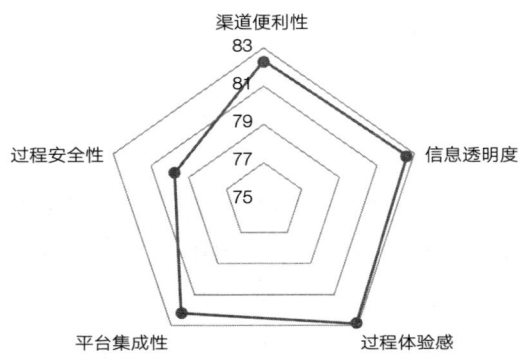

图11-6　西部地区便民子维度雷达

港澳台地区在五个维度上的指数值差距比较明显。其在平台集成性和过程体验感方面表现较好，指数值为79.5以上；渠道便利性和信息透明度相对落后，指数值分别为79.1和79.3；过程安全性指数值最低，为78.6（见图11-7）。港澳台相对东中西部地区在各个维度上指数值均较低，整体有待提升。

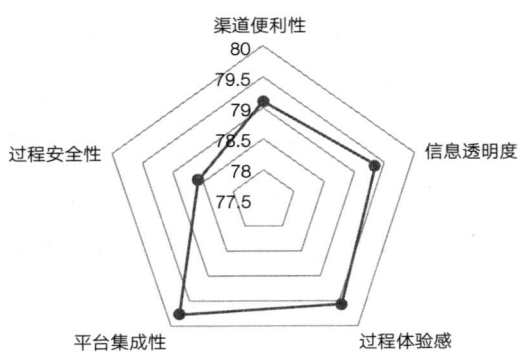

图11-7　港澳台地区便民子维度雷达

11.4 群体分析

本报告使用TGI（Target Group Index）指标，对不同类型群体在缴费体验上的主观差异进行分析。TGI指标是指相比总体，这一群体对某一事物的偏好是更高还是更低。具体而言，TGI反映目标群体在特定研究范围（如地理区域、人口统计领域、媒体受众、产品消费者）内的强势或弱势程度。在这里，本报告用TGI指标计算特定群体相对于人群总体的体验感程度，用目标群体中缴费体验大于平均体验的人群所占比例除以总体中缴费体验大于平均体验的人群所占比例来计算。在数值含义上，TGI越大，表明目标群体整体的便民缴费体验感越好。

11.4.1 Z世代缴费体验低于其他年龄群体，满足需求成为关键

如图11-8所示，从年龄分布来看，18~27岁的Z世代群体缴费体验普遍低于市场均值。Z世代是"互联网原住民"，对于线上服务体验的设计具有较高的要求。相比而言，27~65岁和65岁及以上的年龄群体，对便民缴费体验更加满意，且年龄越大的消费者对便民缴费的满意度越高。Z世代群体是未来互联网消费的"中坚力量"，如何满足其缴费需求，是便民缴费产业亟待解决的问题。

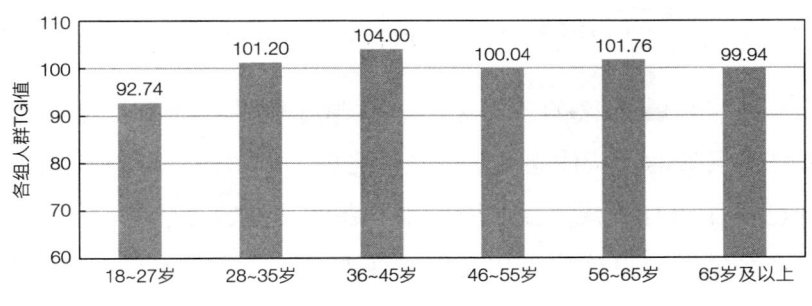

图11-8 高便民指数人群年龄分布

11.4.2 经济条件与缴费体验强相关，普惠性仍有待提升

随着中国的不断发展，居民收入水平得到显著提升，但这也造成了一定的收入差距问题。经济发达地区是技术应用于服务的前沿，有更多的经济资源来完善和普及相关服务。数据分析的结果显示，一方面，月收入大于1.5万元的人群便民指数高于其他人群，这可能与高收入人群对便民缴费服务的新技术、新形态的接受度更高有关。另一方面，月收入小于5000元的人群整体缴费体验较低（见图11-9）。这一结论说明缴费体验存在收入水平上的发展不均衡现象，缴费业务的普惠性仍有待提升。因此，如何有效解决低收入人群在缴费过程中遇到的困难，可能成为未来业务的新增长点。

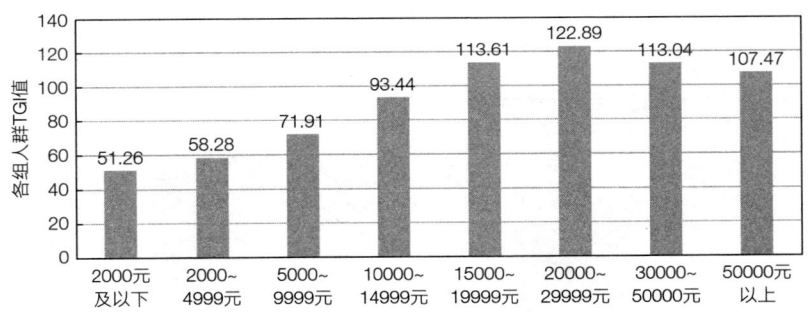

图11-9 高便民指数人群月收入分布

11.4.3 缴费体验的城乡差异相对缩小，均等化挑战仍然存在

从受访者所在地区的差异来看，主城区整体的便民缴费满意度较高，郊区和县城的缴费体验低于主城区居民，如图11-10所示。虽然两者的差异已较往年有所减小，但城乡差异在缴费体验上仍然存在。未来，随着城乡公共基础设施均等化进程的推进，便民缴费体验上的城乡差异也将进一步缩小。

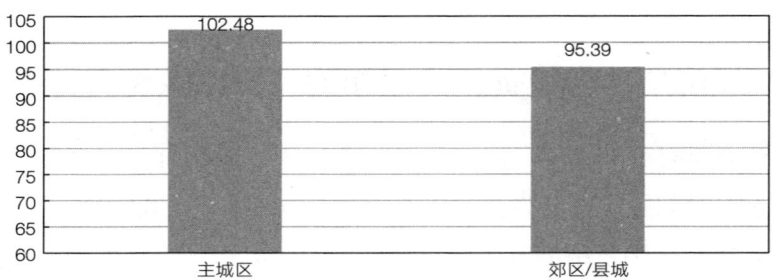

图11-10　高便民指数人群居住地分布

11.4.4 有子女群体缴费满意度更高，满足家庭生活需求

从受访者的家庭情况来看，有一个及以上子女的群体比没有子女的群体的缴费体验更高（见图11-11）。这一现象的原因可能为，前者家庭往往面临较多的缴费项目，近年来缴费流程优化、缴费技术升级带来的体验改善效果也更加明显。

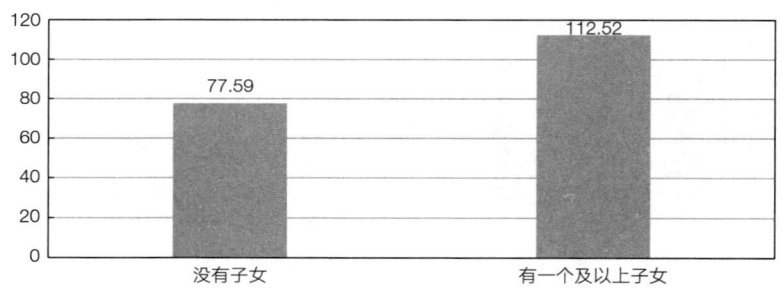

图11-11　高便民指数人群拥有子女情况分布

11.4.5 关注金融资讯人群满意度更高，金融知识至关重要

如图11-12和图11-13所示，从受访者对金融资讯和金融产品的了解程度来看，关注金融信息或了解金融产品的人群缴费体验更高。这一现象说明金融知识对线上便民缴费的接受和使用具有积极的作用。普及金融知识，开展金融教育，对发展便民缴费行业具有重要的意义。

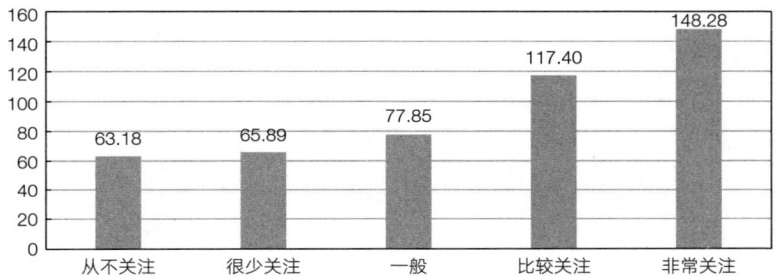

图11-12　金融信息关注程度分布

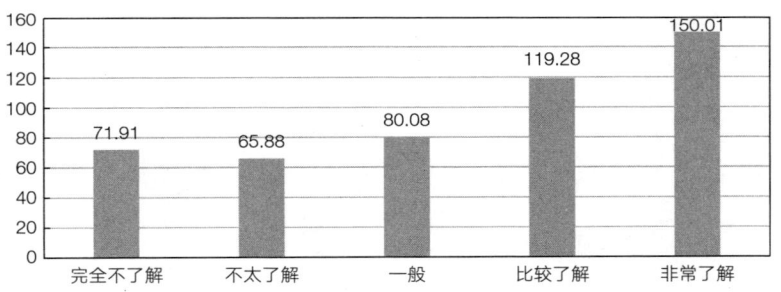

图11-13　对金融产品了解程度分布

总体而言，2021年，我国便民缴费产业相比2020年有所提升。在缴费服务的各个方面中，过程安全性提升最为明显。对比不同缴费业务领域，人们对生活类、出行类的缴费体验最为满意，教育、政务、医疗缴费体验亟待提升。另外，我国各个地区在便民缴费的发展方面仍存在差异，港澳台地区市场具有较大的发展潜力。

总结与展望

数字便民新生活　2022年中国便民缴费产业报告

行业篇：数字技术持续创新，促进社会转型发展

随着数字经济的蓬勃发展和数字技术的创新应用，数字化为居民生活、企业生产、社会运行都带来了新需求、新趋势。便民缴费产业作为重要的公共服务基础设施，在绿色发展、缩小城乡差异、提升服务包容性、促进智慧城市和数字政府建设方面，都发挥着重要的作用。

2021年，伴随着数字技术、新能源技术的蓬勃发展，以及数字新兴业态、数字场景的不断创新，我国便民缴费市场也出现了新缴费场景，以满足新的市场需求。从市场规模来看，伴随着新缴费场景的出现以及2021年疫情防控常态化下社会生产生活的恢复，2021年内地个人缴费市场规模为9.86万亿元，较2020年增长2.76%，若不考虑新纳入分析的缴费类型，同口径下较上年下降4.17%。其中，基础生活缴费规模为4.71万亿元，比2020年下降7.24%；场景缴费规模为4.77万亿元，较2020年增长5.79%，但与2020年同口径相比下降1.55%；以数字产品缴费为代表的新兴缴费规模为0.37万亿元，随着数字新兴业态的发展，未来有较大的成长空间。2021年我国港澳台地区缴费总体规模为0.51万亿元，同口径下相比上年下降4.28%。

2021年，全国中小企业生产经营保持稳定恢复态势，国有企业、规模以上工业企业营收增长，随着经济复苏，企业恢复生产，以及大数据等新技术带动其他产业的高速发展，企业缴费总量也有所回升。在经历了2020年的下降后，2021年企业缴费总体规模约为11.82万亿元，较上年增长26.11%。

从2020年到2021年，随着非接触式服务的不断推广，消费场景的线上化、数字化促使缴费方式的线上化占比加速提升，也推动了数字便民缴费行业的发展。在个人缴费中，2021年，线上缴费市场规模达7.49万亿元，线下缴费市场规模为2.37万亿元。总体来看，2021年线上缴费占比达76%，比2020年的69%提升了7个百分点，缴费产业的线上化、数字化转型正在加速推进。

2021年是加快绿色转型发展的重要节点。我国已连续出台多项政策文件，将碳达峰、碳中和目标纳入我国未来发展全局，并为经济社会发展全面绿色转型指明了方向。本报告发现，数字便民缴费作为深入社会生活和企业运行方方面面的基础环节，能够在居民消费、产业发展、企业转型等方面创新绿色经济发展模式、赋能绿色经济深化转型。

此外，2021年是"两个一百年"奋斗目标历史交汇点，也是乡村振兴全面展开的关键之年。在共同富裕、乡村振兴持续推进的过程中，"促进公共服务均等化"是数字便民缴费产业的重要任务之一。随着脱贫攻坚成果巩固拓展，城乡居民收入差距持续缩小，乡村居民的生活水平和消费能力持续提升，对美好生活的需求日益增长，为便民缴费线上化提出了更高的发展要求。本报告的研究发现，便民缴费的区域差异、城乡差异、收入水平差异正在缩减，数字便民缴费在缴费基础设施均等化方面发挥了独特的作用。

业务篇：各类缴费不断创新，数字技术创造新增长点

在基础生活缴费中，随着2021年社会生产生活的恢复，生活类缴费规模稳步增长。同时，生活缴费数字化、线上化的趋势明显，电费线上化缴纳比例已超过85%，水费线上化缴纳比例超过80%。

在医疗缴费中，随着居民健康意识的完善，以及线上医疗、"云医疗"的兴起，医疗缴费新兴市场具有巨大的潜力。特别是近年来，医疗信息化的大趋势和云平台等数字技术的发展，以及疫情下"非接触式缴费"需求的增长，推进医疗缴费线上化转型，数字医疗缴费极大地提升了就医效率，有效改善医疗健康产业的面貌，缓解医疗供需矛盾。

在出行缴费中，在政策、技术、经济、消费等多种因素的叠加作用下，我国出行领域正在经历前所未有的转型与变革。近年来，全国各地交通运输部门聚焦群众诉求和期盼，以为民、便民、利民、惠民为出发点，人民群众交通出行条件持续改善。伴随技术的不断升级与更新换代，出行缴费线上化程度不断提升，出行产业在信息化方面已取得长足进展。进一步借力技术应用、构筑新基建，并继续提升数字化、网络化、智能化水平，增进民生福祉，是出行产业的未来发展方向。

在教育缴费中，"双减"政策之后，学科类教育培训市场规模萎缩，机构数量锐减，现存机构向素质教育培训和职业培训转型，两者市场规模逐步增长。教育缴费总体线上化程度较高，针对学费、培训费提供分期付款、助学贷款，解决培训机构退费难、考试报名费缴费方式单一、提醒不足等问题构成缴费体验提升的重要任务。

随着数字技术的蓬勃发展，数字产品缴费受到越来越多的关注。目前，国家出台了多项政策鼓励建设数字化消费新场景，网络支付手段的普及，App种类和数量的丰富，为数字产品的发展创造了良好的环境。调研发现，数字产品缴费总体线上化程度高，消费者主要偏向支付宝、微信和各大银行平台进行缴费。此外，数字藏品和元宇宙带来新的发展机遇。

在企业缴费中，线上缴费促进企业提质增效，孕育新业态、新模式，助推行业价值重塑。2021年，随着疫情防控常态化，企业逐步有序恢复正常生产经营秩序，企业缴费总量提高，增速上升。根据本年的访谈和调研的结果发现，当前企业缴费线上化仍存在较大的发展空间，需要进一步提高收费方收费过程和缴费方缴费过程的便利性。

需求篇：衍生需求值得关注，便民指数继续提升

从用户的视角出发，本报告还对用户的需求偏好以及缴费过程中的体验情况进行了分析。通过对缴费用户群体的画像，本报告发现，代缴行为非常普遍，有47.34%的人曾有替父母缴费的经历。另外，本报告对客户的缴费方式偏好和缴费平台偏好进行了分析。在缴费方式方面，移动端是最受欢迎的缴费方式。在手机App中，微信和支付宝是最受欢迎的缴费平台。此外，本报告发现，缴费用户对普惠型的小额贷款、低门槛理财、小额基金和保险产品等缴费衍生的金融服务具有一定的需求。有超过1/3的用户表示愿意尝试小额缴费贷款等微金融衍生服务，而其中，曾经接触过金融产品、金融知识较为丰富的用户群体尝试意愿更高。这一结果说明，缴费服务作为一项居民生活必不可少的便利性金融服务，可以作为流量入口，以更好地满足用户的其他相关场景金融服务需求。

为了更好地对便民缴费产业的发展进行刻画，调研团队从缴费渠道便利性、过程体验感、信息透明度、平台集成性和过程安全性五个维度，对生活类、出行类、教育类、数字产品类、社会类五类缴费的体验情况进行了调查。这一指数的构建，能够精准定位消费者缴费流程中的既有痛点，洞察普通百姓对缴费服务的全新期待，对提升客户黏性和活跃度具有重要的意义，也是明确缴费服务供给侧结构性改革方向的关键依据。

基于指数结果的分析，本报告发现：从整体来看，便民指数持续攀升，缴费满意度稳步增长，过程安全性构成当前缴费体验的主要短板；从类型来看，2021年，生活、出行缴费的满意度相对较高，教育缴费增幅

最大；从地区差异来看，东部地区缴费体验最好，中部、西部地区其次，港澳台地区在各个维度相对落后。进一步地，本报告根据缴费者的特征进行分析后发现：18~27岁人群缴费体验相对较低，如何满足"互联网原住民"的需求成为缴费产业的关键；收入高、居住于主城区、对金融产品更为熟悉的人群的平均缴费体验更高，说明缴费产业的普惠性仍需提升。

便民缴费产业发展方向

——数字经济提供强劲动力，缴费社会价值进一步凸显

数字经济已成为推动我国经济增长的重要动力，《"十四五"数字经济发展规划》等文件的出台体现了政策层面对数字经济发展的肯定。数字便民缴费作为数字经济的基础组成部分，属于重要的数字化公共服务基础设施。因此，政策层面对数字经济的重视将进一步推动数字便民缴费产业的发展。

随着我国老龄人口的快速增长，不少老年人不能充分地享受智能化服务带来的便利，面临的"数字鸿沟"问题日益凸显。2020年11月，国务院办公厅印发《关于切实解决老年人运用智能技术困难的实施方案》，指出要坚持以人民为中心的发展思想，满足人民日益增长的美好生活需要，持续推动充分兼顾老年人需要的智慧社会建设，切实解决老年人在运用智能技术方面遇到的困难，让广大老年人在信息化发展中有更多获得感、幸福感、安全感，更好地适应并融入智慧社会；2021年11月《中共中央 国务院关于加强新时代老龄工作的意见》指出，要打造老年宜居环境，加快推进老年人常用的互联网应用和移动终端、App应用适老化改造，实施"智慧助老"行动。

在数字技术加速创新、非接触式服务需求快速增加的背景下，数字便民缴费在弥合城乡差异、满足不同类型消费者个性化需求等方面的社会价值将进一步凸显。随着数字经济的发展、数字化应用的普及，数字便民缴费将深入更多场景，覆盖更多用户，为更广泛的群体带来更优的缴费体

验。在部分类型缴费场景，如医疗类、出行类缴费领域，仍需进一步推进缴费服务的均等化，从而发挥数字便民缴费在弥合城乡发展差异、弥合"数字鸿沟"等方面的社会价值。

—— 数字技术催生新场景，缴费智能化提升用户体验

数字技术从互联网、金融、电信等领域逐步向智能制造、数字社会、数字政府等领域拓展，极大地丰富了我国数据资源，催生了大量的新场景、新模式、新业态。这些新兴的数字创新业态也正在催生新的便民缴费场景和项目。例如，近年来随着各种服务场景从线下转移到线上，远程医疗、远程教育等新兴业态对缴费产业提出了新需求，如何满足这些纯线上的互联网服务，是缴费运营商、缴费渠道商面临的新机遇。此外，线上虚拟物品、虚拟服务相关的缴费也在快速发展，带来了新的缴费需求。未来，随着数字技术的持续创新发展，新场景、新业态将不断出现，缴费运营商等缴费产业参与方应及时跟踪数字技术创新动态，为用户提供安全、便捷的缴费服务。

此外，依托大数据、云计算、人工智能、物联网、区块链以及5G技术的蓬勃发展，便民缴费产业正在向数字化、智能化、个性化迈进，智慧医疗、智慧社区等新模式、新业态层出不穷。传统产业的智能化也为便民缴费提供更多应用场景。内嵌于不同行业的缴费环节，随着产业全链条智能化水平提升，也对缴费体验提出了更高要求。因此，随着人工智能技术的不断创新，智能化缴费将成为未来产业主流。缴费企业通过深入更多缴费场景、提供更多智能化服务，将进一步提升用户缴费体验，解决用户缴费痛点。

—— 城乡融合稳步推进，各群体缴费需求值得关注

"十四五"规划将基本公共服务均等化、城乡区域发展差距和居民生活水平差距显著缩小作为实现共同富裕的重要内容。本报告分析结果显示，近年来便民缴费城乡差异已极大缩小，数字缴费推进了城乡缴费基础设施均等化。在均等化的基础上，如何更好地满足乡村地区人群以及城市

流动人口群体的特殊需求，将成为便民缴费产业的发展重点。

总体来看，以流动人口为代表的新市民①群体具有数量大、成长性强、金融服务需求大但流动性强、风险暴露高、金融知识欠缺等特点。如何让这个占比超全国人口两成的庞大群体更好地融入城市生活并在城市安居乐业，成为相关各方重要的议题之一。在缴费领域，针对新市民群体居住流动性大、工作不稳定、需要自缴社保等特点，缴费运营商、缴费渠道商可以借助数字技术更有针对性地识别新市民群体，并主动为其提供相关缴费服务，向其传播金融相关知识，并强化其社保等方面的意识，帮助他们进入社会保障体系，更快地融入城市生活。

—— 缴费集成性有待提升，平台化构成未来发展方向

便民缴费行业想要覆盖居民生活的方方面面，就必须对接大量收缴机构，形成平台生态，并定期进行经营和维护。这种服务范围广、缴费项目多、技术对接复杂的行业特点也给其业务进一步铺开提出了挑战。

访谈中有企业提到，平台集成性弱是一大缴费痛点。企业用户在缴纳不同类型的费用时可能需要从多个不同的平台进入缴费入口，平台之间的切换存在一定的成本。另外，对于收费企业而言，如果商户的缴费是通过各个不同的平台进行的，收费企业需要从多个渠道去对账，这将使收费企业增加成本。

因此，建设聚合大量缴费供应商的缴费平台，对缴费用户和收费企业都具有较强的吸引力。基于大数据、云计算、人工智能等新兴技术的发展，缴费生态越来越呈现出产业融合、智能化的特点，平台化、规模化将是未来发展的重要方向。

—— 数据安全受到关注，缴费系统稳定性持续提高

随着数字经济的不断发展，各类数据海量聚集，数据安全已经成为关乎国家安全与社会经济发展的重大问题。近年来，我国电信、金融等行业

---

① 新市民，指因本人创业就业、子女上学、投靠子女等原因来到城镇常住，未获得当地户籍或获得当地户籍不满三年的各类群体，包括但不限于进城务工人员、新就业大中专毕业生等。

的业务数据规模不断扩大，数据泄露风险也日益增加，数据泄露防护市场需求迫切。2021年9月《中华人民共和国数据安全法》、2021年11月《中华人民共和国个人信息保护法》的正式施行，体现了我国对数据安全、信息安全和隐私保护的重视。在数字便民缴费领域，保障网络数据安全也构成缴费产业的重点任务，是缴费产业健康稳健发展的重要基石。缴费产业的各个参与方要在《中华人民共和国数据安全法》等相关条例的指引下，对核心数据和重要数据进行分类分级保护，定期开展风险评估，严格限制对敏感个人信息的处理，守住产业数据安全的大门。

同样，随着数据成为新生产要素，海量数据的安全性问题也对缴费系统的稳定性提出了更高的要求。缴费产业的各个参与方要注重在业务的建设过程中做好网络安全、数据安全的应急预案，保障在突发公共事件时缴费体系的正常运转。

未来，在数字技术的推动下，便民缴费的线上化占比将持续提升，基础生活、政务、医疗、出行、教育等场景的缴费体验持续优化，数字产品等缴费新场景将持续出现。在企业缴费领域，线上缴费促进企业提质增效，进一步推动企业和产业的数字化转型。

面向新发展阶段，便民缴费产业将持续"以人民为中心"的发展理念，用普惠促进经济社会融合发展，用创新带动产业转型和服务升级，连接数字新生活，赋能数字新需求，创造民生新价值。